LANDGASTHÄUSER MIT CHARME IN FRANKREICH
Bed and Breakfast auf französische Art

ISBN: 2.86930.867.1
© Editions Payot & Rivages, 1995
106, boulevard Saint-Germain - 75006 Paris

LANDGASTHÄUSER MIT CHARME IN FRANKREICH

Bed and Breakfast auf französische Art

Projektleitung:
Véronique De Andreis

Mitarbeiter: Jean und Tatiana de Beaumont, Anne Deren,
Bénédicte Darblay, Marie Gastaut

Aus dem Französischen von Inge Hanneforth

Rivages

Fotonachweis:

Nr. 7 © Daniel Millot - © Nr. 50 Photo Barbotin - Nr. 85 © CHANTAL Christian - Nr. 117 © De Visu - Nr. 124 © François Quiniou - Nr. 146 © Jean-Charles Briens - Nr. 168 © D.R. - Nr. 136 und Nr. 229 © François Tissier - Nr. 267 © Guy Clément - Nr. 270 © LCI Wallis - Nr. 272 © D.R. - Nr. 301 © Hoa Qui - Nr. 340 © Valentin - Nr. 363 © Hardouin - Nr. 371 © Editions du Vieux Chouan (Fromentine) - Nr. 414 © J-P Rivaux - Nr. 434 © J.M. Ducroux.

Diese zweite, aktualisierte und vollkommen überarbeitete Ausgabe umfaßt 493 Adressen, davon 94 neue. Auch 1994 haben wir ganz Frankreich bereist, um Häuser für Sie ausfindig zu machen, deren Charme, Unverfälschtheit, Atmosphäre, Lage und Umgebung uns überzeugt, und deren Gastgeber uns besonders freundlich empfangen haben.

Bed-and-Breakfast-Häuser haben in letzter Zeit in Frankreich stark zugenommen, und deshalb ist es schwieriger geworden, eine Wahl zu treffen. In diesem Jahr bieten wir zwar noch mehr Adressen als in der ersten Ausgabe an, sind jedoch nach wie vor sehr anspruchsvoll bei der Auswahl und legen noch höhere Maßstäbe an.

Sie werden, wie auch wir, von denSchlössern (regelrechte Schlösser oder große Herrenhäuser), echten Landhäusern, Mühlen, Bauernhöfen (entweder umgestellt oder noch immer landwirtschaftlich aktiv) oder Chalets in den Bergen begeistert sein, die wir für Sie getestet haben.

Unsere Auswahl ist bestimmt nicht einseitig, und jedes Haus verfügt über Charme und einen besonderen Charakter.

Die Gastgeber kennen ihre Gegend sehr gut und geben gerne Tips touristischer oder gastronomischer Art.

Mit dem Führer "Landgasthäuser mit Charme in Frankreich" reisen bedeutetet auch, von der Erfahrung jener zu profitieren, die ihre Gegend lieben und sie vor einem Massentourismus bewahren möchten.

Bei der Anreise sollten Sie sich nicht sehr verspäten - es könnte sonst schon mal passieren, daß Sie vor verschlossener Tür stehen.
Auf dem Land werden oft bei Abwesenheit der Hausbesitzer die Häuser von Hunden bewacht.

Für den Fall, daß Sie Ihre Reservierung annullieren möchten:

Die Vorauszahlung wird Ihnen bei kurzfristiger Annullierung nicht zurückerstattet.

Gemeinsames Essen (table d'hôtes)

Beim gemeinsamen Essen (meist Abendessen) hat man die Gelegenheit, die Gastgeber und auch die anderen Gäste des Hauses kennenzulernen, die wie Sie auf der Suche nach einer gewissen Lebensart sind. Diese gemeinsamen Mahlzeiten werden meist zu festgesetzten Zeiten eingenommen.

In einigen Häusern werden die Mahlzeiten an individuellen Tischen serviert. Diese Art Information finden Sie in den praktischen Hinweisen jeder einzelnen Adresse vor.

In vielen Häusern werden regionale Produkte bevorzugt, die Küche ist zuweilen aber auch ausgesprochen gastronomisch.
Einige dieser "tables d'hôtes" sind ausgesprochen ungezwungen, andere regelrechte "Inszenierungen" - das betrifft sowohl die Küche als auch den festlich gedecktenTisch.
Selbstverständlich sind die Preise sehr unterschiedlich.

Reservieren sollte man so früh wie möglich, denn die Landgasthäuser verfügen generell über wenig Vorrat, d.h. in der Küche werden vorwiegend frische Produkte verwendet! Und nicht unbedingt jeden Abend wird ein gemeinsames Essen angeboten.

Ganz gleich, ob Sie sehr unabhängig sein oder mit anderen Gästen Kontakt aufnehmen möchten, ob Sie Unverfälschheit oder eine gewisse Eleganz, großen Komfort oder eher Schlichtes lieben - Sie können Ihre Wahl leicht treffen.

Wie immer Ihre Vorstellungen sein mögen, mit diesem Füher werden Sie stets das richtige für Ihren Urlaub zu zweit, im Familien- oder Freundeskreis finden; die Preise für zwei Personen (Übernachtung mit Frühstück) reichen von 180 bis gut 1000 Francs.

Einige Gastgeber sind reserviert, mit anderen mögen Sie sich anfreunden, allen liegt jedoch das Wohlbefinden und der Komfort ihrer Gäste am Herzen.

Zögern Sie deshalb nicht, Wünsche zu äußern, denn die Gastgeber möchten natürlich, daß Sie sich bei ihnen wohl fühlen und die Atmosphäre ihres Hauses schätzen.

Dennoch sollte nicht vergessen werden, daß es sich um Privathäuser und nicht um Hotels handelt; der Service ist selbstverständlich nicht der gleiche. Außerdem erfordert diese Art des "Zusammenlebens" eine gewisse Rücksichtnahme aller.

Einige Ratschläge für die Reservierung

Sie sollten stets im voraus reservieren, denn oft stehen nur wenige Zimmer zur Verfügung.

Man wird Sie um eine Bestätigung oder Anzahlung bitten.

Sollten Sie mit der Familie oder zu mehreren Freunden reisen, ist es angebracht, sich nach der Möglichkeit eines Nebenzimmers, "chambre d'appoint", zu erkundigen.

Bei der Reservierung sollten Sie angeben, ob Sie an einem gemeinsamen Abendessen ("table d'hôtes") interessiert sind.

Münztelefon, das leicht benutzt werden kann. Einige Zimmer haben sogar ein eigenes Telefon. Das Telefon des Hauses (oft ohne Zähler) zu benutzen, ist selbstverständlich komplizierter.

Und da viele Häuser nur über eine Telefonleitung verfügen, sollte man möglichst kurze Gespräche führen.

Salon

In den meisten Häusern steht Ihnen der Salon zur Verfgügung; es gibt aber auch ausschließlich für die Gäste vorgesehene Salons. Auch das wird bei jeder Adresse angegeben.

Preise

Die von uns angegebenen Preise gelten für 1995. Dennoch kann es vorkommen, daß sie im Laufe des Jahres von den Hausbesitzern revidiert werden.

Einige Häuser bieten Pauschalkpreise für Wochenenden, längere Aufenthalte oder für Halbpension an.

Bei der Reservierung ist es angebracht, sich all diese Einzelheiten bestätigen zu lassen.

Wie man bei der Auswahl einer Adresse vorgeht:

Die Häuser sind nach Regionen geordnet, und innerhalb einer Region sind die Departements, die Orte und die Namen der Häuser alphabetisch geordnet.

Die Texte, Fotos und praktischen Hinweise einer jeden Adresse werden Ihnen bei der Auswahl behilflich sein.

Hierzu können Sie das nach Regionen geordnete Inhaltsverzeichnis am Anfang oder das alphabetische Verzeichnis am Ende des Führers benutzen.

Bei den Häusern ohne Speisenangebot haben wir die von den Hausbesitzern empfohlenen Restaurants in unmittelbarer Nähe aufgeführt. Auf Wunsch wird man Ihnen selbstverständlich noch weitere Adressen nennen.

Die Zimmer

Ihr Stil und ihre Ausstattung sind ebenso unterschiedlich wie die von uns ausgewählten Häuser selbst. Einige sind schlicht, andere ausgesprochen luxuriös.

Allgemein verfügen die Zimmer über eigene Badezimmer und Toiletten. Sollte dies nicht der Fall sein, wird es im vorliegenden Führer besonders erwähnt. (Das betrifft in erster Linie Zimmer, die in Nebengebäuden liegen und sehr praktisch sind, wenn man mit Kindern oder zu mehreren Freunden reist.)

Die Zimmerreinigung findet meist täglich statt. Bei einigen Ausnahmen wird sie entweder auf Anfrage oder von den Gästen selbst übernommen.
Wie zu Hause, werden Sie manchmal das Bett selber machen müssen. Auch hierüber wird in den praktischen Hinweisen informiert.

Die Zimmer sind meist ausgesprochen individuell gestaltet, und oft wird ihre Größe Sie überraschen. Die Beschreibung eines jeden Hauses sollte aufmerksam gelesen werden.

Auch hier gibt es von Haus zu Haus große Unterschiede - nicht zuletzt den Preis betreffend.

Einige sehr große Häuser sind im Winter nicht leicht beheizbar. Damit die Zimmer bei Ihrer Ankuft schön warm sind, sollten Sie frühzeitig reservieren oder zumindest Ihr Kommen angekündigen.

Telefon

Einige Häuser verfügen über einen "point-phone", d.h. ein

Bitte teilen Sie uns Ihre Erfahrungen und Ansichten mit, denn unseren Führer werden wir besonders dann verbessern können, wenn wir über Ihre Ansprüche und Bedürfnisse im Bilde sind.

Sollten Sie wünschen, daß ein von Ihnen besonders geschätztes Haus in diesem Führer aufgenommen wird, müssen Sie uns die genaue Adresse mitteilen. Wir werden dann mit den Hausbesitzern Kontakt aufnehmen.

Unser Führer wird jedes Jahr aktualisiert; Zuschriften (für die wir uns im voraus bei unseren Lesern bedanken) sollten ab November 1995 bis spätenstens zum 15. Januar 1996 gesandt werden an:

Véronique De Andreis
Editions Payot-Rivages
106, boulevard Saint-Germain
75006 Paris.

Zum Lokalisieren des Hauses dienen die 35 Seiten Straßenkarten am Anfang des Führers. Jedes grüne Fähnchen entspricht der Nummer eines im Text- und Fototeil präsentierten Hauses.

Vor diesen Straßenkarten ist eine Frankreichkarte mit Aufteilung und Numerierung der verschiedenen Regionen abgebildet.

INHALTSVERZEICHNIS

ELSASS - LOTHRINGEN

Meuse (55)
Ancemont - karte 11
 – **Château Labessière** 1

Moselle (57)
Dieuze - karte 12
 – **Château d'Alteville** 2
Lidrezing - karte 12
 – **La Musardière** 3

Bas - Rhin (67)
Betschdorf - karte 13
 – **Chez M. et Mme Krumeich** 4
Cosswiller - karte 12
 – **Le Tire-Lyre** 5
Dieffenbach-au-Val - karte 12
 – **La Maison Fleurie de Colette Geiger** 6
 – **La Romance** 7
Oberhaslach - karte 12
 – **Neufeldhof** 8
Soultz-les-Bains - karte 12
 – **Le Biblenhof** 9

Haut - Rhin (68)
Oltingue - karte 20
 – **Le Moulin de Huttingue** 10
Riquewihr - karte 12
 – **La Maison Bleue** 11

Vosges (88)
(Le) Thillot - karte 20
 – **Chalet des Ayès** 12

AQUITAINE

Dordogne (24)
Beaumont - karte 23
 – **Château de Regagnac** 13
Bergerac - karte 23
 – **Domaine de la Sabatière** 14

Bourdeilles - karte 23
  – **Chez M. et Mme Trickett** 15
Bouteilles-Saint-Sébastien - karte 23
  – **La Bernerie** 16
(Le) Buisson-de-Cadouin - karte 23
  – **Domaine des Farguettes** 17
  – **Domaine du Pinquet** 18
Cazoulès - karte 23
  – **La Bastide du Lion** 19
Champagnac-de-Belair - karte 23
  – **Château de Laborie** 20
Condat-sur-Vézère - karte 23
  – **La Commanderie** 21
(Le) Coux-et-Bigaroque - karte 23
  – **Cazenac** 22
Domme - karte 23
  – **La Daille** 23
Hautefort - karte 23
  – **Rouach** 24
Issigeac - karte 23
  – **Le Petit Pey** 25
Liorac-sur-Louyre - karte 23
  – **Saint-Hubert** 26
Meyrals - karte 23
  – **Le Prieuré** 27
Monbazillac - karte 23
  – **La Rouquette** 28
Montcaret - karte 22
  – **Fonroque** 29
Mussidan - karte 23
  – **Le Bastit** 30
Sainte-Alvère - karte 23
  – **Le Moulin Neuf** 31
Saint-Pierre-de-Côle - karte 23
  – **Doumarias** 32
Sarlat-la-Canéda - karte 23
  – **Château de Puymartin** 33
Sourzac-Mussidan - karte 23
  – **Le Chaufourg-en-Périgord** 34
Villamblard - karte 23
  – **Manoir de Pouyols** 35

Gironde (33)

Bazas - karte 29
  – **Château d'Arbieu** 36
Blaye - karte 22
  – **Pigou** 37
(La) Brède - karte 22
  – **La Monceau** 38
Castelnau-de-Médoc - karte 22
  – **Château du Foulon** 39
  – **Domaine de Carrat** 40

Gajac-de-Bazas - karte 29
  – **Cabirol** 41
Genissac - karte 22
  – **Domaine de Guillaumat** 42
Lapouyade - karte 22
  – **La Petite Glaive** 43
Monségur - karte 22
  – **Château de la Bûche** 44
Saint-Christoly-de-Blaye - karte 22
  – **La Bergerie** 45
Saint-Ferme - karte 22
  – **Château du Parc** 46
  – **Manoir de James** 47
Saint-Mariens - karte 22
  – **Château de Gourdet** 48
Saint-Martin-de-Laye - karte 22
  – **Gaudart** 49
Saint-Sulpice-et-Cameyrac - karte 22
  – **Château Lamothe** 50
Sauternes - karte 22
  – **Domaine du Ciron** 51

Landes (40)

Biaudos - karte 28
  – **Le Barbé** 52
Campet-Lamolère - karte 29
  – **Lamolère** 53
Levignacq - karte 29
  – **Estounotte** 54
Lit-et-Mixe - karte 28
  – **La Marie Clairière** 55
Luë - karte 29
  – **L'Oustau** 56
Luglon - karte 29
  – **Le Bos de Bise** 57
Montgaillard - karte 29
  – **Château Robert** 58
Port-de-Lanne - karte 28
  – **Au Masson** 59
Saint-Justin - karte 29
  – **Betjean** 60
Saint-Lon-les-Mines - karte 29
  – **Château de Monbet** 61
Saint-Perdon - karte 29
  – **Larroque** 62
Sainte-Marie-de-Gosse - karte 28
  – **Marchannau** 63
Soustons - karte 28
  – **Le Cassouat** 64

Lot - et - Garonne (47)

Cancon - kartes 23 und 30
  – **Chanteclair** 65

– **Manoir de Roquegautier** 66
Envals - karte 23
– **Soubeyrac** 67
Houeillès - kartes 29 und 30
– **Cantelause** 68
Miramont-de-Guyenne - karte 23
– **Frémauret** 69
Monflanquin - karte 23
– **Château de Pechgris** 70
– **Manoir de Barrayre** 71
– **Moulin de Majoulassis** 72
Paulhiac - karte 23
– **L'Ormeraie** 73
Penne-d'Agenais - karte 30
– **L'Air du Temps** 74
Samazan - kartes 29 und 30
– **Château de Cantet** 75
Villeneuve-sur-Lot - karte 30
– **Domaine de Clavié** 76
– **Les Huguets** 77
Villeréal - karte 23
– **Moulin de Labique** 78

Pyrénées - Atlantiques (64)

Arroses - karte 29 und 30
– **Sauveméa** 79
Artigueloutan - karte 29
– **Château Saint-Jean** 80
Bosdarros-Gan - karte 29
– **Trille** 81
Féas - karte 29
– **Château de Boues** 82
Haut-de-Bosdarros - karte 29
– **Ferme de Loutarès** 83
Sames - karte 29
– **Le Lanot** 84
Sare - karte 28
– **Larochoincoborda** 85
– **Maison Dominxenea** 86
– **Olhabidea** 87
Souraïde - karte 28
– **Ferme de Pinodiéta** 88

AUVERGNE - LIMOUSIN

Allier (03)

Chantelle-de-Boussac - karte 25
– **Château de Boussac** 89

Verneix - *karte 17*
 – **Château de Fragne**..90
Villeneuve-sur-Allier - *karte 18*
 – **Château du Riau** 91
Ygrande - *karte 17*
 – **Le Chalet** 92

Cantal (15)

Ally - *karte 24*
 – **Château de la Vigne**..93
Giou-de-Mamou - *karte 24*
 – **Barathe** 94
Saignes - *karte 24*
 – **Château de Bassignac**..95
Salers - *karte 24*
 – **Chez M. et Mme Prudent**..96

Corrèze (19)

Beaulieu-sur-Dordogne - *karte 24*
 – **Château d'Arnac**...97

Creuse (23)

Aubusson - *karte 24*
 – **Domaine des Tilleuls**..98

Haute - Loire (43)

Langeac - *karte 25*
 – **Chez Christiane et Raymond Sdeï** 99
Saint-Front - *karte 25*
 – **Les Bastides de Mézenc** 100

Puy - de - Dôme (63)

Aigueperse - *karte 25*
 – **Château de la Roche** 101
Collanges - *karte 25*
 – **Château de Collanges**...102
Perrier - *karte 25*
 – **Chez M. Gebrillat**..103

Haute - Vienne (87)

Boisseuil - *karte 23*
 – **Moulinard** 104
Châlus - *karte 23*
 – **Les Ourgeaux**..105
Champagnac-la-Rivière - *karte 23*
 – **Château de Brie**..106
Châteauneuf-la-Forêt - *kartes 23 und 24*
 – **La Croix de Reh** 107
Cieux - *karte 23*
 – **Les Hauts de Boscartus**..108
Coussac-Bonneval - *karte 23*
 – **Moulin de Marsaguet**...109

Eymoutiers - karte 24
  – **Fougeolles** 110
Saint-Germain-les-Belles - karte 23
  – **Laucournet** 111
Vaulry - karte 23
  – **Le Repaire** 112

B O U R G O G N E

Côte - d'Or (21)

Chorey-les-Beaune - karte 19
  – **Château de Chorey-les-Beaune** 113
Gevrey-Chambertin - karte 19
  – **Le Relais de Chasse** 114
Longecourt-en-Plaine - karte 19
  – **Château de Longecourt** 115
Montbard - karte 18
  – **L'Enclos** 116
Nan-sous-Thil - karte 18
  – **Château de Beauregard** 117
Nuits-Saint-Georges - karte 19
  – **Domaine de Loisy** 118
Semur-en-Auxois - karte 18
  – **Château de Flée** 119

Nièvre (58)

Alluy - karte 18
  – **Bouteuille** 120
Onlay - karte 18
  – **Château de Lesvault** 121
Pouilly-sur-Loire - karte 17
  – **La Rêverie** 122
Saint-Benin-d'Azy - karte 18
  – **Château du Vieil Azy** 123

Saône - et - Loire (71)

Bissy-sous-Uxelles - karte 19
  – **La Ferme** 124
Buxy - karte 19
  – **Château de Sassangy** 125
(La) Clayette - karte 18
  – **Ferme-Auberge de Lavaux** 126
Fontaines - karte 19
  – **Les Buissonnets** 127
Marcigny - karte 25
  – **Château de la Fredière** 128
  – **Lamy (Chez M. et Mme)** 129
  – **Les Récollets** 130

Palinges - karte 18
  – **Château de Poujux** 131
Paray-le-Monial - karte 18
  – **Château de Martigny** 132
Saint-Germain-du-Plain - karte 19
  – **La Chaumière** 133
Tournus - karte 19
  – **Château de Beaufer** 134

Yonne (89)

Charny - karte 18
  – **Château de Prunoy** 135
Leugny - karte 18
  – **La Borde** 136
Mont-Saint-Sulpice - karte 18
  – **Les Morillons** 137
Perreux - karte 18
  – **La Coudre** 138
Poilly-sur-Serein - karte 18
  – **Le Moulin de Poilly-sur-Serein** 139
Saint-Fargeau - karte 17
  – **La Chasseuserie** 140
Senan - karte 18
  – **Chez Mme Defrance** 141
Venizy - karte 18
  – **Les Lammes** 142
Venoy - karte 18
  – **Domaine de Montpierreux** 143
Villeneuve-sur-Yonne - kartes 10 und 18
  – **Cochepie** 144

B R E T A G N E

Côtes - d'Armor (22)

Calorguen - karte 6
  – **La Tarais** 145
Hillion - karte 6
  – **Château de Bonabry** 146
Lamballe - karte 6
  – **Ferme de Malido** 147
Lancieux - karte 6
  – **Les Hortensias** 148
Lannion - karte 5
  – **Manoir de Kerguéréon** 149
Perros-Guirec - karte 5
  – **Le Colombier** 150
  – **Rosmapamon** 151

Plancoët - *karte 6*
– **La Pastourelle** 152
Plélo - *karte 6*
– **Le Char à Bancs** 153
Plouaret - *karte 5*
– **Le Presbytère** 154
Plougrescant - *karte 5*
– **Manoir de Kergrec'h** 155
Plouguenast - *karte 6*
– **Château de Pontgamp** 156
Ploumilliau - *karte 5*
– **Mogerwen** 157
Pommerit-Jaudy - *karte 5*
– **Château de Kermezen** 158
Saint-André-des-Eaux - *karte 6*
– **Le Presbytère** 159
Saint-Cast - *karte 6*
– **Château du Val d'Arguenon** 160
Saint-Michel-de-Plelan - *karte 6*
– **La Corbinais** 161
Tonquédec - *karte 5*
– **Le Queffiou** 162
Trégon - *karte 6*
– **Château de la Ville-Guérif** 163
– **La Ferme du Breil** 164

Finistère (29)

Carantec - *karte 5*
– **Manoir de Kervezec** 165
Commana - *karte 5*
– **Kerfornedic** 166
Douarnenez - *karte 5*
– **Manoir de Kervent** 167
Kerdruc - *karte 5*
– **Pen Ker Dagorn** 168
Landudec - *karte 5*
– **Château du Guilguiffin** 169
Plougonven - *karte 5*
– **La Grange de Coatélan** 170
Querrien - *karte 5*
– **La Clarté** 171
Riec-sur-Belon - *karte 5*
– **Le Chatel** 172

Ille - et - Vilaine (35)

Dinard - *karte 6*
– **The Laurel Tree** 173
– **Manoir de la Duchée** 174
Fougères - *karte 7*
– **La Forêt** 175
Landujan - *karte 6*
– **Château de Léauville** 176

Saint-Ouen-de-la-Rouërie - *karte 7*
  – **Château des Blosses** 177
Saint-Pierre-de-Plesguen - *karte 6*
  – **Le Petit Moulin du Rouvre** 178
Saint-Suliac - *karte 6*
  – **Les Mouettes** 179

Morbihan (56)

Guidel - *karte 5*
  – **Ty Horses** 180
Ile-aux-Moines - *karte 14*
  – **Le Clos** 181
Josselin - *karte 6*
  – **La Carrière** 182
Locqueltas - *karte 14*
  – **Chaumière de Kérizac** 183
Pluvigner - *karte 5*
  – **Le Cosquer-Trélécan** 184
  – **Les Hortensias** 185
Quéven - *karte 5*
  – **Manoir de Kerlebert** 186
Rochefort-en-Terre - *karte 14*
  – **Château de Talhouët** 187
Saint-Martin-sur-Oust - *karte 14*
  – **Ferme-Auberge du Château de Castellan** 188
Saint-Philibert - *karte 5*
  – **Lann Kermané** 189
(La) Trinité-sur-Mer - *karte 5*
  – **La Maison du Latz** 190

C E N T R E

Cher (18)

Aubigny-sur-Nère - *karte 17*
  – **Château de la Verrerie** 191
(Le) Châtelet-en-Berry - *karte 17*
  – **Domaine de Vilotte** 192
  – **Manoir d'Estiveaux** 193
Saint-Eloy-de-Gy - *karte 17*
  – **La Rongère** 194
Saint-Martin-d'Auxigny - *karte 17*
  – **Château de Quantilly** 195

Eure - et - Loir (28)

Bailleau-L'Evêque - *karte 8*
  – **Ferme du Château** 196
Maillebois - *karte 8*
  – **Château de Maillebois** 197
Saint-Luperce - *karte 8*
  – **Château de Blanville** 198

Indre (36)

Buzançais - karte 16
 – **Château de Boisrenault**..................................199
Méobecq - karte 16
 – **La Maison des Moines**..................................200
Saint-Gaultier - karte 16
 – **Moulin de Chézeaux**..................................201

Indre - et - Loire (37)

Azay-le-Rideau - karte 16
 – **Château du Gerfaut**..................................202
Azay-sur-Cher- karte 16
 – **Le Château du Coteau**..................................203
Beaumont-en-Véron - karte 16
 – **Manoir de Montour**..................................204
La Celle-Guénand - karte 16
 – **La Garenne**..................................205
Chinon - karte 16
 – **Domaine de Pallus**..................................206
Continvoir - karte 16
 – **La Butte de l'Epine**..................................207
Fondettes - karte 16
 – **Manoir du Grand Martigny**..................................208
Panzoult - karte 16
 – **Domaine de Beauséjour**..................................209
Pussigny - karte 16
 – **Le Clos Saint-Clair**..................................210
Richelieu - karte 16
 – **Les Religieuses**..................................211
Rochecorbon - karte 16
 – **Château de Montgouverne**..................................212
Saint-Nicolas-de-Bourgueil - karte 16
 – **Manoir du Port Guyet**..................................213
Savonnières - karte 16
 – **Le Prieuré des Granges**..................................214
 – **Le Prieuré Sainte-Anne**..................................215
Sepmes - karte 16
 – **La Ferme des Berthiers**..................................216
Villandry - karte 16
 – **Manoir de Foncher**..................................217
Vouvray - karte 16
 – **Château de Jallanges**..................................218

Loir - et - Cher (41)

Chaumont-sur-Tharonne - karte 17
 – **La Farge**..................................219
Contres - karte 16
 – **La Rabouillère**..................................220
Danzé - karte 16
 – **La Borde**..................................221
Mont-près-Chambord - karte 16
 – **Manoir de Clénord**..................................222

Muides-sur-Loire - karte 16
 – **Château de Colliers** 223
Onzain - karte 16
 – **En Val de Loire** 224
Saint-Denis-sur-Loire - karte 16
 – **La Villa Médicis** 225
Troo - karte 16
 – **Château de la Voûte** 226
Villeny - karte 17
 – **Château de la Giraudière** 227

Loiret (45)

Gien - karte 17
 – **Sainte-Barbe** 228

CHAMPAGNE - ARDENNES

Aube (10)

Petit-Mesnil - karte 11
 – **La Giberie** 229

Marne (51)

Etoges-par-Montmort - karte 10
 – **Château d'Etoges** 230
Igny-Comblizy - karte 10
 – **Château du Ru Jacquier** 231
Rosnay - karte 10
 – **Domaine des Oiseaux** 232

Haute-Marne (52)

Montier-en-Der - karte 11
 – **Domaine de Boulancourt** 233

FRANCHE-COMTE

Doubs (25)

(La) Longeville - karte 20
 – **Le Crêt l'Agneau** 234
Mancenans-Lizerne - karte 20
 – **Château de l'Hermitage** 235

Jura (39)

Gévry - karte 19
 – **Rue du Puits** 236

Moirans-en-Montagne - karte 19
  – **Ferme-Auberge de la Bergerie** 237
Rotalier - karte 19
  – **Château Gréa** 238

Haute - Saône (70)

Vesoul - karte 20
  – **Château d'Epenoux** 239

ILE - DE - FRANCE

Seine - et - Marne (77)

Dammarie-les-Lys - karte 9
  – **La Ferme de Vosves** 240

Thomery - karte 9
  – **Vivescence** 241

Yvelines (78)

Maule - karte 9
  – **Mont au Vent** 242
Villepreux - karte 9
  – **Château de Villepreux** 243

LANGUEDOC - ROUSSILLON

Gard (30)

Aramon - karte 33
  – **Le Rocher Pointu** 244
Barjac - karte 32
  – **Mas de la Ville** 245
Lussan - karte 32
  – **Beth** 246
Ribaute-les-Tavernes - karte 32
  – **Château de Ribaute** 247
Saint-Ambroix - karte 32
  – **Mas de Casty** 248
Saint-Chaptes - karte 32
  – **Mas du Platane** 249
Sommières - karte 32
  – **Hôtel de l'Orange** 250
Uzès - karte 33
  – **Cruviers** 251

Vers-Pont-du-Gard - *karte 33*
  – **Le Grand Logis**..252

Hérault (34)

Capestang - *kartes 31 und 32*
  – **Domaine de la Redonde** 253
Cazilhac-Ganges - *karte 32*
  – **Aux 3 Cèdres**..254
Plaissan - *karte 32*
  – **Les Prunus** 255
Pomérols - *karte 32*
  – **Domaine de Fon de Rey** 256

Pyrénées - Orientales (66)

Caixas - *karte 31*
  – **Mas Cammas** 257

M I D I - P Y R E N E E S

Ariège (09)

Mirepoix - *karte 31*
  – **Château de Camon**..258
Pamiers - *karte 31*
  – **Saint-Genès**..259
Saint-Félix-de-Tournegat - *karte 31*
  – **Domaine de Montagnac** 260
Serres-sur-Arget - *karte 30*
  – **Le Poulsieu**...261
Varilhes - *karte 31*
  – **Baudeigne**...262

Aveyron (12)

Aguessac - *kartes 31 und 32*
  – **Ferme-Auberge de Quiers** 263
Saint-Léons - *karte 31*
  – **Château de Saint-Léons**..264

Haute - Garonne (31)

Caraman - *karte 31*
  – **Château de Croisillat** 265
Cintegabelle - *karte 30*
  – **Serres d'en Bas** 266
Grenade-sur-Garonne - *karte 30*
  – **Château de Larra**..267
Montpitol - *karte 31*
  – **Stoupignan** 268
Saint-Martory - *karte 30*
  – **Domaine de Ménaut** 269

Gers (32)

Avensac - *karte 30*
- **La Chavinière** 270
- **Le Petit Robin** 271

Eauze - *kartes 29 und 30*
- **Ferme de Mounet** 272

Lartigue - *karte 30*
- **Le Moulin de Mazères** 273

Lectoure - *karte 30*
- **Le Vieux Pradoulin** 274

Miélan - *karte 30*
- **La Tannerie** 275

Pessoulens - *karte 30*
- **Le Pigeonnier** 276

Tournecoupe - *karte 30*
- **En Bigorre** 277

Lot (46)

Belaye - *karte 30*
- **Château de Cousserans** 278

Espère - *karte 30*
- **Domaine de Labarthe** 279

Gramat - *karte 24*
- **Moulin de Fresquet** 280

Lalbenque - *karte 30*
- **L'Ermitage** 281

Montcuq - *karte 30*
- **La Petite Auberge** 282

Puy-l'Evêque - *kartes 23 und 30*
- **Domaine du Barry Barran** 283

Hautes - Pyrénées (65)

Pinas - *karte 30*
- **Domaine de Jean-Pierre** 284

Tarn (81)

Castelnau-de-Montmiral - *karte 31*
- **Chez Mme Salvador** 285

Garrevaques - *karte 31*
- **Château de Garrevaques** 286

Larroque - *karte 31*
- **Meilhouret** 287

Lautrec - *karte 31*
- **Château de Montcuquet** 288

Lavaur - *karte 31*
- **Taverne de la Dame du Plô** 289

Lempaut - *karte 31*
- **Montpeyroux** 290
- **Villa Les Pins** 291

Paulinet - *karte 31*
- **Domaine équestre des Juliannes** 292

NORD - PAS-DE-CALAIS

Nord (59)

Jenlain - karte 3
– **Château d'En Haut** 293

Pas-de-Calais (62)

Audinghen - karte 1
– **La Maison de la Houve** 294

Azincourt - karte 2
– **La Gacogne** 295

Duisans - karte 2
– **Le Clos Grincourt** 296

Escalles - karte 1
– **La Grand'Maison** 297

NORMANDIE

Calvados (14)

Asnières-en-Bessin - karte 7
– **Château d'Asnières-en-Bessin** 298

Bayeux - karte 7
– **Le Castel** 299
– **Château de Vaulaville** 300
– **Chez M. et Mme Rogoff** 301

Bretteville-sur-Laize - karte 7
– **Château des Riffets** 302

Bures-sur-Dives - karte 7
– **Manoir des Tourpes** 303

(La) Cambe - karte 7
– **Domaine de la Picquoterie** 304
– **Ferme Savigny** 305

Caumont-l'Eventé - karte 7
– **Le Relais** 306

Clecy-le-Vey - karte 7
– **La Ferme du Vey** 307

Dozulé - karte 7
– **Chez Mme Hamelin** 308

Fierville-les-Parcs - karte 8
– **Château des Parcs-Fontaine** 309

Géfosse-Fontenay - karte 7
– **L'Hermerel** 310

Isigny-sur-Mer - karte 7
– **Château de Vouilly** 311
– **Ferme de la Rivière** 312

Monts-en-Bessin - karte 7
– **La Varinière** 313

Saint-Aubin-Lebizay - *karte 8*
  – **Cour l'Epée** 314
Saint-Philibert-des-Champs - *karte 8*
  – **La Ferme des Poiriers Roses** 315
Trévières - *karte 7*
  – **Château de Colombières** 316
  – **Ferme de l'Abbaye** 317
  – **Manoir de l'Hormette** 318

Eure (27)

Beuzeville - *karte 8*
  – **Chez Régine Bultey** 319
Beuzeville (suite) - *karte 8*
  – **Le Vieux Pressoir** 320
Cormeilles - *karte 8*
  – **Château de Saint-Gervais** 321
Dangu - *karte 9*
  – **Les Ombelles** 322
Routot - *karte 8*
  – **Château du Landin** 323
Rugles - *karte 8*
  – **Château du Hannoy** 324
Saint-Denis-le-Ferment - *karte 9*
  – **Le Four à Pain** 325
Tourville-la-Campagne - *karte 8*
  – **La Michaumière** 326

Manche (50)

Barfleur - *karte 7*
  – **Manoir d'Arville** 327
Barneville-Karteret - *karte 6*
  – **Manoir de Caillemont** 328
Carentan - *karte 7*
  – **Le Bel Enault** 329
Coigny - *karte 7*
  – **Château de Coigny** 330
Ducey - *karte 7*
  – **Le Homme** 331
Hébécrevon - *karte 7*
  – **Château de la Roque** 332
Percy - *karte 7*
  – **Le Cottage de la Voisinière** 333
Sainte-Geneviève - *karte 7*
  – **La Fèvrerie** 334
Saint-Germain-de-Tournebut - *karte 7*
  – **Château de la Brisette** 335
Sourdeval-la-Barre - *karte 7*
  – **La Maurandière** 336

Orne (61)

Crouttes - *karte 8*
  – **Le Prieuré Saint-Michel** 337

Moulicent - *karte 8*
– **La Grande Noé** 338

Seine - Maritime (76)

Bosc-Roger-sur-Buchy - *kartes 1 und 8*
– **Le Château** 339
Gonneville-sur-Scie - *kartes 1 und 8*
– **Domaine de Champdieu** 340
Melleville - *karte 1*
– **La Marette** 341
Senneville-sur-Fécamp - *karte 8*
– **Le Val de la Mer** 342
Valmont - *kartes 1 und 8*
– **Le Clos du Vivier** 343

PAYS DE LA LOIRE

Loire - Atlantique (44)

Carquefou - *karte 14*
– **Château du Housseau** 344
(La) Regrippière - *Vallet* - *karte 15*
– **Domaine de la Morinière** 345
Sainte-Pazanne - *karte 14*
– **La Plauderie** 346
Varades - *karte 15*
– **Château de la Jaillière** 347

Maine - et - Loire (49)

Champigné - *karte 15*
– **Château des Briottières** 348
Chênehutte-les-Tuffeaux - *karte 15*
– **Beauregard** 349
Fontevraud-l'Abbaye - *kartes 15 und 16*
– **Le Domaine de Mestré** 350
Grez-Neuville - *karte 15*
– **La Croix d'Etain** 351
(La) Jaille-Yvon - *karte 15*
– **Château du Plessis** 352
Lézigné - *karte 15*
– **Préfontaine** 353
Neuillé - *karte 15*
– **Château du Goupillon** 354
Noyant - *karte 16*
– **Moulin de Rabion** 355
Saint-Mathurin-sur-Loire - *karte 15*
– **Le Verger de la Bouquetterie** 356

Saumur- karte 15
- **La Croix de la Voulte** 357
- **Domaine du Marconnay** 358

Mayenne (53)

Château-Gontier - karte 15
- **Mirvault** 359

Laval - karte 7
- **Château du Bas du Gast** 360

Ruillé-Froid-Fonds - karte 15
- **Villeprouvé** 361

Saint-Denis-d'Anjou - karte 15
- **Le Logis et les Attelages du Ray** 362
- **La Maison du Roi René** 363

Sainte-Suzanne - karte 7
- **Le Chêne Vert** 364

Sarthe (72)

(La) Bruère - karte 16
- **Château le Grand-Perray** 365

Champfleur - karte 8
- **Garencière** 366

Marigné-Laillé - karte 16
- **Manoir du Ronceray** 367

Saint-Paterne - karte 8
- **Château de Saint-Paterne** 368

Solesmes - karte 15
- **Le Fresne** 369

Volnay - karte 16
- **Le Domaine du Grand Gruet** 370

Vendée (85)

Chantonay - karte 15
- **Manoir de Ponsay** 371

Doix - karte 15
- **Logis de Chalusseau** 372

(L') Ile d'Yeu - karte 14
- **Le Petit Marais des Broches** 373

Le-Gué-de-Velluire - karte 15
- **Le Logis d'Elpénor** 374

Maillezais - karte 15
- **Chez Mme Bonnet** 375

Mervent - karte 15
- **Le Logis de la Cornelière** 376

Moreilles - karte 15
- **Le Château** 377

Saint-Christophe-du-Ligneron - karte 14
- **Le Castel du Verger** 378

Saint-Mathurin - karte 14
- **Château de la Millière** 379

Saint-Maurice-des-Noués - karte 15
 – **Le Fief Mignoux** 380
Thouarsais-Bouildroux - karte 15
 – **Château de la Cacaudière** 381

PICARDIE

Aisne (02)

Berzy-le-Sec - kartes 2 und 10
 – **La Ferme de Léchelle** 382
Chérêt - kartes 3 und 10
 – **Le Clos** 383
Vic-sur-Aisne - kartes 2 und 10
 – **Domaine des Jeanne** 384
Viels-Maisons - karte 10
 – **Les Patrus** 385
Villers-Agron - karte 10
 – **Ferme du Château** 386

Oise (60)

Amblainville - karte 9
 – **Chez Mme Gittermann** 387
Chambors - karte 9
 – **Chez M. et Mme Bernard** 388
Fontaine-Chaalis - karte 9
 – **La Bultée** 389

Somme (80)

Argoule-par-Rue - karte 1
 – **Abbaye de Valloires** 390
Behen - karte 1
 – **Château des Alleux** 391
Oisemont - karte 1
 – **Château de Foucaucourt** 392
Port-le-Grand - karte 1
 – **Le Bois de Bonance** 393
 – **Ferme du Bois de Bonance** 394

POITOU-CHARENTES

Charente (16)

Bioussac-Ruffec - karte 23
 – **La Grande Métairie** 395

Fléac - karte 22
  – **La Breuillerie** 396
Roullet-Saint-Estèphe - karte 22
  – **Logis de Romainville** 397
Vouzan - karte 23
  – **Les Granges** 398

Charente - Maritime (17)

Antezant - karte 22
  – **Le Maurençon** 399
Dompierre-sur-Charente - karte 22
  – **Le Logis** 400
Plassay - karte 22
  – **La Jaquetterie** 401
  – **Le Logis de l'Epine** 402
(La) Rochelle - karte 22
  – **33, rue Thiers** 403
Saint-Fort-sur-Gironde - karte 22
  – **Château des Salles** 404
Saint-Jean-d'Angely - karte 22
  – **Chez M. et Mme Howarth** 405
  – **Rennebourg** 406
Saint-Pierre-d'Oléron - karte 22
  – **Bonnemie** 407
  – **Le Clos** 408
Saint-Simon-de-Pellouaille - karte 22
  – **Château de la Tillade** 409
Saint-Xandre - karte 22
  – **Aguzan** 410
Sainte-Marie-de-Ré - karte 22
  – **La Treille Marine** 411

Deux - Sèvres (79)

Argenton-l'Eglise - karte 15
  – **Château de la Roche** 412

Vienne (86)

Archigny - karte 16
  – **La Talbardière** 413
Brux-Civray - karte 23
  – **Château d'Epanvilliers** 414
Chauvigny - karte 16
  – **La Veaudepierre** 415
Couhé - karte 16
  – **Moulin de la Dive** 416
Lavoux - karte 16
  – **Les Godiers** 417
  – **Le Logis du Château du Bois Dousset** 418
Poitiers - karte 16
  – **Château de Vaumoret** 419
Pouant - karte 16
  – **Le Bois Goulu** 420

Prinçay - *karte 16*
 – **Château de la Roche du Maine** 421
Roches-Prémarie - *karte 16*
 – **Château de Prémarie** 422
(Les) Trois-Moutiers - *karte 15*
 – **Château de Ternay** 423
Vicq-sur-Gartempe - *karte 16*
 – **La Malle Poste** 424

PROVENCE-COTE D'AZUR

Alpes - de - Haute - Provence (04)

Céreste - *karte 33*
 – **Le Pigeonnier** 425
Roumoules - *karte 34*
 – **Le Vieux Castel** 426

Hautes - Alpes (05)

(La) Salle-les-Alpes - *karte 27*
 – **Le Pi-Maï** 427
Serres - *karte 33*
 – **L'Alpillonne** 428
Veynes - *karte 27*
 – **Château de Montmaur** 429

Alpes - Maritimes (06)

Antibes - *karte 35*
 – **La Bastide du Bosquet** 430
Juan-les-Pins - *karte 35*
 – **La Bergerie** 431
Sospel - *karte 35*
 – **Domaine du Paraïs** 432

Bouches - du - Rhône (13)

(Les) Baux-de-Provence - *karte 33*
 – **La Burlande** 433
Cabannes - *karte 33*
 – **Mas du Barrié** 434
Mollegès - *karte 33*
 – **Le Mas de l'Ange** 435
Saint-Martin-de-Crau - *karte 33*
 – **Château de Vergières** 436

Var (83)

(Le) Beausset - *karte 34*
 – **Les Cancades** 437
Callian - *karte 34*
 – **Domaine du Riou Blanc** 438

Cavalaire - karte 34
- **L'Ormarine** 439

Entrecasteaux - karte 34
- **Château d'Entrecasteaux** 440

Grimaud - karte 34
- **Le Mazet des Mûres** 441

Montferrat - karte 34
- **La Calanco** 442

Roquebrune-sur-Argens - karte 34
- **La Maurette** 443
- **Vasken** 444

Vaucluse (84)

Ansouis - karte 33
- **Le Jardin d'Ansouis** 445

Avignon - karte 33
- **La Ferme Jamet** 446

Bollène - karte 33
- **Château de Saint-Ariès** 447

Bonnieux - karte 33
- **Bonne Terre** 448
- **La Bouquière** 449

Crillon-le-Brave - karte 33
- **Clos Saint-Vincent** 450

Gordes - karte 33
- **Au Ralenti du Lierre** 451

(L') Isle-sur-la-Sorgue - karte 33
- **La Méridienne** 452
- **Sous les Canniers** 453

Lagnes - karte 33
- **Mas du Grand Jonquier** 454
- **Saint-Buc** 455

Lourmarin - karte 33
- **Domaine de la Lombarde** 456
- **Villa Saint-Louis** 457

Malemort-du-Comtat - karte 33
- **Château Unang** 458

Oppède - karte 33
- **Mas de Capelans** 459

Saint-Saturnin-lès-Apt - karte 33
- **Mas de Lumière** 460

Vaison-la-Romaine - karte 33
- **L'Evêché** 461
- **La Fête en Provence** 462

Valréas - karte 33
- **Mastignac** 463

Venasque - karte 33
- **La Maison aux Volets Bleus** 464

RHONE - ALPES

Ain (01)

Saint-André-sur-Vieux-Jonc - karte 26
 – Manoir de Marmont 465

Ardèche (07)

Alba-la-Romaine - karte 26
 – Le Jeu du Mail 466
Lablachère - karte 32
 – Maison Icare 467
Lamastre - karte 26
 – Mounens 468
Pourchères - karte 26
 – Chez Marcelle et Jean-Nicolas Goetz 469
Saint-Martial - karte 25
 – Chez Claire 470
Saint-Martin-de-Lavezon - karte 26
 – La Ferme du Pic d'Allier 471
Saint-Paul-le-Jeune - karte 32
 – Scarlett's 472
Vernoux-en-Vivarais - karte 26
 – Ferme de Prémauré 473
(La) Voulte - karte 26
 – Grangeon 474

Drôme (26)

Baume-de-Transit - karte 33
 – Domaine Saint-Luc 475
Buis-les-Baronnies - karte 33
 – Les Grand' Vignes 476
Châteaudouble - karte 26
 – Domaine du Grand Lierne 477
Mérindol-les-Oliviers - karte 33
 – Le Balcon de Rosine 478
Nyons - karte 33
 – Ferme de Moutas 479
Pont-de-Barret - karte 26
 – Les Tuillières 480
Suze-la-Rousse - karte 33
 – Mas de Champelon 481

Isère (38)

Gillonay - karte 26
 – La Ferme des Collines 482
Villard-de-Lans - karte 26
 – Le Val Sainte-Marie 483

Loire (42)

Saint-Sauveur-en-Rue - karte 26
 – Château-Auberge de Bobigneux 484

Rhône (69)

Jarnioux - *karte 26*
 – **Château de Bois-Franc** 485
Lyon-Ecully - *karte 26*
 – **Saint-Colomban Lodge** 486
Villié-Morgon - *karte 26*
 – **La Javernière** 487

Savoie (73)

Aix-les-Bains - *karte 27*
 – **La Revardière** 488
Crest-Voland - *karte 27*
 – **Le Selué** 489
Peisey-Nancroix - *karte 27*
 – **Chez M. et Mme Coutin** 490
(La) Rochette - *karte 27*
 – **Les Châtaigniers** 491

Haute - Savoie (74)

Ayze - *karte 27*
 – **La Maison des Gallinons** 492
Chamonix - *karte 27*
 – **La Girandole** 493

ZEICHENERKLÄRUNG

Maßstab der Karten : 1: 1 000 000
Karten Nr. 30 und 31 : 1: 1 180 000

AUTOBAHNEN

- ❶ Beidseitige Anschlußstelle
- ❷ Halbseitige Anschlußstelle
- ❸ Gebührenstelle

Entfernungsangaben
- ❶ Fernkilometer
- ❷ Nahkilometer

Autobahn
- ❶ im Bau
- ❷ in Planung

STRASSENKLASSIFIKATION

Zweibahnige Schnellstraße

Hauptverkehrsstraße

Gut ausgebaute Nebenstraße

Sonstige Straße

Straße ❶ im Bau
      ❷ in Planung

ORTKLASSIFIKATION

❶ nach Einwohnern

- unter 10.000 Einwohner
- von 10.000 bis 30.000
- von 30.000 bis 50.000
- von 50.000 bis 100.000
- über 100.000 Einwohner
- Städtisches Siedlunggebiet über 50.000 Einwohner

❷ Verwaltungsmäßig
- Sitz des Départements — **TARBES**
- Sitz des Arrondissements — **CARPENTRAS**
- Sitz des Kantons — **Combeaufontaine**
- Gemeinde, Weiler — Andrézieux-Bouthéon

STRASSENBREITE

4 Spuren

3 Spuren oder 2 breite Spuren

2 normal Spuren

Schmale Straße

Entfernungsangaben
- ❶ Fernkilometer
- ❷ Nahkilometer

GRENZEN

Staatsgrenze

Departementsgrenze

TOURISMUS

Sehenswertes Objekt — Chenonceaux

besonders sehenswertes Objekt — **Amboise**∗

bedeutende landschaftliche Sehenswürdigkeit — Roches de Ham

bemerkenswertes Schloß

bemerkenswertes Ruinen

Abtei

Naturpark

SONSTIGE ZEICHEN

Flughafen

Staudamm

Kanal

Autofähre

Autottransport per Bahn

Pass

Bergspitze — ▲ 2392

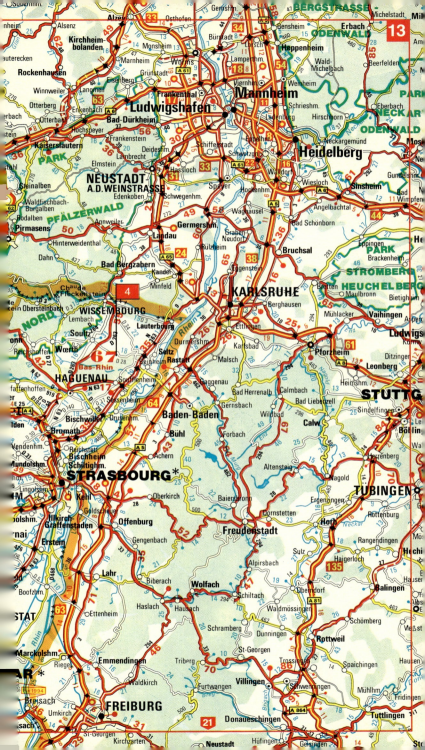

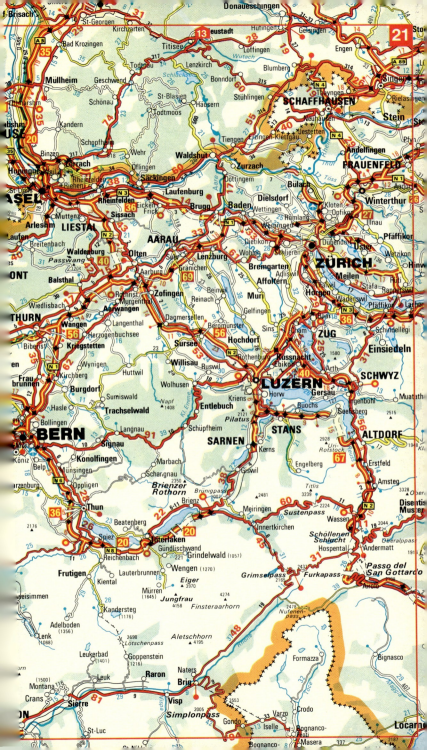

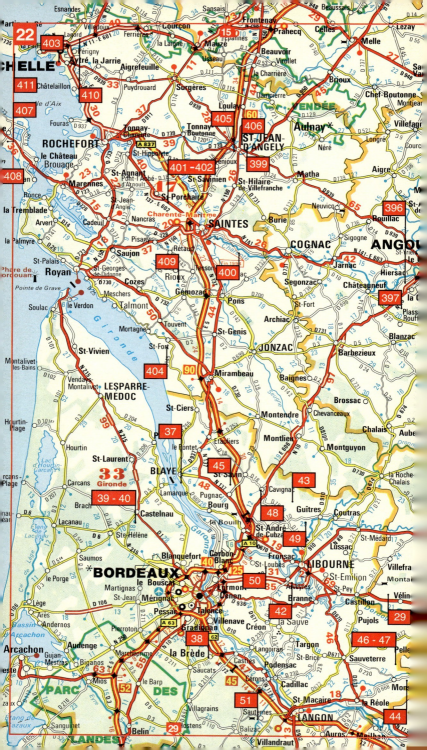

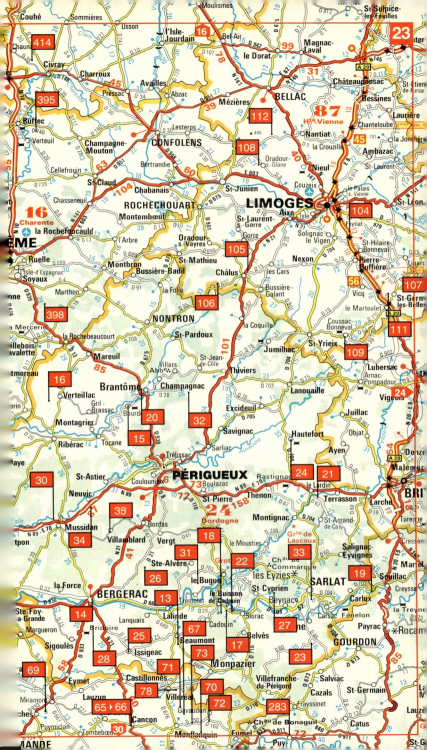

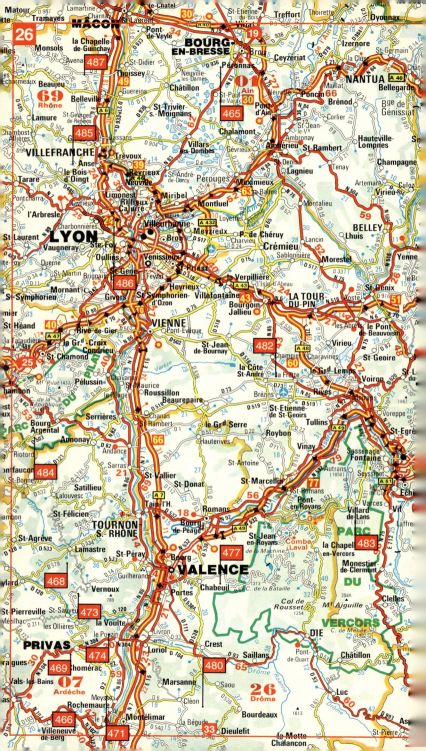

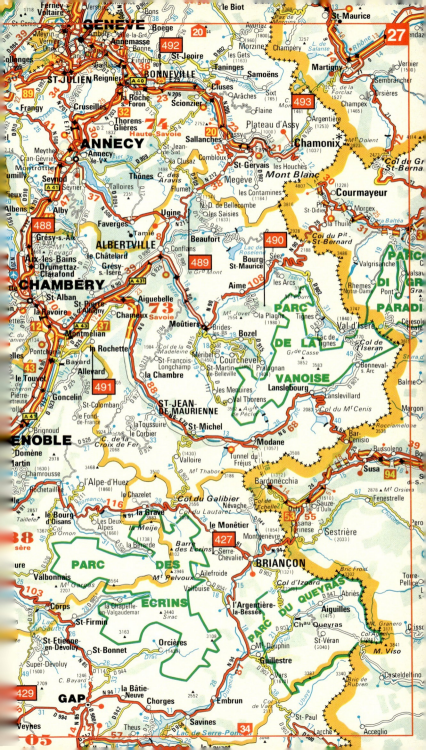

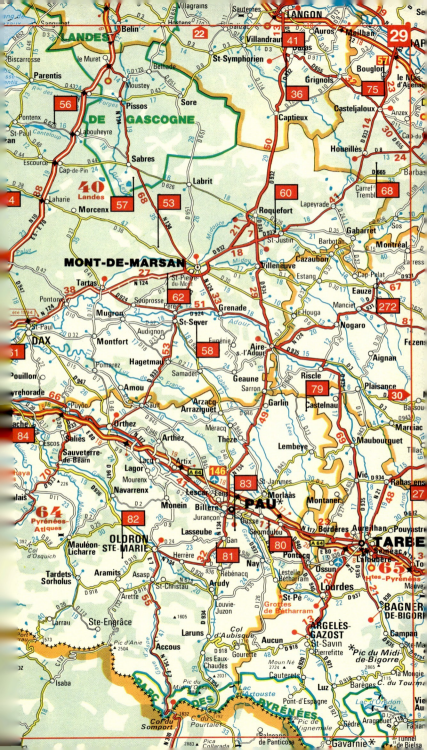

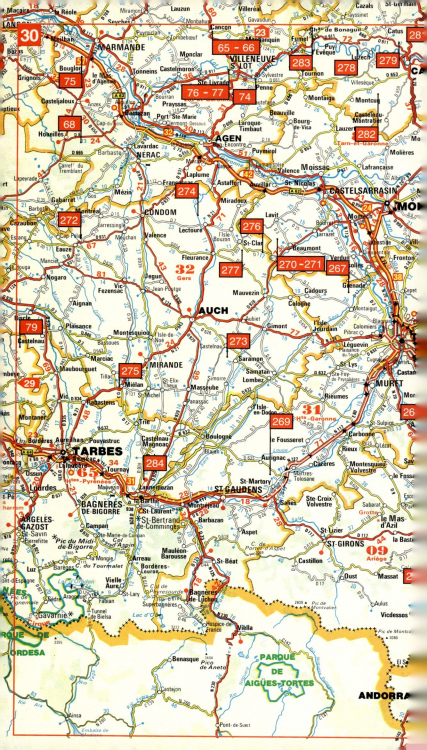

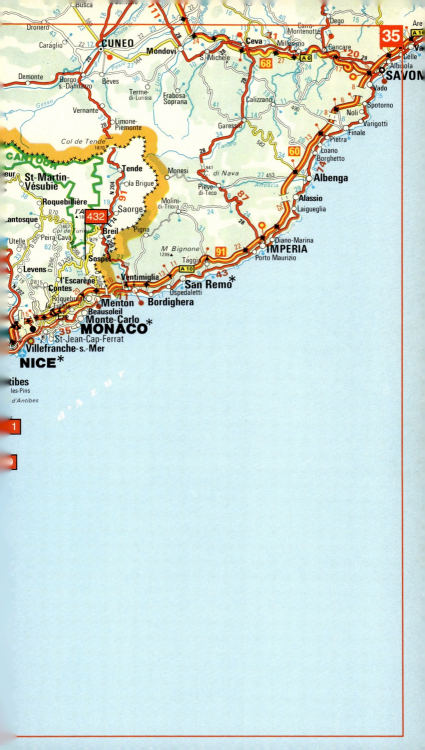

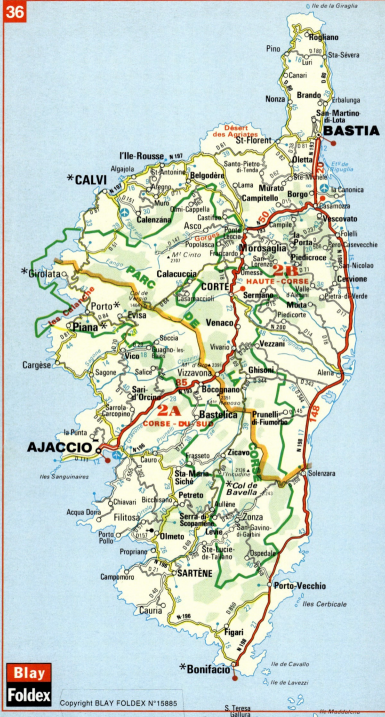

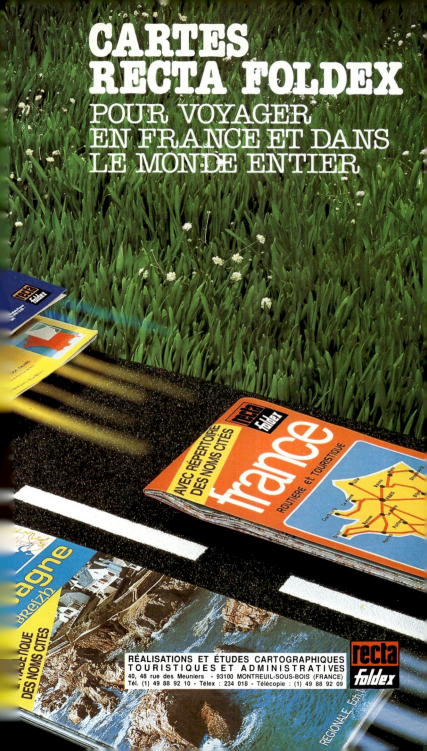

ELSASS - LOTHRINGEN

1 - Château de Labessière

55320 Ancemont
(Meuse)
Tel. 29 85 70 21
Fax 29 87 61 60
M. und Mme Eichenauer

♦ Währ. der Feiertage zum Jahresende geschl. ♦ 2 Zi. m. Bad od. Dusche, WC u. 1 Suite (5 Pers.) m. Dusche, WC: 200 F (1 Pers.), 275 F (2 Pers.); Suite 450 F (4 Pers.) + 60 F (zusätzl. Pers.) ♦ Frühst. inkl. ♦ Gemeins. od. individ. Abendessen: 100-125 F ♦ Salon ♦ Eig. Schwimmb.m. Balneo ♦ Umgebung: Golf, Reiten, Angeltour m. Kunstfliegen (4 km); Madine-See, Wald von Argonne, Saulx-Tal♦ Man spricht Deutsch u. Englisch. ♦ **Anreise** (Karte Nr. 11): Autob. Straßburg, Ausf. Verdun, dann Rtg. Dieue. Rechts Rtg. Ancemont od. Auob. Paris, Ausfahrt "Voie Sacrée" Rtg. Bar-le-Buc bis Lemmes, dann links Rtg. Senoncourt-Ancemont.

Dieses kleine Schloß liegt im Dorf Ancemont einem alten Waschhaus gegenüber. Die Inneneinrichtung ist vollkommen neu. Sie werden hier sehr freundlich aufgenommen und schlafen in komfortablen Zimmern mit sehr schönen alten Schränken. Das Mobiliar im Erdgeschoß ist weniger authentisch... Das Frühstück und das gute Abendessen werden an mehreren Tischen in einem angenehmen Speiseraum serviert. Im schönen Garten hört man schon mal vorbeifahrende Autos.

2 - Château d'Alteville

Tarquimpol
57260 Dieuzé
(Moselle)
Tel. 87 86 92 40
Fax 87 86 02 05
M. und Mme L. Barthélémy

♦ Vom 1. April bis 1. Nov. geöffn. ♦ 10 Zi. m. Bad, WC (8 Zi. m. Tel.): 450-500 F (2 Pers.) u. 1 App. m. Küche u. Bad: wöchentl. zu mieten, 500 F pro Tag (2 Pers.) ♦ Frühst.: 40 F ♦ Gemeins. Abendessen auf Bestellung: 200 F (ohne Wein), Rest. in unm. Umgeb. ♦ Kl. Hunde auf Anfr. erlaubt (+ 55 F) ♦ Umgebung: Tennis, Reiten, Angeln ♦ Man spricht Englisch u. Deutsch. ♦ **Anreise** (Karte Nr. 12): 54 km östl. von Nancy über die N 74 u. die D 38 nach Dieuzé, die D 999 Rtg. Gelucourt u. die D 199f, dann die D 199 G.

Ein sehr schöner Großgrundbesitz in der Nähe zahlreicher Seen mit wunderbarem Interieur: Bibliothek mit Billard, Salon mit echten alten Möbeln, Eßzimmer mit zahlreichen Jagdtrophäen. Die Zimmer wurden mit modernem Komfort renoviert, jedoch ganz im alten Stil belassen und haben alle Ausblick auf den Park. Gute Bewirtung mit Kristall und Tafelsilber. Der Stil des Hauses ist gehoben, aber natürlich.

ELSASS - LOTHRINGEN

3 - La Musardière

57340 Lidrezing
(Moselle)
Tel. 87 86 14 05
Fax 87 86 40 16
Cécile und René Mathis

♦ Von Ostern bis Allerheiligen geschl. ♦ 3 Zi. m. Salon, Bad od. Dusche (1 mit Balneo: 80 F Zuschl.), WC, TV, Minibar (1 Zi. m. Tel): 295 F (2 Pers.) ♦ Frühst. inkl. ♦ Gemeins. Abendessen auf Bestellung: 110 F (ohne Wein) ♦ Salon ♦ Hunde nicht erlaubt ♦ Kennenlernen u. Kosten der Gewürze aus dem eigenen Garten ♦ Umgebung: Tennis, Golf, Reiten, Waldwanderungen im Regionalpark der Lorraine; Vic-sur-Seille, Marsal ♦ Man spricht Englisch u. Deutsch. ♦ **Anreise** (Karte Nr. 12): Autob. A 31 (20 km südl. von Metz), Ausfahrt Saint-Avold. In Han-sur-Nied die D 999 Rtg. Morhange, dann 10 km Rtg. Dieuze (ausgeschildert).

Ein schlichtes, kleines Dorfhaus, in dem Sie zuvorkommend und freundlich aufgenommen werden. Die Zimmer sind ruhig, sehr gepflegt und voller angenehmer Details für die Gäste. Gute Bewirtung in einem hellen Raum mit Blick auf den Garten mit ca. 30 verschiedenen Gewürzarten.

4 - Chez M. et Mme Krumeich

23, rue des Potiers
67660 Betschdorf
(Bas-Rhin)
Tel. 88 54 40 56
Fax 88 54 47 67
M. und Mme Krumeich

♦ Ganzj. geöffn. ♦ 3 Zi. m. Dusche, WC u. TV: 200-290 F (2 Pers.) + 80 F (zusätzl. Pers.) ♦ Frühst. inkl. ♦ Kein Speisenangebot - Rest.: "La Table des Potiers" in Betschdorf ♦ Abstellpl. für Autos ♦ Gartensalon ♦ Kreditk.: Visa ♦ Hunde nicht erlaubt ♦ Töpferkurs (m. Zuschlag) im Haus ♦ Umgebung: Schwimmbad, Tennis; Töpfermuseum, Route der malerischen Dörfer ♦ Man spricht Englisch u. Deutsch. ♦ **Anreise** (Karte Nr. 13): 15 km nördl. von Hagenau über die D 263 Rtg. Wissembourg, dann die D 243.

Betschdorf ist berühmt wegen seines Töpferhandwerks, und es ist auch eine Töpferfamilie, bei der Sie wohnen. Drei Zimmer unterschiedlicher Größe erwarten Sie. Alle sind hübsch ausgestattet, ausgesprochen komfortabel und ruhig, denn sie liegen fern der Straße. Der Frühstücksraum ist ganz mi Pinienholz verkleidet und mit einigen Steinguttöpfereien verschönt Hübscher Garten voller Blumen und sehr freundlicher Empfang.

ELSASS - LOTHRINGEN

5 - Le Tire-Lyre

2, hameau du Tirelire
67310 Cosswiller
(Bas-Rhin)
Tel. 88 87 22 49
Mme Maud Bochard

♦ Im Juli geschl. ♦ Mind. 2 Üb. ♦ 3 Zi. u. 1 Suite (2 Zi., 4 Pers.) m. Bad, WC: 285 F (1 Pers.), 325-350 F (2 Pers.); Suite: 550 F ♦ Frühst. inkl., zusätzl. Pers.: 35 F ♦ Kein Speisenangebot - Bauerngasthof im Dorf (Wochenende) u. Rest. "Les Douceurs Marines" (3 km) ♦ Kreditkarten akz. ♦ Hunde im Zwinger erlaubt ♦ Umgebung: Tennis, Reiten, 18-Loch-Golfpl. (28 km), Wanderwege (GR); Schlösser, das Dorf Westhoffen ♦ Man spricht Italienisch ♦ **Anreise** (Karte Nr. 12): 25 km westl. von Straßburg. RN 4 zwischen Straßburg und Saverne. In Wasselonne Rtg. Cosswiller. Cosswiller bis z. Springbrunnen durchqueren, nach 800 m Weg des Weilers, dann ausgeschildert.

Dieses hübsche Haus mit Garten, das in einem von Weiden und Wald umgebenen Dörfchen liegt, sticht sofort ins Auge. Hier werden Sie ein charmantes, sehr gepflegtes Interieur entdecken, das Madame Bochard liebevoll u.a. mit einigen alten Möbeln eingerichtet hat. Ihre Leidenschaft für schöne Stoffe kommt in all den komfortablen Zimmern zum Ausdruck, wo Gardinen, Betthimmel, Daunendecken usw. aufeinander abgestimmt sind. Hervorragendes, auf schönem Porzellan serviertes Frühstück.

6 - La Maison Fleurie de Colette Geiger

19, route de Neuve-Eglise
67220 Dieffenbach-au-Val
(Bas-Rhin)
Tel. 88 85 60 48
Mme Geiger

♦ Ganzj. geöffn. ♦ 3 Zi. m. Dusche, WC: 170 F (1 Pers.), 210 F (2 Pers.) + 80 F (zusätzl. Pers.) u. 1 Studio (3 Pers.) m. Dusche, WC u. Kochnische : 250 F (2 Pers.) ♦ Frühst. inkl. ♦ Kein Speisenangebot - Rest. in Umgebung ♦ Zimmerreinigung tägl. ♦ Salon ♦ Kl. Hunde auf Anfr. erlaubt ♦ Umgebung: Tennis, Schwimmbad (4 km), Langlauf- u. Abfahrtsski (15 km), Ober-Königsberg, Reichenweiher, Weinstraße, Berg Sainte-Odile, Storchgarten, Adlergehege ♦ Man spricht Deutsch ♦ **Anreise** (Karte Nr. 12): 15 km nordwestl. v. Sélestat über die D 424 bis Villé, dann die D 697.

Am Hang eines kleinen Dorfes mit weit auseinanderliegenden Häusern liegt dieses typisch elsässische, blumengeschmückte Haus. Madame Geiger wird Sie an der Haustür mit einem freundlichen Lächeln begrüßen. Ihre kleinen Zimmer sind schlicht und sehr gepflegt. Während Ihres Aufenthalts werden Sie von dem angenehmen Garten profitieren. Das gute Frühstück wird am großen Tisch im Eßzimmer oder draußen auf der Terrasse serviert. Zahlreiche touristische Ziele in nächster Umgebung.

ELSASS - LOTHRINGEN

7 - La Romance

17, route de Neuve-Eglise
Dieffenbach-au-Val
(Bas-Rhin)
Tel. 88 85 67 09
M. und Mme Serge Geiger

1995

♦ Ganzj. geöffn. ♦ Für Nichtraucher ♦ mind. 2 Üb. ♦ 4 Zi. (davon 2 m. eig. Salon) m. Bad od. Dusche, WC: 260 F (2 Pers.), Suite: 290-310 F (2 Pers.) + 50-100 F (zusätzl. Pers.) ♦ Frühst. inkl. ♦ Kein Speisenangebot - Restaurants in der Nähe ♦ Salon ♦ Kl. Hunde auf Anfr. erlaubt ♦ Umgebung: Ski (Langlauf u. Piste); Blumendörfer ♦ Man spricht Deutsch u. (ein wenig) Englisch ♦ **Anreise** (Karte Nr. 12): 13 km nordwestl. von Sélestat. Autobahnausf. Nr. 11, Sélestat, dann Rtg. Villé D 424 bis Saint-Maurice und D 697. Diefenbach-au-Val, links ausgeschildert.

Von "La Romance" hat man einen recht guten Ausblick auf die grünen Vogesen. Der Empfang ist sehr freundlich, und die Innenräume sind sehr gepflegt. Die komfortablen und gut eingerichteten Zimmer verfügen über einwandfreie Badezimmer. Die Zimmer im Obergeschoß sind wahre Suiten und eignen sich besonders für Familien. Die Sitzecken kann man leicht in zusätzliche Zimmer umgestalten. Gutes Frühstück und gutes Preis-Leistungsverhältnis.

8 - Neufeldhof

67280 Oberhaslacht
(Bas-Rhin)
Tel. 88 50 91 48
M. und Mme André

♦ Ganzj. geöffn. ♦ 4 Zi. m. Waschb. (1 Dusche, 1 gemeins. WC); 1 Suite (4 Pers.) m. 2 Zi., Dusche u. WC: 220-270 F (2 Pers); Suite: 530 F (4 Pers.) ♦ Frühst. inkl. ♦ Gemeins. Essen abends u. Sa., So. u. an Feiert. mittags: 75 F (ohne Wein) ♦ Salon ♦ Hunde nicht erlaubt ♦ Beheizt. Schwimmbad, Reitcentervor Ort ♦ Umgebung: Tennis, Angeln ♦ Man spricht Deutsch u. Englisch ♦ **Anreise** (Karte Nr. 12): 36 km westl. von Straßburg über die A 352. In Molsheim die N 420 bis Urmatt, dann die D 218; im Ort die D 75 Rtg. Wasselonne; nach 2 km 1. Feldweg rechts.

Dieser große alte Bauernhof, der zu einem Reitcenter umgebaut wurde, liegt abgelegen, mitten in der Natur (30 Pferde im Auslauf). Geschmackvolle Inneneinrichtung; die Zimmer sind hübsch und komfortabel, und jedes hat einen sehr schönen Kachelofen. Exzellente Bewirtung, gemütliche Atmosphäre und wunderschöner Ausblick auf die Landschaft.

ELSASS - LOTHRINGEN

9 - Le Biblenhof

67120 Soultz-les-Bains
(Bas-Rhin)
Tel. 88 38 21 09
Fax 88 48 81 99
M. und Mme Joseph Schmitt

♦ Während der Weihnachtswoche u. 1 Woche im Winter geschl. ♦ Vorzugsweise Zi. in den Nebengebäuden wählen ♦ 5 Zi., 3 Studios (4-5 Pers.) m. Dusche, WC, 1 Zi. m. eig. Dusche u. gemeins. WC: 200-260 F (2 Pers.), 240-380 F (4-5 Pers.) ♦ Frühst. inkl.♦ HP wird angeboten ♦ Gemeins. Abendessen: 60-80 F (ohne Wein) ♦ Salon, Billard ♦ Hunde nicht erlaubt ♦ Pferdeboxen ♦ Umgebung: Hallenbad, Tennis, Reiten, 18-Loch-Golfpl.(25 km); Weinstraße ♦ Man spricht Englisch u. Deutsch ♦ **Anreise** (Karte Nr. 12): 20 km westl. von Straßburg über die D 45; im Ort die D 422 Rtg. Irmstett, nach 500 m ausgeschildert.

Ein sehr großer Bauernhof aus dem 18. Jahrhundert, dessen Fassade mit Geranien geschmückt ist. Der große Empfangsraum mit alten Möbeln und einer prächtigen Holztreppe ist beeindruckend. Wir empfehlen ausschließlich die neueren Zimmer in den Nebengebäuden. Sehr angenehme Atmosphäre im Haus, gutes Abendessen, hervorragendes und reichhaltiges Frühstück.

10 - Le Moulin de Huttingue

68480 Oltingue
(Haut-Rhin)
Tel. 89 40 72 91
M. und Mme Thomas

♦ Ganzj. geöffn. ♦ 4 Zi. u. 1 Studio (2-3 Pers.) m. Dusche, WC: 220 F (1 Pers.), 280 F (2 Pers); Studio 320 F (2 Pers.); 1 Maisonnette (3/4 Pers.) im Nebengebäude m. Bad, Salon, großem Zi. u. Terrasse: 1600-1800 F pro Woche ♦ Frühst. inkl. ♦ Individ. Abendessen: 100-200 F (ohne Wein) ♦ Salon ♦ Pferdeboxen, Angeln ♦ Umgebung: Schwimmbad, Golf, Langlaufski; Ferrette ♦ Man spricht Englisch u. Deutsch ♦ **Anreise** (Karte Nr. 20): 20 km von Basel (Schweiz) u. 6 km südöstl. v. Ferrette über die D 23 Rtg. Kiffis bis Hippoltskirch, dann die D 21 Rtg. Oltingue; im Weiler Huttingue.

Einige Meter von dieser wunderschönen Mühle entfernt fließt der Ill. Im Erdgeschoß befindet sich der gemütliche, im rustikalen Stil eingerichtete Frühstücksraum. Am Abend dient er als "Restaurant", in dem das ausgesprochen gute Abendessen serviert wird. Die Zimmer sind komfortabel, freundlich und sehr gepflegt (das blaue Zimmer ist besonders empfehlenswert). Ein Haus mit besonders großer Gastfreundlichkeit.

ELSASS - LOTHRINGEN

11 - La Maison Bleue

16, rue Saint-Nicolas
68240 Riquewihr
(Haut-Rhin)
Tel. 89 27 53 59
Fax 89 27 33 61
Francine und Clément Klur-Graff

◆ Ganzj. geöffn.◆ Mind. 3 Üb. ◆ 4 Studios (2 Pers.), 3 App. (4-5 Pers.) m. Dusche, WC u. Kochnische: 250 F (2 Pers.) - 1800 F pro Woche (4 Pers.) ◆ Frühst.: 30 F ◆ Kreditk.: Visa ◆ Kein Speisenangebot - Rest. im Dorf ◆ Zimmerreinigung auf Wunsch ◆ Salon ◆ Aufenthalte m. Themenangebot: Touren/Entdeckungen, gastronomisches Wochenende, organisiert von den Gastgebern, reservieren◆ Umgebung: Wein- u. Gänseleber-Kostproben, Weinstraße; Golf, Schwimmbad, Tennis ◆ Man spricht Englisch u. Deutsch ◆ **Anreise** (Karte Nr. 12): im Ort.

Dieses Haus mit unwiderstehlichem Charme liegt in einer sehr ruhigen Straße von Riquewihr, das als eines der schönsten elsässischen Dörfer gilt. Die Inneneinrichtung ist wunderbar: Stoffe aus Kaschmir, hübsche Farben, echte alte Möbel usw. Die Studios oder kleinen Appartements haben alle eine Kochnische und manchmal eine Terrasse; jeden Morgen finden Sie vor Ihrer Tür einen Korb mit frischem Brot und Croissants vor. Wenn Sie besonders unabhängig sein möchten, ist dieses Haus (eine unserer besten Adressen) richtig für Sie.

12 - Chalet des Ayès

Chemin des Ayès
88160 Le Thillot
(Vosges)
Tel. 29 25 00 09
M. und Mme Marsot

◆ Ganzj. geöffn. ◆ 2 Zi. m. Bad od. Dusche u. 16 Chalets (4-10 Pers.): 340-420 F (2 Pers.) + 80 F (zusätzl. Pers.) ◆ Frühst.: 45 F ◆ Abendessen auf Bestellung (individ. Tische): 98-128 F (ohne Wein) od. Landgasthof in der Nähe ◆ Kl. Hunde auf Anfr. erlaubt ◆ Schwimmbad, Tennis, Langlaufski ◆ Umgebung: Abfahrtsski, Kammstraße, Weinstraße, Ökomuseum ◆ **Anreise** (Karte Nr. 20): 51 km westl. v. Mulhouse die N 66 Rtg. Remiremont, dann Rtg. Mulhouse bis Thillot. Am Supermarkt "Intermarché" vorbeifahren u. nach 200 m links abbiegen; ausgeschildert.

Dieses am Berghang gelegene Chalet voller Blumen befindet sich an der Grenze zwischen dem Elsaß und den Vogesen. Zwei sehr komfortable Zimmer, freundlich und elegant, stehen zur Verfügung. Das mit der großen Fensterfront hat einen wunderbaren Blick aufs Tal. In einem sehr angenehmen, mit alten Möbeln und persönlichen Gegenständen ausgestatteten Raum werden das gute Frühstück und das erlesene Abendessen serviert. Wem der Reiz der Landschaft gefällt, kann hier kleine hübsche Chalets wochenweise mieten. Große Gastfreundschaft.

AQUITAINE

13 - Château de Regagnac

Montferrand-du-Périgord
24440 Beaumont
(Dordogne)
Tel. 53 63 27 02
M. und Mme Pardoux

◆ Ganzj. geöffn. ◆ Kinder unter 13 J. nicht erwünscht ◆ 5 Zi. m. Bad od. Dusche, WC: 600 F (2 Pers.) ◆ Frühst. inkl. ◆ Champagner-Abendessen bei Kerzenlicht auf Bestellung: 400 F (alles inkl.)◆ Tel. ◆ Tennis, Jagd, Wanderwege vor Ort ◆ Umgebung: Golf, Reitcenter; Les Eyzies, Trémolat, Domme, Dordogne-Tal, prähist. Stätten ◆ Man spricht Englisch u. Spanisch ◆ **Anreise** (Karte Nr. 23): 39 km östl. v. Bergerac über die D 660 bis Beaumont, dann Rtg.Cadouin-Regagnac über die D 2.

Die Architektur dieses alten Schlosses des Périgord ist ebenso freundlich wie elegant. Die Zimmer sind alle unterschiedlich und sehr komfortabel. Die des Hauptgebäudes (es sind die ältesten) sind besser ausgestattet und größer. Die Küche der Gastgeberin, Madame Pardoux, ist ein Gedicht. Das Abendessen wird in einem schönen Saal mit Kamin serviert. Das Ambiente mag Ihnen vielleicht etwas theatralisch erscheinen, paßt aber gut zum "Château". Reichhaltiges Frühstück mit hausgemachter Konfitüre.

14 - Domaine de la Sabatière

Route d'Agen
24100 Bergerac
(Dordogne)
Tel. 53 24 05 70
Fax 53 61 30 52
Gwemaelle und Bertrand Duc

1995

◆ Ganzj. geöffn. ◆ 7 Zi m. Bad od. Dusche, WC, Tel u. TV: 240-260 F (1 Pers.), 270-290 F (2 Pers.) + 1 Kinderzi. (4 Betten) m. Bad: 100 F + 50 F (zusätzl. Bett) ◆ Frühst.: 30 F ◆ Gemeins. Mittag- u. Abendessen am Vortag reserv.: 90-180 F (ohne Wein) ◆ Salon ◆ Hunde nicht erlaubt ◆ Schwimmbad, 1 Pony vor Ort ◆ Umgebung: 18-Loch-Golfpl. (20 km), Fallschirmspringen, Kanu, Reiten; Wein- und Tabakstraße, Rundf. zur Besichtig. der Landhäuser ◆ Man spricht Englisch u. Spanisch ◆ **Anreise** (Karte Nr. 23): 3 km südl. von Bergerac über N 21 Rtg. Agen. 2 km hinter dem Ortsausgangsschild Bergerac ausgeschildert.

In diesem Familienbesitz, wo man ausgesprochen freundlich aufgenommen wird, ist alles charmant und echt. Die meist sehr großen und nett ausgestatteten Zimmer sind angenehm. Die Salons und das Eßzimmer verfügen über schöne alte Möbel und persönliche Gegenstände. Die zuweilen im Park angeboten Mahlzeiten können sehr einfach, aber auch ausgesprochen gastronomisch sein: Sie haben die Wahl.

AQUITAINE

15 - Chez M. et Mme Trickett

La Rigeardie
24310 Bourdeilles
(Dordogne)
Tel. 53 03 78 90
Fax 53 04 56 95
M. und Mme Trickett

♦ Ganzj. geöffn. ♦ 4 Zi. m. Dusche (2 gemeins. WC) u. 1 Suite (2 Zi. m. Dusche): 160 F (1 Pers.), 220-240 F (2 Pers.) + 40 F (zusätzl. Pers.); Suite: 420 F (2 Pers. + 2 Kinder); Familienzi.: 300 F ♦ Frühst. inkl. ♦ Mahlzeiten f. Gruppen reserv. oder Rest. in Umgebung ♦ Zimmerreinigung alle 2-3 Tage ♦ Hunde auf Anfr. erlaubt ♦ Sprachkurse (m. VP) vor Ort ♦ Umgebung: Golf, Tennis, Kajak, Wanderungen ♦ Man spricht Englisch, Spanisch, Italienisch u. Deutsch ♦ **Anreise** (Karte Nr. 23): 27 km nördl. v. Périgueux über die D 939 Rtg. Angoulême; in Brantôme die D 78 bis Bourdeilles, dann 4 km in Rtg. Ribérac.

Durch ein kleines Tor gelangen Sie in den hübschen Garten dieses Hauses, das am Straßenrand eines Weilers liegt. Die Gastgeber sind freundlich und zuvorkommend, die Zimmer praktisch gestaltet, die Betten komfortabel. In jedem Zimmer steht ein amüsantes Schreibpult, und von den Fenstern hat man einen Blick aufs Grüne. Das Frühstück wird an einem großen Tisch aus hellem Holz und Stein serviert. Die hausgemachte Konfitüre ist ein wahrer Genuß.

16 - La Bernerie

24320 Bouteilles-Saint-Sébastien
(Dordogne)
Tel. 53 91 51 40
Fax 53 91 08 59
M. und Mme Carruthers

♦ Von Nov. bis März geschl. ♦ Mind. 3 Üb. ♦ 2 Zi. m. Dusche, WC: 250 F (2 Pers.) ♦ Frühst.: 25 F ♦ Kein Speiseangebot - Rest.: entweder 200 m weiter oder "L'Escalier" in Verteillac ♦ Zimmerreinigung auf Wunsch ♦ Umgebung: Golf; roman. Kirchen, Brantôme, Bourdeilles, Saint-Jean-de-Côle ♦ Man spricht Englisch ♦ **Anreise** (Karte Nr. 23): ca. 50 km südl. v. Angoulême über die D 939 Rtg. Périgueux, dann die D 708 bis La Rochebeaucourt Rtg. Ribérac. In Verteillac kurz vor dem Platz rechts Rtg. Bouteilles.

Inmitten der herrlichen Landschaft des Périgord findet man dieses winzige Dorf fast noch im Dornröschenschlaf vor. Die Carruthers' sind liebenswürdige Schotten und haben in ihrem alten Haus (in dem vielleicht etwas zu viel renoviert wurde) zwei Gästezimmer eingerichtet; sie sind schlicht, aber freundlich und mit angenehmer Aussicht auf die ländliche Gegend. Eine Schönwetter-Adresse zum Entdecken von Brantôme, Bourdeilles und der kleinen Dörfer und romanischen Kirchen der Umgebung.

AQUITAINE

17 - Domaine des Farguettes

Paleyrac
24480 Le Buisson-de-Cadouin
(Dordogne)
Tel. 53 23 48 23
Fax 53 23 48 23
Françoise und Claude de Torrenté

♦ Ganzj. geöffn. ♦ 1 Zi. u. 2 Suiten (3-5 Pers.) m. Bad, WC: 300 F (2 Pers.), Suite: 630 F (5 Pers.)
♦ Frühst. inkl. ♦ Halbpension: 270 F pro Pers. u. DZ ♦ Indivi. u. gemeins. Essen: 120 F ♦ Salon
♦ Zimmerreinigung tägl.; frische Bettw. u. Handt. alle 5 Tage ♦ Tel. ♦ Schwimmbad, Fahrräder, Tischtennis, Pétanque, Federball vor Ort ♦ Umgebung: Rudersport (5 km), Tennis, Reiten, 9-Loch-Golfpl. (8 km); Les Eyzies, Lascaux, Dordogne-Tal, Rundf. zur Besichtig. der Landhäuser ♦ Man spricht Spanisch u. Deutsch ♦ **Anreise** (Karte Nr. 23): 30 km westl. von Sarlat D 703 Rtg. Bergerac bis Siorac. Hinter Siorac Rtg. Le Buisson, nach 3 km links Rtg. Paleyrac, dann ausgeschildert.

Am Saum eines Waldes und im Grünen gelegen, empfängt dieses schöne alte Haus seine Gäste im Sommer wie im Winter. Die beiden Doppelzimmer mit großen Badezimmern eignen sich besonders für Familien oder Freunde. Alle Zimmer sind komfortabel und sorgfältig eingerichtet. Wenn Sie Ruhe lieben, finden Sie immer ein geeignetes Plätzchen im großen Garten oder im freundlichen Salon. Im Sommer werden Frühstück und alle anderen Mahlzeiten im Garten serviert. Das Schwimmbad ist von viel Natur umgeben. Höflicher, aufmerksamer Empfang.

18 - Domaine du Pinquet

Cussac
24480 Le Buisson-de-Cadouin
(Dordogne)
Tel. 53 22 97 07
Nicole und Yves Bouant

♦ Ganzj. geöffn. ♦ 5 Zi. (davon 1 DZ für 3-4 Pers.) m. Bad od. Dusche u. WC: 320 F (2 Pers.) 100 F (zusätzl. Pers.); DZ: 520 F (3-4 Pers.) ♦ Frühst. inkl ♦ HP: 280 F pro Pers. im DZ ♦ Individ. Abendessen (regionale Spezialitäten): 120 F (Wein inkl.) ♦ Sitzecke m. Kamin und TV Hunde nur an der Leine erlaubt ♦ Zimmerreinigung tägl., kein Bettenmachen ♦ Schwimmbad ♦ Umgebung: Tennis, Reiten, Golf; Täler der Vézère u. der Dordogne, Schlösser, Landhäuser, prähistorische Stätten ♦ Man spricht Englisch ♦ **Anreise** (Karte Nr. 23): 32 km östl. v. Bergerac über die D 660 bis Port-de-Couze, D 703 bis Lalinde, D 29 bis Cussac, dann ausgeschildert.

Ein schönes, gepflegtes Haus mit eigenem Stil in einer Landschaft voller Hügel und Wälder. Die Zimmer sind sehr komfortabel, schlicht und angenehm ausgestattet. Die hübschen, modernen Badezimmer sind ganz neu. Das Abendessen wird in einem großen Speiseraum mit Bruchsteinwänden oder (bei schönem Weter) draußen serviert. Hübsches Schwimmbad.

AQUITAINE

19 - La Bastide du Lion

1995

Le Raysse
24370 Cazoules
(Dordogne)
Tel. 53 29 84 41
Fax 53 29 17 27
M. und Mme Diemoz-Droyer

♦ Im Febr. geschl. ♦ 6 Zi. u. 1 Suite (4-5 Pers.) m. Bad (das "Royale") od. Dusche, WC: 300-600 F (2-4 Pers.) ♦ Frühst. inkl. ♦ Gemeins. u. inidivid. Essen: 65 F, gastronomisches Menü: 95 F, Kinder-Menü; Picknick-Korb auf Best. ♦ Salon ♦ Tel. ♦ Hunde auf Anfr. erlaubt ♦ Schwimmbad, Basketball, Federball, Mountainbike-Wege, Wanderwege vor Ort ♦ Umgebung: Tennis u. Angeln (500 m), Kanu/Kajak, Golfpl. in Vitrac (15 km), Dordogne-Tal, Abtei Souillac, Dôm, Rocamadour, Jazzfestival von Souillac ♦ Man spricht Englisch u. Deutsch ♦ **Anreise** (Karte Nr. 23): 35 km südl. von Brive über die N 20 Rtg. Cahors, Toulouse, Souillac. Dort an der 2. Ampel rechts Rtg. Cazoulez (D 703 - 3 km), dann ausgeschildert.

Ein schönes, großes, traditionelles Haus mit Hof, Terrasse und Gärten. Zu den Zimmern gelangt man über die Turmtreppe. Die "Chambre Royale" ist riesig, hat eine Terrasse und einen kleinen, ruhigen Salon. Die Suite im 2. Stock eignet sich besonders für Familien. Schlicht möblierte Zimmer für einen entspannten Aufenthalt. Großer Salon mit einer Ecke für TV und einer anderen für Gesellschaftsspiele. Behagliche Atmosphäre.

20 - Château de Laborie

1995

24530 Champagnac-de-Belair
(Dordogne)
Tel. 53 54 22 99
Fax 53 08 53 78
M. und Mme Duseau

♦ Vom 5. Nov. bis 5. April geschl. ♦ 5 Zi. m. Bad od. Dusche, WC: 350-400 F (2 Pers.) + 60 F (zusätzl. Pers.) ♦ Frühst.: 20-45 F ♦ Preisnachl. bei läng. Aufenth. ♦ Gemeins. Abendessen: 150 F (ohne Wein) od. Rest. in Umgeb. ♦ Salon ♦ Hunde auf Anfr. erlaubt ♦ Umgebung: 18-Loch-Golfpl. (18 km), Schwimmbad, Tennis (800 m), Kanu/Kajak, Reiten (1,5 km); Brantôme, Bourdeilles Richememont, Mareuil, Villars (Grotten, Schlösser, usw.) ♦ **Anreise** (Karte Nr. 23): 3 km nördl. von Brantôme Rtg. Nontron. Vor der Abfahrt Brantôme, kurz vor der Tankstelle "Avia", 3,2 km de "Route de chez Ravailles" entlang.

Dieses in einer angenehmen Landschaft gelegene Schloß wird nach und nach renoviert, was man bereits in den wunderbaren Zimmern festzustellen vermag. Zudem sind sie groß, geschmackvoll ausgestattet (echtes Mobilia des 19. Jahrh., aufeinander abgestimmte Dekostoffe und Tapeten in freundlichen Farben, Radierungen, Nippsachen, usw.) und verfügen über prächtige Badezimmer. Das stellt einen großen Kontrast zu den andere Räumen dar, die zwar veraltet, aber in ihrer Größe majestätisch sind Aufmerksamer und natürlicher Empfang - eine vielversprechende Adresse.

AQUITAINE

21 - La Commanderie

1995

24570 Condat-sur-Vézère
(Dordogne)
Tel. 53 51 26 49
Fax 53 51 60 39
Mme Roux

♦ Im Juli/Aug. geschl. ♦ 5 Zi. m. Bad od. Dusche, WC, Tel u. TV: 380 F (1 Pers.), 420-450 F (2 Pers.), + 50 F (zusätzl. Pers.), + 50 F (zusätzl. Kinderbett) ♦ Frühst.: 50 F ♦ Individ. Abendessen: 90 F (ohne Wein) ♦ Salon ♦ Hunde auf Anfr. erlaubt ♦ Schwimmbad, Tennis, Forellenangeln (Fluß u. Teich) vor Ort ♦ Umgebung: Kanu/Kajak im Dorf; Schlösser, Dörfer, Grotten des Périgord, Lascaux (10 km) ♦ **Anreise** (Karte Nr. 23): 25 km nördl. von Sarlat. N 89 zwischen Périgueux u. Brive; in Le Lardin Rtg. Condat-sur-Vézère; das Haus befindet sich im Dorf.

Diese reizende Komturei stammt zum größten Teil aus dem 18. Jahrhundert und liegt in einem erstaunlichen Dorf mit zahlreichen Überresten der Tempelritter. Der äußerst gepflegte Park wird von zahlreichen kleinen Kanälen durchflossen; sie münden in die Vézère, die direkt an der Besitzung vorbeifließt. Das charmante Interieur (Treppen, Winkel, Vorsprünge und Gewölbe) verfügen über eine gewisse Eleganz. Die angenehmen und hellen Zimmer sind alle mit echten alten Möbeln ausgestattet. Eine bemerkenswerte Adresse, die an die Atmosphäre der Familienbesitze vergangener Zeiten erinnert.

22 - Cazenac

1995

24220 Le Coux-et-
Bigaroque
(Dordogne)
Tel. 53 31 69 31
Fax 53 28 91 43
Philippe und Armelle Constant

♦ Im Juli/Aug. nur Zi.-Vermietung pro Woche ♦ 4 Zi. m. Bad, WC u. Tel.: 650 F (2 Pers.) Frühst.: 35 F ♦ Gemeins. oder individ. Mittag- und Abendessen: 200 F (alles inkl.) ♦ Salon Hunde auf Anfr. erlaubt ♦ Schwimmbad, Tennis, Pferdegespann, Aufenthalt m. div. Progr. u. Kochkursen ♦ Umgebung: 18-Loch-Golfpl. (25 km), Aalangeln, Jagd, Reiten, Kanu; Dörfer, Schlösser und prähist. Stätten ♦ Man spricht Englisch u. Italienisch ♦ **Anreise** (Karte Nr. 23): 25 km westl. von Sarlat. In Périgueux Rtg. Brive, dann D 110 Rtg. Fumel. Ab Bugue Rtg. Le Buisson, dann Le Coux-et-Bigaroque über D 51; vor dem Dorf links ausgeschildert.

Das auf einem Hügel gelegene Schloß wurde vor kurzem von einem sehr gastfreundlichen jungen Paar liebevoll restauriert. Die Innenausstattung ist im wahrsten Sinne des Wortes außergewöhnlich. Stile und Epochen sind hier ein ästhetisches Fest: Möbel, Gegenstände und Bilder von hoher Qualität. Absoluter Komfort, eine exzellente Küche und zahlreiche Freizeitangebote. Unmöglich, sich hier nicht wohlzufühlen.

AQUITAINE

23 - La Daille

Florimont-Gaumiers
24250 Domme
(Dordogne)
Tel. 53 28 40 71
M. und Mme Derek Vaughan Brown

♦ Vom 1. Mai bis 2. Nov. geöffn. ♦ Mind. 3 Üb. ♦ Kinder unter 7 J. nicht erw. ♦ 3 Zi. m. Bad, WC u. Terrasse, 1 Zi. m. Dusche, WC.: 435 F (HP pro Pers. - Wein inkl.) ♦ Frühst. inkl. ♦ Abendessen (ausschließl. auf Bestellung, für Nichtraucher): 135-150 F (ein einziges Menü, Wein inkl.); Teesalon ♦ Hunde nicht erlaubt ♦ Umgebung: 9-Loch-Golfpl., Kanu; Domme, Sarlat, L'Abbaye Nouvelle ♦ **Anreise** (Karte Nr. 23): ca. 25 km südl. von Sarlat über D 46 (Cenac/Saint-Martial). 3 km hinter Saint-Martial rechts D 52, nach 1,5 km links, Rtg. Gaumiers, hinter der Brücke links Rtg. Péchembert, La Daille.

Einsam in einer wilden Hügellandschaft gelegen, ist dieses ehemalige Bauernhaus zudem von einem wunderbaren Garten umgeben. Die komfortablen Zimmer sind schlicht gehalten und mit einigen englischen Möbelstücken ausgestattet. Alle Zimmer verfügen über große Badezimmer und eigene Terrassen mit Blick auf Blumen und Hügel. Die Verpflichtung zur Halbpension wird dank des hübschen Restaurants und der guten Küche zum Vergnügen. Freundliche Aufnahme in sehr angelsächsischer Atmosphäre.

24 - Rouach

1995

Rue Bertrand-de-Borne
24390 Hautefort
(Dordogne)
Tel. 53 50 41 59
(ab 19.30 Uhr)
Mme Marie-Françoise Rouach

♦ Vom 15. Okt. bis 1. Mai geschl. ♦ 2 Zi. m. eig. Bad, gem. WC: 350 F (2 Pers.), 1 Suite (4 Pers. m. Bad, WC u. Küche: 500 F ♦ Frühst.: 25 F ♦ kein Speiseangebot - "Aub. des Tilleuls" i Badfols d'Ans (6 km), der Bauerngasthof "Les Rocailles" in Les Broussilloux ♦ Salon ♦ Hund nicht erlaubt ♦ Umgebung: Schwimmbad, Teich, Tennispl. im Dorf; Schloß Hautefort, Brantôme Saint-Jean-de-Côle, Dordogne-Tal, Konzerte Juli/August ♦ **Anreise** (Karte Nr. 23): 50 k nordöstl. von Périgueux über die N 89 Rtg. Brive, dann links hinter Thenon D 704. Das Haus lie im Dorf.

Dieses in dem wunderschönen Dorf Hautefort gelegene Haus bietet eine ganz besonderen Panoramablick. Der Garten geht bis zum Abhang mit eine Flut außergewöhnlicher Blumen. Die Innenräume mit Möbeln aus frühere Zeiten verfügen über anheimelnden Charme. Hübsche, komfortable Zimme mit tadellosen Badezimmern. Das Frühstück wird auf der Terrasse serviert der Empfang ist von gewisser Eleganz und sehr freundlich.

AQUITAINE

25 - Le Petit Pey

Monmarvès
24560 Issigeac
(Dordogne)
Tel. 53 58 70 61
Mme Annie de Bosredon

♦ Von Ostern bis Ende Okt. geöffn. ♦ 3 Zi. m. Dusche, WC; 3 Betten im ehem. Taubenhaus: 250 F (2 Pers.) + 50 F (zusätzl. Pers.) ♦ Frühst.: 30 F ♦ Kein Speisenangebot♦ Salon ♦ Hunde erlaubt (+ 15 F) ♦ Umgebung: Golf (18 km), Segeln, Angeln, Reiten ♦ Man spricht Englisch ♦ **Anreise** (Karte Nr. 23): 2 km südl. von Issigeac, Rtg. Castillonnès; ausgeschildert.

In einem schönen Park gelegen, verfügt dieses elegante Haus aus dem 17. und 18. Jahrhundert über zwei Gästezimmer. Das hübscheste und "jüngste" - ganz in Rosa gehalten und mit eigenem Bad - liegt unter dem Dach. Die beiden anderen teilen sich das auf dem Flur eingerichtete Badezimmer und sind deshalb besonders für Familien oder Freunde geeignet. Im Park wurde ein altes Taubenhaus umgebaut (drei Betten), in dem sich Jugendliche besonders wohl fühlen. Ferner steht ein großer Salon zur Verfügung, und im schönen Park läßt es sich gut picknicken. Besonders aufmerksame und ungezwungene Betreuung.

26 - Saint-Hubert

1995

24520 Liorac-sur-Louyre
(Dordogne)
Tel. 53 63 07 92
Muriel und Patrice Hennion

♦ Ganzj. geöffn. ♦ 4 Zi. m. Bad od. Dusche, WC: 240-290 F (2 Pers.) Frühst. inkl. ♦ Gemeins. Abendessen: 90 F (Wein inkl.) ♦ Salon ♦ Kl. Hunde erlaubt ♦ Schwimmbad u. Waldwege vor Ort ♦ Umgebung: 9-Loch-Golfpl. (5 km), Reiten, Tennis; Schlösser, alte Dörfer und Landhäuser des Périgord, Weinberge des Bergeracois ♦ Man spricht Englisch ♦ **Anreise** (Karte Nr. 23): 14 km nordöstl. von Bergerac. Ab Bergerac Rtg. Sainte-Alvère über D 32; nach 14 km rechts abbiegen, 500 m vor Liorac.

Dieses schöne Haus liegt mitten auf dem Land in einem Park mit vielen Waldwegen. Von dem Charme und der hier herrschenden guten Laune ist man unmittelbar angetan. Die Innenräume verfügen über eine *gentleman-farmer*-Eleganz: Lithographien mit Reitersujets, echte alte Möbel, tiefe Sofas. Angenehme und komfortable Zimmer. Gutes Speiseangebot in freundschaftlicher Atmosphäre. Da die Besitzung von Hunden bewacht wird, sollten Sie sich telefonisch anmelden.

AQUITAINE

27 - Le Prieuré

Meyrals-le-Bourg
24220 Meyrals
(Dordogne)
Tel. 53 28 56 60
Mme Eliane Vielle

1995

♦ Ganzj. geöffn. (im Winter auf Anfrage) ♦ Mind. 2 Üb. ♦ 1 Zi. m. Dusche, WC: 260 F (2 Pers.) u. 1 Studio (5 Pers.) m. Dusche, WC u. Küche: 350 F (2 Pers.) + 95 F (zusätzl. Pers.) ♦ Frühst. inkl. ♦ Gemeins. Abendessen: 120 F (Wein inkl.) ♦ Salon ♦ Hunde nicht erlaubt ♦ Umgebung: Tennisplatz der Gemeinde (kostenlos), Reitclub im Dorf, Wanderwege, Rudern auf der Dordogne ♦ Sehenswürdigkeiten des Périgord Noir ♦ Man spricht Englisch und Holländisch ♦ **Anreise** (Karte Nr. 23): 15 km westl. von Sarlat. In Périgueux Rtg. Les Eyzies, dann Rtg. Saint-Cyprien. Vor Saint-Cyprien links D 35 Rtg. Meyrals.

Die authentische Architektur des Périgord aus dem 16. Jahrhundert wurde bei der Innenrestaurierung voll und ganz respektiert. Der Fußboden ist aus Stein oder mit breiten Holzlatten ausgelegt, die Türen sind alt. In den angenehmen und geschmackvoll eingerichteten Zimmern wurde auch der Komfort nicht vergessen. Am alten Kamin oder unter dem Holzdach am Patio werden köstliche Abendessen serviert. Hervorragender Empfang.

28 - La Rouquette

24240 Monbazillac
(Dordogne)
Tel. 53 58 30 60 / 53 58 30 44
M. Eric de Madaillan

♦ Von April bis Ende Okt. geöffn. (im Winter auf Anfr., 2 Zi. sind stets beheizt) ♦ 5 Zi. m. Bad, WC 240-300 F (2 Pers.); + 50 F (zusätzl. Pers.) ♦ Frühst. inkl. ♦ Kein Speiseangebot - Rest. im Dorf "Le Château de Monbazillac" oder "La Tour des Vents" (2 km entf.) u. "Le Périgord ♦ Umgebung Tennis, Schwimmbad, 9-Loch-Golfpl. (7 km), 18-Loch-Golfpl. (15 km); Weinberge von Monbazillac ♦ Man spricht Englisch ♦ **Anreise** (Karte Nr. 23): 7 km südl. von Bergerac über die D 13; 150 m vor der Kirche von Monbazillac über die D 14 E, kl. Str. rechts: 200 m weiter.

"La Rouquette" ist ein elegantes Bürgerhaus aus dem 17. Jahrhundert, das oberhalb der Weinberge und der Ebene von Bergerac liegt. Hier werden Sie mit großer Freundlichkeit empfangen. Die Zimmer, alle mit hübschen Ausblick, sind komfortabel und ruhig. Das größte Gästezimmer verfügt über einen Balkon und ist reizvoll eingerichtet. Das kleinste mit seiner venezianischen Mobiliar ist nicht weniger hübsch. Das Frühstück wird i einem großen Raum im Erdgeschoß serviert.

AQUITAINE

29 - Fonroque

24230 Montcaret
(Dordogne)
Tel. 53 58 65 83
Brigitte Fried

♦ Ganzj. geöffn. ♦ 5 Zi. m. Bad od. Dusche, WC: 260 F (1 Pers.), 300 F (2 Pers.), 400 F (3 Pers.)
♦ Kinder unter 2 J. kostenl., unter 12 J. im Elternzi.: halber Preis ♦ Frühst. inkl. ♦ Gemeins. Abendessen: 100 F ♦ HP: 344 F (1 Pers.), 468 F (2 Pers.) ♦ Vom 1.10. bis 30. 4.; ab der 3. Nacht 20% Preisnachl. ♦ Zimmerreinigung 2 mal wöchentl. ♦ Salon ♦ Hunde auf Anfr. erlaubt
♦ Umgebung: 18-Loch-Golfpl. (15 km), Tennis (1 km); Montaigne-Turm (3 km), galloromanische Ausgrabungen (1 km), Weinberge Bergerac u. St-Emilion, roman. Kirchen ♦ **Anreise** (Karte Nr. 22): 8 km östl. von Castillon-la-Bataille. D 936 zwischen Bergerac u. Libourne, in Montcaret Tête-Noire bis zu den galloromanischen Ruinen, dann Fonroque ausgeschildert.

Der Empfang von Brigitte Fried wie auch ihr kleiner Weinbergbesitz, in dessen Nachbarschaft Montaigne seine *Essais* schrieb, gefielen uns sehr. Die Zimmer, alle mit Bad, sind ausgesprochen angenehm: mit dem Schwamm aufgetragene Wandfarben, helle Vorhänge, einige alte Möbel. Die auf Familienrezepten basierenden Speisen werden in einem freundlichen Raum serviert. Reizendes Schwimmbad im ehemaligen Gewächshaus.

30 - Le Bastit

Saint-Médard-de-Mussidan
24400 Mussidan
(Dordogne)
Tel. 53 81 32 33
M. und Mme Zuidema

♦ Von Ostern bis Allerheiligen geöffn. (im Winter auf Anfr.) ♦ 5 Zi. m. Bad, WC (davon 1 im Erdgeschoß): 245-260 F (1 Pers.), 285-300 F (2 Pers.) ♦ Frühst. inkl. ♦ Kein Speisenangebot - Rest.: (Tagesmenü od. gastron. Menü) 200 m bzw. 4 km entf. ♦ Salon ♦ Hunde nicht erlaubt
♦ Schwimmbad u. Angeln vor Ort ♦ Umgebung: Weinstraße, Schlösser, prähist. Stätten, Landhäuser; 18-Loch-Golfpl. (35 km), Reiten (6 km), Kanu/Kajak ♦ Man spricht Englisch
Anreise (Karte Nr. 23): über die N 89 (von Bordeaux kommend) links Rtg. Saint-Médard, kurz vor Mussidan. Hinter der Kirche am Isle-Ufer.

Dieses am Flußufer gelegene Haus hat uns besonders gut gefallen. Die Zimmer besitzen vollendeten Komfort und sind besonders hübsch mit englischen Stoffen sowie schönen alten Möbeln hergerichtet. Hier werden Sie wie Freunde empfangen; das hervorragende Frühstück wird in einem besonders schönen Raum oder draußen im Blumengarten serviert. Eine interessante Adresse zwischen dem Périgord und dem Weinbaugebiet um Bordeaux.

AQUITAINE

31 - Le Moulin Neuf

Paunat
24510 Sainte-Alère
(Dordogne)
Tel. 53 63 30 18
Fax 53 63 30 18
Robert Chapell und Stuart Shippey

♦ Ganzj. geöffn. ♦ 6 Zi. m. Bad od. Dusche, WC: 250 F (2 Pers.) + 50 F (zusätzl. Pers.) ♦ Frühst.: 35 od. 50 F ♦ Kein Speisenangebot - Rest. ab 4 km ♦ Salon ♦ Hunde auf Anfr. erlaubt ♦ Angeln am Fluß u. Baden im Teich ♦ Umgebung: Kanu/Kajak (4 km), Wassersport (5 km), Tennis (7 km); Périgord Noir (Grotten, Schlösser), Limeuil, Trémolat, La Roque-Gageac, Beynac, Schloß Milande ♦ Man spricht Englisch u. Deutsch ♦ **Anreise** (Karte Nr. 23): 8 km südwestl. von Bugue über D 703 Rtg. Sainte Alvère, dann D 31 Rtg. Limeuil. Hinter Limeuil (D 31) die Anhöhe herunter, dann D 2 Rtg. Sainte Alvère; 2 km weiter links.

Zwei Häuser aus goldbraunem Stein, ein Park voller Blumen, in den Teich mündende Bäche... Im Innern kleine gemütliche Zimmer in hellen Tönen - diese wie auch die Badezimmer sind einwandfrei. Im schmucken Salon für die Gäste alte englische Möbel, zwei beige Sofas mit lindfarbenen Kissen, weiße Vorhänge und Tische mit tief herabfallenden Decken. Hier wird mit besonders großer Liebenswürdigkeit ein hervorragendes Frühstück serviert. Ein unwiderstehliches Haus.

32 - Doumarias

24800 Saint-Pierre-de-Côle
(Dordogne)
Tel. 53 62 34 37
Fax 53 62 34 37
François und Anita Fargeot

♦ Vom 1. April bis 15. Okt. geöffn. ♦ Kinder unter 10 J. unerwünscht ♦ 6 Zi. m. Bad od. Dusche u WC: 270 F (2 Pers.) + 40 F (zusätzl. Pers.) ♦ Frühst.: 20 F ♦ HP: 440 F f. 2 Pers. im DZ (mind. 4 Üb.) ♦ Gemeins. Abendessen: 80 F (Wein inkl.) ♦ Zimmerreinigung auf Wunsch ♦ Hunde nich erlaubt ♦ Schwimmbad, Angeln am Fluß vor Ort ♦ Umgebung: Tennis, Reiten, Golf; Grotten u Schlösser in Villars, Brantôme, Bourdeilles. ♦ **Anreise** (Karte Nr. 23): 12 km südöstl. vor Brantôme über die D 78 Rtg. Thiviers; 1,5 km hinter Saint-Pierre-de-Côle.

Das "Doumarias" liegt am Fuß einer alten Schloßruine, unweit de wunderbaren Dorfes Saint-Jean-de-Côle. Die Zimmer mit alten Möbeln zahlreichen dekorativen Gegenständen und hübschen Gemälden verfüge über viel Charme. Sie sind komfortabel und ruhig. In einem ansprechende Eßzimmer mit Blick auf den Garten wird das Frühstück und das Abendesse (gute, bodenständige, dem Niveau des Hauses entsprechend Küche) servier Die Atmosphäre ist freundlich und angenehm.

AQUITAINE

33 - Château de Puymartin

24200 Sarlat-la-Canéda
(Dordogne)
Tel. 53 59 29 97
Fax 53 29 87 52
Comte und Comtesse
Henri de Montbron

♦ Von April bis Allerheiligen geöffn. (sonst zum Wochenende auf Anfr.) ♦ 2 Zi. m. Bad, WC: 750 F (2 Pers.), + 150 F (pro Kind) ♦ Frühst. inkl. ♦ Kein Speisenangebot - Rest. "La Métairie" (4 km) od. in Sarlat u. Les Eyzies (8 km) ♦ Salon ♦ Hunde auf Anfr. erlaubt ♦ Schloßbesichtigung ♦ Umgebung: Schwimmbad, Tennis, Reiten ♦ **Anreise** (Karte Nr. 23): ca. 60 km südöstl. v. Périgueux über die D 710 bis Le Bugue, dann die D 703 Rtg. Les Eyzies, D 47 Rtg. Sarlat; D 47 kurz vor Sarlat. Fluplatz Périgueux (60 km) u. Bordeaux (180 km).

Das zwischen Wäldern und Hügeln gelegene "Schloß Puymartin" erkennt man von weitem dank seiner edlen Silhouette. Hier werden Sie freundlich und ohne großen Pomp empfangen. Von den Haute-Epoque-Zimmern besitzt eines zwei Betten mit Baldachin. Das andere ist eher wie ein Wohnzimmer eingerichtet, in dem einige Möbel mit Intarsienarbeit aus der Louis-XVI-Epoche stehen. Beide Zimmer sind sehr groß, komfortabel und mit hübschen Gegenständen hergerichtet.

34 - Le Chaufourg en Périgord

24440 Sourzac-Mussidan
(Dordogne)
Tel. 53 81 01 56
Fax 53 82 94 87
M.Georges Dambier

♦ Ganzj. geöffn. (im Winter auf Rerserv.) ♦ 7 Zimmer u. 2 Suiten (mit Minibar), Bad od. Dusche, WC, Tel. u. TV: 700-1050 F (2 Pers.); Suite: 1300 F (2 Pers.), 150 F (zusätzl. Pers.)♦ Frühst.: 65 F ♦ Individ. Abendessen auf Best.: ab 250 F od. Rest. in Umgebung ♦ Salons ♦ Hunde auf Anfr. erlaubt ♦ Schwimmbad, Angeln am Fluß, Bootsfahrten, Klavier u. Billard vor Ort ♦ Umgebung: 18-Loch-Golfpl., Tennis, Reiten; Sehenswürdigkeiten des Périgord ♦ Man spricht Englisch ♦ **Anreise** (Karte Nr. 23): RN 89, Achse Bordeaux-Lyon-Genf. 3 km hinter Mussidan (Bahnhof). Flugplätze: Bordeaux (80 km), Bergerac (25 km).

Eine der prächtigsten unserer neuen Adressen. Der Photograph Georges Dambier restaurierte seinen Familienbesitz mit einzigartigem Geschmack, viel Komfort und hohen Ansprüchen. Die Empfangsräume und Zimmer sind mit wunderbaren alten Möbeln, persönlichen Gegenständen und elfenbeinfarbenen Dekostoffen ausgestattet. Der sehr gepflegte Garten liegt oberhalb der Isle, auf der man Bootsfahrten unternehmen kann. Hier ist alles, auch der Empfang, vom Feinsten. Ein Haus mit größtem Komfort und bestem Service.

AQUITAINE

35 - Manoir de Pouyols

24140 Villamblard
(Dordogne)
Tel. 53 81 92 92
M. und Mme du Puch

♦ Dez./Jan. geschl. ♦ 2 Zi. m. Bad, WC + 3 Nebenzi.: 550 F (2 Pers.); Nebenzi.: 400 F (1 Pers.), 450 F (2 Pers.) ♦ Frühst. inkl. ♦ Kein Speisenangebot - Restaurants "De la Place u. "La Devinière" (10 km) ♦ Salon ♦ Hunde auf Anfr. erlaubt ♦ Besichtig. Les Cluzeaux, Kurse für die Zubereitung von Gänseleberpastete im Febr. (3 Tage), Ballonfahrten vor Ort ♦ Umgebung: Dörfer, Landhäuser und Schlösser des Périgord; 18-Loch-Golfpl. u. alle ander. Sportarten ♦ Man spricht Englisch ♦ **Anreise** (Karte Nr. 23): östl. von Mussidan über D 38 Rtg. Villamblard, links D 4, dann ausgeschildert.

Dieser Sitz sehr alten Ursprungs verfügt über ein herrliches Panorama, das man von der großen, mit Steinplatten ausgelegten Terrasse bewundern kann. Madame du Puch wird Sie so empfangen, als würden Sie zu ihrer eigenen Familie gehören. Im Innern sind Stile, Farben und Reiseerinnerungen nett aufeinander abgestimmt. Die beiden Zimmer und Badezimmer sind ausgesprochen groß. Ein angenehmer Ort, den man nicht verlassen sollte, bevor man "Les Cluzeaux" besichtigt hat.

36 - Château d'Arbieu

33430 Bazas
(Gironde)
Tel. 56 25 11 18
Fax 56 25 90 52
Comte und Comtesse Philippe de Chénerilles

♦ Vom 15. Dez. bis 15. Jan. geschl.♦ 4 Zi. u. 1 Suite (4 Pers.) m. Bad od. Dusche, WC u. Tel.: 400 F (2 Pers.); Suite: 430 F (1 Pers.), 455 F (2 Pers.) + 80 F (zusätzl. Pers.) ♦ Sonderpr. f. länger. Aufenth.♦ Frühst. inkl.♦ Gemeins. Abendessen (mit den Gastgebern) auf Bestellung: 150 F (Wein inkl.) ♦ Salon ♦ Kreditk.: Visa, Amex ♦ Schwimmbad ♦ Man spricht Englisch ♦ **Anreise** (Karte Nr. 29): 60 km südöstl. v. Bordeaux über die A 62, Ausfahrt Langon, D 932 Rtg. Bazas, dann rechts (Abfahrt Bazas) die D 655 Rtg. Casteljaloux.

Das Schloß liegt auf dem Land in einem Park und wird von einer besonders gastfreundlichen Familie bewohnt. Die großen, gut ausgestatteten Zimmer sind dank edler Möbel, einiger alter Gegenstände, Bilder und Radierungen besonders angenehm und unverfälscht. Mit zwei Ausnahmen verfügen die Bäder über großen Komfort. Die Salons sind reizend, und im Speisesaal, in dem exzellente Abendessen serviert werden, fühlt man sich rasch wohl. Ein Haus, das man kennenlernen sollte.

AQUITAINE

37 - Pigou

4, bois de Pigou
Cartelègue
33390 Blaye
(Gironde)
Tel. 57 64 60 68
M. und Mme Heinz Krause

♦ Vom 1. Mai bis Allerheiligen geöffn. ♦ 1 Zi. m. Dusche, WC, TV: 190 F (1 Pers.), 250 F (2 Pers.) 300 F (3 Pers.) ♦ Frühst. inkl. ♦ Gemeins. Abendessen auf Anfr.: 90 F (Wein inkl.) ♦ Salon ♦ Hunde auf Anfr. erlaubt ♦ Umgebung: Angeln, Wanderwege, Reiten, Tennis; Schlösser des Médoc, Blaye, Saint-Emilion ♦ Man spricht Englisch u. Deutsch. ♦ **Anreise** (Karte Nr. 22): über die A 10 Ausfahrt Blaye, dann die N 137 Rtg. Etauliers u. Montendre. 1 km von der N 137 entfernt, gegenüber der D 134 E1.

Dieses inmitten einer Pinienlandschaft gelegene Haus umfaßt zwei Gebäude. Im kleineren befindet sich das große Gästezimmer mit zwei komfortablen Betten, einer Bücherwand und hübschen, grünlackierten Möbeln. Gleich daneben das Badezimmer und die Terrasse, auf der das Frühstück serviert wird. Ein sehr angenehmer Ort mit ruhiger und freundlicher Atmosphäre.

38 - La Monceau

1995

33650 La Brède
(Gironde)
Tel. 56 20 24 76
Fax 56 78 45 43
M. und Mme Baseden

♦ Im Aug. geschl. ♦ Nichtraucher-Zi. ♦ 2 Zi m. Bad, WC: 650 F (2 Pers.) + 150 F (zusätzl. Pers.) ♦ Frühst. inkl. ♦ Kein Speiseangebot - Rest. 800 m entf. ♦ Salon ♦ Hunde nicht erlaubt ♦ Eig. Schwimmbad ♦ Umgebung: 27-Loch-Golfpl. (12 km), Reitclub (500 m); Bassin von Arcachon, Schloß Brède, Weinberge von Les Graves ♦ Man spricht Englisch u. Spanisch ♦ **Anreise** (Karte Nr. 22): 18 km südl. von Bordeaux. Autob. Bordeaux-Toulouse, Ausf. 1, La Brède. Dort Rtg. Saint-Morillon über D 220. Nach 800 m ausgeschildert; das Haus liegt am Chemin de Beney.

Dieses ehemalige Winzerhaus wurde vor kurzem wunderbar renoviert. Die Innenausstattung ist derart gelungen, daß sie in einer Zeitschrift für Innenarchitektur veröffentlicht werden könnte. Alles ist in freundlichen Farben gehalten, aufeinander abgestimmt, von einer gewissen Eleganz und absolut komfortabel. Das gilt ebenso für die Zimmer; nur die Badezimmer, die ebenfalls charmant sind, könnten etwas größer sein. Nett serviertes und köstliches Frühstück.

AQUITAINE

39 - Château du Foulon

Le Foulon
33480 Castelnau-de-Médoc
(Gironde)
Tel. 56 58 20 18
Fax 56 58 23 43
Vicomte und Vicomtesse
Jean de Baritault du Carpia

♦ Ganzj. geöffn. ♦ 3 Zi., 1 Studio (2-3 Pers.) u. 1 Suite (4 Pers.) m. Bad, WC: 350 F (1 Pers.), 400 F (2 Pers.); Suite od. Studio: 500 F (2 Pers.) + 150 F (zusätzl. Pers.) ♦ Frühst. inkl. ♦ Kein Speiseangebot - Rest.:" Le Savoye" in Margaux, "Le Lion d'Or" in Arcin ♦ Tel. ♦ Salon ♦ Hunde nicht erlaubt ♦ Tennis, Reiten vor Ort ♦ Umgebung: 36-Loch-Golfpl.; Schlösser des Médoc ♦ Man spricht Englisch ♦ **Anreise** (Karte Nr. 22): 28 km nordwestl. von Bordeaux über die D 1.

Das "Château du Foulon", ein Stückchen Paradies aus dem Jahre 1840, liegt weit vom Dorf entfernt. Hier werden Sie sich sofort wohl fühlen. Die komfortablen Zimmer sind mit schönen alten Möbeln sehr hübsch ausgestattet und haben Blick auf den Garten. Für längere Aufenthalte stehen ein Studio und eine Suite (beide perfekt eingerichtet) zur Verfügung. Bevor Sie sich auf den Weg machen, um die edlen Weine (*grands crus*) des Médoc zu entdecken, wird Ihnen in einem stilvollen Eßzimmer ein gutes Frühstück serviert. Ein besonders feiner Ort mit freundlicher Atmosphäre.

40 - Domaine de Carrat

Route de Sainte-Hélène
33480 Castelnau-de-Médoc
(Gironde)
Tel. 56 58 24 80
M. und Mme Péry

♦ Ganzj. geöffn. ♦ 3 Zi. m. Bad, WC: 220 F (1 Pers.), 250-300 F (2 Pers.); Suite: 450 F (4 Pers.) ♦ Frühst. inkl. ♦ Kein Speiseangebot - Rest. in Umgebung ♦ Salon ♦ Hunde auf Anfr. erlaubt ♦ Gefahrloses Baden (Kinder) im kleinen Fluß vor Ort ♦ Umgebung: Tennis, 18-Loch-Golfpl., Reitcenter, Seen; Schlösser des Médoc ♦ Man spricht Englisch u. Deutsch. ♦ **Anreise** (Karte Nr. 22): 28 km nordwestl. von Bordeaux über die D 1; an der 2. Ampel in Castelnau Rtg. Sainte-Helene über die N 215; 200 m rechts hinter der Abfahrt Castelnau.

Dieses schöne Haus mit Park liegt inmitten eines Waldes am Ende einer gepflegten Baumallee. Madame und Monsieur Péry haben mit viel Geschick und Geschmack die ehemaligen Pferdeställe umgebaut. Die Gästezimmer lassen sich miteinander verbinden, sind komfortabel und mit Möbeln aus dem Familienbesitz ausgestattet. Alle sind sehr ruhig und haben Blick aufs Grüne (im Sommer ist das zu ebener Erde gelegene Zimmer am angenehmsten). Gutes Frühstück in einem gemütlichen Wohn- und Eßzimmer. Sehr nette Betreuung.

AQUITAINE

41 - Cabirol

1995

33430 Gajac-de-Bazas
(Gironde)
Tel. 56 25 15 29
M. und Mme Dionis du Séjour

♦ Ganzj. geöffn. (im Winter nur auf Reserv.) ♦ 1 Suite (4 Pers.) u. 2 Zi. m. Bad (Badewanne u. Dusche), WC, 1 Zi. m. Dusche, WC: 210-230 F (1 Pers.), 230-250 F (2 Pers.), 400 F (4 Pers.) ♦ Frühst. inkl. ♦ Kein Speisenangebot - Rest. ab 4 km ♦ Salon ♦ Hunde nicht erlaubt ♦ Besichtigung des Betriebs (Gänse, Enten, Rinder, usw.), amerik. Billard vor Ort ♦ Umgebung: Boote, Angeln, Observatorium f. Vögel (500 m), Schwimmbad, Tennis, Reiten (4 km) Seen; Altstadt Bazas, Weinberge ♦ Man spricht Englisch ♦ **Anreise** (Karte Nr. 29): 4 km nordöstl. von Bazas. Dort Rtg. A 62, dann Rtg. Autob. Toulouse. Das Haus liegt 4 km weiter an der D 9, ausgeschildert.

In diesem schönen Haus wird man Sie besonders liebenswürdig empfangen. Ein Teil dieser Besitzung "gehört" den Gästen; hier finden Sie angenehme, sehr gemütliche Zimmer vor, die mit hübschen Dekostoffen belebt sind und über beispielhafte Badezimmer verfügen. Im Erdgeschoß eine Sitzecke mit Bibliothek und großem Tisch für das gute Frühstück, das im Sommer draußen mit Blick auf eine friedliche Landschaft serviert wird.

42 - Domaine de Guillaumat

1995

33420 Genissac
(Gironde)
Tel. 57 24 49 14/57 51 18 99
M. und Mme Fulchi

♦ Ganzj. geöffn. ♦ 2 Zi. m. Dusche, WC: 250-300 F (2 Pers.) ♦ Frühst. inkl. ♦ Kein Speisenangebot - Rest. ab 1 km, in Saint-Emilion u. Libourne ♦ Schwimmbad, Reiten vor Ort ♦ Umgebung: 18-Loch-Golfpl. (30 km), Tennis (1 km), Weinberge, roman. Kirchen, Saint-Emilion, Libourne ♦ Man spricht Englisch u. Spanisch ♦ **Anreise** (Karte Nr. 22): 10 km südwestl. von Libourne. N 89 zwischen Bordeaux u. Libourne, Abf. Arveyres, dann Rtg. Cadarsac. 50 m vor Ortsausgangsschild geraudeaus, links halten, dann 100 m weiter rechts ausgeschildert.

Diese Besitzung wird von den Weinbergen des Entre-Deux-Mers beherrscht; den Gästen steht ein schönes, kleines Haus zur Verfügung. Die Gästezimmer im Erdgeschoß sind echt ländlich: weiße Wände, Fußböden aus Terrakottaplatten, ein oder zwei alte Möbelstücke, bequeme Betten. Da die Zimmer (alle mit angenehmen Badezimmern) nach Osten liegen, kann man sich bei schönem Wetter von der Sonne wecken lassen. Das Frühstück wird im Zimmer oder im Garten serviert.

AQUITAINE

43 - La Petite Glaive

33620 Lapouyade
(Gironde)
Tel. 57 49 42 09
Fax 57 49 40 93
Mme Christiane Bonnet

♦ 1. Septemberwoche geschl. ♦ 2 Zi. m. Bad od. Dusche, WC: 220 F (2 Pers.) + 50-80 F (zusätzl. Pers.) ♦ Frühst. inkl ♦ Landgasthof, Mittag- u. Abendessen: 90 F (Wein inkl.) ♦ Salon ♦ Zimmerreinigung auf Wunsch ♦ Hunde nicht erlaubt ♦ Umgebung: Golf; Bordeaux, Saint-Emilion, Weinstraße ♦ **Anreise** (Karte Nr. 23): 27 km nördl. von Libourne über die D 910 Rtg. Montguyon. In Guîtres die D 247 links über Bayas; vor Lapouyade ausgeschildert.

Diese Bauernhof-Herberge liegt an einem Pinien- und Eichenwald. Die Zimmer sind schlicht, gefällig und ruhig; zwei verfügen über eine Terrasse. Der angenehme Salon mit Bibliothek geht auf einen kleinen Garten, in dem im Sommer das Abendessen eingenommen werden kann. Christiane Bonnet, die besonders liebenswürdig ist, verwendet in ihrer Küche ausschließlich Produkte aus eigenem Anbau. Ein angenehmes, ländliches Quartier, das im Frühjahr und Sommer besonders angenehm ist.

44 - Château de la Bûche

10, av. de la Porte-des-Tours
33580 Monségur
(Gironde)
Tel. 56 61 80 22
Dominique und Evelyne Ledru

♦ Vom 15. Dez. bis 1. März geschl. ♦ 4 Zi. u. 1 Suite (4-5 Pers.) m. Dusche, WC: 210 F (1 Pers.), 270 F (2 Pers.); Suite: 330 F (3 Pers.) + 60 F (zusätzl. Pers.) ♦ Frühst. inkl. ♦ Gemeins. Abendessen auf Bestellung: 90 F (Wein inkl.) ♦ Salon ♦ Saubere Hunde an der Leine erlaubt ♦ Angeln, Park, Pétanque vor Ort ♦ Umgebung: 18-Loch-Golfpl. (35 km), Schwimmbad, Tennis, Reiten, Mountainbike-Verleih; Landhäuser u. Abteien der Gironde, Mühlenstraße des Drot, Schloß Duras, Weinberge ♦ Man spricht Englisch ♦ **Anreise** (Karte Nr. 22): 45 km südöstl. von Libourne Rtg. Castillon über D 670. In Sauveterre-de-G. Rtg. Monségur: in La Halle Rtg. Duras, dann 300 m weiter links.

In diesem kleinen, von Grünflächen umgebenen und am Ortsausgang gelegenen Schloß werden Sie sehr freundlich empfangen. Die Gäste wohnen im linken Flügel. Die Zimmer mit schlichter und komfortabler Einrichtung wurden vor kurzem renoviert. Die Gerichte der guten, traditionellen Küche werden im Eßzimmer der Familie serviert. Eine angenehme Adresse für Angler (geangelt wird im Besitz selbst), Familien und Wanderer.

AQUITAINE

45 - La Bergerie

Les Trias
33920 Saint-Cristoly-de-Blaye
(Gironde)
Tel. 57 42 50 80
M. und Mme de Poncheville

♦ Ganzj. geöffn. ♦ 2 Häuser (2-6 Pers.) m. Salon, Küche, Bad, WC: 400 F (2 Pers.) + 150 F (zusätzl. Pers.), Sonderpr.: mehr als 6 Tage ♦ Frühst. inkl. ♦ Kein Speisenangebot - Rest. in Blaye ♦ Zimmerreinigung entspr. der Dauer des Aufenthaltes ♦ Hunde auf Anfrage erlaubt ♦ Schwimmbad, Reiten (auf Anfr.), Kahnfahrten auf dem Teich vor Ort ♦ Umgebung: Weinstraße, Saint-Emilion (35 km), Schlösser u. histor. Sehenswürdigkeiten, Médoc mit der Fähre ab Blaye; Tennis (3 km) ♦ **Anreise** (Karte Nr. 22): 11 km südöstl. von Blaye über die D 22 Rtg. Saint-Cristoly-de-Blaye, dann Saint-Urbain; Les Trias links ausgeschildert.

Die auf dem Land gelegene "Bergerie" besitzt einen wunderschönen Park mit einem kleinen See und besteht aus drei alten Häusern, die sehr gut renoviert wurden. Jedes verfügt über einen Salon mit Kamin, eine Küche und ein oder drei Zimmer. Der Boden ist aus Terrakotta und die Einrichtung besteht aus echten alten Möbeln und eleganten Stoffen. Alles sehr gelungen. Für das Frühstück können Sie unter veschiedenen Angeboten wählen. Ganz besonders freundliche Atmosphäre.

46 - Château du Parc

1995

Le Parc
33580 Saint-Ferme
(Gironde)
Tel. 56 61 69 18
Fax 56 61 69 23
M. und Mme Lalande

♦ Ganzj. geöffn. ♦ 5 Zi. u. 2 Suiten (3 Pers.) m. Bad, WC (Tel. u. TV auf Wunsch): 450-560 F; Suite (3 Pers.): 800 F ♦ Frühst.: 40 F ♦ HP: 425-550 F (mind. 3 Tage) ♦ Wochenend-Pauschale: 1700-2350 F♦ Gemeins. Mittag- und Abendessen im Sommer: 200 F (Wein inkl.) ♦ Salon ♦ Hunde auf Anfr. erlaubt ♦ Billard, Park, Fahrrad-Verleih vor Ort ♦ Umgebung: 18-Loch-Golfpl. (30 Min.), Tennis, See; Rundf. zur Besichtig. der Abteien, Weinberge, Saint-Emilion (30 Min.), Schloß Duras ♦ Man spricht Englisch ♦ **Anreise** (Karte Nr. 22): 30 km südöstl. von Libourne Rtg. Castillon, 18 km über D 670 Rtg. Sauveterre, dann noch ca. 12 km. 500 m vor Saint-Ferme links.

Dieses von Bäumen und Weinbergen (die der Familien gehören) umgebene traditionelle Schloß der Aquitaine wurde kürzlich vollkommen von seinen jungen Inhabern renoviert. Sie werden angetan sein von der Schönheit der Räumlichkeiten und verwandten Werkstoffe. Das englische Frühstück wird in der schönen, zum Garten gelegenen Küche serviert. Hier ist alles von schlichter und diskreter Eleganz.

AQUITAINE

47 - Manoir de James

33580 Saint-Ferme
(Gironde)
Tel. 56 61 69 75
M. und Mme Dubois

1995

♦ Vom 15. Dez. bis 15. Jan. geschl.♦ 3 Zi. m. Bad, WC: 230 F (1 Pers.), 280 F (2 Pers.), zusätzl. Pers.: 50 F (Kind), 70 F (Erwachs.) ♦ Frühst. inkl. ♦ Kein Speisenangebot - Restau. 4 bzw. 5 km entf. ♦ Salon ♦ Hunde auf Anfr. erlaubt Garage ♦ Schwimmbad, Tischtennis, Fahrrad-Verleih vor Ort ♦ Umgebung: 18-Loch-Golfpl. (35 km), Reiten, Mountainbikes, Tennis, See, Flußangeln, Abtei Saint-Ferme, romanische Kirchen ♦ Man spricht Englisch, Deutsch u. Spanisch ♦ **Anreise** (Karte Nr. 22): ab Libourne Rtg. Langon La Réole über D 670; in Sauveterre 2 km Rtg. La Réole, dann Rtg. Saint-Ferme; dort Rtg. Sainte-Colombe. "Manoir de James" 2 km weiter links.

In dieser kleinen, auf den Anhöhen des Entre-deux-Mers gelegenen Besitzung werden Sie ausgesprochen höflich empfangen. Die großen, im Stil früherer Zeiten möblierten Zimmer bieten absolute Ruhe. Im Sommer wird das (angelsächsische) Frühstück ab Sonnenaufgang am Schwimmbad serviert. Wenn Sie es wünschen, wird Madame Dubois Sie gerne über Wissenswertes dieser Gegend informieren.

48 - Château de Gourdet

33620 Saint-Mariens
(Gironde)
Tel. 57 58 99 33 / 57 58 05 37
Yvonne und Daniel Chartier

♦ Ganzj. geöffn. ♦ 1 Zi. m. Dusche, WC u. 3 Zi. m. eig. Bad (außerh. des Zi.) u. 4 gemeins. WC: 155-180 F (1 Pers.), 180-240 F (2 Pers., Doppelbetten od. 2 sep. Betten) + 75 F (zusätzl. Pers.) ♦ Frühst. inkl. ♦ Gemeins. Abendessen im Sommer (mind. 24 Std. im voraus best.): 75 F (Wein inkl.) od. Rest. 3 km entf. ♦ Salon ♦ Reiten im Sommer vor Ort ♦ Umgebung: Wander- u. Reitwege; Zitadellen v. Blaye u. Bourg, Saint-Emilion, Bordeaux, Médoc mit der Fähre ab Blaye ♦ Man spricht Englisch ♦ **Anreise** (Karte Nr. 22): 31 km nördl. v. Bordeaux über die A 10, Ausfahrt Saint-André-de- Cubzac, dann die N 10 Rtg. Montliu u. die D 18 Rtg. Saint-Savin. Ab Paris: Autob. 10, Ausf. Blaye. Die Reiseroute (itinéraire "bis") bis Saint-Mariens verfolgen.

Dieses Herrenhaus liegt sehr ruhig und abseits eines kleinen Dorfes. Die Atmosphäre im Haus ist besonders freundlich und entspannt. Die Gästezimmer liegen im ersten Stock, sind groß, hell und schlicht, aber komfortabel eingerichtet. Jedes Zimmer hat sein eigenes Bad, das allerdings außerhalb liegt. Gute Bewirtung: regionale Spezialitäten, die mit einem Côte de Blaye gereicht werden. Eine besonders für Familien empfehlenswerte Adresse.

AQUITAINE

49 - Gaudart

Gaudart
33910 Saint-Martin-de-Laye
(Gironde)
Tel. 57 49 41 37
M. und Mme Garret

♦ Von Ende April bis Anfang Okt. geöffn. ♦ 3 Zi. (m. separatem Eingang) m. Bad od. Dusche, WC: 170-230 F (2 Pers.) ♦ Frühst. inkl. ♦ Gemeins. Abendessen auf Bestellung (außer im Aug.): 80 F (Hauswein inkl.) ♦ Salon, Terrasse ♦ Hunde nicht erlaubt ♦ Umgebung: Schwimmbad, 18-Loch-Golfpl.; Saint-Emilion, Abtei Guîtres, Weinberge ♦ **Anreise** (Karte Nr. 22): 9 km nordöstl. v. Libourne über die D 910 Rtg. Guîtres-Montguyon. In Saint-Denis-de-Pile links die D 22 (5 km), dann rechts ausgeschildert.

Dieses typische Gironde-Haus liegt inmitten sanfter Weiden nur wenige Minuten von den berühmten Saint-Émilion-Weinbergen entfernt. Im großen Aufenthaltsraum, in dem das Frühstück und das Abendessen eingenommen werden, stehen alte regionale Möbel. Die Zimmer sind groß und haben komfortable Betten. Zwei von ihnen verfügen über sehr schöne Badezimmer. Unser Lieblingszimmer ist das mit der Wickelkommode, denn es ist besonders hübsch möbliert. Ausgesprochen freundliche Atmosphäre.

50 - Château Lamothe

1995

33450 Saint-Sulpice-et-
Cameyrac
(Gironde)
Tel. 56 30 82 16
Fax 56 30 88 33
Luce und Jacques Bastide

♦ Von Ostern bis Allerheiligen geöffn. ♦ Nichtraucher-Zi. ♦ 2 Zi. u. 1 Suite (2-4 Pers., TV) m. Bad, WC: 700-800 F (2 Pers.) + 100 F (zusätzl. Pers.); Suite: 950 F (2 Pers.) ♦ Frühst. inkl. ♦ Kein Speiseangebot - Rest. ab 2 km ♦ Salon ♦ Schwimmbad, Angeln, Boot vor Ort ♦ Umgebung: 18-Loch-Golfpl. (2 km); Weinberge des Bordelais, Saint-Emilion, Abteien-Straße ♦ Man spricht Englisch u. Spanisch ♦ **Anreise** (Karte Nr. 22): 18 km östl. von Bordeaux. Zwischen Bordeaux u. Libourne über N 89, Abf. 5 (Beychac, Cameyrac, Saint-Sulpice), dann D 13 bis Saint-Sulpice. Am Ortseingang rechts Route du Stade, dann ausgeschildert.

Dieses sehr alte, vollkommen von Wasser umgebene Schloß wurde im 19. Jahrhundert renoviert und besitzt prächtige, komfortable Zimmer mit erstaunlichen Bädern. Alle Räume sind groß, hell und mit großer Sorgfalt ausgestattet: einige alte Möbel in hellen Farben, weiße Vorhänge, Gemälde grüner Landschaften, Fayencen und allerlei Gegenstände aus dem Familienbesitz. Das in einem ansprechenden Speisesaal servierte Frühstück ist verlockend und der Empfang aufmerksam und liebenswürdig.

AQUITAINE

51 - **Domaine du Ciron**

Brouquet
33210 Sauternes
(Gironde)
Tel. 56 76 60 17
Fax 56 76 61 74
M. und Mme Peringuey

♦ Ganzj. geöffn. ♦ Kinder unter 7 J. nicht erwünscht ♦ 3 Zi. m. Bad od. Dusche, WC: 220 F (2 Pers.) + 70 F (zusätzl. Pers.) ♦ Frühst. inkl. ♦ Kein Speisenangebot - Rest.: "Auberge des Vignes" u. "Le Saprien" in Sauternes ♦ Hunde nicht erlaubt ♦ Schwimmbad u. Patchwork-Kurse ♦ Umgebung: Tennis, 18-Loch-Golfpl., Reiten (8 km), Kanu (8 km); Sauternais-Rundfahrt, alte Schlösser ♦ Man spricht Englisch ♦ **Anreise** (Karte Nr. 22): 11 km von Langon (A 62) über die D 8 Rtg. Villandraut. Hinter der Kreuzung (Sauternes) auf der D 8 bleiben; in Brouquet am Wasserturm rechts; dann ausgeschildert.

Sauternes oblige: Monsieur und Madame Peringuey haben selbstverständlich mit Wein zu tun! Zum Entdecken dieser berühmten Weingegend werden beide Ihnen stets mit freundlichem Rat zur Seite stehen. Die vier Zimmer sind schlicht, aber sehr komfortabel, und von überall blickt man auf die Weinberge. Auch das Schwimmbad im Garten steht den Gästen zur Verfügung. Das Frühstück wird nebenan in einem hübschen Eßzimmer serviert.

52 - **Le Barbé**

Place de l'Eglise
40390 Biaudos
(Landes)
Tel. 59 56 73 37
Fax 59 56 75 84
M. und Mme Iriart

♦ Vom 1. April bis 11. Nov. geöffn. ♦ 4 Zi. m. Dusche u. WC u. 2 Zi. (in separatem App.) m. gemeins. Bad: 140-150 F (1 Pers.), 155-195 F (2 Pers.) + 60 F (zusätzl. Pers.) ♦ Frühst. inkl. ♦ Kein Speisenangebot - Rest. "Chez Pétiole" in Saint-Martin-de-Seignanx u. kl. Gasthäuser in Umgebung ♦ Eine Küche steht zur Verfüg. ♦ Salon ♦ Zimmerreinigung auf Wunsch ♦ Kl. Hunde erlaubt ♦ Schwimmbad, Ratschläge f. Wanderungen u. Rest. ♦ Umgebung: Golf; Adour-Tal, Abteien, typische Landhäuser, Baskenfeste, baskische u. landaiser Küste ♦ **Anreise** (Karte Nr. 28): 16 km östl. von Bayonne über die N 117 Rtg. Orthez u. Pau.

Monsieur und Madame Iriart nehmen gerne Gäste auf und verwöhnen sie. Im Garten dieses großen Dorfhauses liegt ein Schwimmbad, und sobald das Wetter es erlaubt, werden dort zum Einnehmen des Frühstücks Tische und Stühle aufgestellt. In den großen und sehr hellen Zimmern kann man einige Reisesouvenirs bewundern. Alles in allem ein gelungenes Ambiente.

AQUITAINE

53 - Lamolère

40090 Campet-Lamolère
(Landes)
Tel. 58 06 04 98
Philippe und Béatrice
de Monredon

♦ Ganzj. geöffn. ♦ 1 Zi. m. Bad, WC; 2 Zi. m. eig. Dusche, gemeins. WC: 160-200 F (2 Pers.) ♦ Frühst. inkl. ♦ Gemeins. Abendessen: 75 F (alles inkl.) ♦ Zimmerreinigung alle 3 T. oder auf Wunsch ♦ Salon ♦ Hunde auf Anfr. im Zwinger erlaubt ♦ Kapelle (12. Jahrh.), Pferdeboxen, Angeln u. Fahrräder vor Ort ♦ Umgebung: Golf, Schwimmbad (4 km) ♦ Man spricht Englisch u. Spanisch. ♦ **Anreise** (Karte Nr. 29): 5 km nordwestl. von Mont-de-Marsan über die D 38; Route de Morcenx.

Dieses geräumige Herrenhaus inmitten eines 12 Hektar großen Parks verbindet in jedem Zimmer Ästhetik mit Komfort. Die Betten sind meist sehr breit, die Farben harmonisch aufeinander abgestimmt und die zahlreichen Details sehr angenehm. Auch die echten alten Möbel tragen dazu bei, daß man sich hier recht wohl fühlt. Die exzellente Bewirtung findet meist draußen auf der Terrasse statt. Angenehme Umgebung, freundlicher Empfang und ein benmerkenswertes Preis-Leistungsverhältnis.

54 - Estounotte

Quartier Naboude
40170 Levignacq
(Landes)
Tel. 58 42 75 97
Mme Lalanne

♦ Ganzj. geöffn. (telef. Reserv.) ♦ 1 Zi. m. eig. Bad; 3 Zi. m. eig. Dusche (2 gemeins. WC): 240-285 F (2 Pers.) ♦ Kinder bis 2 J.: 35 F ♦ Frühst. inkl. ♦ Gemeins. Abendessen auf Bestellung (1 Ruhetag pro. W.): 90 F (Wein inkl.) ♦ Salon ♦ Hunde auf Anfr. erlaubt (50 F pro. W.) ♦ Fahrradverleih, Kochkurse f. Gänse- od. Enten-Confit im Winter vor Ort ♦ Umgebung: Reiten, Meer, Bootsausflüge; Kirche v. Levignacq ♦ Man spricht Spanisch ♦ **Anreise** (Karte Nr. 29): 30 km nördl. von Dax. Die N 10 in Castets verlassen (Abf. Nr.13), dann Rtg. Levignacq; ausgeschildert.

Dieses ansehnliche Herrenhaus liegt ein wenig versteckt in einem Pinienhain und ist gänzlich renoviert. Das gute Abendessen wird an einem großen Tisch im Eßzimmer serviert, das modern, aber rustikal eingerichtet ist. Ähnlich ist der Stil der hellen, ruhigen Zimmer. Angenehme Betreuung.

AQUITAINE

55 - La Marie Clairière

1995

Les Bas Lugadets
40170 Lit-et-Mixe
(Landes)
Tel. 58 42 77 24
M. und Mme Utz

♦ Ganzj. geöffn. ♦ 5 Zi. m. eig. Dusche u. gemeins. WC: 230 F (1 Pers.), 250 F (2 Pers.), zusätzl. Pers.: 70 F (Kind. bis 6 J.: 50 F) ♦ Frühst. inkl. ♦ Kein Speiseangebot ♦ Salons ♦ Hunde auf Anfr. erlaubt ♦ Kinderspielplatz, Pétanque ♦ Umgebung: Golfpl. in Moliets (40 km), Reiten, Tennis, Kanu/Kajak, Atlantik (10 km), Angeln (Fluß u. See, 10 km) ♦ Man spricht Englisch, Deutsch u. Spanisch ♦ **Anreise** (Karte Nr. 28): 30 km nordwestl. von Dax über N 10. In Castets Abf. Nr. 13, Rtg. Lit-et-Mixe über Saint-Girons, dann D 652. 1. Straße links hinter dem Ortsausgang.

Inmitten des Waldes der Region Landes ein charmantes, weißes Haus, umgeben von einem großen, grünen Garten. Im Erdgeschoß befindet sich ein großer Raum zum Ruhen, Lesen oder Fernsehen. Im Obergeschoß liegen die schlichten Zimmer, die einen Ausblick auf die gut erhaltene Natur bieten. Hier ist alles für Kinder vorgesehen. Kein Speiseangebot, aber ein paar Meter weiter haben die Besitzer selbst in der Waldlichtung ein kleines Restaurant aus Holz gebaut, in dem Salate und Gegrilltes angeboten werden.

56 - L'Oustau

Quartier Baxentes
40210 Lue
(Landes)
Tel. 58 07 11 58
Guy und Patricia Cassagne

♦ Von Ostern bis Ende Sept. geöffn. ♦ 3 Zi. m. eig. Bad u. gemeins. WC: 175 F (1 Pers.), 200 F (2 Pers./ 1 Üb.) od. 190 F (2 Pers. mehr als 1 Üb.) + 70 F (zusätzl. Pers.) u. 2 Zi. m. Bad u. eig. WC: 220-230 F ♦ Frühst. inkl. ♦ Kein Speiseangebot - Rest.:"L'Auberge Landaise" in Lue ♦ Zimmerreinigung auf Wunsch ♦ Hunde nicht erlaubt ♦ Umgebung: Schwimmbad, Tennis, Golf (35 km); Pontenx-les-Forges, Öko-Museum in Marquez, Verkauf Produkte v. Bauernhof (200m) ♦ Man spricht Englisch u. Spanisch. ♦ **Anreise** (Karte Nr. 29): Paris-Bayonne über die N 10, Abf. Labouheyre, dann die D 626 Rtg. Mimizan. Nach 8 km das Doerf Luë durchqueren, nach 2 km "L'Oustau" links (D 626).

In der Nähe dieses alten Herrenhauses bewundert man zuerst die riesigen Pinien, und dann einen Eichenhain. Einige Möbel aus dem vergangenen Jahrhundert, mit Pinienholz getäfelte Decken und schöne Gemälde prägen den Stil dieses Hauses. Die angenehmen Zimmer sind mit alten Möbeln ausgestattet und bieten einen Blick auf den Park. Gelegentlicher Autolärm von einer 100 Meter entfernten Straße kann die Idylle schon mal stören. Madame Cassagne versteht es, Gäste zu empfangen.

AQUITAINE

57 - Le Bos de Bise

40630 Luglon
(Landes)
Tel. 58 07 50 90
M. und Mme Congoste

♦ Von Mai bis Okt. geöffn. ♦ 2 Zi. (1 m. Salon), Dusche, WC: 200-250 F (2 Pers.) + 100 F (zusätzl. Pers.) ♦ Frühst. inkl. ♦ Kein Speisenangebot ♦ Salon ♦ Zimmerreinigung auf Wunsch ♦ Kl. Hunde erlaubt ♦ Fahrräder, 2 Pferdeboxen, künstl. See vor Ort ♦ Umgebung: Reiten, Tennis, Golf, Kanu/Kajak (8 km), Meer (45 km); Museum Napoleon III., Marquèze-Museum ♦ **Anreise** (Karte Nr. 29): 25 km nordwestl. von Mont-de-Marsan über die N 134 Rtg. Sabres, dann links die D14.

Die Gebäude, aus denen sich das "Bos de Bise" zusammensetzt, liegen zwischen Pinien verstreut und sind von einem gepflegten Rasen umgeben. Es erwarten Sie zwei sehr komfortable, ganz im alten Stil eingerichtete Zimmer. Das eine hat einen kleinen Salon und das andere, größere, eine eigene Terrasse. Das Frühstück wird in einem Raum mit freigelegten Balken und Balustraden serviert. Draußen gibt es zudem eine überdachte Küche und einen künstlichen See zum Angeln.

58 - Château Robert

40500 Montgaillard
(Landes)
Tel. 58 03 58 09
M. Clain

♦ Ganzj. geöffn. ♦ 3 Zi. m. Bad, WC (1 m. eig. Eingang): 300-400 F (2 Pers.) ♦ Frühst. inkl. ♦ Kein Speisenangebot - Rest.: Gasthof 3 km entf. ♦ Salon ♦ Tel. ♦ Schwimmbad♦ Umgebung: Reiten, Golf, Landhäuser ♦ Man spricht Englisch u. Italienisch ♦ **Anreise** (Karte Nr. 29): 22 km südl. v. Mont-de-Marsan über die D 933 Rtg. Saint-Sever, dann die D 352 Rtg. Larrivière, anschl. die D 387 Rtg. Montgaillard, bei 1. Abzweigung nach 1 km links, dann kl. Straße zum Schloß.

In einem schönen Park mit Schwimmbad zeigt das "Château Robert" seine zwei Gesichter. Die Gartenfassade ist die typische Architektur des 18. Jahrhunderts, und die andere könnte man für einen spanischen Barockstil halten. Die ausgesprochen angenehmen Zimmer sind hübsch mit alten Möbeln aus englischer Kiefer ausgestattet. Das besonders reichhaltige Frühstück wird in einem prächtigen Speiseraum serviert: ein Rundbau mit Louis-XV-Stuck und zahlreichen Grünpflanzen.

AQUITAINE

59 - Au Masson

Route du Port
40300 Port-de-Lanne
(Landes)
Tel. 58 89 14 57
M. und Mme Duret

♦ Ganzj. geöffn. ♦ 3 Suiten (Zi. u. Salon, 2-3 Pers.) m. Bad od. Dusche, WC: 200-230 F (2 Pers.) + 75 F (zusätzl. Pers.) ♦ Frühst. inkl.♦ Kein Speiseangebot - Rest.: Gasthof am Hafen (100 m) u. andere Rest. (4 km) am Ufer des Adour ♦ Hunde nicht erlaubt ♦ Umgebung: Tennis, Angeln, Ultraleichtflugzeug (U.L.M.), Wassersport, Schwimmbad, Golf in Biarritz; denkmalgeschützte Stätten; Stierkämpfe ♦ **Anreise** (Karte Nr. 28): 29 km nordöstl. von Bayonne über die N 117. Rtg. Pau. Im Ort.

Allein der Garten von "Au Masson" mit seinen vielen exotischen Bäumen, in dem man unter einem Holzdach frühstückt, ist es wert, besucht zu werden. Das Maisonnette-Zimmer mit seinem Mobiliar aus den dreißiger Jahren ist besonders ansprechend. Die anderen Zimmer sind zwar komfortabel, aber nicht ganz so hübsch. Angenehme, ungezwungene Atmosphäre.

60 - Betjean

D 933
40240 Saint-Justin
(Landes)
Tel. 58 44 88 42
Marie-Claire Villenave

♦ Von April bis Sept. geöffn. (u. auf Anfr.) ♦ 4 Zi. m. Bad od. Dusche, WC: 220-240 F (2 Pers.) ♦ Frühst. inkl. ♦ Kein Speiseangebot - Rest. in Saint-Justin u. in Villeneuve ♦ Zimmerreinigung auf Wunsch ♦ Salon ♦ Tel. ♦ Kl. Hunde auf Anfr. erlaubt ♦ Angeln vor Ort ♦ Umgebung: Flußangeln (1 km) Golf, Wanderungen; See, Labastide-d'Armagnac ♦ Man spricht Englisch u. Italienisch ♦ **Anreise** (Karte Nr. 29): 25 km nordöstl. von Mont-de-Marsan, D 932; dann D 933 Rtg. Périgueux. 3 km hinter der Ausfahrt Saint-Justin kleiner Weg links: ausgeschildert.

Am Ende eines langen, von Kiefern und Farnkraut gesäumten Sandweges liegt "Betjean", das außen wie innen entzückend ist. Die Zimmer sind sehr komfortabel, gut ausgestattet und verfügen über gut integrierte Duschräume. Das Frühstück (mit hausgemachter Konfitüre und Musik) wird in einem prachtvollen Raum mit Balkenwerk, Bruchsteinen, Teppichen und alten Möbeln serviert. Ein charmanter, ruhiger Ort, der im Sommer schon mal durch die Nähe der Ferienhäuser gestört wird.

AQUITAINE

61 - Château de Monbet

40300 Saint-Lon-les-Mines
(Landes)
Tel. 58 57 80 68
Fax 58 57 89 29
M. und Mme Hubert de Lataillade

♦ Ganzj. geöffn. ♦ 3 Zi. u. 2 Suiten (4 Pers.) m. Dusche od. Bad, WC: 250-550 F (2 Pers.); Suiten 600-900 F (4 Pers.) ♦ Frühst. inkl. ♦ Kein Speisenangebot - Rest.: ab 500 m ♦ Salon ♦ Hunde auf Anfr. im Zwinger erlaubt ♦ Umgebung: 18-Loch-Golfpl., Meer, Abteien ♦ Man spricht Englisch ♦ **Anreise** (Karte Nr. 29): 13 km südwestl. v. Dax über die D 6; A 63 Rtg. Saint-Geours-de-Maremne (10 km) oder A 64 Rtg. Peyrehorade (10 km).

"Monbet" ist ein hübsches, auf einem Hügel errichtetes Schlößchen mit weitem Ausblick auf die Landschaft. Der Empfang ist sehr angenehm, und die Zimmer sind ganz im Stil alter Gutshäuser gehalten. Das größte Gästezimmer heißt "des Palombes" (Ringeltauben) und hat besonders viel Charme. Alle haben zwar ein eigenes Bad, aber zuweilen außerhalb des Zimmers. Wenn das Wetter es erlaubt, wird das Frühstück draußen in einem windgeschützten Innenhof serviert.

62 - Larroque

40090 Saint-Perdon
(Landes)
Tel. 58 75 88 38
Marguerite und Louis Lajus

♦ Ganzj. geöffn. ♦ 2 Zi. u. 1 Suite (3 Pers.) m. Bad, WC: 220 F (1-2 Pers.); Suite 240 F (2 Pers.) + 80 F (zusätzl. Pers.) ♦ Frühst. inkl. ♦ Kein Speisenangebot ♦ Salon ♦ Zimmerreinigung auf Wunsch ♦ Umgebung: Tennis, Golf; Saint-Sever, Saint-Girons ♦ Man spricht Englisch ♦ **Anreise** (Karte Nr. 29): 5,5 km südwestl. von Mont-de-Marsan über die N 124 Rtg. Dax, dann links die D 3 Rtg. Saint-Perdon-Mugron; am Ortseingang von Saint-Perdon ausgeschildert.

Dieses Herrenhaus hat seinen Charakter früherer Zeiten voll und ganz bewahrt. Hier werden Sie wie vorbeischauende Verwandte empfangen. Die Inneneinrichtung ist sehr persönlich: alte Möbel aus dem Familienbesitz, Kinderfotos und Gemälde der Vorfahren. Selbstverständlich sind die Zimmer sehr groß, die Einrichtung ist unverändert und die Bettwäsche schön bestickt. Leider ist das Haus etwas hellhörig. Das sehr gute und vornehm servierte Frühstück wird in einem schönen Eßzimmer eingenommen. Der Salon mit etwas nostalgischem Charme ist gemütlich.

AQUITAINE

63 - Marchannau

40390 Sainte-Marie-de-Gosse
(Landes)
Tel. 59 56 35 71
M. und Mme Michel Février

♦ Ganzj. geöffn. ♦ 3 Zi. m. eig. Bad, gemeins. WC: 250 F (2 Pers.) ♦ Frühst. inkl. ♦ Kein Speisenangebot - Rest.: Landgasthaus "Piet" am Adour ♦ Zimmerreinigung auf Wunsch ♦ Salon ♦ Hunde nicht erlaubt ♦ Angeln vor Ort ♦ Umgebung: Tennis, Golf; baskische und landaiser Küste ♦ Man spricht Englisch u. Spanisch ♦ **Anreise** (Karte Nr. 28): 25 km von Bayonne über die N 117 Rtg. Pau; vor der Adour-Brücke den Treidelweg (2 km).

Dieses in einer wunderbaren Landschaft gelegene Haus hat beinahe die "Füße im Wasser": unter den Fenstern fließt der Adour und verleiht diesem Ort außergewöhnliche Ruhe. Außer den Tischen auf der Terrasse haben Madame und Monsieur Février einen angenehmen Salon eingerichtet, in dem das Frühstück serviert wird. Die Zimmer sind groß, komfortabel und sorgfältig renoviert. Im Haus gibt es zwar kein Speisenangebot, aber das am Fluß gelegene Restaurant ist exzellent.

64 - Le Cassouat

Magescq
40140 Soustons
(Landes)
Tel. 58 47 71 55
M. und Mme Gilbert Desbieys

♦ Ganzj. geöffn. ♦ 2 Zi. m. gemeins. Bad, WC; 2 Zi. m. Dusche, WC: 210-250 F (2 Pers.) + 70 F (zusätzl. Pers.) ♦ Frühst. inkl. ♦ Kein Speisenangebot ♦ Salon ♦ Tel. ♦ See (Tretboot), Fahrräder vor Ort ♦ Umgebung: Tennis in Magescq, Golf (9- u. 18-Lochpl., 16 km), Mountainbikes, Wanderwege, See, Schwimmbad (15 km), Atlantik (16 km), Regionalpark "Landes"♦ Man spricht etwas Englisch u. Spanisch ♦ **Anreise** (Karte Nr. 28): 16 km nordwestl. von Dax. N 10 (Paris-Bayonne), Abf. Magescq, dann Route d'Herm (D 150).

Dieses sehr moderne, dreieckig gebaute Haus mit langgezogenen Dachflächen liegt in einem Eichenwald. Hier findet man ein angenehmes Ambiente vor, ferner schöne, komfortable und modern eingerichtete Zimmer. Dank der geschützten Terrasse kann man beim Frühstück das Panorama genießen und und mit etwas Glück auch Rehe beobachten.

AQUITAINE

65 - Chanteclair

47290 Cancon
(Lot-et-Garonne)
Tel. 53 01 63 34
Fax 53 41 13 44
Mme Larribeau

♦ Ganzj. geöffn. ♦ 3 Zi. u. 1 Suite (best. aus 2 Zi.) m. Bad od. Dusche, WC: 270-310 F (2 Pers.); Suite (2-4 Pers.) 270-370 F ♦ Sonderpreise ab 4. Üb.♦ Frühst.: 30 F ♦ HP: 255-275 F pro Pers. ♦ Abendessen auf Bestellung: 90 F ♦ Salon, Billard, Klavier ♦ Kl. Hunde erlaubt ♦ Schwimmbad, Fahrräder, Pétanque vor Ort ♦ Umgebung: Schlösser, Landhäuser; 27-Loch-Golfpl (7 km), Tennis (800 m), Angeln (See u. Fluß), Reiten, Mountainbikes, Segeln, Kanu ♦ Man spricht Englisch u. Spanisch ♦ **Anreise** (Karte Nr. 23 u. 30): 500 m westl. von Cancon, D 124 Rtg. Marmande.

Dieses große Herrenhaus liegt an der Grenze des Périgord. Die Inneneinrichtung ist elegant. Den Gästen stehen vier schöne, komfortable Zimmer zur Verfügung. Die Daunendecken in frischen Farben, die hübschen Tapeten und andere nette Details machen sie wirklich sehr reizvoll. Außerdem kann man von dem angenehmen Park mit Schwimmbad profitieren oder eine Partie Billard spielen. Herzliche Atmosphäre und gute Bewirtung mit regionaler Küche.

66 - Manoir de Roquegautier

Beaugas
47290 Cancon
(Lot-et-Garonne)
Tel. 53 01 60 75
Christian und Brigitte Vrech

♦ Von April bis Okt. geöffn. ♦ 2 Zi. u. 2 Suiten (3-4 Pers.) m. Bad od. Dusche, WC: 350-370 F (2 Pers.), Suiten 570 F (3 Pers.), 610 F (4 Pers.) ♦ Frühst. inkl. ♦ Gemeins. Abendessen: 92 F (ohne Wein), Kinder: 62 F ♦ Zimmerreinigung auf Wunsch ♦ Salon, Klavier, Spielezimmer ♦ Tel. ♦ Haustiere nicht erlaubt ♦ Schwimmbad, Fahrradverleih, Reiten vor Ort ♦ Umgebung: 27-Loch-Golfpl.(3 km), Reitcenter, Tennis, See; Schlösser von Bonaguil u. Biron, Montpazier, Villeréal, Monflanquin ♦ **Anreise** (Karten Nr. 23 u. 30): 17 km nördl. von Villeneuve-sur-Lot über die N 21 Rtg. Cancon.

Zwischen dem Périgord und der Region Landes gelegen, überragt der Landsitz "Roquegautier" Agrarland und Waldungen. Brigitte und Christian Vrech bemühen sich sehr, eine angenehme Atmosphäre zu schaffen. Die Zimmer, mit dicken Dauendecken und hübschen pastellfarbenen Vorhängen, sind renoviert, hell und sehr komfortabel. Das große Zimmers mit seinem schönen Gebälk und einem Rundturm wird Sie in Erstaunen versetzen. Ausgezeichnetes Abendessen. Charmanter Empfang.

AQUITAINE

67 - Soubeyrac

47150 Envals
(Lot-et-Garonne)
Tel. 53 36 51 34
M. Rocca

♦ Ganzj. geöffn. ♦ 4 Zi. u. 1 Suite (4 Pers.) m. Bad (Balneotherapie/Wasserstrahl-Dusche), WC u. Tel (TV auf Wunsch): 350-480 F (2 Pers.) Suite: 700 F (3-4 Pers.) + 50 F (zusätzl Pers.) ♦ Frühst.: 35 F ♦ Inidiv. od. gemeins. Essen: 130 F ♦ Salon ♦ Zimmerreinigung auf Wunsch ♦ Schwimmbad, Fahrräder, Tischtennis vor Ort ♦ Umgebung: Angeln, Tennis, Wanderwege, 18-Loch-Golfpl. (15 km); Landhäuser, Schlösser des Périgord, Musik- u. Theaterfestivals ♦ Man spricht Englisch ♦ **Anreise** (Karte Nr. 23): 20 km nördl. von Villneuve-sur-Lot D 676 Rtg. Monflanquin. Dort Rtg. Monpazier über D 272, nach 2 km links Rtg. Envals über C3, dann ausgeschildert.

Dieser aus dem 17. Jahrhundert stammende Gutshof wurde mit jener Sorgfalt restauriert, die man gewöhnlich bei einem Familienbesitz anwendet. In einer wunderbaren Hügellandschaft gelegen, verfügt dieses Haus im Erdgeschoß über eine große Suite, über zwei (im Sommer) kühle, in der Dependance eingerichtete Zimmer und zwei weitere im Haupthaus. Alle haben Balneotherapie-Wannen. Im Speisesaal mit Blick aufs Land können Sie Monsieur Roccas hervorragende Küche (mit meist regionalen Produkten) genießen. Aufmerksamer Empfang.

68 - Cantelause

47120 Houeillès
(Lot-et-Garonne)
Tel. 53 65 92 71
M. und Mme Nicole und
François Thollon Pommerol

♦ Ganzj. geöffn. ♦ 2 Zi. m. Bad, WC im kl. Haus: 220 F (2 Pers., kein zusätzl. Kinderbett) ♦ Frühst.: 25 F ♦ Gemeins. Abendessen: 100-130 F ♦ Salon ♦ Hunde nicht erlaubt ♦ Golf vor Ort ♦ Umgebung: 18-Loch-Golfpl. (Wochend-Pauschale) in Castejaloux (20 km), Reiten, Tennis, Schwimmbad, See, Fahrräder, Besichtig. von Landhäusern u. Kapellen ♦ Man spricht Englisch, Deutsch, Italienisch u. Spanisch ♦ **Anreise** (Karte Nr. 29 u. 30): 20 km südl. von Casteljaloux Rtg. Houeillès über D 933, dann links D 156 u. D 154 Rtg. Durance, Houeillès 8 km entfernt.

Am Rande des Landes-Waldes und zwischen Kiefern liegt ein hübsches Haus mit einem rustikalen, aber ausgefallenem Nebengebäude. Zwei kleine, hübsch ausgestattete Zimmer mit sehr komfortablen Badezimmern. Frühstück und Abendessen werden entweder im Haus der Gastgeber oder im Sommer draußen serviert. Gänseleberpastete, Brot und *brioches* sind hausgemacht. Diese besonders von Golfern (Pauschalpreise) geschätzte Adresse gefällt aber auch jenen, die Ruhe und eine gute Küche schätzen.

AQUITAINE

69 - Frémauret

Roumagne
47800 Miramont-de-Guyenne
(Lot-et-Garonne)
Tel. 53 93 24 65
M. und Mme Claude Aurélien

♦ Ganzj. geöffn. ♦ 1 Suite m. Bad, WC u. kl. Salon: 230 F (1 Pers.), 290 F (2 Pers.) + 50 F (zusätzl. Pers.) ♦ Frühst. inkl. ♦ Gemeins. Abendessen auf Bestellung: 90 F (Hauswein inkl.); gastron. Menü 170 F ♦ Umgebung: Schwimmbad, See, Tennis, Golf, Wanderwege; Duras, Pujols, Eymet ♦ Man spricht Spanisch ♦ **Anreise** (Karte Nr. 23): 21 km nordöstl. von Marmande über die D 933 Rtg. Miramont, dann die D 668 Rtg. Duras.

Dieses elegante Landhaus liegt zwischen Maisfeldern und Weiden und stellt den Gästen sein ehemaliges Taubenhaus zur Verfügung. Dieses verfügt im Erdgeschoß über einen hübschen kleinen Salon und im ersten Stock über ein sehr angenehmes Schlafzimmer mit echten alten Möbeln aus Mahagoni, rosa Stoffen und einigen ausgewählten Gegenständen. Großes Bad mit modernem Komfort. Madame und Monsieur Aurélien empfangen ihre Gäste besonders liebenswürdig. Zum Abendessen wird Ihnen eine exzellente Jahreszeiten-Küche mit zahlreichen hausgemachten Produkten serviert.

70 - Château de Pechgris

Salles
47150 Monflanquin
(Lot-et-Garonne)
Tel. 53 36 53 01
Dr. und Mme Xavier Chaussade

♦ Von April bis Ende Okt. geöffn. ♦ Min. 3 Üb. in Hochsaison ♦ 2 Zi. m. Bad, WC, TV (ausl. Sender) u. 1 Kinderzi: 180-280 F (2 Pers.) ♦ Frühst.: 30 F (mit frischen Fruchtsäften) ♦ Kein Speisenangebot (mittags: Picknick-Angebot) - "Auberge de Vézou" 3 km entf. ♦ Salon ♦ Tel. ♦ Hunde/Katzen nicht erlaubt ♦ Schwimmbad, Fahrradverleih, Tennis vor Ort ♦ Umgebung: großes Angebot f. Sport u. Kultur ♦ Man spricht Englisch u. Deutsch ♦ **Anreise** (Karte Nr. 23): 23 km nördl. v. Villeneuve-sur-Lot über die D 676 bis Monflanquin, dann die D 150 Rtg. Salles, anschl. Straße nach Libos rechts, nach 1,2 km die Lindenallee rechts; ab Salles ausgeschildert.

Die Tempelherren wählten diesen ruhigen und von Hügeln umgebenen Ort zur Errichtung ihrer Komturei. Das Haus, ein Festungsviereck, wird von einem achteckigen Turm überragt. Angenehme, große, schlicht mit Möbeln aus dem Familienbesitz eingerichtete Zimmer; die Betten sind besonders komfortabel. Madame Chaussade ist sehr um das Wohl ihrer Gäste bemüht.

AQUITAINE

71 - Manoir de Barrayre

Le Laussou
47150 Monflanquin
(Lot-et-Garonne)
Tel. 53 36 46 66
Fax 53 36 55 26
Mme Charles

♦ Ganzj. geöffn. (von Okt. bis April auf Anfr.) ♦ 2 Zi. u. 1 Suite (4 Pers.-2 Zi.) m. Bad od. Dusche, WC: 350-405 F (2 Pers.); Suite: 610 F (2 Pers.), . 2 App. (2 Pers.) sowie 1 App. (4 Pers.) m. Salon, Küche, Bad u. WC: 1750-2500 F pro Woche (2 Pers.), 1900-3500 F pro Woche (4 Pers.) ♦ Frühst. inkl. ♦ Abendessen auf Bestellung: 90 F od. Gasthof 4 km entf. ♦ Salon, Billard ♦ Kl. Hunde erlaubt ♦ Schwimmbad ♦ Umgebung: Angeln, Reiten, Golf; Landgüter, Schlösser, Sarlat, Monbazillac ♦ Man spricht Englisch ♦ **Anreise** (Karte Nr. 23): 25 km nördl. von Villeneuve-sur-Lot über die D 676 bis Monflanquin, dann die D 272 Rtg. Monpazier; hinter Laurès links abbiegen, dann ausgeschildert.

Diese alte Priorei aus dem 12. Jahrhundert liegt inmitten der Natur und hat ihren mittelalterlichen Charakter bewahrt. Die Zimmer sind sehr groß und mit alten Möbeln und schönen Gemälden ausgestattet. Das dicke Mauerwerk aus Stein verleiht ihnen einen besonderen Reiz. Die unterschiedlich großen Badezimmer sind recht zufriedenstellend. Im Winter wird das Frühstück am Kamin serviert.

72 - Moulin de Majoulassis

Gavaudun
47150 Monflanquin
(Lot-et-Garonne)
Tel. 53 36 41 82
M. und Mme Perreau

♦ Von März bis Okt. auf Anfr. geöffn. ♦ Mind. 2 Üb. ♦ 2 Zi. u. 1 Suite (5 Pers.) m. Bad, WC: 225 F (1 Pers.), 250-300 F (2 Pers.) + 125 F (zusätzl. Pers.) ♦ Frühst. inkl ♦ HP: 210-235 F pro Pers. im DZ (mind. 3 Üb.) ♦ Gemeins. Abendessen: 85 F (inkl. Wein) ♦ Zimmerreinigung alle 3 T. bei längerem Aufenth. ♦ Salon ♦ Hunde nicht erlaubt ♦ Angeln (Teich od. Fluß) vor Ort ♦ Umgebung: Schwimmbad, Golf, Fitneßcenter, Klettern; Schlösser ♦ Man spricht Englisch ♦ **Anreise** (Karte Nr. 23): 25 km nördl. v. Villeneuve-sur-Lot über die D 676 bis nach Monflanquin, dann die D 150 Rtg. Lacapelle-Biron.

Die Zimmer befinden sich nicht direkt im Hauptgebäude, sondern ganz in der Nähe im ersten Stock eines anderen hübschen Hauses. Sie sind groß, hell und mit zweckmäßig modernen Möbeln eingerichtet. Jedes Zimmer hat "seine" Farbe und einen Balkon mit Blick auf die Felder. Die Badezimmer sind angenehm. Das reichliche Frühstück wird in einem rustikalen Eßzimmer serviert. Auch die kleinen Kinder tragen dazu bei, daß hier die Atmosphäre besonders freundlich-familiär ist.

AQUITAINE

73 - L'Ormeraie

47150 Paulhiac
(Lot-et-Garonne)
Tel. 53 36 45 96
Fax 53 36 45 96
Minitel: 11 L'Ormeraie 47
Michel de l'Ormeraie

♦ Vom 1. April bis 15. Nov. geöffn. ♦ 4 Zi. m. Bad od. Dusche, WC u. 1 Suite (2 Pers.) m. Bad, WC, Salon-Biblioth.: 380-472 F (2 Pers.); Suite: 690 F (2 Pers.) + 125 F (zusätzl. Pers.) ♦ Ab der 3. Üb. - 20% ♦ Frühst. inkl. ♦ Kein Speiseangebot ♦ Salon ♦ Tel. ♦ Kredtitk.: Visa ♦ Hunde auf Anfr. erlaubt (+ 10 F pro T.) ♦ Schwimmbad ♦ Umgebung: Golf (25 km), Reiten, Tennis ♦ **Anreise** (Karte Nr. 23): 21 km nördl. von Villeneuve-sur-Lot über die D 676 bis Monflanquin, dann die D 272 Rtg. Monpazier; dann ausgeschildert (9 km).

Etwas oberhalb eines Waldes liegt dieses Haus mit einem Taubenhaus, dessen terrassierte Umgebung einen schönen Panoramablick bietet. Jedes Zimmer hat seinen persönlichen Stil: alle sind sehr komfortabel mit einigen schönen alten Möbeln eingerichtet. Die Badezimmer sind angenehm modern gestaltet. Das Frühstück wird vor dem Haus serviert; von hier hat man einen schönen Blick auf den wunderbaren Garten und die Landschaft.

74 - L'Air du Temps

1995

Mounet
47140 Penne-d'Agenais
(Lot-et-Garonne)
Tel. 53 41 41 34
Geneviève Bovy-Cazottes

♦ 2 Wo. im Febr. u. 2 Wo. im Nov. geschl. ♦ 3 Zi. m. Bad od. Dusche, WC: 220-240 F (2 Pers.) ♦ Frühst. inkl. ♦ Gemeins. u. individ. Essen: 90 F (ohne Wein) ♦ Kreditkarten akz. ♦ Salon ♦ Tel. ♦ Umgebung: See u. Tennis (500 m), Wassersport. (Lot-Fluß, 2 km), Mountainbikes, Reitcenter, Wanderwege; Penne d'Agenais (500 m), Castelnau ♦ Man spricht Englisch u. Spanisch ♦ **Anreise** (Karte Nr. 30): 30 km nordöstl. von Agen Rtg. Villneuve-sur-Lot. In Villeneuve Rtg. Tournon d'Agenais über D 911.

Das Haus liegt auf halbem Weg zwischen Port de Penne und dem charmanten mittelalterlichen Dorf. Sobald man die Tür öffnet, ahnt man, daß einen hier angenehme Überraschungen erwarten. Auf der einen Seite liegen Parterre, an der schattigen Gartenseite, drei Zimmer mit weißen Wänden und freundlichen Dekostoffen, allerlei Gegenständen und einem schönen Parkettboden aus hellem Holz. Auf der anderen Seite ein großer heller Raum mit einem Sofa und Tischen, um in den Genuß der traditionellen und exotischen Küche (Fisch-Tajinen) von Madame Bovy-Cazottes zu kommen. Und schließlich geht ein Vordach auf einen Garten, wo im Sommer die Mahlzeiten eingenommen werden. Viel Angenehmes in Aussicht!

AQUITAINE

75 - Château de Cantet

1995

Cantet
47250 Samazan
(Lot-et-Garonne)
Tel. 53 20 60 60
Fax 53 89 63 53
M. und Mme J-B de la Raytrie

♦ Ganzj. geöffn. ♦ 1 Zi. m. Bad, WC: 260 F (1 Pers.), 280 F (2 Pers.), 1 Suite (4-5 Pers.) m. Dusche, WC: 400-420 F; zusätzl. Pers.: 60 F ♦ Frühst.: 25 F ♦ Gemeins. Abendessen: 80 F (Wein inkl.) ♦ Zimmerreinigung auf Anfrage 2 mal wöchentl. ♦ Salon ♦ Hunde nicht erlaubt ♦ Schwimmbad, Angeln, 3 Pferdeboxen, Reiten, Fahrräder vor Ort ♦ Umgebung: 9-u.18-Loch-Golfpl. (15 km), See; Mas-d'Agenais, Marmande, Casteljaloux, im Aug. Musik-Festival ♦ Man spricht Englisch ♦ **Anreise** (Karte Nr. 29 u. 30): 10 km südwestl. von Marmande D 933 Rtg. Casteljaloux, Mont-de-Marsan. Hinter der Autobahnbrücke 2. Straße rechts, dann 2. Weg hinter Bahnübergang.

In diesem soliden Haus traditionellen Baustils, umgeben von Blumen und hohen Bäumen, ist der Empfang dynamisch und direkt. Die im alten Stil möblierten Zimmer bieten einen Blick auf die Landschaft. Sie sind hell und sorgfältig ausgestattet. Die Mahlzeiten werden am großen Tisch oder im Sommer draußen eingenommen. Ideal für Familien.

76 - Domaine de Clavié

1995

Soubirous
47300 Villeneuve-sur Lot
(Lot-et-Garonne)
Tel. 53 41 74 30
Fax 53 41 77 50
Mme Waridel und M. Diserens

♦ Vom 3. Jan. bis 1. März geschl. ♦ 4 Zi. m. Bad od. Dusche, WC: 600-800 F u. 1 kl. Haus m. 2 DZ, 2 Bädern, Aufenthaltsr. u. Küche: 1000 F pro Tag: ♦ Frühst. inkl. ♦ Individ. Essen: 145 F (ohne Wein - preisgünstige Landweine) ♦ Salon ♦ Tel. ♦ Kreditk. akz. ♦ Haustiere außer vorheriger Absprache nicht erlaubt ♦ Eig. Schwimmbad ♦ 9- u. 18-Loch-Golfpl. (3 km) , Landhäuser, roman. Guyenne ♦ Man spricht Englisch u. Italiensch ♦ Anreise (Karte Nr. 30): 7 km nördl. von Villeneuve-sur-Lot über die N 21 Rtg. Bergerac. 7 km von Soubirous entf. An der Kreuzung links Rtg. Casseneuil, Saint-Livrade. Rechts, 500 m auf einer kleinen Straße, dann links; ausgeschildert.

Mitten auf dem Land und im Herzen einer großen Besitzung erwartet Sie dieses elegante Haus aus dem 13. Jahrhundert für einen Aufenthalt besonderer Art: große Zimmer mit wunderbaren alten Möbeln und luxuriösen Bädern, ein Innenhof, in dem im Sommer die köstlichen Mahlzeiten (vorwiegend regionale Produkte) auf prachtvollem Geschirr serviert werden. Außer den aufmerksamen, freundlichen Gastgebern werden Sie hier den großen Komfort und die wohltuende Ruhe schätzen.

AQUITAINE

77 - Les Huguets

1995

47300 Villeneuve-sur-Lot
(Lot-et-Garonne)
Tel. 53 70 49 34
Fax 53 70 49 34
Ward und Gerda Poppe-Notteboum

♦ Ganzj. geöffn. ♦ 4 Zi. m. Bad, WC: 250 F (2 Pers.) ♦ Frühst.: 30 F ♦ Gemeins. Essen: 60 F (mittags), 100 F (abends/Aperitif u. Wein inkl.) ♦ Salon ♦ Tel. ♦ Hunde auf Anfr. erlaubt ♦ Schwimmbad, Tennis, Reiten, Sauna; Musikabende am Lagerfeuer vor Ort u. vom Hausherrn organisierte Besichtig. der Region ♦ Umgebung: Wasserski (Lot), Wanderungen, Angeln, Kanu/Kajak, 18-Loch-Golfpl. (15 km) ♦ Man spricht Englisch, Deutsch u. Flämisch ♦ **Anreise** (Karte Nr. 30): 4 km südl. von Villeneuve s/Lot über Umgehungsstr. Rtg. Cahors, 2. Straße rechts, dann ausgeschildert.

Dieses große, rustikale, inmitten der Natur gelegene Haus wurde von einem jungen Paar ausgestattet, das mit seinen Kindern aus dem flämischen Teil Belgiens hierherkam. Die Zimmer sind schlicht und hell, mit weitem Blick aufs Tal oder das alte Dorf Penne d'Agenais. Auf Wunsch begleitet der dynamische Herr Poppe Sie mit dem Pferd oder zeigt Ihnen die Gegend. Abends veranstaltet er zuweilen Musikabende. Sie können aber auch am Schwimmbad bräunen oder sich an einen ruhigen Platz im Garten zurückziehen. Regionale Küche (Bio-Gemüse), nette, zwanglose Atmosphäre.

78 - Moulin de Labique

1995

Saint-Eutrope-de-Born
47210 Villeréal
(Lot-et-Garonne)
Tel. 53 01 63 90
Hélène und François
Boulet-Passebon

♦ 2 Wo. im Nov. geschl. ♦ 1 Suite (4 Pers.) u. 3 Zi. m. Bad, 1 Zi. m. Dusche, WC: 250 F (1 Pers.), 380 F (2 Pers.); Suite: 540 F (3 Pers.), 720 F (4 Pers.); Kinder unter 18: 130 F ♦ Frühst. inkl. ♦ Gemeins. od. invidid. Essen: 98 F ♦ Kreditkarten außer Amex akz. ♦ Salon ♦ Tel. ♦ Hunde auf Anfr. erlaubt ♦ Schwimmbad, Bassin, Reiten, Pferdegesp., Angeln (Teich u. Fluß) vor Ort ♦ Umgebung: Tennis (800 m), Wanderwege, 18-Loch-Golfpl. (7 km); Castelnaud, Besichtig. v. Landhäusern, Schlösser des Périgord, Weinstraße ♦ Man spricht Englisch ♦ **Anreise** (Karte Nr. 23): 45 km südöstl. von Bergerac über N 21 Rtg. Cancon, dann D 124 Rtg. Beauregard. Dort links Rtg. Saint-Vivien, 2. Straße rechts, dann ausgeschildert.

Der graublaue Ton der Fensterläden gibt unmittelbar den raffinierten Ton dieses schönen rustikalen Hauses aus dem 17. Jahrhundert an. Im Haupthaus teilen sich zwei Zimmer ein sehr großes Badezimmer im alten Stil und eine große, kühle Terrasse - ideal für Familien und Freunde. In den Dependancen oberhalb der Mühle verbinden zwei Zimmer und eine Suite modernen Komfort mit Eleganz. Aufhalten können Sie sich ferner im komfortablen Salon, am Schwimmbad oder im ruhigen, schattigen Garten. Ein sehr gutes Haus.

AQUITAINE

79 - Sauveméa

64350 Arroses
(Pyrénées-Atlantiques)
Tel. 59 68 16 01 / 59 68 16 08
José und Annie Labat

♦ Ganzj. geöffn. ♦ 4 Zi. u. 1 Suite (4 Pers.) m. Bad, WC: 240 F (1 Pers.), 260 F (2 Pers.); Suite: 450 F (4 Pers.) ♦ Frühst. inkl. ♦ Speisenangebot im Landgasthof vor Ort: 60 F (Wein inkl.) ♦ Salon ♦ Hunde im Zi. nicht erlaubt ♦ Schwimmbad, Angeln, Pferdeboxen u. Reiten vor Ort ♦ Umgebung: Weinberge von Madiran ♦ Man spricht Englisch ♦ **Anreise** (Karte Nr. 29 u. 30): 44 km nördl. v. Tarbes über die D 935 Rtg. Aire-sur-l'Adour, D 248 u. D 48 bis Madiran, D 66 Rtg. Arroses, dann die D 292.

Ein großzügig an einem ausgesprochen schönen Herrenhaus angelegtes Bauernhaus. Der Innenausbau ist bemerkenswert, und die für die Einrichtung wurde helles Holz gewählt. Die Zimmer und Bäder sind ruhig, komfortabel und groß. Das Frühstück wird in einem großen Salon gereicht. Die abends angebotenen Menüs sind exzellent. Vom Schwimmbad aus hat man einen schönen Blick auf die Landschaft und den unterhalb gelegenen See.

80 - Château Saint-Jean

1995

1, rue de l'Eglise
64420 Artigueloutan
(Pyrénées-Atlantiques)
Tel. 59 81 84 30
Fax 59 81 84 20
Christiane und Patrice Nicaise

♦ Ganzj. geöffn. ♦ 3 Zi. u. 1 Suite (3 Pers.) m. Bad od. Dusche, WC u. TV: 190-280 F (1 Pers.), 310 F (2 Pers.); Suite: 330 F (2 Pers.) + 90 F (zusätzl. Pers.) ♦ Frühst. inkl. ♦ Rest. (mittags u. abends) vor Ort (So u. Mi geschl.): Menüs 105-240 F u. Karte (ohne Wein) ♦ Salon ♦ Hunde nicht erlaubt ♦ Schwimmbad, Tennis (+ 30 F), Forellenangeln am Bach, Reitplatz (60 F pro Std.), Spazierfahrten m. Pferdekutsche (100 F/1-4 Pers.) vor Ort ♦ Umgebung: 18-Loch-Golfpl. (15 km), Ski, Langlauf u. Piste (40 km); Schloß Pau, Grotten von Betharam (10 km) ♦ Man spricht Englisch ♦ **Anreise** (Karte Nr. 29): 10 km östl. von Pau über RN 117 Rtg. Tarbes, Lourdes. Nach 10 km, in Artigueloutan, ausgeschildert. Im Ort, neben der Kirche.

Diese erstaunliche Besitzung mit Mauerzinnen kann einen schönen Park vorweisen, der teilweise mit Ponys, Enten, Zwergziegen, usw. bevölkert und vom Ousse-Fluß umgeben ist. Sehr angenehme, gut möblierte Zimmer. Alles wurde erst kürzlich renoviert und ist in sehr gepflegtem Zustand. Das Brunch-Frühstück wird mit einem freundlichen Lächeln serviert. Zum Mittag- und Abendessen begibt man sich ins Nebengebäude.

AQUITAINE

81 - Trille

D 934
Route de Rébénacq
64290 Bosdarros-Gan
(Pyrénées-Atlantiques)
Tel. 59 21 79 51
Fax 59 21 66 98
Mme Bordes

♦ Ganzj. geöffn. ♦ 5 Zi. m. Bad od. Dusche, WC u. TV (separat. Eing.): 250 F (1 Pers.), 310 F (2 Pers.) ♦ Frühst. inkl. ♦ Kein Speisenangebot - Rest.: "Auberge Le Tucq" (100 m) ♦ Salon ♦ Tel. ♦ Nur kl. Hunde erlaubt ♦ Große Terrasse u. Innenhof ♦ Umgebung: Angeln, 18-Loch-Golfpl., Wanderwege, Abfahrtsski; kl. Zug in Artouste ♦ Man spricht Englisch u. Spanisch ♦ **Anreise** (Karte Nr. 29): 10 km südl. von Pau über die N 134 Rtg. Saragossa bis Gan; hinter der Winzergenossenschaft von Jurançon in Gan auf die D 934 Rtg. Rébénacq, Arudy, Laruns; nach ca. 3,5 km links.

Das "Trille" ist ein typisches, intensiv renoviertes Béarn-Haus. Die komfortablen und sehr gepflegten Zimmer bieten einen schönen Panoramablick über die hügelige Landschaft. Christiane Bordes, freundlich und redselig, macht es sichtlich Spaß, Gäste zu empfangen. Die angehme Atmosphäre im ganzen Haus ist zum größten Teil ihr zu verdanken. Der freundliche Salon mit Kamin und Terrasse, wo schon mal etwas Straßenlärm zu hören ist, ist ausschließlich für die Gäste da. Hübsch präsentiertes, hervorragendes Frühstück.

82 - Château de Boues

Route d'Arette
La-Pierre-Saint-Martin
64570 Féas
(Pyrénées-Atlantiques)
Tel. 59 39 95 49
Mme Monique Dornon

♦ Vom 1. April bis Ende Okt. geöffn. (u. auf Anfr.) ♦ 4 Zi. m. Bad, WC u. TV: 270 F (1 Pers.), 310 F (2 Pers.) ♦ Frühst. inkl. ♦ Kein Speisenangebot - mehrere Rest. im Ort (2 km) ♦ Tel. ♦ Hunde auf Anfr. erlaubt ♦ Schwimmbad ♦ Umgebung: Tennis, Golfpl. von Pau, Abfahrts- u. Langlaufski; La Madeleine, La Pierre-Saint-Martin, Baskenland ♦ Man spricht Englisch ♦ **Anreise** (Karte Nr. 29): 42 km südwestl. von Pau über die N 134 bis Gan, dann die D 24. In Oloron-Sainte-Marie Rtg. Saragossa bis zur Brücke, dann bis zur Ampel Rtg. Bayonmne. Links, bis zur 2. Ampel, dann rechts Rtg. Arette (ca. 4 km). (Ein detaillierter Plan wird nach der Reservierung zugesandt.)

Hinter einer majestätischen Fassade verbirgt sich ein schlichtes, familiäres Interieur, in dem Monique Dornon ihre Gäste sehr aufmerksam empfängt. Die komplett renovierten Zimmer sind sehr komfortabel; wir empfehlen Nr. 4 (aber auch Nr. 3): klein, aber sehr hübsch mit dem blauen Dekostoff und dem Mobiliar aus dem späten 19. Jahrhundert. Von allen Zimmern hat man einen schönen Ausblick, und die Fenster verfügen über Doppelscheiben gegen den möglichen Straßenlärm. Das ausgezeichnete Frühstück wird in einem schönen Raum oder im Garten voller Blumen serviert.

AQUITAINE

83 - Ferme de Loutarès

64800 Haut-de-Bosdarros
(Pyrénées-Atlantiques)
Tel. 59 71 20 60
Fax 59 71 26 67
Mme Pucheu de Monteverde

1995

◆ Ganzj. geöffn. ◆ Mind. 2 Üb. ◆ 6 Zi. m. Bad oder Dusche, WC: 225 F (1 Pers.), 295 F (2 Pers.) + 70 F (zusätzl. Pers.) ◆ Frühst. inkl. ◆ Gemeins. od. indiv. Mittag- u. Abendessen: 80 F (ohne Wein) ◆ HP ist Bedingung ◆ Zimmerreinigung zweimal wöchentl. ◆ Salon ◆ Hunde auf Anfr. erlaubt ◆ Schwimmbad, Reiten, Fitneßvorrichtungen, Sauna, heiße Bäder ◆ Umgebung: 18-Loch-Golfpl. (20 km) Ski (Langlauf u. Abfahrt, 45 km), Rafting ◆ Man spricht Englisch und Spanisch ◆ **Anreise** (Karte Nr. 29): 20 km südl. von Pau. Rtg. Nay über Gelos bis Arros-Nay, dann ausgeschildert.

An einer kleinen, gewundenen Straße und in der großzügigen Natur der Berge des Béarn liegt dieser hübsche, rustikale Häuserkomplex an einem gepflegten Garten mit großem Schwimmbad. Außer zwei Gästezimmern, die in einem älteren Haus untergebracht sind, sind die Zimmer klein und eher schlicht. Der Frühstücks- und Aufenthaltsraum ist groß und ausgesprochen freundlich. Ruhe, Wandern und Fitneßtraining. Sehr nette Betreuung.

84 - Le Lanot

64520 Sames
(Pyrénées-Atlantiques)
Tel. 59 56 01 84
Mme Liane Mickelson

◆ Ganzj. geöffn. ◆ 3 Zi. m. Dusche, WC: 250 F (1 Pers.), 280 F (2 Pers.) + 70 bzw. 140 F (zusätzl. Pers.) ◆ Frühst. inkl. ◆ Gemeins. Abendessen auf Bestellung: 150 F u. Rest. in Umgeb. ◆ Preisnachl. bei HP u. für Kinder ◆ Zimmerreinigung zweimal pro Woche ◆ Salon (im Winter) ◆ Hunde auf Anfrage erlaubt ◆ Umgebung: Golfpl. (30 km), See, Angeln, Reiten, Atlantik, Surf (35 km) Saint-Jean-de-Luz, Saint-Jean-Pied-de-Port, Baskenland, Béarn, Süden der Region Landes ◆ Man spricht Englisch ◆ **Anreise** (Karte Nr. 29): 6 km südwestl. von Peyrehorade (Autobahnausf.), der Ausschilderung "Le Lanot" folgen (über Hastingues, Sames-Borug u. Route de Bidache).

Dieses baskische Haus aus dem 18. Jahrhundert liegt unweit vom Adour. Es ist sehr schön eingerichtet und verfügt über drei komfortable, rustikal (aber elegant) eingerichtete Zimmer. Auch in den hübschen Bädern kommt die Sorgfalt zum Ausdruck, mit der man sich im "Lanot" um die Gäste kümmert. Die Gastgeberin, Liliane Mickelson, weiß viel Interessantes über ihre Gegend zu berichten. Wenn Sie es wünschen, werden Sie beim Frühstück viel über diese Region erfahren!

AQUITAINE

85 - Larchoincoborda

64310 Sare
(Pyrénées-Atlantiques)
Tel. 59 54 22 32
M. und Mme Berthon

♦ Ganzj. geöffn. ♦ Nichtraucher-Zi. ♦ Für Reisende mit Kindern über 6 J. ♦ 2 Zi. m. Bad, WC: 250 F (1 Pers.), 280-300 F (2 Pers.), 400 F (3 Pers.) ♦ Frühst. inkl. ♦ Gemeins. Abendessen auf Bestellung: 85 F, Rest. im Dorf sowie Ventas in Spanien ♦ Salon ♦ Wanderwege (GR 10) ♦ Umgebung: 18-Loch-Golfpl. (14 km), Tennis, Schwimmbad, Meer (14 km); Besichtig. von Sare (Dorf u. prähist. Grotten) , baskische Dörfer, Saint-Jean-de-Luz, Spanien (3 km) ♦ Man spricht Englisch ♦ **Anreise** (Karte Nr.28): 15 km südöstl. von Saint-Jean-de-Luz Rtg. Ascain u. Sare. Dort Route de Vera (ausgeschildert); das Haus liegt 2,5 km vom Dorf entfernt.

Erst muß man einen langen, das Rhune-Massiv hochkletternden Weg hinter sich bringen, und dann entdeckt man dieses schöne Baskenhaus, das in einem geschützten Gebiet liegt. Es verfügt über sehr angenehme kleine Zimmer; sie sind komfortabel und gut gepflegt. Das Frühstück wird entweder in einem freundlichen Raum mit geschmackvoller Ausstattung oder auf der Terrasse serviert. Von dort hat man einen wunderbaren Blick auf Hügel, Weiden mit Mäuerchen, eine schöne Vegetation und hier und da auf baskische Häuser. Besonders freundlicher Empfang.

86 - Maison Dominxenea

Quartier Ihalar
64310 Sare
(Pyrénées-Atlantiques)
Tel. 59 54 20 46 (Hôtel Arraya)
Fax 59 54 27 04 (Hôtel Arraya)
M. Jean-Baptiste Fagoaga

♦ Ganzj. geöffn. ♦ 3 Zi. m. Bad od. Dusche, WC: 290 F (2 Pers.) ♦ Frühst. inkl. ♦ Kein Speisenangebot - Rest. im Dorf ♦ Salon ♦ Hunde nicht erlaubt ♦ Umgebung: Schwimmbad, Tennis, Wanderwege, jegl. Sport an der baskischen Küste, 18-Loch-Golfpl. (13 km); Ausflüge nach Saint-Sebastian, Pamplona, Loyala u. in baskische Dörfer ♦ Man spricht Englisch u. Spanisch ♦ **Anreise** (Karte Nr. 28): 1 km nördl. von Sare. Wenn Sie sich zum Hotel Arraya (am Dorfplatz von Sare) begeben, wird man Sie zur "Maison Dominxenea" begleiten.

In diesem kleinen baskischen Dorf gibt es kein einziges Haus, das nach dem 17. Jahrhundert gebaut wurde. Und in diesem wunderbaren "Dekor" liegt "Dominxenea". Die hübsch tapezierten Zimmer sind sehr angenehm, verfügen über bequeme Betten und große Badezimmer. Beim Erwachen erwartet Sie auf einem Tablett ein exzellentes Frühstück, das Sie einnehmen können, wo Sie möchten: in Ihrem Zimmer, im Speiseraum, auf der Gartenterrasse (mit Blick aufs Dorf oder die Natur). Ein freundlicher Ort, an dem man sich vollkommen unabhängig fühlt.

AQUITAINE

87 - Olhabidea

64310 Sare
(Pyrénées-Atlantiques)
Tel. 59 54 21 85
Mme Jean Fagoaga

◆ Von März bis Nov. geöffn. (im Winter nur auf Anfr.) ◆ Kinder unter 12 J. unerwünscht ◆ 3 Zi. u. 1 Suite (4 Pers.) m. Bad, WC; : 350 F (2 Pers., 1 Üb.), 300 F (2 Pers., ab 2. Üb.) ◆ Frühst. inkl. ◆ Kein Speiseangebot - zahlr. Rest. in der Nähe ◆ Salon ◆ Hunde nicht erlaubt ◆ Reiten vor Ort (Wochenend-Pauschale) ◆ Umgebung: Golf (14 km), Schwimmbad, Tennis, Bergwanderungen, Meer; Dörfer (unter Denkmalschutz), Spanien (3 km) ◆ Man versteht Englisch ◆ **Anreise** (Karte Nr. 28): 14 km südöstl. von Saint-Jean-de-Luz; A 63, Ausfahrt Saint-Jean-de-Luz Nord, dann die D 918 Rtg. Ascain und Sare (D 4), Ausfahrt Sare Rtg. Saint-Pée/Nivelle (2 km). Rechts, gegenüber der alten Kapelle, ausgeschildert.

Ein hervorragender Ort, um das Baskenland näher kennenzulernen. Der Komfort und die Inneneinrichtung dieses Hauses konkurrieren mit der phantastischen umliegenden Landschaft. Handgestickte Bettwäsche, Radierungen, kräftige Holzdachbalken, Balustraden, Terrakotta... lauter Harmonie. Und die Freundlichkeit von Madame Fagoaga setzt noch das Pünktchen aufs "i".

88 - Ferme de Pinodiéta

1995

Route d'Aïnhoa
par col de Pinodiéta
64250 Souraïde
(Pyrénées-Atlantiques)
Tel. 59 93 87 31
M. und Mme Massonde

◆ Im Dez. u. Jan. geschl. ◆ 5 Zi. m. Bad od. Dusche, WC: 190 F (2 Pers.) + 40 F (zusätzl. Pers.) ◆ Frühst. inkl. ◆ Restaurant (Sohn der Hausbesitzer) 200 m weiter: 70 F (für Hausgäste, Wein inkl.), andere Menüs u. Karte ◆ Zimmerreinigung (kein Bettenmachen) ◆ Kl. Hunde auf Anfr. erlaubt ◆ Pétanque, Spiele f. Kinder ◆ Umgebung: Golfpl. (3 km), Tennis, Schwimmbad (2 km), Atlantik (20 km), Radtouren, See Saint-Pée (4 km); Spanien (4 km) Aïnhoa (denkmalgeschütztes Dorf, 2 km) La Rhune (kleine Zahnradbahn, 10 km) ◆ **Anreise** (Karte Nr. 28): 20 km südl. von Bayonne Rtg. Cambo-Espelette, dann Straße nach Aïnhoa (zur Grenze).

Dieser kleine, auf einem Hügel gelegene Bauernhof bietet einen wunderbaren Blick auf Weiden und entfernte Berge. Die Zimmer sind klein, rustikal und sehr komfortabel. Wer gut zu Fuß ist, kann hier von einem Dorf zum anderen wandern. Kein Speiseangebot, aber ein Restaurant des Sohnes der Familie in unmittelbarer Nähe: hübsche Terrasse, regionale Spezialitäten (Halbpension wird angeboten). Joviale, freundliche Betreuung.

AUVERGNE - LIMOUSIN

89 - Château de Boussac

Target
03140 Chantelle-de-Boussac
(Allier)
Tel. 70 40 63 20
Fax 70 40 60 03
Marquis und Marquise de Longueil

♦ Vom 1. April bis 30. Nov. geöffn. ♦ 4 Zi. u. 2 Suiten m. Bad, WC : 600-800 F (1-2 Pers.), Suite 950-1100 F (1-3 Pers.) ♦ Frühst.: 50 F ♦ HP: 1100 F pro Pers. im DZ (mind. 5 Üb.) ♦ Gemeins. Abendessen auf Bestellung: 260-320 F (Wein inkl.) ♦ Salon ♦ Kreditk.: Visa, Amex ♦ Hunde auf Anfr. erlaubt (+ 100 F pro Tag) ♦ Umgebung: Tennis, Golf; roman. Kirchen ♦ Man spricht Englisch ♦ **Anreise** (Karte Nr. 25): 44 km östl. v. Montluçon über die A 71, Ausfahrt Nr. 11 Montmarault, dann D 46 u. D 42 Rtg. Chantelle.

Dieses herrliche Gebäude umfaßt Baustile, die von der Strenge des Mittelalters bis zur Anmut des 18. Jahrhunderts reichen. Die Räume sind ganz nach alter Tradition eingerichtet; jedes Zimmer ist komfortabel und enthält einige Familienerinnerungen. Sympathische Mahlzeiten, die besonders Liebhaber von Wildgerichten zur Jagdzeit sehr schätzen. Eine edle Adresse.

90 - Château de Fragne

03190 Verneix
(Allier)
Tel. 70 07 88 10
Fax 70 07 83 73
Comtesse Louis de Montaignac

♦ Vom 1. Mai bis 15. Okt. geöffn. (u. auf Anfrage) ♦ 4 Zi. u. 1 Suite (2 Zi.) m. Bad, WC: 420 F (1 Pers.), 600 F (2 Pers.); Suite: 600 F (3 Pers.) ♦ Frühst.: 40 F ♦ Gemeins. Abendessen (auch individ. Tische): 250 F (Wein inkl.) ♦ Salon ♦ Hunde auf Anfr. erlaubt ♦ Angeln (Teich vor Ort) ♦ Umgebung: Reitcenter, Golf ♦ Man spricht Englisch ♦ **Anreise** (Karte Nr. 17): 10 km nordöstl. von Montluçon. A 71, Ausfahrt Montluçon; D 94 Rtg. Montluçon (2 km), dann rechts D 39 Rtg. Verneix, am Stoppschild rechts; ausgeschildert.

Eine eindrucksvolle Allee endet an diesem Schloß, das in einem schönen Park gelegen ist. Alle Zimmer wurden renoviert: zarte Farben und echte alte Möbel. Die Bäder bieten ebenfalls Komfort. Vom Salon und Eßzimmer aus blickt man auf die Terrasse, auf der das Frühstück eingenommen werden kann. Ein sehr gelungenes Ambiente, in dem das Schloßleben früherer Zeiten auf eine elegante, aber schlichte Art fortgeführt wird. Ausgesprochen freundliche Atmosphäre.

AUVERGNE - LIMOUSIN

91 - Château du Riau

03460 Villeneuve-sur-Allier
(Allier)
Tel. 70 43 34 47
Fax 70 43 30 74
M. und Mme Durye

♦ Ganzj. geöffn. ♦ 3 Zi. m. Bad od. Dusche, WC u. 1 zusätzl. Zi. (auch Suite f. 3-5 Pers.): 600-680 F (2 Pers.); Suite: 900 F (3-4 Pers.), 980 F (5 Pers.) ♦ Frühst. inkl. ♦ Gemeins. Abendessen auf Bestellung: 250 F (alles inkl.) ♦ Salon ♦ Hunde nicht erlaubt ♦ Umgebung: Schwimmbad, Tennis, Reiten, Golf; Wald von Tronçais, Arboretum von Balaine, Schlösser ♦ Man spricht Englisch ♦ **Anreise** (Karte Nr. 18): 15 km nördl. von Moulins über die N 7 bis Villeneuve-sur-Allier, dann auf die D 133.

Eine außergewöhnliche Zusammenstellung von Gebäuden bourbonischer Baukunst, die von Wassergräben umgeben sind. Die Zimmer sind noch ganz so, wie sie Gäste in früheren Jahrhunderten vorgefunden haben mögen. Jedes hat sein herrliches Mobiliar aus dem 18. Jahrhundert oder im Empire-Stil bewahrt. Das Frühstück wird an einem großen Tisch im Speisesaal serviert, und gleich nebenan befindet sich der Salon, der ebenfalls sehr schön möbliert ist. Familiäre Atmosphäre, gehobener Stil.

92 - Le Chalet

Les Ferrons
03160 Ygrande
(Allier)
Tel. 70 66 31 67 / 70 66 30 72
Mme Vrel

♦ Ganzj. geöffn. ♦ 5 Zi. m. Dusche, WC: 160-170 F (1 Pers.), 210-220 F (2 Pers.) + 60 F (zusätzl. Pers.) ♦ Frühst. inkl. ♦ Kein Speisenangebot - Rest.: "Le Pont de Chèvres" in Cosne-d'Allier (12 km) ♦ Hunde nicht erlaubt ♦ Umgebung: Schwimmbad, Tennis, künstl See, Wald von Tronçais; Schlösser der "Route Jacques-Cœur" ♦ **Anreise** (Karte Nr. 17): 33 km westl. von Moulins über die D 953 bis Bourbon-l'Archambault; dann ausgeschildert.

In diesem kleinen Haus, das zu Beginn des Jahrhunderts gebaut wurde, werden Sie besonders freundlich aufgenommen. Die Zimmer sind von angenehmer Größe, schlicht, aber hübsch eingerichtet. Wir empfehlen Nr. 2 (sehr charmant); Nr. 1 ist das größte, besonders für Familien geeignete Zimmer. Madame Vrel wohnt nahbei und kommt jeden Morgen, um ihren Gästen ein reichhaltiges Frühstück in einem kleinen Wohn- und Eßzimmer zu servieren.

AUVERGNE - LIMOUSIN

93 - Château de la Vigne

15700 Ally
(Cantal)
Tel. 71 69 00 20
M. und Mme du Fayet de la Tour

♦ Von Ostern bis Allerheiligen geöffn. ♦ 3 Zi. m. Bad od. Dusche, WC: 600-700 F (2 Pers.); Suite: 700 F (4 Pers.) ♦ Frühst.: 30 F ♦ Abendessen auf Bestellung (individ. Tische): 200 F (Wein inkl.) ♦ Kl. Hunde nur nur auf Anfr. erlaubt ♦ Tennis vor Ort ♦ Umgebung: Angeln, 9-Loch-Golfpl., künstl. See ♦ Man spricht Englisch ♦ **Anreise** (Karte Nr. 24): 52 km nördl. von Aurillac über die D 922 u. die D 680 bis Ally, dann die D 681 Rtg. Mauriac.

Dieses sehr alte Schloß ist von viel Natur umgeben. Die Besitzer werden Sie wie alte Freunde empfangen. Das schöne Mobiliar aus dem Familienbesitz macht den besonderen Charme des Schlosses aus. Ein wunderbarer Salon und komfortableZimmer, die dem einen elegant und dem anderen großartig erscheinen mögen, stehen den Gästen zur Verfügung. Das Frühstück wird Ihnen zur gewünschten Zeit serviert. Vor Ihrer Abreise sollten Sie das Schloß ganz besichtigen - die Gastgeber werden es Ihnen gerne zeigen.

94 - Barathe

1995

15130 Giou-de-Mamou
(Cantal)
Tel. 71 64 61 72
Isabelle, Piere und Julien Breton

♦ Ganzj. geöffn. ♦ 5 Zi. m. Dusche, WC ♦ Gemeins. Abendessen ♦ Halbpension: 180 F pro Tag u. Pers. im DZ (Wein inkl.); Sonderpreise f. Kinder ♦ Salon ♦ Hunde nicht erlaubt ♦ Umgebung: Reiten, Tennis (3 km), Schwimmbäder, 9-Loch-Golfpl. (5 km), Ski (Langlauf u. Piste); das Dorf Salers, Tournemire, Schloß Anjony, Kammstraße (Route des Crètes) Berg (Puy) Mary ♦ **Anreise** (Karte Nr. 24): 8 km östl. von Aurillac über N 122 Rtg. Clermont-Ferrand, 7 km weiter links Rtg. Giou-de-Mamou, ausgeschildert.

Dieser sehr alte, auf eine wunderbare Landschaft gehende Landsitz, auf dem man die Glöckchen der Kühe von Salers vernimmt, hat die Atmosphäre früherer Zeiten bewahrt. Der große Speisesaal mit seinen echten alten Möbeln und seiner prächtigen *souillarde* (Geschirrspülraum) ist absolut authentisch. Die Zimmer sind zwar klein, aber komfortabel und für Kinder geeignet. Heiteres gemeinsames Essen (oft im "Goldenen Buch" erwähnt), häufig mit Produkten des Bauernhofs zubereitet. Ganz besonders netter Empfang. Ein "rustikaler" Ort, ideal für Familien.

AUVERGNE - LIMOUSIN

95 - Château de Bassignac

Bassignac
15240 Saignes
(Cantal)
Tel. 71 40 82 82
M. und Mme Besson

♦ Von Ostern bis Allerheiligen geöffn. (im Winter auf Anfrage) ♦ 3 Zi. m. Bad, WC; 1 App. (3-4 Pers.) m. 2 Zi., Diele, Bad, WC: 410-520 F (2 Pers.); App. 650 F (4 Pers.) ♦ Frühst. inkl. ♦ HP (mind. 3 Üb.): 390-415 F pro Pers. im DZ♦ Gemeins. Abendessen: 250 F (Wein inkl.) ♦ Salon ♦ Hunde auf Anfr. erlaubt ♦ Angeln vor Ort ♦ Umgebung: Golf, Langlauf- u. Abfahrtsski; roman. Kirchen, Schlösser ♦ Man spricht Englisch ♦ **Anreise** (Karte Nr. 24): 67 km nördl. von Aurillac über die D 922, 12 km von Bort-les-Orgues entf., dann die D 312 Rtg. Brousse.

Dieses Schloß "mit Charakter" liegt inmitten einer hügeligen, bewaldeten Landschaft. Die in warmen Tönen gehaltenen Räume des Erdgeschosses geben unmittelbar den Ton an. Die Zimmer haben bürgerlichen Charme, sind mit Möbeln aus dem 19. Jahrhundert eingerichtet und mit hübschen Stoffen und Nippsachen verschönt. Ein Kaminfeuer begleitet häufig das sehr zufriedenstellende Abendessen. Die Kinder des Hauses führen einen Bauerngasthof am Eingang des Parks.

96 - Chez M. et Mme Prudent

Rue des Nobles
15410 Salers
(Cantal)
Tel. 71 40 75 36
M. Philippe Prudent

♦ Ganzj. geöffn. ♦ 6 Zi. m. Bad, WC: 191 F (1 Pers.), 212 F (2 Pers.), 263 F (3 Pers.) ♦ Frühst. inkl. ♦ Kein Speisenangebot - zahlr. Rest. im Dorf ♦ Kreditk.: Visa ♦ Umgebung: Schwimmbad, Angeln, Reiten, Langlauf- u. Abfahrtsski, Bergsteigen mit Führer, Besichtig. des Dorfes, Vulkanpark der Auvergne, monolith. Kapelle ♦ Man spricht Englisch u. Deutsch ♦ **Anreise** (Karte Nr. 24) 47 km nördl. v. Aurillac. Aus Clermont kommend: D 922 bis Mauriac, dann D 122 u. D 22; im Zentrum von Salers bis zum Platz Tyssendier-d'Escous, 1. kleine Straße links.

Ganz aus Vulkangestein gebaut, ist das Dorf Salers ein Kleinod aus dem Mittelalter, das seinen ursprünglichen Charakter über die Jahrhunderte zu bewahren verstand. In diesem angenehmen Haus sind die Zimmer klein, schlicht, manchmal etwas hellhörig, aber komfortabel und gepflegt. Die Zimmer mit Blick auf die Vulkanberge sind vorzuziehen. Das gute Frühstück wird entweder auf dem Zimmer oder in einem entzückenden Garten mit herrlichem Blick, aber stets mit einem freundlichen Lächeln serviert. Sehr angenehme Atmosphäre und ein besonders günstiges Preisniveau.

AUVERGNE - LIMOUSIN

97 - Château d'Arnac

1995

Nonards
19120 Beaulieu-sur-Dordogne
(Corrèze)
Tel. 55 91 54 13
Fax 55 91 52 62
Joe und Jill Webb

♦ Weihnachten geschl. ♦ 3 Zi. m. Bad, 1 Zi. m. Dusche, WC: 400 F (Juli/Aug.), 300 F (Vor- u. Nachsaison) ♦ Frühst. (engl.): 40 F ♦ Sonderpr. bei läng. Aufenth. ♦ Gemeins. od. individ. Abendessen: 80 F (Wein inkl.) ♦ Carte Bleue akz. ♦ Zimmerreinigung tägl., frische Bettw. alle 3 Tage ♦ Salon ♦ Tel. ♦ Hunde auf Anfr. erlaubt ♦ Flußangeln, Tennis vor Ort ♦ Umgebung: Schwimmbad (8 km), Reiten (25 km), Kanu, Wanderwege, Golfpl. Coiroux (35 km); die Dordogne, Collonges-la-Rouge, Saint-Céré ♦ Man spricht Englisch ♦ **Anreise** (Karte Nr. 24): 50 km südwestl. von Brive. Hinter Brive Rtg. Aurillac, Beaulieu über D 38. Vor Beaulieu an der Kreuzung der D 940 links (2 km); rechts, dem Friedhof gegenüber.

"Château d'Arnac", in wunderbarer Umgebung gelegen, ist ein Schloß und gleichzeitig ein englisches Haus. Die großen, hellen Zimmer wie auch die Kamine, denen Mrs. Webb den Komfort ihres Landes hinzufügen ließ, zeugen von der Atmosphäre vergangener Zeiten. Die großen Badezimmer sind modern und angenehm. Der Salon, in dem im Winter das Abendessen serviert wird, ist der große Raum im Erdgeschoß. Selbstverständlich ist das Frühstück englisch. Ein perfektes "Bed and Breakfast auf französische Art"!

98 - Domaine des Tilleuls

La Seiglière
23200 Aubusson
(Creuse)
Tel. 55 83 88 76
Fax 55 66 38 15
M. und Mme Sheridan

♦ Ganzj. geöffn. ♦ 3 Zi. m. Dusche, WC u. 1 Zi. m. Waschb., WC: 250 F (2 Pers.) ♦ Frühst. inkl. ♦ Gemeins. Abendessen: 100 F (Wein inkl.) - Rest. in Aubusson (2 km) ♦ Salon ♦ Hunde nicht erlaubt ♦ Umgebung: Tapisserie-Museum u. Werkstätten in Aubusson, See von Vassivières; Golfpl. (35 km), Reitcenter ♦ **Anreise** (Karte Nr. 24): 2 km östl. von Aubusson; am Ortseingang von La Seiglière.

Der Engländer Marc Sheridan kam hierher, um in diesem einladenden Herrenhaus Gäste zu empfangen. Die Zimmer haben angenehme Proportionen und ihr Mobiliar aus dem späten 19. Jahrhundert paßt gut zu den Tapeten, auf denen die Blümchen gut sichtbar sind! Alle Gästezimmer sind komfortabel und ruhig, auch wenn die (unsichtbare) Straße hin und wieder zu hören ist. Vom eleganten Wohn- und Eßzimmer blickt man auf den Garten; es ist englisch eingerichtet und verfügt über einige Gemälde sowie tiefe Chesterfield-Sofas. Gutes Preis-Leistungsverhältnis.

AUVERGNE - LIMOUSIN

99 - Chez Christiane et Raymond Sdeï

Chamalières
Saint-Eblé
(Haute-Loire)
Tel. 71 77 12 26
Christiane und Raymond Sdeï

♦ Ganzj. geöffn. ♦ 3 Zi. m. Dusche, WC u. Mezzanin: 150 F (1 Pers.), 185 F (2 Pers.), 245 F (3 Pers), 305 F (4 Pers.) ♦ Frühst. inkl. ♦ Gemeins. Abendessen auf Best.: 60 F (Wein inkl.) ♦ Zimmerreinigung auf Wunsch; frische Bettw. alle 4 Tage ♦ Salon ♦ Tel. ♦ Forellenangeln am Fluß, Bogenschießen, Tischtennis, Waldspaziergänge, Goldwaschen vor Ort ♦ Umgebung: Tennis, Schwimmbad, Reiten, Mountainbikes, Fluß-Wassersport (8 km), 9-Loch-Golfpl. (20 km), Skilanglauf (5 km); romanische Kirchen, Vulkane, Vorgeschichte, Paläontologie ♦ Man versteht Englisch u. spricht Italienisch ♦ **Anreise** (Karte Nr. 25): 32 km nordwestl. von Puy-en-Velay über N 102 Rtg. Clermond-Ferrand. An der Kreuzung Langeac links, nach 200 m wieder links, dann ausgeschildert.

Zu diesem rustikalen Haus fern jeglichen Lärms gelangt man über einen kleinen Weg. Das Haus, aus Steinen der Region erbaut, ist von Blumen umgeben. Die schlichten, aber modernen Zimmer mit Mezzanin wurden im angrenzenden früheren Heuschober eingerichtet. Christiane und Raymond Sdeï können Sie u. a. im Goldwaschen und in der Paläontologie unterweisen.

100 - Les Bastides du Mézenc

43550 Saint-Front
(Haute-Loire)
Tel. 71 59 51 57
Paul und Nadège Coffy

♦ Ganzj. geöffn. ♦ 2 Zi. u. 2 Suiten (3 Pers.) m. Dusche, WC: 140 F (pro Pers.) ♦ Frühst. 30 F ♦ nur 1 Pers. + 50 F ♦ Gemeins. Abendessen: 150 F (Qualitätswein inkl.) ♦ Salons (franz. Billard, Klavier) ♦ Hunde auf Anfr. erlaubt ♦ Angeln, "Abenteuer"-Wanderungen, Reiten, Pferdeboxen, Schlittenhunde, Abfahrts- u. Langlaufski sowie "Motorradski" vor Or ♦ Umgebung: 18-Loch-Golfpl. (24 km), alte Dörfer, Schlösser u. roman. Kirchen ♦ Ma spricht Englisch u. Spanisch ♦ **Anreise** (Karte Nr. 25): ca. 30 km südöstl. von Puy, Rtg Valence über D 15; in Pandraux die D 36, dann die D 500 nach Fay; ausgeschildert.

Dieses Haus liegt verloren auf einer riesigen, aus Weiden und Ginste bestehenden Ebene, die vom Berg Mézenc (1754 m) überragt wird. De große, wunderbare Aufenthaltsraum ist mit alten Möbeln, exotischer Gegenständen und Gemälden ausgestattet. Auch die Zimmer sind seh gefällig, aber ganz besonders nett sind die köstlichen Abendessen, die stet mit viel guter Laune serviert und eingenommen werden. Die Umgebung un das besonders reichhaltige Freizeitangebot machen "Mézenc" zu einen einzigartigen Ort.

AUVERGNE - LIMOUSIN

101 - **Château de la Roche**

La Roche-Chaptuzat
63260 Aigueperse
(Puy-de-Dôme)
Tel. 73 63 65 81
Comte de Torcy
Tel. im Winter: (1) 46 37 30 00
(Mme Torcy-Weber)

♦ Von Ende Mai bis Ende Okt. geöffn. ♦ 1 Zi. u. 2 Suiten (2-3 Pers., 2 Zi.), Bad, WC: 600-800 F (2 Pers.); Suiten: 1000 F (2 Pers.) ♦ Frühst. inkl. ♦ Kein Speisenangebot - Rest.: "Le Grillon" in Chaptuzat (400 m) u. "Le Marché" (4 km) ♦ Salon ♦ Schloßbesichtigung ♦ Umgebung: Schwimmbad, Reiten, Golf; Schluchten von Sioule, Riom, Vichy ♦ Man spricht Englisch ♦ **Anreise** (Karte Nr. 25): 35 km nördl. von Clermont-Ferrand. Autobahn Orléans (A 71), Ausfahrt Gannat (Nr. 12), dann Rtg. Aigueperse (D 12) Rtg. Chaptuzat, La Roche; ausgeschildert.

Wenn Sie in diesem Dorf ankommen, werden Sie sofort das mittelalterliche Schloß auf dem grünen Hügel erkennen. Die Innenräume haben ihre alten bleiverglasten Fenster und ein Mobiliar bewahrt, das nicht viel jünger ist. Die Zimmer sind komfortabel, freundlich eingerichtet und mit schönen Stoffen bespannt. Das feine und reichhaltige Frühstück wird auf Porzellan serviert, das die Schloßherrin eigenhändig dekorierte. Graf Torcy und seine Tochter empfangen ihre Gäste sehr freundlich und ungezwungen.

102 - **Château de Collanges**

1995

63340 Collanges
(Puy-de-Dôme)
Tel. 73 96 47 30
M. und Mme Huillet

♦ Ganzj. geöffn. ♦ 3 Zi. m. Bad od. Dusche, WC u. Tel (TV auf Wunsch): 340 F (1 Pers.), 420 F (2 Pers.) 75 F (zusätzl. Pers.) ♦ Frühst. inkl. ♦ Individ. Abendessen: 130 F ♦ Zimmerreinigung tägl.; frische Bettw. alle 3 Tage ♦ Salon ♦ Hunde auf Anfr. erlaubt ♦ Bassin, Billard, Flügel vor Ort ♦ Umgebung: Tennis, Reiten (3 km), künstl. See u. Wassersport (10 km), Segelfliegen, Wanderwege, Abfahrts- u. Langlaufski (45 km); Schlösser der Auverge, romanische Abteien, Vulkane ♦ Man spricht Englisch ♦ **Anreise** (Karte Nr. 25): 10 km südl. von Issoire. A 75, Ausf. 17 bis Saint-Germain-Lembron, Rtg. Ardes, Collanges, dann ausgeschildert.

Vor einigen Jahren verliebten sich Michelle und Georges Huillet in dieses im 12. Jahrhundert errichtete und im 18. Jahrhundert umgebaute Schloß. Mit ihren Kinder haben sie sich somit hier niedergelassen und stellen ihren Gästen drei große Zimmer mit Stilmöbeln zur Verfügung - die Badezimmer sind ultramodern. Die elegante Wäsche, die rotwandigen Salons, die Orangerien und der Musiksalon im romantischen Park verleihen tatsächlich den Eindruck, sich in der guten alten Zeit zu befinden. Aufmerksame Betreuung.

AUVERGNE - LIMOUSIN

103 - Chez M. Gebrillat

Chemin de Siorac
63500 Perrier
(Puy-de-Dôme)
Tel. 73 89 15 02
Fax 73 55 08 85
Paul Gebrillat und
Mireille de Saint-Aubain

♦ Ganzj. geöffn. ♦ 4 Zi. m. Bad od. Dusche, WC: 250-290 F (2 Pers.) + 100 F (zusätzl. Pers.) ♦ Frühst. inkl. ♦ Abendessen nur auf Bestellung: 100 F (Wein inkl.) - Rest. in Issoire (3 km) ♦ Hunde nicht erlaubt ♦ Angeln vor Ort ♦ Umgebung: "Park der Vulkane", Schlösser, Wälder; Golf (40 km), Schwimmbad, Reiten, Langlauf- u. Abfahrtski, Hanggleiten ♦ Man spricht Englisch ♦ **Anreise** (Karte Nr. 25): 3 km westl. v. Issoire Rtg. Champeix-Saint-Nectaire (D 996); im Dorf.

Dieses sehr alte Haus, das mit viel Geschmack und Komfort renoviert wurde, liegt am Fuß der Vulkanberge. In den Zimmern kann die Mischung aus alten regionalen Möbeln, exotischen Gegenständen und sehr schönen Stoffen als gelungen bezeichnet werden. Im ehemaligen Pferdestall - nun ein Doppelzimmer, ein großer Schlafsaal für Kinder und eine Terrasse - fühlen sich Familien besonders wohl. Ein großes Gemeinschaftszimmer und eine Küche stehen den Gästen ebenfalls zur Verfügung. Im Sommer wird das Frühstück unter einer Holzüberdachung mit Blick auf den Garten eingenommen. Ausgezeichneter Service und ausgesprochen vernünftige Preise.

104 - Moulinard

Moulinard-Boisseuil
87220 Boisseul
(Haute-Vienne)
Tel. 53 06 91 22
M. und Mme Ziegler

♦ Von April bis Okt. geöffn. ♦ 4 Zi. m. Dusche, WC (davon 2 m. eig. WC, aber außerh. der Zi.) 210 F (2 Pers.), 280 F (3 Pers.) ♦ Frühst. inkl. ♦ Kein Speisenangebot - mehrere Rest. im Umkreis von 4 km ♦ Zimmerreinigung u. frische Bettw. tägl. ♦ Salon ♦ Tel. ♦ Hunde auf Anfr. erlaub ♦ Umgebung: Tennis (2 km), Sportzentrum: 5 Tennispl., sportl. Parcours, Basketball (6 km), 18 Loch-Golfpl. (6 km); roman. Abtei in Solignac, Schloß Chalucet, Limoges (10 km) ♦ Man sprich Englisch ♦ **Anreise** (Karte Nr. 35): 12 km südl. von Limoges. Ausfahrt Limoges, Rtg. Toulouse, 20, Ausf. Boisseul. Ab N 20 od. A 20 ausgeschildert.

Das Gästehaus ist das weiße Haus mit einem schattigen Garten, dem Bauerngehöft gegenüber gelegen. Ein Aufenthaltsraum, in dem auch das Frühstück serviert wird, und die Küche liegen im Erdgeschoß. Im erster Stock befinden sich vier Zimmer mit modernen Duschbädern: auch sie sind weiß und haben u.a. den hellen Parkettboden und die echten Möbel vor früher bewahrt. Hier, mitten im Limousin, kann man viel Natur und vie Ruhe genießen. Höflicher Empfang.

AUVERGNE - LIMOUSIN

105 - Les Ourgeaux

Pageas
87230 Chalus
(Haute-Vienne)
Tel. 55 78 50 97
Fax 55 78 54 76
M. und Mme Mc Keand

♦ Ganzj. geöffn. (von Nov. bis Ostern auf Anfr.) ♦ Kinder unter 7 J. nicht erwünscht ♦ Für Nichtraucher ♦ 5 Zi. (3 m. TV) m. Bad od. Dusche, WC, Haartrockner: 350-400 F (2 Pers.) + 130 F (zusätzl. Pers.) ♦ Frühst. inkl. ♦ Rest. mittags/abends vor Ort: 145 F (ohne Wein) u. Karte ♦ Salon ♦ Kreditk.: Visa (+ 2%) ♦ Hunde nicht erlaubt ♦ Beheiztes Schwimmbad, Fahrräder vor Ort ♦ Umgebung: Tennis, Golf, See ♦ Man spricht Englisch ♦ **Anreise** (Karte Nr. 23): 25 km südwestl. von Limoges über die N 21 Rtg. Périgueux. In Châlus über die D 901 Rtg. Rochechouart; nach 2,5 km ausgeschildert.

Zwischen Wald und Wiesen liegt dieses Haus ausgesprochen verloren. Hier wird die Ruhe Ihr ständiger Begleiter sein. Die Hausbesitzer, ein sehr sympatisches englisches Paar, haben jedes Zimmer mit der gleichen Sorgfalt in harmonischen Pastelltönen, mit hübschen Bettdecken und einigen alten Möbelstücken eingerichtet. Gut gelungen ist auch die Einrichtung des Salons und des gemütlichen kleinen Restaurants mit einer wahrhaft gastromischen Küche.

106 - Château de Brie

87150 Champagnac-la-Rivière
(Haute-Vienne)
Tel. 55 78 17 52
Fax 55 78 14 02
Comte und Comtesse
du Manoir de Juaye

♦ Vom 1. April bis 1. Nov. geöffn. (u. auf Anfr.) ♦ 4 Zi. m. Bad, WC: 500-600 F (2 Pers.) sowie 1 Suite: 800 F (3 Pers.) ♦ Frühst. inkl. ♦ Gemeins. Essen nur auf Bestellung - div. Rest. in der Nähe ♦ Salon ♦ Hunde auf Anfrage erlaubt ♦ Teich u. Schwimmbad vor Ort ♦ Umgebung: Reiten, Segeln, Angeln, Mountainbikes, Wanderwege; See von Saint-Matthieu ♦ Man spricht Englisch ♦ **Anreise** (Karte Nr. 23): 45 km südwestl. von Limoges über die N 21 bis Châlus, dann die D 42; zwischen Châlus u. Cussac.

Das Schloß wurde im 15. Jahrhundert auf einem mittelalterlichen Unterbau errichtet und bietet einen herrlichen Ausblick auf die Landschaft. Jedes der großräumigen Zimmer hat seinen eigenen Stil; die Einrichtung mit alten Möbeln reicht vom 16. Jahrhundert bis zum Empire-Stil. Aber seien Sie versichert: in den Badezimmern herrscht absolute Modernität. Zum Frühstück trifft man sich in der Bibliothek. Sehr freundliche Atmosphäre und natürlicher Umgang an einem vollkommen authentischen Ort.

AUVERGNE - LIMOUSIN

107 - La Croix de Reh

1995

Rue Amédée Tarrade
87130 Châteauneuf-la-Forêt
(Haute-Vienne)
Tel. 55 69 75 37
Fax 55 69 75 38
Elisabeth und Patrick Mc Laughlin

♦ Ganzj. geöffn. ♦ 4 Zi. m. Bad od. Dusche, WC, 1 Zi. m. Waschb. u. gemeins. WC: 150-250 F (1 Pers.), 200-300 F (2 Pers.) + 80 F (zusätzl. Pers.) + 150 F (zusätzl. Zi.) ♦ Frühstück inkl. ♦ Gemeins. od. individ. Abendessen: 110 F (ohne Wein) ♦ Salon ♦ Hunde auf Anfr. erlaubt ♦ Teesalon, Englischkurse (Wochende od. 5 Tage) vor Ort ♦ Umgebung: 3 Tennispl. im Dorf, angelegter See (200 m), Angeln; Pompadour, Uzerche, Saint-Léonard de Noblat ♦ Man spricht Englisch u. Deutsch ♦ **Anreise** (Karte Nr. 23, 24): 34 km südöstl. von Limoges, Autobahn A 20, Ausf. Pierre-Buffière, danach Saint-Hilaire-Bonneval, dann Rtg. Châteauneuf-la-Forêt.

Dieses am Fuß des Plateau des Millevaches gelegene hübsche Haus wurde vor kurzem von einem sehr gastfreundlichen schottischen Paar restauriert. Die Gästezimmer "Rose", "Bleue" und "Familiale" sind besonders komfortabel und nett ausgestattet. Der Aufenthaltsraum ist zugleich ein charmanter Teesalon: exzellente, sehr "britische" Patisserien. Im Sommer stehen die Tische draußen, zwischen den Bäumen und Blumen des Parks.

108 - Les Hauts de Boscartus

87520 Cieux
(Haute-Vienne)
Tel. 55 03 30 63
M. und Mme Hennebel

♦ Ganzj. geöffn. ♦ Nichtraucher bevorzugt ♦ 2 Zi. m. eig. Dusche, gemeins. WC: 200 F (1 Pers.), 250 F (2 Pers.) ♦ Frühst. inkl. ♦ Kein Speiseangebot - Gasthöfe in Umgebung ♦ Salon ♦ Zimmerreinigung, kein Bettenmachen ♦ Tel. ♦ Hunde nicht erlaubt ♦ Umgebung: Tennis, See, Golf; Montemart (denkmalgeschützt), Monts de Blond ♦ **Anreise** (Karte Nr. 23): 30 km nordwestl. v. Limoges über die N 147 Rtg. Bellac bis Chamboret, dann die D 711 bis Cieux, schließlich die D 204 u. die D 95.

Dieses Haus liegt an einem von Tannenbäumen umgebenen Hügel. Ein sehr angenehmer Aufenthaltsraum mit zwei gemütlichen Ecken erwartet Sie: der Kamin und die große Fernsternische mit schönem Blick auf den Teich. Alle Zimmer sind freundlich, ausgesprochen ruhig und bieten eine hübsche Aussicht. Zum Frühstück gibt es Croissants, Frischkäse und exzellente hausgemachte Produkte wie Honig, Lebkuchen und Konfitüren. Beste Betreuung.

AUVERGNE - LIMOUSIN

109 - Moulin de Marsaguet

87500 Coussac-Bonneval
(Haute-Vienne)
Tel. 55 75 28 29
Valérie und Renaud Girardin

◆ Ganzj. geöffn. ◆ 3 Zi. m. Bad od. Dusche, WC (1 außerh. d. Zi.): 200-220 F (2 Pers.) ◆ Frühst. (engl.): 40 F ◆ Gemeins. Abendessen: 85 F (Wein inkl.) ◆ Zimmerreinigung tägl., frische Bettw. alle 5 Tage ◆ Salon ◆ Tel.◆ Hunde auf Anfr. erlaubt ◆ Teich (13 ha), Sportangeln, Bootsfahrten, Wandern vor Ort ◆ Umgebung: Schwimmbad (10 km), Tennis, Wanderwege (GR), Mountainbikes; Limoges (Porzellan), Ségur-le-Château, Gestüt Pompadour, Lascaux (1 Std.) ◆ Man spricht Englisch ◆ **Anreise** (Karte Nr. 23): 40 km südl. von Limoges über A 20, Ausf. Pierre-Buffière, Rtg. Saint-Yrieix, D 19 bis Kreuzung Croix d'Hervy, Rtg. Saint-Yrieix, dann 5 km D 57 Rtg. Coussac. Dem Teich entlang, dann links.

Renaud Girardin faßte den Entschluß, sich mit seiner jungen Frau im Familienbetrieb niederzulassen, wo er nun u.a. Enten züchtet. Der Hausherr nimmt Interessenten zum Angeln am großen, fischreichen und von Bäumen umgebenen Teich mit, welcher direkt am Haus liegt. Komfortable, schlichte und helle Zimmer. Ein großer Raum zum Lesen und Einnehmen der Mahlzeiten im Winter. Im Sommer: Abendessen aus meist eigenen Produkten unter der Linde. Diese Adresse werden insbesondere Echtheitsfanatiker zu schätzen wissen! Natürliche, freundliche Betruung.

110 - Fougeolles

87120 Eymoutiers
(Haute-Vienne)
Tel. 55 69 11 44 / 55 69 18 50
Mme Jacques Du Montant

◆ Ganzj. geöffn. ◆ 3 Zi. m. Bad, WC (1 weiteres Zi. steht z. Verf.): 250-300 F (2 Pers.) + 50 F pro Kind ◆ Frühst. inkl. ◆ Gemeins. Mittag- u. Abendessen auf Bestellung ◆ Salon ◆ Hunde nicht erlaubt ◆ Angeln, Spielzeugeisenbahn- u. Tretautomuseum vor Ort ◆ Umgebung: Golf (25 km), Tennis, Schwimmbad, Wassersport; Hochebene Millevaches, See Vassivières, Aubusson ◆ Man spricht Englisch ◆ **Anreise** (Karte Nr. 24): 45 km südöstl. von Limoges über die D 979 Rtg. Eymoutiers; 500 m vor dem Ortseingang links ausgeschildert.

Dieses inmitten eines großen Landgutes gelegene Haus aus dem 17. Jahrhundert verfügt über hübsche, komfortable Zimmer, die alle mit echten alten Möbeln ausgestattet und mit geschmackvollen Stoffen aufgefrischt sind. Salon und Speiseraum sind (wahrscheinlich seit langem) unverändert, vielleicht ein wenig streng, aber man kann in diesen Räumen zahlreiche ungewöhnliche Gegenstände bewundern. Bei schönem Wetter wird das Frühstück draußen serviert. Ein vollkommen unverfälschter Ort, an dem Sie vom Hausherrn oder von seiner charmanten Enkelin sehr freundlich empfangen werden.

AUVERGNE - LIMOUSIN

111 - Laucournet

Glanges
87380 Saint-Germain-les-Belles
(Haute-Vienne)
Tel. 55 00 81 27
M. und Mme Desmaison

♦ Von Mai bis Sept. geöffn. ♦ 1 Suite (max. 5 Pers., 2 Zi.) m. Bad, Dusche, WC: 200 F (1 Pers.), 240 F (2 Pers.), 280 F (3 Pers.), 310 F (4 Pers.) ♦ Frühst. inkl. ♦ Kein Speisenangebot - Rest. u. Bauerngasthof nahbei ♦ Salon ♦ Zimmerreinigung alle 5-6 Tage ♦ Pferdeboxen vor Ort ♦ Umgebung: Tennis, Reiten, Golf; Flüsse, Teiche ♦ Man spricht Englisch ♦ **Anreise** (Karte Nr. 23): 36 km südöstl. v. Limoges über die N 20, Ausfahrt 41 "Magnac-Bourg", dann die D 82 nach Osten (1 km), anschl. die D 120 Rtg. Saint-Méard (5 km); ausgeschildert.

Auch wenn Sie nur zu zweit hierher kommen, gehört Ihnen dieses entzückende kleine, für diese Gegend typische Haus ganz allein. Im Erdgeschoß befindet sich ein mit regionalen Möbeln eingerichteter Salon, ein modernes Badezimmer und eine überdachte Terrasse, auf der Sie das Frühstück einnehmen können. Die im ersten Stock gelegenen rustikalen Zimmer bieten alle einen hübschen Blick auf die Landschaft. Ruhe, Unabhängigkeit und freundliche Atmosphäre.

112 - Le Repaire

87140 Vaulry
(Haute-Vienne)
Tel. 55 53 33 66
M. und Mme Richard Hartz

♦ Ganzj. geöffn. ♦ 3 Zi. (im Winter beheiz.) u. 1 Suite (5 Pers.) m. eig. Dusche, gemeins. WC: 130 F (1 Pers.), 170 F (2 Pers.), 210 F (3 Pers.); Suite: 350 F (5 Pers.) ♦ Frühst. inkl. ♦ HP: 1000 F pro Pers. im DZ ♦ Gemeins. od. individ. Abendessen: 70 F (Wein inkl.) ♦ Haustiere nicht erlaubt ♦ Pferdeboxen, Flußangeln vor Ort ♦ Umgebung: See, Tennis, Wanderwege ♦ Man spricht Englisch ♦ **Anreise** (Karte Nr. 23): 30 km nordwestl. v. Limoges über die N 147. Im Ort Le Chatain die D 72 bis Breuilaufa, dann "Le Repaire".

Dieses renovierte Bauernhaus liegt im Herzen der Monts de Blond, unweit von Wäldern und Seen. Die Zimmer sind recht schlicht mit Betten aus Tannenholz eingerichtet, die bestrichenen Wände lassen den einen oder anderen Stein durchscheinen, und der Parkettboden besteht aus großen Holzlatten aus der Gegend (unser Lieblingszimmer hat hübsche rosa Vorhänge). Das Ambiente schwankt zwischen "beinahe modern" und "beinahe alt". Zum Abendessen werden häufig Produkte aus der Umgebung serviert, zum Beispiel Forelle oder Lamm. Im Haus herrscht ein sympatischer und unaufdringlicher Ton.

BOURGOGNE

113 - Château de Chorey-les-Beaune

Rue Jacques-Germain
21200 Chorey-les-Beaune
(Côte-d'Or)
Tel. 80 22 06 05
Fax 80 24 03 93
M. und Mme François Germain

♦ Vom 1. März bis 3. Nov. geöffn. ♦ 5 Zi. u. 1 Suite (4 Pers.) m. Bad, WC u. Tel.: 550-610 F + 100 F (zusätzl. Pers.); Suite 810 F ♦ Frühst.: 65 F ♦ Kein Speisenangebot - Rest. in der Nähe ♦ Salon ♦ Kreditk.: Visa ♦ Weinkellerbesichtigung u. Kosten der eig. Prod. im Schloß ♦ Umgebung: 18-Loch-Golfpl; Hôtel-Dieu in Beaune, Weinberge, roman. Kirchen, Abteien ♦ Man spricht Englisch u. Deutsch ♦ **Anreise** (Karte Nr. 19): 3 km nördl. von Beaune; am Ortseingang.

Inmitten eines kleinen Weinortes liegt das vollkommen renovierte Schloß "Chorey-les-Beaune", das seit mehreren Generationen im Besitz der Familie Germain ist. Die Schloßtürme stammen aus dem 13. und das Hauptgebäude aus dem 17. Jahrhundert. Und der von Wassergräben umgebene Garten spiegelt die Burgunder Lebenskunst wider. Die Gästezimmer sind schlicht, aber geschmackvoll eingerichtet. Madame und Monsieur Germain sind charmante Gastgeber und zeigen den Gästen gerne ihren Weinkeller, der in der ganzen Region aufgrund der Qualität seiner Erzeugnisse berühmt ist.

114 - Le Relais de Chasse

Chambœuf
21220 Gevrey-Chambertin
(Côte-d'Or)
Tel. 80 51 81 60
Fax 80 34 15 96
Michelle und Hubert Girard

Ganzj. geöffn. ♦ Für Nichtraucher ♦ Mind. 2 Üb. ♦ 4 Zi. m. Bad, WC: 340-400 F (2 Pers.) ♦ Frühst. inkl. ♦ Kein Speisenangebot - zahlr. Rest. in der Nähe ♦ Salon ♦ Tel. ♦ Hunde nicht erlaubt ♦ Umgebung: Beaune, Dijon, Weinstraße (Route des vins) ♦ Man spricht Englisch **Anreise** (Karte Nr. 19): 18 km südwestl. von Dijon; Autobahn A 31, Ausfahrt Nuits-Saint-Georges; anschl. die N 74 bis Gevrey-Chambertin, dann die D 31 links Rtg. Chambœuf; 1. kleine Privatstr. links hinter der Kirche.

Das "Relais de Chasse", ein gepflegtes Haus mit Blick auf einen schönen Park, liegt in einem netten kleinen Dorf, ganz in der Nähe der berühmtesten Weinberge des Burgund. Die Zimmer sind groß, im regionalen Stil eingerichtet und haben schöne alte Schränke. An einem großen Tisch im rustikalen Eßzimmer wird das ausgezeichnete Frühstück serviert: Früchte, Lebkuchen, Käse, Eier, hausgemachte Konfitüren... bei schönem Wetter kann es auf der Terrasse eingenommen werden. Sehr freundliche Betreuung.

BOURGOGNE

115 - Château de Longecourt

21110 Longecourt-en-Plaine
(Côte-d'Or)
Tel. 80 39 88 76
Comtesse Bertrand de Saint-Seine

♦ Ganzj. geöffn. ♦ 3 Zi. m. Bad, WC u. 2 Zi. m. eig. Bad, gemeins. WC: 700 F (1-2 Pers.) + 150 F (zusätzl. Pers.) ♦ Frühst. inkl. ♦ Gemeins. Abendessen: 250 F (Wein inkl.) ♦ Salon ♦ Hunde erlaubt ♦ Pferdeboxen u. Angeln vor Ort ♦ Umgebung: Reiten, 18-Loch-Golfpl.; Weinstraße ♦ Man spricht Englisch ♦ **Anreise** (Karte Nr. 19): 18 km südöstl. von Dijon über die D 996 u. die D 968 Rtg. Saint-Jean-de-Losne; am Rathausplatz von Longecourt.

"Château Longecourt" ist ein aus rosa Ziegelsteinen erbautes und von Wasser umgebenes Kleinod aus dem 17. Jahrhundert. Madame de Saint-Seine wird Sie sehr freundlich, aber unaufdringlich empfangen. Einige Räume sind ausgesprochen prächtig, andere schlichter gehalten. Der Salon mit Bibliothek und der rosa Speisesaal sind von großer Eleganz. Kein Zimmer gleicht dem anderen, aber alle sind komfortabel, ruhig und mit schönen alten Möbeln ausgestattet (unser Lieblingszinmmer ist "Cathérine de Médicis"). Von Ihrem Fenster aus blicken Sie auf die stillen Gewässer des Burggrabens.

116 - L'Enclos

Arrans
21500 Montbard
(Côte-d'Or)
Tel. 80 92 16 12
Mireille und Marcel Clerget

♦ Vom 1. März bis 30. November geöffn. ♦ 3 Zi. m. Dusche, WC; 1 Zi. m. Mezzanin, eig. Bad, gemeins. WC: 250-300 F (2 Pers.) + 100 F (zusätzl. Pers.) ♦ Frühst. inkl. ♦ Kein Speisenangebot, Rest. in Montbard (4 km) ♦ Salon ♦ Zimmerreinigung auf Wunsch ♦ Tel. ♦ Umgebung: Schwimmbad, Tennis, Golf, Jagd; Abtei v. Fontenay (5 km), Kanäle der Bourgogne, Ancy-le-Franc ♦ **Anreise** (Karte Nr. 18): 32 km südwestl. von Chatillon-sur-Seine über die D 980. In Montbard die D 5 Rtg. Laignes (9 km).

Dieses hübsche Dorfhaus besitzt einen Blumengarten und ist besonders familienfreundlich, denn in zwei großen Zimmern stehen mehrere Betten. Das Zimmer mit Mezzanin ist besonders geräumig (das Badezimmer liegt leider außerhalb und ist etwas entfernt). Das andere unter dem Dach verfügt über drei Betten, einen hübschen Duschraum und einen angenehmen Ausblick auf die Landschaft. Der Stil ist rustikal und der Empfang spontan und sehr freundlich.

BOURGOGNE

117 - Château de Beauregard

21390 Nan-sous-Thil
(Côte-d'Or)
Tel. 80 64 41 08
Fax 80 64 47 28
Nicole und Bernard Bonoron

♦ Von Nov. bis Ostern geschl. ♦ 3 Zi. m. Bad, WC, Tel. u. 1 Suite (4 Pers.) m. Bad, Dusche, 2 WC, Tel.: 520-720 F (2 Pers.) Suite: 920 F (2 Pers.) + 100 F (zusätzl. Pers.) ♦ Frühst. inkl. ♦ Kein Speisenangebot - Rest. "La Strada" in Marcigny (3 km) ♦ Salon ♦ Hunde auf Anfr. erlaubt (+ 100 F) ♦ Eig. Bassin ♦ Umgebung: Tennis, Reiten, Radsport, Seen (Wassersport), 18-Loch-Golfpl. (15 km); Abtei Fontenay, Semur-en-Auxois, Forges de Buffon ♦ Man spricht Englisch ♦ **Anreise** (Karte Nr. 18): 18 km nördl. von Saulieu, Autob. A 6, Ausf. Bierre-les-Semur, 3 km Rtg. Saulieu. Am Stoppschild links Rtg. Vitteaux und sofort rechts Rtg. Nan-sous-Thil. Den Ort durchfahren.

Beauregard verdient seinen Namen zu Recht, denn der Ausblick, den man von hier auf die hügelige Landschaft hat, ist tatsächlich sehr schön. Erst vor kurzem wurde das Schloß wunderbar restauriert, und Madame und Monsieur Bonoron, beide sehr liebenswürdig, werden Sie in einem der drei komfortablen, raffinierten und im traditionellen Stil eingerichteten Zimmer empfangen (die Badezimmer sind zwar ultramodern, besitzen aber noch den Charme von früher). Die prächtige Suite nimmt fast die Hälfte einer Etage ein. Das exzellente Frühstück wird in einem großen, hellen Salon serviert. Auch das empfohlene Restaurant ist ein wahre Entdeckung.

118 - Domaine de Loisy

28, rue Général-de-Gaulle
21700 Nuits-Saint-Georges
(Côte-d'Or)
Tel. 80 61 02 72
Fax 80 61 36 14
Comtesse Michel de Loisy

♦ Ganzj. (auf Reserv). geöffn. ♦ 4 Zi. m. Bad, WC: 450-850 F (2 Pers.); 2 Zi. ohne Bad: 250 F 2 Pers.) ♦ Frühst. inkl. ♦ Gemeins. Abendessen (bei Kerzenlicht): 270 F (Wein "Nuits-Saint-Georges AOC" inkl.) ♦ Salon ♦ Tel. ♦ Kreditk.: Amex ♦ Hunde auf Anfrage erlaubt ♦ Weinkellerbesichtigung u. Kostproben vor Ort: 300 F (2 Pers.) ♦ Umgebung: Schwimmbad, Tennis, Reiten; Dijon, Beaune, Schloß Clos-de-Vougeot ♦ Man spricht Englisch u. Italienisch ♦ **Anreise** (Karte Nr. 19): 22 km südl. von Dijon über die N 74; an der Ortsausfahrt Rtg. Beaune.

Madame de Loisy ist Spezialistin für Weinbaukunde. Liebhaber eines edlen Tropfens und gepflegten Ambientes kommen in diesem Stadtpalais bestimmt auf ihre Kosten. Zwei Gärten mit exotischem Flair umgeben die Räumlichkeiten im Erdgeschoß. Die komfortablen Schlafzimmer sind mit ihrem echten alten Mobiliar besonders ansprechend. Doppelfenster halten den Lärm von der stark befahrenen Straße ab (auf die nur ein Zimmer geht). Neben dem prächtigen Salon liegt das Eßzimmer, in dem das Frühstück und manchmal auch das Abendessen serviert wird.

BOURGOGNE

119 - Le Château de Flée

1995

Flée
21140 Semur-en Auxois
(Nièvre)
Tel. 80 97 17 07
Fax 80 97 34 32
M. und Mme Bach

♦ Ganzj. geöffn. ♦ 1 Suite (2 Pers.) m. Bad, WC, Tel.: 850 F (2 Pers.) u. 1 Haus am See m. Bad. WC, Tel. Fax, TV, Kochnische, Parkpl., Windsurfing-Ponton, Motorboot, Safe, Minibar: 400 F (2 Pers.) + 100 F (zusätzl. Pers.) ♦ Frühst. inkl. ♦ Gemeins. Essen: 250 F (alles inkl.) ♦ Salon u. Musiksalon ♦ Hunde auf Anfr. erlaubt ♦ Schwimmbad, Bassin, Reiten, Fahrräder, Ballonfahrten, Rudersport, Kostproben Epoisses-Käse vor Ort ♦ Umgebung: Tennis, See, 18-Loch-Golfpl. (20 km); Vézelay, Alésia, Schlösser des Burgund ♦ Man spricht Englisch u. Deutsch ♦ **Anreise** (Karte Nr. 89): 8 km südöstl. von Semur-en-Auxeois. Autob. A 6, Ausf. Bierre-les-Semur, nach 2 km ausgeschildert.

Inmitten einer friedlichen Natur gelegen, kann dieses Schloß aus dem 18. Jahrhundert, das zur Zeit restauriert wird, mit einer Suite und außergewöhnlichem Komfort aufwarten. Hier wird viel geboten: man kann reiten, fliegen (Monsieur Bach ist Pilot), ballonfliegen, angeln, Radtouren unternehmen oder sich ganz einfach im Garten mit schönem Blick auf die hügelige Landschaft ausruhen. Großzügige, freundliche Betreuung.

120 - Bouteuille

1995

58110 Alluy
(Nièvre)
Tel. 86 84 06 65
Fax 86 84 03 41
Colette und André Lejault

♦ Ganzj. geöffn. ♦ 4 Zi. m. Bad od. Dusche, WC u. TV (1 Zi. m. zusätzl. Raum): 220 F (1 Pers.) 250-300 F (2 Pers.) ♦ Frühst. inkl. ♦ Kein Speisenangebot - den Gästen steht eine Küche zur Verf. Grill im Taubenhaus, Gastst. u. gastr. Rest. 5 km entf. ♦ Tel. (m. Zähler) ♦ Hunde nicht erlaub ♦ Umgebung: Flußkähne (Kanal), Mountainbikes, Reiten, Jagen (120 ha) Schwimmbad; Schlo Chatillon, "Septennat"-Museum u. Bergwerks-Museum in Château-Chinon ♦ Man spricht Englisc ♦ **Anreise** (Karte Nr. 18): 40 km östl. von Nevers D 978 Rtg. Château-Chinon u. Autun; ab L'Huy Moreau (5 km hinter Rouy) ausgeschildert.

Dieses gepflegte Haus aus dem 17. Jahrhundert ist Teil eines Gehöftes mi unendlich weitem Blick auf die Felder. Die Innenräume (größtenteils mi echten alten Möbeln ausgestattet) sind in einwandfreiem Zustand. Di Zimmer sind recht groß und komfortabel, die Badezimmer modern un strahlend. Madame Lejault serviert ein gepflegtes Frühstück, das in de netten Wohnküche eingenommen wird. Sympathische Betreuung.

BOURGOGNE

121 - Château de Lesvault

58370 Onlay
(Nièvre)
Tel. 86 84 32 91
Fax 86 84 35 78
Mme Lee und M. Simonds

♦ Ganzj. geöffn. ♦ 6 Zi. m. Bad od. Dusche, WC u. 4 Zi. m. eig. Bad, gemeins. WC: 250-400 F (1 Pers.), 350-475 F (2 Pers.) ♦ Frühst. inkl. ♦ Gemeins. od. individ. Abendessen: 130 F (ohne Wein) ♦ Tel. ♦ Kreditk.: Visa, Amex ♦ Hunde auf Anfr. erlaubt (Zwinger) ♦ Fliegenangeln vor Ort ♦ Umgebung: Schwimmbad, Tennis ♦ Man spricht Englisch ♦ **Anreise** (Karte Nr. 18): 5 km westl. von Château-Chinon über die D 978, D 37 bis Moulins-Engilbert, dann 5 km Rtg. Onlay über die D 18.

Von seinem schönen Park in Hanglage aus überragt das "Château de Lesvault" eine grüne Landschaft. Sie werden unmittelbar eingenommen sein vom freundlichen Empfang und der außergewöhnlichen Atmosphäre. Denn hier treffen sich Maler und Bildhauer aus aller Welt, und ihre Werke sind im ganzen Schloß verteilt. Alle Gästezimmer sind ruhig, komfortabel und hübsch eingerichtet. Das Frühstück wird an mehreren Tischen in einem kleinen Speiseraum serviert, und das kulinarische Abendessen wird bei Kerzenlicht in einem Raum mit gewölbter Decke eingenommen.

122 - La Rêverie

6, rue Joyeuse
58150 Pouilly-sur-Loire
(Nièvre)
Tel. 86 39 07 87
M. und Mme Lapeyrade

♦ Ganzj. geöffn. (im Winter auf Anfr.) ♦ 5 Zi. m. Bad, WC, Tel., TV (davon 1 m. Baleotherapie): 250-420 F (2 Pers.) ♦ Frühst.: 35 F ♦ Kein Speisenangebot - Rest. nahbei ♦ Salon ♦ Haustiere nicht erlaubt ♦ Kunstgalerie (Ambille, Bonnefoit, Journod, usw.) im Haus ♦ Umgebung: Tennis, Golf; Sancerre ♦ Man spricht Englisch ♦ **Anreise** (Karte Nr. 17): 40 km von Nevers u. Bourges; 15 km südl. von Cosne-sur-Loire über die N 7.

Im ruhigen, hübschen Dorf von Pouilly-sur-Loire gelegen, verdient das Haus "La Rêverie" (Träumerei) wirklich seinen Namen. Die Mühe und die Freundlichkeit von Madame und Monsieur Lapeyrade müssen besonders erwähnt werden. Alle Zimmer sind sehr komfortabel und liebevoll eingerichtet: die Farben sind aufeinander abgestimmt, die Dekostoffe passen zu Tapeten und Teppichen. Die Badezimmer können als luxuriös bezeichnet werden. Außer dem Salon, ganz im Stil des 19. Jahrhunderts eingerichtet, gibt es auch eine kleine Kunstgalerie, in der (in Begleitung von Musik) das hervorragende Frühstück serviert wird.

BOURGOGNE

123- Château du Vieil-Azy

Le Vieil-Azy
58270 Saint-Benin-d'Azy
(Nièvre)
Tel. 86 58 47 93
Vicomtesse Benoist d'Azy le Noan

♦ Von Ostern bis Allerheiligen geöffn. ♦ 5 Zi. u. 1 Suite (mit Blick auf den Teich) m. Bad, WC u.Tel.: 300-400 F (1-2 Pers.), Suite: 600 F (1-4 Pers.) ♦ Frühst.: 30 F ♦ Gemeins. Essen auf Bestellung: 120 F (Wein inkl.), Kinder: 90 F ♦ Salon ♦ Angeln, Reiten, Übungsgreen (Golf) vor Ort ♦ Umgebung: Reiten, Schwimmbad, Tennis; Schlösser Azy, der Herzöge von Nevers, Apremont ♦ **Anreise** (Karte Nr. 18): 16 km östl. von Nevers über die N 81 Rtg. Decize, die D 978 bis Saint-Benin-d'Azy, dann hinter dem städt. Schwimmbad die D 9.

Das "Château du Vieil-Azy" liegt in einem Park mit zahlreichen hundertjährigen Bäumen und in der Nähe eines großen Teiches. Das Schloß verfügt über ein wunderbares Treppenhaus aus Holz und einen geräumigen Salon mit Bibliothek und eindrucksvollem Kamin. Die etwas dunklen Zimmer, die an vergangene Zeiten erinnern, sind dennoch sehr schön. Angenehmer und praktischer Ausgangspunkt für zahlreiche Ausflüge.

124 - La Ferme

71460 Bissy-sous-Uxelles
(Saône-et-Loire)
Tel. 85 50 15 03
M. und Mme de La Bussière

♦ Ganzj. geöffn. ♦ 2 Zi. m. Dusche, WC; 2 Zi. m. eig. Dusche, gemeins. WC; 2 Zi. m. eig. Waschb teilen sich 1 Dusche u. 2 WC: 100-200 F (1 Pers.), 160-290 F (2 Pers.) ♦ Frühst. inkl. ♦ Keir Speisenangebot - Rest. in der Nähe ♦ Umgebung: Wander- u. Mountainbike-Wege, See, Angeln Golf; Abtei von Cluny, Cormatin ♦ Man spricht Englisch u. Deutsch. ♦ **Anreise** (Karte Nr. 19) 17 km westl. von Tournus über die D 215 Rtg. Mancey. Hinter Mancey links Rtg. Bussy. Im Dor neben der Kirche.

Wenn Sie dieses entzückende kleine Burgunder Dorf zu Fuß durchqueren werden Sie in der Nähe der Kirche (mit poetischem Glockenspiel) da typische Bauernhaus "La Ferme" entdecken. Die Zimmer wurden gu umgestaltet und sind mit ihren alten regionalen Möbeln wirklich seh hübsch. Die größeren haben sogar eine Kochnische (das mit Parkettboden is am freundlichsten). Das Gästezimmer ohne Bad können wir nich empfehlen. An einem großen Tisch wird ein ausgezeichnetes un reichhaltiges Frühstück serviert. Eine gute Adresse auf dem Land.

BOURGOGNE

125 - Château de Sassangy

Sassangy
71390 Buxy
(Saône-et-Loire)
Tel. 85 96 12 40
Fax 85 96 11 44
M. und Mme Marceau

♦ Von März bis Nov. geöffn. ♦ 6 Zi. m. Bad od. Dusche, WC, Tel. u. 1 Suite (4-6 Pers.) m. 2 Zi., Salon, Bad, WC: 430-480 F (1 Pers.), 540-680 F (2 Pers.), 640-940 F (3-6 Pers.) ♦ Sonderpreis ab 3. Üb. ♦ Frühst. inkl. ♦ Gemeins. Abendessen (indiv. Tische) auf Bestellung: 180 F (alles inkl.) ♦ Salon ♦ Kreditk.: Visa ♦ Hunde nicht erlaubt ♦ Umgebung: Golf; Besichtigung von Weinkellern, Schlösser, roman. Kirchen, Beaune, Abtei von Cluny ♦ Man spricht Englisch ♦ **Anreise** (Karte Nr. 19): 6 km westl. von Buxy; A 6, Ausfahrt Chalon-Süd Rtg. Monchanin über die N 80, nach 15 km Ausfahrt Sassangy.

Dieses elegante Schloß aus dem 18. Jahrhundert wurde mit Geschmack und Vernunft umgebaut. Es liegt an einem kleinen Hügel, überragt die umgebende Landschaft und hat Blick auf einen schönen Park mit großem Teich und Weiden. Die Gästezimmer sind in einem angemessenen Stil eingerichtet, geräumig und sehr komfortabel. Das Abendessen werden Sie unter dem Gewölbe einer riesigen, hellen und gut ausgestatteten Küche einnehmen. Dort führt Madame Marceau das Regiment. Die Betreuung ist ausgesprochen gastfreundlich.

126 - Ferme-Auberge de Lavaux

Chatenay
71800 La Clayette
(Saône-et-Loire)
Tel. 85 28 08 48
M. Paul Gélin

♦ Von Ostern bis 11. Nov. geöffn. ♦ 5 Zi. m. Bad od. Dusche, WC: 260-300 F (2 Pers.) ♦ Frühst. inkl. ♦ Rest. vor Ort: 80-100 F (ohne Wein) ♦ Hunde nicht erlaubt ♦ Angeln am Teich vor Ort ♦ Umgebung: Wanderwege; roman. Kirchen, Abtei von Cluny, Paray-le-Monial, Dun, Saint-Cyr, Kunsthandwerk ♦ **Anreise** (Karte Nr. 18): ca. 40 km südöstl. von Paray-le-Monial über die N 79 Rtg. Charolles, dann die D 985 Rtg. La Clayette u. die D 987 Rtg. Mâcon (5 km), anschl. links die D 300 Rtg. Chatenay.

Der an einem Hang im grünen und hügeligen Burgund gelegene hübsche Gasthof wirkt schon auf den ersten Blick äußerst gepflegt. Die Zimmer (in diesem Jahr teurer) gehen auf eine Außengalerie aus Holz. Sie sind schlicht und rustikal, aber vielleicht etwas zu dunkel eingerichtet. In den ehemaligen Stallungen ist das freundliche Restaurant untergebracht: der Raum hat Deckenbalken und rauhe Steinwände. Regionale, kulinarische Küche zu besonders angemessenen Preisen. Ein Schönwetter-Quartier mit ungezwungener Betreuung. Sehr angenehme Betreuung.

BOURGOGNE

127 - Les Buissonnets

102, Grande-Rue
71150 Fontaines
(Saône-et-Loire)
Tel. 85 91 48 49
Jacotte und Michel Chignac

♦ Ganzj. geöffn. ♦ 3 Zi. m. Bad, WC: 270-380 F (1-2 Pers.) ♦ Frühst. inkl.♦ Gemeins. Essen (individ. Tische): 150 F (Wein inkl.) ♦ Salon ♦ Umgebung: 18-Loch-Golfpl. (8 km), Tennispl. im Dorf, Trimm-Dich-Pfad, Schwimmbad, Reiten, Ballonfahrten; Beaune, Tournus, Cluny, Weinstraße, usw. ♦ Man spricht Englisch u. Italienisch ♦ **Anreise** (Karte Nr. 19): 12 km nordwestl. von Chalon-sur-Saône. Autobahnausf. Chalon-Nord, dann N 6 Rtg. Chagny. 3 km hinter Champforgeuil Rtg. Fontaines links. 10 km von der Autobahnausf. bzw. TGV entfernt. Auch Anfahrt m. TGV.

Ein elegantes Burgunder-Haus, am Rand eines Parks in einem hübschen Dorf gelegen. Im Innern ist alles sehr gepflegt: auf englische Tapeten abgestimmte Dekostoffe, echte alte Möbel, Daunendecken, Patchwork in den charmanten Zimmern. Im Salon steht den Gästen eine Bibliothek zur Verfügung, und im danebenliegenden Eßzimmer werden gute, bodenständige Gerichte serviert. Alles sehr gastfreundlich.

128 - Château de la Fredière

Céron
71110 Marcigny
(Saône-et-Loire)
Tel. 85 25 19 67
Fax 85 25 35 01
Mme Edith Charlier

♦ Vom 10. Jan. bis 20. Dez. geöffn. ♦ 9 Zi. u. 2 Suiten m. Bad od. Dusche, WC, Tel.: 290-620 F (1-2 Pers.), Suite: 750 F ♦ Frühst.: 55 F ♦ Rest. auf Bestellung (Ruhetag: Mi): 100-150 F (ohne Wein) ♦ Salon ♦ Hunde auf Anfr. erlaubt ♦ Schwimmbad u. 18-Loch-Golfpl. vor Ort ♦ Umgebung: roman. Kirchen ♦ Man spricht Englisch ♦ **Anreise** (Karte Nr. 25): 40 km nördl. v. Roanne über die D 482 u. die D 982 bis Marcigny; dann D 990 Rtg. Le Donjon-Lapalisse; der Golfplatz ist ausgeschildert.

Schloß "Fredière" ist von einem Golfplatz umgeben. Die Zimmer im ersten Stock sind noch vom Charme früherer Zeiten geprägt und besonders gut möbliert (das "rosa" Zimmer sollte man deshalb nicht nehmen, weil es zu klein ist). Die im zweiten Stock gelegenen Gästezimmer sind ganz neu, ausgesprochen luxuriös, gut isoliert, mit einigen alten Möbelstücken ausgestattet und mit geschmackvollen Stoffen belebt. Der wunderbare Salon ist freundlich und vor allem vollkommen echt. In der Nähe des Teiches wurde ein Restaurant errichtet und ist ganz in Gelbtönen gehalten. Der Empfang ist sehr freundlich.

BOURGOGNE

129 - Chez M. et Mme Lamy

Ancy-le-Duc
71110 Marcigny
(Saône-et-Loire)
Tel. 85 25 17 21
M. und Mme Christian Lamy

♦ Von Allerheiligen bis Anf. April geschl. ♦ 2 Zi. m. eig. Bad u. gemeins. WC: 220 F (1 Pers.), 250 F (2 Pers.) + 100 F (zusätzl. Pers.) ♦ Frühst. inkl. ♦ Zimmerreinigung alle 5 Tage ♦ Kein Speisenangebot (Kochnische m. Spülmaschine) - Rest. "L'Auberge du Prieuré" (10 km) u.a. ♦ Salon ♦ Hunde auf Anfr. erlaubt ♦ Umgebung: 18-Loch-Golfpl. (15 km), Tennispl. im Ort, Baden im Fluß, (500 m), Reiten (10 km), Schleppkahnfahrten auf dem Canal de Bourgogne, Kanu/Kajak; Besichtig. roman. Kirchen, Fayencen-Museum in Marcigny, Paray-le-Monial ♦ **Anreise** (Karte Nr. 25): 25 km südöstl. von Paray-le-Monial über D 362 Rtg. Roanne. In Monceau-L'Etoile Rtg. Anzy-le-Duc. Im Dorf, nahe der Kirche.

Das schöne Dorf Ancy-le-Duc ist eine Stätte der Ruhe. Das kleine quadratische Haus, das früher als Schule diente, wurde als Gästehaus eingerichtet. Die Zimmer in kräftigen Farben sind modern und komfortabel. Jedes verfügt zwar über ein Badezimmer, aber die Toiletten müssen geteilt werden. Im großen Salon herrscht eine besonders warme Atmosphäre: Musik, Spiele oder TV für kühle Abende. Die beiden Gärten sind sehr angenehm und der Empfang ist sympathisch - eine besonders von Familien geschätzte Adresse.

130 - Les Récollets

Place du Champ-de-Foire
71110 Marcigny
(Saône-et-Loire)
Tel. 85 25 03 34
Fax 85 25 06 91
Mme Badin

♦ Ganzj. geöffn. ♦ 7 Zi. u. 2 Suiten (4-6 Pers.) m. 2 Zi., Bad, WC: 320 F (1 Pers.), 420-450 F (2 Pers.) + 120 F (zusätzl. Pers. in Suite) ♦ Frühst. inkl. ♦ Individ. Abendessen auf Bestellung: 200 F (Wein inkl.) ♦ Salon ♦ Kreditk.: Visa, Amex ♦ Umgebung: Golf; roman. Kirchen ♦ **Anreise** (Karte Nr. 25): 30 km nördl. v. Roanne über die D 482 u. die D 982 Rtg. Digoin bis Marcigny.

Marcigny war ein charmantes Dorf und "Les Récollets", mit eleganten Zimmern (echte alte Möbel, hübsche Stoffe) und komfortablen Bädern, eine reizende Adresse. Das Haus ist nach wie vor sehr angenehm, nur waren wir schockiert von dem neuen "Panorama": zwei von der Gemeinde subventionierte Hallen, am Ortseingang errichtet, nehmen leider dem traumhaften Garten seine Poetik. Zum Glück ist Madame Badin noch da, denn sie ist eine besonders aufmerksame und freundliche Gastgeberin. Und auch der Geist des Hauses ist unverändert. Ein Quartier für einen kurzen Aufenthalt.

BOURGOGNE

131 - Château de Poujux

Saint-Aubin-en-Charollais
71430 Palinges
(Saône-et-Loire)
Tel. 85 70 43 64
M. und Mme Céali

♦ Von Pfingsten bis 30. Sept. geöffn.♦ 7 Zi. m. Bad od. Dusche, WC: 350-500 F (1 Pers.) + 50 F (zusätzl. Pers.) ♦ Kinder unter 6 J. kostenlos ♦ Frühst.: 30 F ♦ Kein Speisenangebot ♦ Salon ♦ Umgebung: Abtei von Cluny, roman. Kirchen, Berze-le-Châtel, Martailly, Les Briançons ♦ Man spricht Deutsch u. Englisch ♦ **Anreise** (Karte Nr. 18): 14 km nördl. von Paray-le-Monial. Autob. Paris-Châlon, dann die N 80 Le Creusot, Schnellstraße Rtg. Paray-le-Monial, Ausfahrt Charolles, kurz vor Saint-Aubin.

In diesem Schloß werden nicht nur Gäste betreut, sondern auch reinrassige Rennpferde gezüchet. Die Zimmer sind groß und gefällig, aber ein wenig unzureichend mit Möbeln des 19. Jahrhunderts eingerichtet; die Betten sind jedoch sehr komfortabel. Ein Salon sowie ein Speiseraum stehen den Gästen für das ausgiebige Frühstück zur Verfügung. Ein Ort voller Ruhe. Hier werden Sie sich sicher wohl fühlen, nur: es ist nicht gerade geschenkt.

132 - Château de Martigny

Poisson
71600 Paray-le-Monial
(Saône-et-Loire)
Tel. 85 81 53 21
Mme Edith Dor

♦ Von Ostern bis Allerheiligen geöffn. ♦ 3 Zi., 1 Studio (4 Pers.) u. 1 Suite (3 Pers) m. Bad, WC; 1 Zi. m. eig. Bad, gemeins. WC; 2 Zi. m. gemeins. Bad u. WC: 350-600 F (1-2 Pers.), 500-750 F (3 Pers.), 600-750 F (4 Pers.) ♦ Frühst. inkl. ♦ Gemeins. od. individ. Mittag- u. Abendessen: 160 F (Wein inkl.) ♦ Salon ♦ Hunde auf Anfr. erlaubt ♦ Schwimmbad, Fahrräder, Theater-, Tanz- u. Malkurse sowie Künstlerbegegnungen vor Ort ♦ Umgebung: Reiten, Tennis, Angeln (2 km), Golf (25 km); roman. Kirchen ♦ Man spricht Englisch ♦ **Anreise** (Karte Nr. 18): 8 km südl. von Paray-le-Monial über die D 34.

Dieses inmitten der Natur gelegene und mit außergewöhnlich gutem Geschmack eingerichtete Schloß verfügt über eine einmalige Umgebung. Im Interieur: entzückende, komfortable Zimmer mit schönen alten Möbeln - die weniger klassischen Dachzimmer sind ebenfalls sehr gelungen, nur ist dort die Aussicht nicht so einnehmend. Die Küche ist gesund und gut. Hin und wieder trifft man hier Künstler, die zum Erholen oder Arbeiten ins "Château de Martigny" kommen. Edith Dor versteht es, unter den Gästen eine besonders angenehme Atmosphäre zu schaffen.

BOURGOGNE

133 - La Chaumière

Le Bourg
Baudrières
71370 Saint-Germain-du-Plain
(Saône-et-Loire)
Tel. 85 47 32 18
Fax 85 47 41 42
Mme Vachet

♦ Von März bis Nov. geöffn. (außerhalb der Saison auf Anfrage) ♦ 2 Zi. m. Bad od. Dusche, WC: 260 F (1 Pers.), 320 F (2 Pers.) + 80 F (zusätzl. Pers.) ♦ Frühst. inkl. ♦ Kein Speiseangebot - Rest. in unm. Nähe ♦ Salon ♦ Zimmerreinigung auf Wunsch ♦ Tennis (Zuschlag) vor Ort ♦ Umgebung: Reiten, Schwimmbad, See, Angeln, 18-Loch-Golfpl.; Besichtig. von Weinkellern, Schlösser, rom. Kirchen, Beaune, Cluny♦ Man spricht Englisch u. Italienisch ♦ **Anreise** (Karte Nr. 19): Von Norden kommend: Ausfahrt A 6 Chalon-Süd, Rtg. Chalon. Reiseroute "Lyon bis" über D 978 bis Ouroux-sur-Saône, dann D 933 bis Nassey, links Baudrières ausgeschildert (D 160). Von Süden kommend: RN 6. In Sennecey-le-Grand D 18 bis Gigny-sur-Saône, dann ausgeschildert.

In diesem ruhigen, kleinen Ort liegt das sehr hübsche und von wildem Wein bedeckte Haus. Der Empfang ist sehr freundlich und zwanglos, und die Zimmer sind mit viel Geschmack ebenso komfortabel wie gemütlich eingerichtet. Der mit echten, alten, regionalen Möbeln eingerichtete Salon ist ebenfalls sehr gelungen. Das exzellente Frühstück wird bei schönem Wetter draußen unter einem kleinen Vordach aus Holz serviert.

134 - Château de Beaufer

Route d'Ozenay
71700 Tournus
(Saône-et-Loire)
Tel. 85 51 18 24
Fax 85 51 25 04
M. und Mme Roggen

♦ Vom 15. März bis Allerheiligen geöffn. (auf Anfr. auch in Vor- u. Nachsaison: mind. 3 Üb.) ♦ 6 Zi. m. Bad, WC (1 Zi. f.1 Pers. m. Dusche): 400 F (1 Pers.), 550-680 F (2 Pers.), 710 F 3 Pers.) ♦ Frühst. inkl. ♦ Kein Speiseangebot - Rest. in Tournus ♦ Salon ♦ Kreditk..: Visa ♦ Hunde auf Anfr. erlaubt (+ 40 F) ♦ Schwimmbad ♦ Umgebung: Golf, Polo ♦ Man spricht Deutsch, Englisch u. Italienisch ♦ **Anreise** (Karte Nr. 19): 25 km südl. v. Châlon/Saône über die N u. A 6 bis Tournus, dann die D 14 Rtg. Ozenay; 3 km vor Tournus ausgeschildert.

Das kleine, an einem Hügel gelegene Schloß ist von bewaldeter Landschaft umgeben und wurde derart hergerichtet, daß auch Gäste mit höchsten Ansprüchen zufriedengestellt werden können: hier erwarten Sie Komfort, Ruhe und Ästhetik. Der schöne Salon mit hohem Deckengewölbe und Blick aufs Schwimmbad steht aussschließlich den Gästen zur Verfügung. Die auf mehrere Gebäude verteilten Zimmer sind ausnahmslos groß, sehr gepflegt und mit hübschem Mobiliar und Radierungen verschönt. Die Betten sind sehr breit und die Badezimmer prächtig.

BOURGOGNE

135 - Château de Prunoy

Prunoy
89120 Charny
(Yonne)
Tel. 86 63 66 91
Fax 86 63 77 79
Mme Roumilhac

♦ Ganzj. geöffn. ♦ 13 Zi. u. 6 Suiten (4-5 Pers., 2 Zi.) m. Bad, WC u. Tel.: 650 F (2 Pers.); Suite: 850 F (4 Pers.) ♦ Frühst.: 50 F ♦ HP: 420 F pro Pers. im DZ (mind. 3 Üb.) ♦ Rest. (fam. Küche) mittags/abends: 180 F (ohne Wein) ♦ Salon ♦ Kreditk. akzeptiert ♦ Schwimmbad, Tennis, Fitneßvorrichtg (Balneotherapie), Boot u.Teich vor Ort ♦ Umgebung: Reiten, Golf; Weinstraße ♦ **Anreise** (Karte Nr. 18): 23 km westl. von Joigny, A 6, Ausfahrt Joigny, Rtg. Montargis, Charny (D 943 u. D 16).

Inmitten eines wunderbaren Parks mit zwei Teichen gelegen, hält dieses Schloß unvergeßliche Überraschungen für seine Gäste bereit. Die Zimmer sind von beispielhaftem Komfort, und man könnte nicht sagen, welches das schönste ist: überall kann man Kunstgegenstände, schöne alte Möbel und Fayencen bewundern. Das reichhaltige Frühstück wird Ihnen auf Wunsch schon früh morgens serviert. Das Schloß verfügt zudem über ein ausgezeichnetes Restaurant mit einfacher, aber ausgezeichneter Küche. Die Betreuung von Madame Roumilhac ist ausgesprochen liebenswürdig und gibt dem Ganzen noch den letzten Schliff.

136 - La Borde

1995

89130 Leugny
(Yonne)
Tel. 86 47 64 28
Fax 86 47 60 28
Christine und François-Jean Duclos

♦ Ganzj. geöffn. ♦ 4 Zi. m. Bad u. Dusche, WC u. Tel.: 580-780 F (2 Pers.) + 100 F (zusätzl. Pers. ♦ Frühst. inkl. ♦ Sonderpr. für 1 Wochenende m. Vollpension: 900-1190 F (alles inkl.) ♦ Gemeins u. individ. Mittag- u. Abendessen: 150 F (alles inkl.) ♦ Frische Bettw. alle 2/3 Tage, Handt. täg ♦ Salon ♦ Hunde auf Anfr. erlaubt ♦ Angeln am Teich, Fahrräder, Reiten (Zuschl.) vor Or ♦ Umgebung: Schwimmbad u. Tennis (4 km), 18-Loch-Golfpl. (20 km); Weinstraße, Schloß Saint Fargeau ♦ Fresko in Moutier, Saint-Sauveur-en-Puisaye (die Heimat von Colette), Auxerre, Chabli ♦ Man spricht Englisch ♦ **Anreise** (Karte Nr. 18): 20 km südwestl. von Auxerre. A 6, Ausf. Toucy Dort D 950, Rtg. Avallon u. Leugny, dann ausgeschildert.

Für uns war es Liebe auf den ersten Blick bei diesem Häuserkomplex aus den 16. Jahrhundert, der von einem ebenso enthusiastischen wie gastfreundliche Paar restauriert wurde. Nach herkömmlicher Art verputzt, alte Steinplattenbelag, Möbel, Türen und Balken aus heller Eiche, herrlich Badezimmer... Die unwiderstehlichen Zimmer sind Komfort und Eleganz pu Die gleiche Sorgfalt findet man im Salon, in der Bibliothek mit TV und in de wunderbaren Küche mit Kupfertöpfen und einem großen Tisch vor, an de die Gäste gern ihre Mahlzeiten (die exzellent sein sollen) einnehmen.

BOURGOGNE

137 - Les Morillons

89250 Mon-Saint-Sulpice
(Yonne)
Tel. 86 56 18 87
Fax 86 43 05 07
Françoise und Didier Brunot

◆ Ganzj. geöffn ◆ Für Nichtraucher ◆ 3 Zi. m. Bad od. Dusche: 350 F (2 Pers.) ◆ Frühst. inkl.
◆ Gemeins. Essen: 160 F (Wein inkl.) ◆ Salon ◆ Angeln, Pferdegespann, Mountainbikes vor Ort
◆ Umgebung: Tennis (1 km), Golf (26 km); Weinstraße (Chablis), Auxerre, Canal de Bourgogne
◆ Man spricht Englisch ◆ **Anreise**: (Karte Nr. 18): 22 km nördl. von Auxerre. Autob. A 6, Ausfahrt Auxerre-Nord, Rtg. Moneteau (D 84), Seignelay u. Hauterive durchfahren, Mont-Saint-Sulpice rechts, gegenüber der "Mairie", dann 2 km fahren.

Der von Feldern umgebene Landsitz "Les Morillons" setzt sich aus mehreren Gebäudeteilen zusammen, die um einen großen Hof herum angelegt sind; zudem gibt es eine oberhalb der stillen Gewässer des Serain gelegene Terrasse. Die Innenausstattung ist sehr gepflegt und geschmackvoll. Françoise und Didier Brunot lieben ihre Gegend sehr und organisieren auf Wunsch zahlreiche sportliche, kulturelle und önologische Aktivitäten. Die Gastgeber sind sehr freundlich und aufmerksam und legen besonders großen Wert auf die Qualität und die Atmosphäre ihrer Abendessen.

138 - La Coudre

La Coudre
89120 Perreux
(Yonne)
Tel. 86 91 61 42 / 86 91 62 91
M. und Mme Lusardi

◆ Ganzj. geöffn. ◆ 3 Zi. m. Bad, WC: 470-560 F (2 Pers.) ◆ Frühst. inkl. ◆ Gemeins. Abendessen auf Bestellung: 180 F (Wein inkl.) ◆ Rest.: "Le Cheval Blanc" in Charny ◆ Salon ◆ Tel. ◆ Hunde nicht erlaubt ◆ Töpferatelier vor Ort ◆ Umgebung: 18-Loch-Golfpl., Tennis, Reiten; Schloß Saint-Fargeau ◆ Man spricht Englisch u. Italienisch ◆ **Anreise** (Karte Nr. 18): ab Paris die A 6, Ausfahrt Joigny, Rtg. Montargis, dann die D 3 Rtg. Toucy bis Sommecaise u. die D 57 nach Perreux; 1 km vor dem Dorf.

Dieses große, schön restaurierte Haus liegt an einer kleinen Landstraße und ist von einem gepflegten Garten umgeben. Das Innere verfügt über eine großzügige Raumanordnung und ist mit echten alten Möbeln eingerichtet. Der Komfort der Gästezimmer ist sehr einladend, und jedes hat ein sehr angenehmes Badezimmer. Das Frühstück wird an einem langen Holztisch serviert. Zum Abendessen werden meist Gerichte aus regionalen Produkten gereicht, die von hervorragenden Weinen begleitet werden.

BOURGOGNE

139 - Le Moulin
de Poilly-sur-Serein

89310 Poily-sur-Seine
(Yonne)
Tel. 86 75 92 46
Fax 86 75 95 21
Hester und Pascal Moreau

♦ Von Allerheiligen bis Ostern geschl. ♦ 5 Zi. m. Bad od. Dusche, WC: 230 F (1 Pers.), 300-360 F (2 Pers.) ♦ Frühst. inkl. ♦ Kein Speisenangebot - Rest. 200 m, 3 km u. 12 km (Chablis) entf. ♦ Frische Bettw. alle 3 Tage, Handt. tägl. ♦ Salon ♦ Hunde auf Anfr. erlaubt ♦ Angeln (Leih-Material) und Baden im Fluß vor Ort ♦ Umgebung: Reiten, Dorf Noyers, Chablis-Weinstraße ♦ Man spricht Deutsch, Englisch, Holländisch u. Schwedisch ♦ **Anreise** (Karte Nr.18): 12 km südöstl. von Chablis. Autob. A 6, Ausf. Auxerres S, dann D 965 Rtg. Tonnerre. Ab Chablis D 45 Rtg. Chichée, Chemilly. 3 km hinter Chemilly: die Mühle am Ortseingang von Poilly.

Diese majestätische Mühle, restauriert von einem sympathischen Paar (sie ist Töpferin, er Winzer), hält an jener Stelle den Lauf des Flusses Serein an, wo das Dorf beginnt. Im Innern, auch in den komfortablen Zimmern, genießt man die Weiträumigkeit; die Farben, bei denen der Ton vom natürlichen Holz der Balken und Pfeiler, Weiß und Beige vorherrschen, bilden eine schöne Harmonie. Altes (oft exotisches) Mobiliar hoher Qualität sowie interessante Gegenstände vervollständigen die Einrichtung. Ein elegantes und heiteres Haus.

140 - La Chasseuserie

Lavau
89170 Saint-Fargeau
(Yonne)
Tel. 86 74 16 09
Mme Anne-Marie Marty

♦ Ganzj. geöffn. (schriftl. reservieren) ♦ 1 Zi. u. 1 Suite m. 2 Zi., Bad, WC: 250 F (1 Üb./2 Pers.), od. 210 F (ab 2. Üb./2 Pers); Suite (1 Üb./4 Pers.): 430 F(1. Üb./4 Pers.) od. 350 F (2 Üb./4 Pers.) ♦ Ca. 10% Preisnachl. vom 3. Sept. bis 1. Mai ♦ Frühst. inkl. ♦ Kein Speisenangebot - Rest. in der Nähe ♦ Salon ♦ Zimmerreinigung alle 3 Tage, öfter: + 30 F pro Tag ♦ Kl. Hunde auf Anfrage erlaubt ♦ Schwimmbad, Tennis, Fahrräder vor Ort ♦ Umgebung: Kanäle, Jagd, Angeln; Saint-Fargeau, Ratilly ♦ Man spricht Englisch ♦ **Anreise** (Karte Nr. 17): 52 km südwestl. von Auxerre über die D 965 bis Lavau, dann 3 km die D 74 Rtg. Bléneau; ausgeschildert.

Mitten auf dem Land mit viel Wald liegt dieses Haus voller Blumen, das über zwei Gästezimmer verfügt. Das eine ist eine komfortabel und angenehm eingerichtete Suite für Familien. Außerdem gibt es einen angenehmen Salon mit Kamin und einen freundlichen Speiseraum, in dem das Frühstück dann serviert wird, wenn man wegen des Wetters nicht vom Garten profitieren kann. Freundliche Betreuung und ausgesprochen gutes Preisniveau.

BOURGOGNE

141 - Chez Mme Defrance

4, place de la Liberté
89710 Senan
(Yonne)
Tel. 86 91 59 89
Mme Defrance

♦ Ganzj. geöffn. ♦ 1 Zi. m. Dusche, WC; 2 Zi. teilen sich Bad u. WC (auch: Suite): 180-260 F (1 Pers.), 250-350 F (2 Pers.) ♦ Frühst. inkl. ♦ Gemeins. Abendessen auf Bestellung: 90 F (Wein inkl.) od. Landrest. 100 m entf. ♦ Salon ♦ Hunde nicht erlaubt ♦ Umgebung: Tennis, Golf ♦ Man spricht Englisch ♦ **Anreise** (Karte Nr. 18): 26 km nordwestl. von Auxerre über die A 6, Ausfahrt Auxerre-Nord, dann N 6 Rtg. Joigny u. D 14. In Bassou links Rtg. Neuilly, D 153 bis Senan. Ab Paris: A 6, Ausfahrt Joigny, dann D 89.

Dieses angenehme, stilvolle Haus liegt ein wenig zurückgesetzt hinter einer mit Linden bepflanzten Esplanade. Es befindet sich in einem kleinen Dorf, in dem viel Ruhe herrscht. Die Innenausstattung ist schlicht, gepflegt und verfügt über einige alte Möbelstücke. Wir empfehlen das große, sehr angenehme Zimmer mit Blümchentapete, gewachstem Parkett und wunderbarem Duschraum. Stets heiter und präsent, überläßt Madame Defrance ihren Gästen die Wahl, wo sie Ihr Frühstück einnehmen möchten: auf dem Zimmer, im Garten oder im Speiseraum.

142 - Les Lammes

89210 Venizy
(Yonne)
Tel. 86 43 44 42
Mme Antoinette Puissant

♦ Von Ende Okt. bis Ostern geschl. (Appartements können wöchentl. u. zum Wochenende gemietet werden) ♦ 8 Suiten (2-4 Pers.) u. 2 Suiten f. Familien (5-8 Pers.) m. Küche, Salon, Bad, WC: 420 F (2 Pers.) + 120 F (zusätzl. Pers.) ♦ Frühst. inkl. ♦ Kein Speisenangebot - Rest. 300 m entf. ♦ Hunde auf Anfrage erlaubt ♦ Schwimmbad, Angeln vor Ort ♦ Umgebung: Tennis; Weinstraße, Abtei Fontenay ♦ Man spricht Englisch, Deutsch u. Italienisch ♦ **Anreise** (Karte Nr. 18): 30 km nordöstl. von Auxerre über die N 77. Saint-Florentin durchqueren u. die D 30 Rtg. Venizy; nach 300 m links hinter der "Auberge des Pommerats".

Dieses große Landhaus besteht aus mehreren Gebäuden, die von einem Wassergraben umgeben sind. Alle Zimmer sind kleine Suiten mit einer Sitzecke und einer Kochnische. Bettdecken aus Patchwork und echte alte Möbel - alles in allem eine heitere Einrichtung, und meist blickt man auf das große Schwimmbad. Das Frühstück wird in einem großen Raum eingenommen, der sehr hübsch gestaltet ist, oder auch draußen unter einer Markise. Vom Service des Hauses werden Sie begeistert sein.

BOURGOGNE

143 - Domaine de Montpierreux

89290 Venoy
(Yonne)
Tel. 86 40 20 91
Fax 86 40 28 00
Françoise und François Choné

♦ Ganzj. geöffn. ♦ 5 Zi. m. Bad od. Dusche, WC u. Tel.: 250-300 F (2 Pers.) + 60 F (zusätzl. Pers,) ♦ Frühst. inkl. ♦ Kein Speisenangebot - Rest. 3 km entf., außerdem in Chablis u. Auxerre ♦ Frische Bettw. alle 2-3 Tage, Handt. tägl. ♦ Salon ♦ Hunde nur im Zwinger erlaubt ♦ Wandern (GR) vor Ort ♦ Umgebung: Tennispl. im Dorf, jegl. Sport (10 km); Weinstraße (Châblis u. Auxerrois), Zisterzienserabtei Pontigny, Dorf Noyers s/Serein ♦ Man spricht Englisch ♦ **Anreise** (Karte Nr. 18): 10 km östl. von Auxerre. A 6 Ausf. Auxerre Süd, D 965 Rtg. Châblis, dann ausgeschildert; das Haus liegt 3 km weiter rechts.

Dieser große, ausschließlich von Natur umgebene landwirtschaftliche Betrieb produziert Wein und Trüffeln. Die Zimmer sind sehr angenehm und liegen im zweiten Stock. Sie sind schmuck, haben eine persönliche Note und verfügen alle über gut gepflegte Badezimmer. Das Frühstück wird im hierzu vorhandenen Gästeraum serviert oder, bei schönem Wetter, draußen. Aufmerksamer, sympathischer Empfang.

144 - Cochepie

Cochepie
89500 Villeneuve-sur Yonne
(Yonne)
Tel. 86 87 39 76
Mme Claire Strulik

♦ Ganzj. geöffn. ♦ 1 Zi. u. 2 Suiten (4 Pers.) m. Bad oder Dusche, WC sowie 3 Zi.(bei denen man sich 1 Bad u. WC teilt): 350 F (1 Pers.), 400 F (2 Pers.); Suiten: 650-750 F (2 Pers.) + 200 F (zusätzl. Pers.) ♦ Frühst. inkl. ♦ Kein Speisenangebot - Rest. "La Lucarne aux chouettes" 1,5 km entfernt ♦ Salon ♦ Hunde nicht erlaubt ♦ Schwimmbad u. Tennis vor Ort ♦ Umgebung: 18-Loch-Golfpl. (25 km) ♦ Man spricht Englisch, Spanisch u. Deutsch ♦ **Anreise** (Karte Nr. 10 u. 18) Autobahn A 6, Ausf. Courtenay, dann Villeneuve-sur-Yonne. An der Kirche links, durch das To Sens, Rtg. Dixmont, 1. Straße rechts, nach 1 km hinter der Brücke 2. Weg links.

Dieses in einem Park und mitten auf dem Land gelegene alte Bauernhaus wurde in ein prächtiges Herrenhaus umgestaltet. Jedes Zimmer (alle seh komfortabel und mit ausgesprochen sicherem Geschmack eingerichtet) kam in eine Suite umgewandelt werden - ideal für Familien oder Freunde. Da reichhaltige Frühstück wird im hübschen Salon serviert, der den Gäster vorbehalten ist und viel Natur zeigt. Eine hervorragende Adresse mi Schwimmbad, Tennisplatz und bestem Empfang.

BRETAGNE

145 - La Tarais

22100 Calorguen
(Côtes-d'Armor)
Tel. 96 83 50 59
Deborah und Bernard Kerkhof

♦ Ganzj. geöffn. ♦ 4 Zi. m. Dusche, WC: 250 F (2 Pers.) + 75 F (zusätzl. Pers.) ♦ Frühst. inkl. (engl. Frühst.: + 15 F) ♦ Individ. Essen von Anfang Juli bis Ende Sept.: 75-100 F (Wein inkl.) - Rest. ab 3 km ♦ Salon ♦ Hunde nicht erlaubt ♦ Umgebung: Schwimmbad, Tennispl. im Dorf ♦ Wanderwege (GR) entlang dem Fluß Rance, Golfpl. (20 km); Meer (20 km) St-Malo, Schloß Bourbansais, Combourg, Altstadt Dinan, Dörfer Bécherel u. Lehon ♦ Man spricht Englisch, Deutsch u. Niederländisch ♦ **Anreise** (Karte Nr. 6): 7 km südl. von Dinan über D 12 Rtg. Léhon. Dort auf die Route de Calorguen, dann ausgeschildert.

Ein junges, sympathisches, britisch-holländisches Paar richtete in diesem früheren Bauernhaus, das in einem kleinen Ort liegt, vier kleine Gästezimmer ein. Sie sind gepflegt, schlicht und hell, haben hübsche Daunendecken und meist ein englisches Möbelstück. Das Frühstück wird entweder in einem angenehmen Speiseraum (der auch als Teesalon dient) an individuellen Tischen serviert oder vor dem Haus, sobald das Wetter es erlaubt. Ein gutes Preis-Leistungsverhältnis.

146 - Château de Bonabry

22120 Hillion
(Côtes-d'Armor)
Tel. 9632 21 06
Vicomte und Vicomtesse
Louis du Fou de Kerdaniel

♦ Vom 1. Juni bis 30. Sept. geöffn. ♦ 2 Suiten (Zi. + Salon für 4 u. 6 Pers.) m. Bad od. Dusche, WC (1 m. Balneotherapie); TV auf Wunsch in Suite f. 6 Pers.: 500-600 F (2 Pers.) + 100 F (zusätzl. Pers.) ♦ Frühst. inkl. ♦ Gemeins. Essen 2 mal wöchentl.: 150 F (Wein inkl.) - Rest. ab 5 km ♦ Salon ♦ Hunde nur im Zwinger erlaubt ♦ Angeln an den Felsen ♦ Pferdeboxen (auch: Reiten), Pferdeauslauf, Steinbruch vor Ort ♦ Umgebung: Meer (300 m); Cap Fréhel, Vogelreservat in der Bucht von Saint-Brieuc, Schloß Bienaisis ♦ Man spricht Englisch ♦ **Anreise** (Karte Nr. 6): 12 km nordöstl. von Saint-Brieuc. Auf der vierspurigen Straße (N 12) Ausf. Yffiniac/Hillion. In Hillion Rtg. La Granville. 30 m vor Hillion links (Weg).

Dieses Schloß umfaßt Weiden, Wälder sowie Felswände, und seine Alleen führen zu einem riesigen Strand. Die Fassade des Schlosses, die Pferdeställe, das Taubenhaus und die Kapelle sind von der Zeit gezeichnet. Das Interieur hingegen wurde vor kurzem sehr geschmackvoll aufgefrischt. Die beiden Suiten, jede mit eigenem Salon, sind wunderbar. Alte Möbel, Familienbilder und Jagdtrophäen stellen den größten Teil der Ausstattung dar. Ein authentischer Ort, an dem man mit ausgesprochen guter Laune empfangen wird.

BRETAGNE

147 - Ferme de Malido

Saint-Alban
22400 Lamballe
(Côtes-d'Armor)
Tel. 96 32 94 74
Fax 96 32 92 67
M. und Mme Robert Legrand

♦ Ganzj. geöffn. ♦ 6 Zi. m. Dusche, WC (1 Zi. m. Balkon): 180 F (1 Pers.), 200-300 F (2 Pers.) + 70 F (zusätzl. Pers.) ♦ Sonderpr. f. Wochenenden u. Gruppen (10-17 Pers.) je nach Saison ♦ Frühst. inkl. ♦ Kein Speiseangebot - Grill im Garten u. Rest. in Umgebung ♦ Salon ♦ Tel. ♦ Hunde auf Anfr. erlaubt (+ 20 F) ♦ Umgebung: Schwimmbad, Tennis, Angeln, Reiten, Segeln, Golf, Wanderwege ♦ Man spricht Englisch u. Deutsch ♦ **Anreise** (Karte Nr. 6): 21 km nordöstl. von Saint-Brieuc über die N 12 bis Lamballe, dann die D 791 im Norden von Lamballe Rtg. Le Val-André. Ab Saint-Alban Rtg. Saint-Brieuc (2 km).

Die Straße, die zur "Ferme de Malido" führt, ist typisch für das noch ganz ländliche Frankreich. Man fährt an mehreren anderen Bauernhöfen vorbei, bevor man im hübschen Hof ankommt, wo man besonders freundlich empfangen wird. Die Zimmer des stark renovierten Hauses sind schlicht, angenehm und gepflegt. Unser Lieblingszimmer ist "Euphonia", wir mögen aber auch "Hortensias". Ein Salon und ein Eßzimmer stehen den Gästen ebenfalls zur Verfügung. Hier gibt es viele touristische Unternehmungsmöglichkeiten, und das Meer liegt nur vier Kilometer entfernt.

148 - Les Hortensias

1995

Villeneuve
40, rue du Moulin
22770 Lancieux
(Côtes-d'Armor)
Tel. 96 86 31 15
Jacqueline und Eric Cosson

♦ Ganzj. geöffn. ♦ 3 Zi. m. Bad od. Dusche, WC (TV vorgesehen): 280 F (2 Pers./1 Üb.), 2-5 Üb.: 250 F (2 Pers.) ab 7. Üb.: 230 F (2 Pers.) + 80 F (zusätzl. Pers.) ♦ Frühst. inkl. ♦ Kein Speiseangebot - Rest. ab 1 km ♦ Frische Bettw. alle 4 Tage, Handt. alle 2 Tage ♦ Umgebung: Reiten (3 km), Meer (100 m); Saint-Malo, Cancale, Dinan, Côte d'Emeraude ♦ Man spricht Englisch u. Italienisch ♦ **Anreise** (Karte Nr. 6): 8 km von Dinard D 786 Rtg. Ploubalay. Das Haus liegt 1 km hinter Lancieux.

Wer gegen eine Straße nichts einzuwenden hat, wird hier ein sehr angenehmes Haus entdecken. Die komfortablen und gut gepflegten Zimmer sind sehr geschmackvoll eingerichtet. Die zahlreichen Bücher, Seegemälde und einige alte Möbel schaffen eine warme Atmosphäre. Die gute Laune von Jacqueline Cosson ist ansteckend, und dank ihres besonderen Frühstücks fängt der Tag gut an.

BRETAGNE

149 - Manoir de Kerguéréon

Ploubezre
22300 Lannion
(Côtes-d'Armor)
Tel. 96 38 91 46
M. und Mme de Bellefon

♦ Von Ostern bis Allerheiligen geöffn. ♦ 2 Zi. m. Bad, WC: 500 F (2 Pers.) + 100 F (zusätzl. Pers.) ♦ Frühst. inkl. ♦ Kein Speisenangebot - Rest. ab 8 km u. "Les Côtes-d'Armor" in Plestin-les-Grèves (10 km) ♦ Salon ♦ Hunde auf Anfr. erlaubt ♦ Umgebung: Wassersport, Tennis, Reiten, Golf; Schlösser Rosanbo, Kergrist u.Tonquedec, Kapellen, Lannion, Tréguier, Morlaix, "Rosa Granitküste", Konzerte u. Folklore-Feste (im Sommer) ♦ Man spricht Englisch ♦ **Anreise** (Karte Nr. 5): 10 km südl. von Lannion über die D 11; in Kerauzern die D 30 Rtg. Ploumillau; hinter dem Bahnübergang 4. Straße links.

Dieser sehr gelungene bretonische Landsitz - ein Archetyp mit seinem Eckturm und den spitzbögigen Türen - liegt mitten auf dem Land, neben einem kleinen Gestüt. Das Innere ist mit schönem Mobiliar, Gemälden aus dem Familienbesitz und Fayencen angereichert und konnte seinen ursprünglichen Stil bewahren. Die beiden wunderbaren Zimmer sind von perfektem Komfort und Charme. Das Frühstück mit warmen Crêpes und hausgemachter Konfitüre ist köstlich, und der Empfang besonders liebenswürdig.

150 - Le Colombier

Coat Gourhant
Louannec
22700 Perros-Guirec
(Côtes-d'Armor)
Tel. 96 23 29 30
M. und Mme Fajolles

♦ Ganzj. geöffn. ♦ 4 Zi. m. Dusche, WC: 220-280 F (2 Pers.) ♦ Frühst. inkl. ♦ Kein Speisenangebot - zahlr. Rest. in nächster Umgebung ♦ Salon- Bibliothek ♦ Hunde auf Anfr. erlaubt ♦ Umgebung: Meer, Golf, Tennis, Reiten, Hochseefischen; Route des Ajoncs d'Or (Straße des Goldenen Stechginsters), Port-Blanc, Tonquedec ♦ Man spricht Englisch ♦ **Anreise** (Karte Nr. 5): Von Lannion kommend, am großen Kreisverkehr u. Ortsbeginn von Perros-Guirec rechts Rtg. Louannec (20 m), dann 1. kleine Straße rechts, anschließend ausgeschildert; "Le Colombier" liegt 1 km weiter.

Dieses alte Landhaus wurde komplett renoviert, liegt mitten auf dem Land und nur einige Minuten vom Meer entfernt. Hier wird man sehr freundlich empfangen und wohnt in angenehmen Zimmern, die unter dem Dach eingerichtet wurden. Sie sind hell, komfortabel, sehr hübsch, und jedes hat eine eigene Farbe. Im kleinen Salon finden Sie zahlreiche Unterlagen für touristische Unternehmungen vor. Das exzellente Frühstück wird in einem sehr großen, rustikalen Raum serviert. Ein empfehlenswertes und preisgünstiges Haus.

BRETAGNE

151 - **Rosmapamon**

Louannec
22700 Perros-Guirec
(Côtes-d'Armor)
Tel. 96 23 00 87
Mme Annick Sillard

♦ Vom 1. April bis 30. Sept. geöffn. ♦ 3 Zi. m. Bad od. Dusche, WC: 260-315 F (1 Pers.), 310-365 F (2 Pers.) + 100 F (zusätzl. Pers.) u. 1 Kinderzi.: 250 F ♦ Frühst. inkl. ♦ Kein Speisenangebot, Rest. in Umgebung ♦ Salon ♦ Tel. ♦ Hunde auf Anfr. erlaubt ♦ Umgebung: 18-Loch-Golfpl., Meer, Wassersport, Thalassotherapie; Vogelkunde, "Rosa Granitküste" ♦ Man spricht Englisch ♦ **Anreise** (Karte Nr. 5): 2 km östl. von Perros-Guirec über die D 6.

Einige hundert Meter vom Meer und vom Hafen Perros-Guirec entfernt, ragt das inmitten eines bewaldeten Parks gelegene "Rosmapamon" an einem Abhang hervor. Das Haus gehörte einst Ernest Renan; es ist schlicht und elegant, und man wird sehr freundlich aufgenommen. Die ruhigen und charmanten Zimmer sind im ersten Stock untergebracht - alle haben Ausblick auf den Garten. Zur Morgenstunde erwartet Sie ein gutes Frühstück mit echtem Orangensaft und hausgemachten Patisserien; es wird an einem großen Tisch im Eßzimmer serviert wird, in dessen Kamin oft ein Feuer brennt. Daneben liegt der Salon, der ebenfalls mit alten Möbeln ausgestattet ist.

152 - **La Pastourelle**

Saint-Lormel
22130 Plancoët
(Côtes-d'Armor)
Tel. 96 84 03 77
Mme Ledé

♦ Ganzj. geöffn. ♦ 5 Zi. m. Bad od. Dusche, WC: 230 F (2 Pers.) + 80 F (zusätzl. Pers.) ♦ Frühst. inkl. ♦ HP (mind. 5 Üb.): 175 F pro Pers. im DZ ♦ Individ. Mittag- u. Abendessen auf Bestellung (ausschl. von Ostern bis Okt.): 75 F (ohne Wein) ♦ Salon ♦ Kl. Hunde auf Anfr. erlaubt ♦ Umgebung: Tennis, Segeln, Golfpl. von Saint-Cast (10 km); Dinan ♦ Man spricht Englisch ♦ **Anreise** (Karte Nr. 6): 4 km nördl. von Plancoët, D 768 Rtg. Dinard, Saint-Lormel; Ausfahrt Plancoët, 1. Straße links.

Das mitten auf dem Land gelegene "Pastourelle" scheint von seinem hübschen Garten beschützt zu werden. Hier werden Sie sehr natürlich und freundlich aufgenommen. Die Innenräume sind voller Charme, und man schläft in netten, gemütlichen Zimmern, die gut gepflegt sind und Ausblick aufs Grüne haben. Das Abendessen ist ausgezeichnet und wird an mehreren Tischen in einem großen Eßzimmer serviert, das sehr schön im lokalen Stil eingerichtet ist.

BRETAGNE

153 - Le Char à Bancs

22170 Plélo
(Côtes d'Armor)
Tel. 96 74 13 63
Familie Jean-Paul Lamour

♦ Ganzj. geöffn. (in der Vor- u. Nachsaison auf Anfrage) ♦ 4 Zi. (2, 3 od. 4 Pers.) m. Bad od. Dusche, WC: 350-500 F (2 Pers.), 450-550 F (3 Pers.), 650-680 F (4 Pers.) ♦ Frühst. inkl. ♦ Kein Speisenangebot - Landgasthof 400 m entf. (ausschl. Suppen, Fladen u. Crêpes) u. andere Landgasthöfe u. Rest. in Umgebung ♦ Salon ♦ Bauernmuseum "La Ferme des aïeux" (400 m), Tretboote, Ponys vor Ort ♦ Umgebung: Meer; Chatelaudren, Paimpol, Golfpl. (10 km), Tennis ♦ **Anreise** (Karte Nr. 6): zw. Saint-Brieuc (20 km westl.) u. Guingamp. 4 km nördl. der Schnellstraße Paris-Brest, Ausfahrt Plélo; ausgeschildert.

Eine Mühle als Gasthof (fürs Abendessen), ein Wasserlauf 400 Meter weiter, und inmitten der Natur die "Ferme des aïeux". Dort befinden sich die angenehmen, komfortablen und gepflegten Zimmer. Jedes ist mit Balken, hübschen Daunendecken und nostalgischem Mobiliar sehr persönlich gestaltet und tragen folgende Namen: "Chapelière" (Hutmacherin), "Oiseaux" (Vögel), "Horloge" (Uhr), "Musique" (Musik)... Das Frühstück ist köstlich und reichhaltig und die Betreuung ausgezeichnet.

154 - Le Presbytère

Tregrom
22420 Plouaret
(Côtes-d'Armor)
Tel. 96 47 94 15
Nicole de Morchoven

♦ Ganzj. geöffn. ♦ 3 Zi. m. Bad od. Dusche, WC: 280-320 F (2 Pers.) ♦ Der rechte Flügel des "Presbytère" (4-5 Pers.): 2900-3400 F pro Woche ♦ Frühst. inkl. ♦ Bewirtung auf Bestellung - Rest. 7 km entf., in Belle-Isle-en-Terre u. Plouaret ♦ Salon ♦ Hunde auf Anfrage erlaubt (Zuschlag) ♦ Umgebung: Angeln, Reiten, Tennis, Golf, Wanderwege, Meer (20 km) ♦ Man spricht Englisch ♦ **Anreise** (Karte Nr. 5): 20 km südl. von Lannion. Die N 12 zw. Saint-Brieuc u. Morlaix, Ausfahrt in Louargat. Dort die D 33 links von der Kirche, 7 km bis Tregrom.

Gegenüber dem Kirchenportal verbirgt dieses herrliche Pfarrhaus eine Inneneinrichtung von ganz besonderem Charme. In jedem Zimmer sind schöne Tapeten, reizvolle Stoffe und altes, stets ausgesuchtes Mobiliar perfekt aufeinander abgestimmt. Die Zimmer und Bäder sind sehr komfortabel und der Raum, in dem das Frühstück serviert wird, löst Begeisterung aus. Hier fühlen Sie sich sofort wie zu Hause. Ausgezeichnete Betreuung.

BRETAGNE

155 - Manoir de Kergrec'h

22820 Plougrescant
(Côtes-d'Armor)
Tel. 96 92 59 13 / 96 92 56 06
Fax 96 92 51 27
Vicomte und Vicomtesse
de Roquefeuil

♦ Ganzj. geöffn. ♦ 5 Zi. u. 2 Suiten m. Bad u. WC: 420-550 F (2 Pers.); Suite 700 F (3 Pers.), 800 F (4 Pers.) ♦ Frühst. inkl. ♦ Kein Speiseangebot - Rest. ab 2 km ♦ Tel. ♦ Hunde auf Anfr. erlaubt ♦ Küstenpromenaden ♦ Umgebung: Strand, Windsurfing, Hochseefischen, Tennis, Golf; Insel Bréhat, "Rosa Granitküste", Route des Ajoncs d'Or (Straße des Goldenen Stechginsters) ♦ Man spricht Englisch ♦ **Anreise** (Karte Nr. 5): zw. Perros-Guirec u. Paimpol; 7 km nördl. von Tréguier über die D 8, Ausfahrt Schnellstraße Guingamp; ausgeschildert.

Von einem Park umgeben, der an der Rosa Granitküste liegt, hat der Landsitz "Kergrec'h" all seinen Charme von früher bewahrt. Die Gäste werden hier mit viel Sympathie empfangen. Die Zimmer wurden vor nicht langer Zeit renoviert. Sie sind komfortabel und mit einem absolut sicheren Geschmack eingerichtet; jedes verfügt über echte alte Möbel und einen besonderen Stil. Das Frühstück wird auf dem Zimmer oder im Speisesaal serviert: Crêpes, Far breton (bretonischer Fladen), Früchte, hausgemachte Konfitüren usw. Eine sehr empfehlenswerte Adresse.

156 - Château de Pontgamp

22150 Plouguenast
(Côtes-d'Armor)
Tel. 96 28 72 32
M. Pourdieu Le Coz

♦ Ganzj. geöffn. ♦ 2 Suiten (2 Pers.) m. Zi, Salon, Bad, WC: 250-300 F (2 Pers.) + 120 F (zusätzl. Zi.) ♦ Frühst. inkl. ♦ Kein Speisenangebot - Rest.: "L'Auberge du Cheval Blanc" in Loudéac ♦ Salon ♦ Hunde unerwünscht ♦ Umgebung: Strand (30 km), Rundf. zur Besichtig. der Landhäuser, Kapellen u. (wenig bekannten) Schlösse, Besuch der Antiquitätenläden der Umgebung (Monsieur Pourdieu Le Coz bietet sich als Belgeiter/Berater an) ♦ Man spricht Englisch ♦ **Anreise** (Karte Nr. 6): 12 km nördl. von Loudéac über die D 768; im Dorf.

Trotz der zentralen Lage im Dorf Plouguenast ist das "Pontgamp" ein sehr ruhiger, von Grünflächen umgebener Ort. Die Zimmer sind groß, komfortabel und geschmackvoll möbliert. Im Erdgeschoß verfügt ein sehr großer Raum (Salon und Eßzimmer) über ein ungewöhnliches Mobiliar aus den fünfziger Jahren, das von Le Corbusier entworfen wurde. Das Frühstück ist reichhaltig und das Preis-Leistungsverhältnis zufriedenstellend. Empfangen werden Sie hier wie Freunde.

BRETAGNE

157 - Mogerwen

Lann Kerallig
(Côtes-d'Armor)
Tel. 96 35 26 92
Colette Cardinal

♦ Ganzj. geöffn. ♦ 2 Zi. m. Bad od. Dusche, WC: 220-280 F (2 Pers.) + 50 F (zusätzl. Pers.) ♦ Frühst. inkl. ♦ Kein Speiseangebot - Rest. ab 2 km ♦ Salon ♦ Hunde auf Anfr. erlaubt ♦ Meer, Strand, Zöllnerpfade vor Ort ♦ Umgebung: Segelkurse (2 km), 18-Loch-Golfpl. (20 km); Felsweg, Schloß Coat Trédrez, Dörfer Trédrez u. Ploulec'h, Pointes (Landspitzen) von Séhar u. Dourven ♦ Man spricht Englisch ♦ **Anreise** (Karte Nr. 5): 10 km westl. von Lannion, 4 km über D 786 Rtg. Morlaix. In dem kleinen Ort "La Croix Rouge" rechts Rtg. Locquémeau. Dort 1. Straße rechts hinter Ortseingangsschild.

Dieses Haus mag übermäßig renoviert erscheinen, nur: seine Lage ist außergewöhnlich. Einsam in einem Naturschutzgebiet (Pinien, Ginster, Felsen) gelegen, beherrscht es die Bucht von Lannion, deren blaues Wasser hundert Meter weiter die Uferböschung umspült. Das sehr gepflegte Interieur ist komfortabel und mit einigen alten bretonischen Möbeln verschönt. Das Zimmer "Les Balises" gefällt uns am besten. Das gute Frühstück wird dem Meer gegenüber serviert. Angenehmer Empfang.

158 - Château de Kermezen

22450 Pommerit-Jaudy
(Côtes-d'Armor)
Tel. 96 91 35 75
Comte und Comtesse de Kermel

♦ Ganzj. geöffn. ♦ 4 Zi. u. 1 Suite (4 Pers.) m. Bad, WC: 420-520 F (2 Pers.) + 130 F (zusätzl. Pers.); Suite 780 F (4 Pers.) ♦ Frühst. inkl. ♦ Kein Speiseangebot - Rest. in der Nähe ♦ Salon ♦ Kreditk.: Visa ♦ Angeln u. Küstenweg von Kermezen ♦ Umgebung: Reiten, Tennis, Golf, Meer; Insel Bréhat, "Rosa Granitküste" ♦ Man spricht Englisch ♦ **Anreise** (Karte Nr. 5): 10 km südl. v. Tréguier über die D 8 bis Roche-Derrien u. Pommerit-Jaudy; ausgeschildert.

"Kermezen" liegt in schöner bretonischer, ebenso grüner wie hügeliger Landschaft. Die Gastgeber, die auf eine 500jährige Familientradition zurückblicken können, werden Sie ausgesprochen freundlich empfangen. Im Interieur ist der große, helle Salon besonders schön möbliert; die angenehmen Zimmer sind ebenfalls sehr elegant (das mit der Bezeichnung "aux coqs" ist sogar ein kleines Meisterwerk). Sie können Ihr Frühstück im Zimmer einnehmen, aber es wäre schade, nicht von dem wunderbaren Speisesaal aus dem 17. Jahrhundert zu profitieren. Eine wirklich empfehlenswerte Adresse.

BRETAGNE

159 - Le Presbytère

Les Hautes Mares
22630 Saint-André-des-Eaux
(Côtes-d'Armor)
Tel. 96 27 48 18
M. und Mme Mousquey-Piel

♦ Ganzj. geöffn.♦ 2 Zi. m. Bad, od. Dusche, WC: 220 F (2 Pers.) + 50 F (zusätzl. Bett) ♦ Frühst. inkl. ♦ Kein Speisenangebot - Rest. ab 5 km od. in Dinan (10 km) ♦ Zimmerreinigung auf Wunsch - frische Bettw. alle 4 Tage u. frische Handt. alle 2 Tage ♦ Salon ♦ Tel. ♦ Umgebung: Angeln (500 m), Reiten (3 km), Segeln, Windsurfing, Kanu/Kajak (Teich Bettineuc, 500 m entf.), 19-Loch-Golfpl. (30 km); Dinan, Rance-Tal, Saint-Malo, Côte d'Emeraude (Smaragdküste), Paimpont (40 km) ♦ Man spricht Englisch ♦ **Anreise** (Karte Nr. 6): 10 km südl. von Dinan über Lehon, Calorguen, Saint-André-des-Eaux.. Oder über Rennes, Bécherel, Evran u. Saint-André-des-Eaux.

Wenn eine Künstlerfamilie ihr Haus öffnet, erwartet einen nichts "Gewöhnliches". Der Garten ist wie ein impressionistisches Bild angelegt. Die farbige Holzverkleidung des Speiseraumes und des Salons stellen die hier ständig ausgestellten Pastelle und Skulpturen gut heraus. Die nett zurechtgemachten Zimmer haben den Charme früherer Zeiten bewahrt - von ihren Fenstern hat man einen wunderbaren Blick auf die Blumen. Eine Adresse, die es zu entdecken gilt. Ruhe und Aufmerksamkeit garantiert.

160 - Château du Val d'Arguenon

Notre-Dame-du-Guildo
22380 Saint-Cast
(Côtes-d'Armor)
Tel. 96 41 07 03
Fax 96 41 02 67
M. und Mme de La Blanchardière

♦ Ganzj. geöffn. (im Winter auf Anfr.) ♦ 4 Zi. u. 1 Suite (2 Pers. + 1 Kind) m. Bad od. Dusche, WC: 420-600 F (2 Pers.), Suite: 660 F (2 Pers.) + 100 F (Kind) ♦ Frühst. inkl. ♦ Kein Speisenangebot - Rest. 400 m entf. ♦ Salon ♦ Kl. Hunde auf Anfr. erlaubt ♦ Tennis, Angeln, Pferdeboxen, Park am Meer ♦ Umgebung: Golf, Reiten, Segeln; Mont-Saint-Michel, Saint-Malo, Dinan, Cap Fréhel, Côte d'Emeraude (Smaragdküste), anglonormannische Inseln ♦ Man spricht Englisch ♦ **Anreise** (Karte Nr. 6): 16 km westl. von Dinard über die D 786; unmittelbar hinter der Brücke von Guildo.

Direkt am Meer gelegen, lädt dieses Schloß zu schönen Spaziergängen entlang der Küste ein. Die Räume sind im Stil früherer Zeiten eingerichtet. Die regelmäßig von Armelle und Olivier renovierten Gästezimmer sind sehr angenehm, komfortabel und hübsch ausgestattet. Sie gehen alle auf den Park, und im Winter vermag man ein Stückchen Atlantik zu erblicken. Das ausgezeichnete Frühstück wird an mehreren Tischen im großen Speisesaal serviert. Die Atmosphäre ist freundlich und ungezwungen.

BRETAGNE

161 - La Corbinais

22980 Saint-Michel-de-Plelan
(Côtes-d'Armor)
Tel. 96 27 64 81
Fax 96 27 68 45
M. Beaupère

♦ Ganzj. geöffn. ♦ 4 Zi. m. Bad od. Dusche, (1 m. WC außerh. des Zi.): 200 F (1-2 Pers.) + 50 F (zusätzl. Pers.) ♦ Frühst.: 20 F ♦ Gemeins. Abendessen auf Bestellung: 70 F (ohne Wein) ♦ Kreditk. akz. ♦ Salon ♦ Pferdeboxen, Clubhaus m. Bar, 9-Loch-Golfpl.(Pauschale) u. Golftraining vor Ort ♦ Umgebung: Reiten, Golf ♦ Man spricht Englisch ♦ **Anreise** (Karte Nr. 6): 17 km westl. von Dinan über die N 176 Rtg. Plélan, dann die D 19 rechts Rtg. Plancoët über Plelon-le-Petit (3 km).

Ein hübscher Blumengarten, ein kleines bretonisches Steinhaus und rundherum die typische Busch- und Heckenlandschaft ist eine Kurzbeschreibung dieses Ortes. Im Haus ein freundlicher rustikaler Raum mit hohem Kamin, einigen alten Möbelstücken und Ggegenständen sowie einem langen Holztisch für das köstliche Abendessen. Im Obergeschoß liegen die fünf charmanten Gästezimmer mit hübschen hellen Stoffen und angenehmen kleinen Badezimmern. Hier können Sie auch ohne eigenes Material Golf spielen. Ausgesprochen sympatische Betreuung.

162 - Le Queffiou

Route du Château
22140 Tonquedec
(Côtes-d'Armor)
Tel. 96 35 84 50
Mme Sadoc

♦ Vom 1. Okt. bis 1. April geschl. ♦ 4 Zi. m. Bad od. Dusche, WC: 300-350 F (2 Pers.) + 100 F (zusätzl. Pers.) ♦ Frühst. inkl. ♦ Kein Speisenangebot - Rest. in Umgebung ♦ Salon ♦ Hunde nicht erlaubt ♦ Umgebung: Tennis, Reiten, Angeln, Golf; "Rosa Granitküste" ♦ Man spricht Englisch ♦ **Anreise** (Karte Nr. 5): 10 km südöstl. v. Lannion über die D 767 Rtg. Guingamp bis Cavan, dann links nach Tonquédec. Im Ort Rtg. Schloß (500 m).

Einige hundert Meter von der Festung Tonquédec entfernt liegt dieses einladende Haus, das von einem großen Garten mit gepflegter Rasenfläche umgeben ist. Die Zimmer sind groß, hell und ausgesprochen komfortabel. Ihre Ausstattung reicht vom "Stil der siebziger Jahre" bis zum "alten Stil", und alle sind mit wunderschönen, hellen Bädern versehen. Es gibt zwar kein Speisenangebot mehr, aber Madame Sadoc wird Sie gerne über die besten Restaurants der Umgebung aufklären.

BRETAGNE

163 - Château de la Ville-Guérif

22650 Trégon
(Côtes-d'Armor)
Tel. 96 27 24 93
Fax 96 27 32 50
Vicomte S. de Pontbriand

♦ Von Juni bis einschl. Sept. geöffn. ♦ 5 Zi. m. Bad od. Dusche, WC: 350-400 F + 100 F (zusätzl. Pers.) ♦ Frühst. inkl. ♦ Kein Speisenangebot - Rest. ab 3 km ♦ Salon ♦ Hunde auf Anfr. erlaubt ♦ Umgebung: Schwimmbad, Tennis, Fischen, Reitschule, Golf; Mont-Saint-Michel, Saint-Malo, Dinan, Dinard, Cap Fréhel ♦ **Anreise** (Karte Nr. 6): 16 km westl. von Dinard in Rtg. Saint-Brieuc (2,5 km hinter Ploubalay); am Kreisverkehr Rtg. Plessix-Balisson, in Trégon Rtg. Strände (plages).

Dieses Lustschlößchen aus dem 19. Jahrhundert erinnert ein wenig an italienische Villen. Das Interieur ist absolut unverfälscht: echtes altes Mobiliar, Holztäfelung, Gemälde, allerlei Kunstgegenstände... Die Wände wurden vor kurzem sehr geschmackvoll tapeziert bzw. gestrichen. Eine unglaubliche Treppe mit doppeltem Umlauf führt zu den sehr großen, hellen und komfortablen Zimmern voller Charme; auch die Bäder sind wunderbar. Die Betreuung ist dynamisch und humorvoll, und der schöne Park läßt die Nähe der Straße vergessen. Ein Haus, in das man gerne zurückkehrt.

164 - La Ferme de Breil

22650 Tregon
(Côtes-d'Armor)
Tel. 96 27 30 55
Comtesse de Blacas

♦ Die ersten beiden Wochen im Juni u. Dez. geschl. ♦ 4 Zi. (davon 1 m. Mezzanin) m. Bad, WC: 360-410 F (2 Pers.) + 110 F (zusätzl. Pers.) + 60 F (Kind) ♦ Frühst. inkl. ♦ ab 7. Üb. 1 Üb. gratis ♦ Kein Speisenangebot - Rest. 2 km entf. ♦ Salon ♦ Hunde auf Anfr. erlaubt ♦ Umgebung: Golf, Reiten (10 km), Tennis, Meer, Segeln (Segelschule); Mont-Saint-Michel, Saint-Malo, Dinan, Cap Fréhel ♦ Man spricht Englisch u. Spanisch ♦ **Anreise** (Karte Nr. 6): 10 km westl. von Dinard Rtg. Saint-Brieuc. Hinter Ploubalay (2,5 km) links Rtg. Plessix-Balisson.

Dieses nahe am Meer gelegene elegante Bauernhaus ist von gepflegtem Äußeren. Daß auch die Straße nicht weit entfernt liegt, stört zum Glück nicht: die unter dem Dach gelegenen Gästezimmer sind sehr ruhig. Ebenso hübsch wie praktisch, sind sie mit frischen Dekostoffen, Radierungen und einigen alten Möbelstücken ausgestattet. Alle Badezimmer bieten modernen Komfort. Im eleganten Salon stehen tiefe, grüne Ledersessel. Das Frühstück wird an mehreren Tischen serviert. Hier erwarten Sie eine freundliche Atmosphäre und Qualität.

BRETAGNE

164 - Manoir de Kervezec

1995

Kervezec
29660 Carantec
(Finistère)
Tel. 98 67 00 26
M. Bothic

◆ Ganzj. geöffn. ◆ 6 Zi. m. Bad, WC: 220-270 F (1 Pers.), 260-340 F (2 Pers.) + 80 F (zusätzl. Pers.) ◆ Frühst. inkl. ◆ Kein Speisenangebot - Rest. "Le Cabestan", "Les Iles" in Carantec (1,5 km) ◆ Frische Bettw. alle 3 Tage, Zimmerreinigung tägl. ◆ Salon ◆ Tel. (Kabine) ◆ Umgebung: Segeln, 9-Loch-Golfpl., Windsurfing, Tauchen (1 km); Armoriqua-Park, Hünengräber, Museen, Kirchplätze, typische Städte ◆ **Anreise** (Karte Nr. 5): 12 km nördl. von Morlaix Rtg. Roscoff (D 58), dann rechts Rtg. Carantec. Am Ortseingang links ausgeschildert.

Inmitten einer Gemüseanbaugegend gelegen, verfügt dieses Haus aus dem 19. Jahrhundert über eine außergewöhnliche Lage, und von seiner nach Süden gehenden Terrasse können Sie das herrliche Panorama - Küste und Atlantik - genießen. Die Zimmer, klein und groß, sind ruhig, schlicht und hell. Das gute Frühstück wird entweder auf der Terrasse serviert oder in einem mit bretonischen Möbeln ausgestatteten Raum.

166 - Kerfornedic

29450 Commana
(Finistère)
Tel. 98 78 06 26
M. und Mme Le Signor

◆ Ganzj. geöffn. ◆ Im Mai, Juni u. Sept. mind. 2 Üb.; im Juli u. Aug. mind. 3 Üb.◆ 2 Zi. m. Dusche, WC: 220 F (1 Pers.), 250 F (2 Pers.) ◆ Frühst. inkl. ◆ Kein Speisenangebot - Rest.: 2 km entf., Crêperien: ab 6 km ◆ Hunde nicht erlaubt ◆ Umgebung: Reiten, Tennis, Mountainbikes, Wanderwege, See, Windsurfing, Angeln (200 m); Straße der Bergkämme, (Crêtes d'Arrée, 800 m), Ökomuseum ◆ **Anreise** (Karte Nr. 5): 41 km südwestl. von Morlaix über die N 12 bis Landivisian. die D 30 u. die D 764 bis Sizun, anschl. die D 30 am Ortsausgang bis Saint-Cadou, dann Rtg. Commana; nach 2 km rechts.

Dieses sehr alte Haus mit seinen verwinkelten Dächern, Schrägflächen und seiner mit Blumen geschmückten Außenwand liegt isoliert in der herrlichen Landschaft der Arrée-Berge. Sobald man das Haus betritt, ist man von der Schönheit der Innenausstattung angetan; sie ist zwar schlicht, aber sehr geschmackvoll. Überall weißgetünchte Wände, alte Balken, getrocknete Blumen und ausgesuchte Gegenstände; die Zimmer sind im gleichen Stil gehalten. Die Betreuung ist sehr freundlich. Eine Adresse mit besonders viel Charme.

BRETAGNE

167 - Manoir de Kervent

29100 Douarnenez
(Finistère)
Tel. 98 92 04 90
Mme Lefloch

◆ Ganzj. geöffn. ◆ 2 Zi. (2-3 Pers.) u. 1 Suite (4 Pers.) m. Dusche, WC: 240 F (2 Pers.); Suite 350-400 F (4 Pers.) ◆ Frühst. inkl. ◆ Sonderpr. f. Vor- u. Nachsaison ◆ Wochenendpauschale (Freit./Samst., vom 15. Okt. bis 15. Mai) m. Abendessen: 700 F (2 Pers.) ◆ Kein Speiseangebot - Rest. in Douarnenez ◆ Salon ◆ Hunde auf Anfr. erlaubt ◆ Umgebung: Meer (3 km), Tennis, Reiten, Golf; Pointe du Raz (Landzunge), Locronan, Hafenmuseum in Douarnenez, Quimper (20 km) ◆ **Anreise** (Karte Nr. 5): 2 km südwestl. v. Douarnenez über die D 765 Rtg. Audierne, 500 m hinter der Ampel rechts.

Obwohl sich das "Manoir de Kervent" am Ortsausgang von Douarnenez befindet, scheint es mitten auf dem Land zu liegen. Blumen zieren sowohl das Äußere als auch das Innere dieses wunderbaren Landsitzes. Die Zimmer sind sehr angenehm, gut eingerichtet und von praktischer Größe. Das Frühstück wird an einem großen Tisch im sehr hellen und eleganten Speiseraum serviert. Madame Lefloch ist ebenso humorvoll wie freundlich und verfügt über eine "touristische Bibel" für ihre Gäste.

168 - Pen Ker Dagorn

Chemin des Vieux-Fours
29920 Kerdruc
(Finistère)
Tel. 98 06 85 01
Mme Brossier-Publier

◆ Von Ostern bis zum 30. Okt. geöffn. (im Winter nur auf Anfrage) ◆ Mind. 2 Üb. ◆ 3 Zi. m. Bad od. Dusche, WC: 240 F (2 Pers.) ◆ Frühst.: 30 F ◆ Kein Speiseangebot - Rest. u. Crêperien in Kerdruc, Port-Manech, Pont-Aven, Riec u. Nevez ◆ Salon ◆ Hunde nicht erlaubt ◆ Umgebung: Meer, Fahrrad- und Bootsverleih, Tennis, Reiten, Golf; Belon, Pont-Aven ◆ **Anreise** (Karte Nr. 5): 5 km südl. von Pont-Aven über die D 783 Rtg. Trégunc. In Croaz Hent Kergez die D 77. In Nevez-Kerleun links (C Nr. 8) Rtg. Port-de-Kerdruc. In Kerdruc am kleinen Platz den Weg Vieux-Fours, dann ausgeschildert.

Zweihundert Meter vom Hafen von Kerdruc entfernt liegt dieses hübsche Herrenhaus, das von viel Grün umgeben und besonders freundlich eingerichtet ist. Jedes Zimmer hat seinen eigenen Stil: eine ausgesuchte Ausstattung, vorwiegend aus Holz, sowie phantasievolle, hinter Einbauschränken "verborgene" Badezimmer. Alle Gästezimmer sind groß, sehr komfortabel und hell. Beim exzellenten Frühstück, das an mehreren Tischen serviert wird, werden Sie die große Gastfreundschaft von Madame und Monsieur Publier besonders schätzen. Eine hervorragende Adresse.

BRETAGNE

169 - Château du Guilguiffin

29710 Landudec
(Finistère)
Tel. 98 91 52 11
M. Philippe Davy

♦ Von Allerheiligen bis zum 1. April geschl. (im Winter nur auf Anfrage geöffn.) ♦ 4 Zi. u. 1 Suite (3-4 Pers.) m. Bad, WC u. TV, 1 Nebenzi.: 350-750 F (2 Pers.); Suite: 750-1200 F (2 Pers., je nach Saison) Nebenzi: 150 F (2 Pers.) ♦ Frühst. inkl. ♦ Gemeins. Essen: 100-300 F (Wein inkl.) ♦ Salon ♦ Tel.: Point-phone ♦ Hunde nur im Zwinger od. Parterre erlaubt ♦ Umgebung: alle Sportarten u. Aktivit. knapp 10 km entf., Fahrrad- u. Bootsverleih, 18-Loch-Golfpl. (20 bzw. 30 km); Pointe du Raz, Hafenmuseum in Douarnenez ♦ Anreise (Karte Nr.5): 13 km westl. von Quimper Rtg. Audierne, D 784; die Besitzung liegt 3 km vor Landudec.

Mit seinem Säulengang, seinen prächtigen Gärten und seiner Fassade im reinsten Stil des 18. Jahrhunderts ist dieses Schloß ein architektonisches Meisterwerk, und außerdem wohnt man hier besonders angenehm. Der von seinem Haus begeisterte Philippe Davy empfängt seine Gäste wie gute alte Freunde. Die Zimmer sind vollkommen renoviert, voller Pracht und Komfort, mit unwiderstehlichen Badezimmern. Herrliche Empfangsräume mit Wandbekleidung aus der Entstehungszeit, freundlicher Speisesaal für die Diners (auf Bestellung). Ein Ort von höchster Qualität.

170 - La Grange de Coatelan

29640 Plougonven
(Finistère)
Tel. 98 72 60 16
Charlick und Yolande de Ternay

♦ Von Ostern bis Allerheiligen geöffn. ♦ Mind. 2 Üb. ♦ 2 Zi. m. Bad, WC: 170 F (1 Pers.), 230 F (2 Pers.) + 80 F (zusätzl. Pers.) ♦ Frühst. inkl. ♦ Gasthof vor Ort (Ruhetag: Mi): Crêpes od. Gegrilltes (ca. 120 F) ♦ Hunde nicht erlaubt ♦ Wanderwege ♦ Umgebung: Reiten, Meer; Arrée-Berge, Kalvarienberg v. Plougonven ♦ Man spricht Englisch ♦ **Anreise** (Karte Nr. 5): 7 km südl. von Morlaix über die D 109 Rtg. Plourin-les-Morlaix, dann Plougonven; ab Coatélan ausgeschildert.

Dieses ist die umgebaute Scheune einer alten Weberei in der Nähe der Arrée-Berge. Die Atmosphäre im Haus ist freundlich und dynamisch. Im Erdgeschoß befindet sich das kleine Restaurant: helles Holz, Kamin und in der Ecke eine Bar in Form eines Kiels. Die Küche ist ausgezeichnet und das Ambiente nicht weniger gelungen. Die beiden Zimmer sind besonders geschmackvoll eingerichtet und haben originelle Badezimmer. Ein zauberhafter Ort.

BRETAGNE

171 - La Clarté

25, La Clarté
29310 Querrien
(Finistère)
Tel. 98 71 31 61
Jean und Lucie Guillou

◆ Ganzj. geöffn. ◆ Mind. 2 Üb. ◆ 4 Zi. m. Bad od. Dusche, WC; 2 Zi. m. Dusche, WC (davon 1 Zi. f. eine dreik. Familie): 240 F (2 Pers.) + 70 F (zusätzl. Pers.) ◆ Frühst. inkl. ◆ Kein Speisenangebot - Gasthof vor Ort u. Rest. im Bauernhof (4 bzw. 10 km) ◆ Zimmerreinigung auf Wunsch ◆ Salon ◆ Tel. (Carte Pastel) ◆ Hunde nicht erlaubt ◆ Umgebung: Strände, Wanderwege, Tennis, Flußangeln, Reiten, Golf (25 km); Kapellen Sainte-Barbe, Saint-Fiacre, La Clarté, Kerasquet ◆ **Anreise** (Karte Nr. 5): 15 km nordöstl. von Quimperlé über die D 970 Rtg. Le Faouët; ab Querrien ausgeschildert.

"La Clarté" liegt in der Nähe eines reizenden bretonischen Dorfes und ist von einem herrlichen, mit allerlei Blumen und Bäumen bepflanzten Garten umgeben. Die komfortable und angenehme Innenausstattung verbindet Modernes mit "Altmodischem". Angenehme, helle Zimmer mit schöner Aussicht und Frühstück für Gourmands: Crêpes, Honig, biologisches Vollkornbrot, Hausgemachtes. Äußerst freundlicher Empfang.

172 - Le Chatel

Le Chatel de Riec-sur-Belon
29340 Riec-sur-Belon
(Finistère)
Tel. 98 06 00 04
M. Roger Gourlaouen

◆ Ganzj. geöffn. ◆ Mind. 2 Üb. ◆ 5 Zi. m. Bad od. Dusche, WC: 250 F (2 Pers.) + 50 F (zusätzl. Pers.) ◆ Frühst. inkl. ◆ Kein Speisenangebot - Rest. ab 500 m ◆ Zimmerreinigung auf Wunsch ◆ Hunde auf Anfr. erlaubt ◆ Besichtigung der Hirschzucht, Fahrräder vor Ort ◆ Umgebung: Tennis, Reiten, 18-Loch-Golfpl., Strände (18 km), Pont-Aven, Fabrik der "Délices de Pont-Aven" (Plätzchen) ◆ Man spricht Englisch ◆ **Anreise** (Karte Nr. 5): 1 km östl. von Pont-Aven über die D 783 Rtg. Riec-sur-Belon, nach 800 m rechts ausgeschildert.

Dieses hübsche und großzügig mit Blumen verzierte Bauernhaus besteht aus mehrern Gebäuden und liegt nur wenige Minuten von Pont-Aven entfernt. Die Zimmer sind mit ihren weißen Wänden und ihrer ländlichen Ausstattung gefällig, komfortabel und hübsch. Ein freundlicher Empfang und ein ausgezeichnetes Frühstück in einem Raum mit alten bretonischen Möbeln, Fayence-Gegenständen und vor allem einer Sammlung der Maler von Pont-Aven erwarten Sie hier. Vor Ihrer Abreise sollten Sie in jedem Fall die Hirschzucht besichtigen.

BRETAGNE

173 - The Laurel Tree

41, boulevard de la Houle
Saint-Briac-sur-Mer
35800 Dinard
Ille-et-Vilaine)
Tel. 99 88 01 93
M. und Mme Martin

♦ Ganzj. geöffn. ♦ 3 Zi. (davon 2 m. Mezzanin für 2-4 Pers.) m. Bad, WC: 225-310 F (2 Pers.), 325-385 F (3 Pers.), 400-460 F (4 Pers.) ♦ Frühst. inkl. ♦ Indiv. u. gemeins. Essen auf Bestellung (am Vortag): 85 F (ohne Wein) ♦ Tel. (tragbar) ♦ Salon ♦ Hunde nicht erlaubt ♦ Grill, Hochseeangeln, Strand (150 m) Umgebung: Reiten, Segeln, Wandern, Tennis, Meer, Fahrradverleih, 18-Loch-Golfpl. (100 m); die Küste, Saint-Briac, Dinan, Saint-Malo, Cap Fréhel, Fort Calatte ♦ Man spricht Englisch u. Deutsch ♦ **Anreise** (Karte Nr.6): 1 km nördl. des Dorfes Saint-Briac-sur-Mer, Rtg. Golfplatz.

Die Nähe zum Meer und zum Golfplatz gleichen den Nachteil der Straße aus (tagsüber belebt, nachts ruhig). Weitere Vorzüge sind der Charme des Hauses (verewigt durch Signac), die Aufmerksamkeit von Madame und Monsieur Martin und der Komfort der Räumlichkeiten. Freundliches Eßzimmer mit einem schönen Kamin; reizende, sehr gepflegte Zimmer mit hübschen englischen Dekostoffen. Außerdem ist das Frühstück gut und wird meist auf der Sonnenseite des Gartens serviert.

174 - Manoir de la Duchée

La Duchée
Saint-Briac-sur-Mer
35800 Dinard
(Ille-et-Vilaine)
Tel. 99 88 00 02
Jean-François Stenou

♦ Vom 1. März bis 30. Nov. geöffn. u. in den Schulferien (u. auf Anfrage) ♦ 5 Zi. (davon 1 Maisonnette-Zi.) m. Bad, WC, TV: 300 F (1 Pers.), 350 F (2 Pers.), 500 F (3-4 Pers.) + 80 F (zusätzl. Pers.) ♦ Frühst. inkl. ♦ Kein Speiseangebot - Rest. in Umgebung ♦ Salons ♦ Hunde nicht erlaubt ♦ Reiten, Mountainbikes vor Ort ♦ Umgebung: Meer, Segeln, Thalassotherapie, Tennis, Schwimmbad, Golf (3 km); Mont-Saint-Michel, Saint-Malo, Dinard, Cap Fréhel ♦ **Anreise** (Karte Nr. 6): ab Saint-Malo Rtg. Saint-Brieuc über D 168, dann D 603 Rtg. Saint-Briac. Am Ortseingang 1. Straße links, ausgeschildert. Ab Dinard: D 786 Rtg. Campingplatz (camping municipal), ausgeschildert.

Dieser mitten auf dem Land gelegene kleine Landsitz verfügt über originelle Zimmer, die sehr komfortabel und mit kunstvollen Jugendstilmöbeln eingerichtet sind. Im Erdgeschoß dient ein sehr schöner Raum mit Dachbalken und freigelegten Steinen als Eßzimmer: Kaminfeuer, große Kronleuchter, altes Mobiliar, Kunstgegenstände, Musik... zu theatralisch? Um in manche Zimmer zu gelangen (über die Treppe), sollte man schon kletterfest sein!

BRETAGNE

175 - La Forêt

5, chemin du Pâtis
35300 Fougères
(Ille-et-Vilaine)
Tel. 99 99 00 52
M. und Mme Juban

♦ Ganzj. geöffn. ♦ 1 Zi. m. Dusche, WC; 2 Zi. m. eig. Waschb. teilen sich Bad u. WC: 230-250 F (2 Pers.) ♦ Frühst. inkl. ♦ Gemeins. Abendessen auf Bestellung: 100 F (inkl. Wein) ♦ Salon ♦ Hunde auf Anfr. erlaubt ♦ Wald, Trimm-Dich-Pfad, Fahrräder vor Ort ♦ Umgebung: Schwimmbad, Tennis, Reiten, Fischweiher, Golf; Mont-Saint-Michel, die Atstadt Fougères, Saint-Malo, Cancale ♦ Man spricht Englisch ♦ **Anreise** (Karte Nr. 7): ab Fougères Rtg. Flers, dann Wald von Fougères.

Unweit eines herrlichen Waldes, etwas außerhalb des Ortes Fougère und im Schutz eines hübschen Gartens liegt dieses verhältnismäßig neue Haus. Hier ist die Ruhe wohltuend und die Aufnahme der Gastgeber von spontaner Freundlichkeit. Die Austattung des ganzen Hauses ist sehr gelungen. In den Gästezimmern findet man einige alte Möbelstücke vor sowie hübsche Stoffe, Bücher und Kunstgegenstände. Weshalb man sich hier wie zu Hause fühlt. Das Frühstück ist ausgezeichnet und die Preise sind ausgesprochen günstig.

176 - Château de Léauville

35360 Landujan
(Ille-et-Vilaine)
Tel. 99 07 21 14
Fax 99 07 21 80
Marie-Pierre Desaize

♦ Vom 15. März bis 15. Nov. geöffn. ♦ 8 Zi. m. Bad, WC, Tel. (davon 6 Zi. m. Kamin, Sitzecke): 270-720 F (2 Pers.) + 100 F (zusätzl. Pers.) ♦ Frühst.: 56 F ♦ HP: 476-600 F pro Pers./Üb. ♦ Individ. Abendessen auf Bestellung: 185 F (ohne Wein) ♦ Salon ♦ Kreditk.: Visa ♦ Hunde auf Anfr. (+ 60 F) erlaubt ♦ Beheizt. Schwimmbad ♦ Umgebung: Golf ♦ Man spricht Englisch ♦ **Anreise** (Karte Nr. 6): Rtg. Brest über die N 12; 30 km hinter Rennes Ausfahrt Bécherel-Landujan; ausgeschildert.

Dieses Schloß entstand im 16. und 17. Jahrhundert. Vollkommen abgeschieden in einem schönen Park mit Swimmingpool gelegen, ist es voller Charme und hat eine angenehm überschaubarere Größe. Die Zimmer sind komfortabel, gut eingerichtet und haben große Badezimmer, die z.T. in den Türmen untergebracht sind. Das Frühstück und das Abendessen werden in einem rustikalen, aber freundlichen Speisesaal serviert. Sehr angenehme Betreuung; die Preise einiger Zimmer sind vielleicht etwas erhöht.

BRETAGNE

177 - Château des Blosses

35406 Saint-Ouen-de-la-Rouërie
(Ille-et-Vilaine)
Tel. 99 98 36 16
Fax 99 98 39 32
M. und Mme Jacques Barbier

♦ Vom 15. Feb. bis 15. Nov. geöffn. ♦ 7 Zi. m. Bad, WC: 520-800 F (2 Pers.) ♦ Frühst. inkl. ♦ HP: 480-580 F pro Pers. im DZ (mind. 3 Üb.) ♦ Individ. Abendessen auf Bestellung: 225 F (inkl. Wein) ♦ Salon ♦ Kreditk.: Visa, Amex ♦ Hunde nicht erlaubt ♦ Swin-Golf vor Ort ♦ Umgebung: Golf, Schwimmbad; Mont-Saint-Michel ♦ Man spricht Englisch ♦ **Anreise** (Karte Nr. 7): 28 km nordwestl. von Fougères über die D 155 bis Antrain, dann D 296 (9 km); ausgeschildert. Ab Montorson/Mont-Saint-Michel: N 175 Rtg. Rennes (9 km), dann D 97; ausgeschildert.

Dieses im 19. Jahrhundert errichtete Schloß liegt in einem sehr großen Park mit vielen Bäumen. Die Räumlichkeiten wollen nicht um jeden Preis beeindrucken, sondern sind auf eine angenehme Art natürlich und ursprünglich: Jagdtrophäen, altes Mobiliar, zahlreiche Souvenirs. Die Zimmer sind sehr gut eingerichtet, komfortabel und ansprechend. Das angebotene Abendessen - hin und wieder in Begleitung der Gastgeber Madame und Monsieur Barbier - ist ausgezeichnet.

178 - Le Petit Moulin du Rouvre

35720 Saint-Pierre-de-Plesguen
(Ille-et-Vilaine)
Tel. 99 73 85 84
Fax 99 73 71 06
Mme Annie Michel-Québriac

♦ Ganzj. geöffn. ♦ 4 Zi. m. Bad, WC: 250 F (1 Pers.), 300 F (2 Pers.) + 110 F (zusätzl. Pers.) ♦ Frühst. inkl. ♦ HP: 245 F pro Pers. im DZ ♦ Gemeins. Abendessen auf Bestellung: ab 95 F (ohne Wein) ♦ Salon ♦ Angeln im Weiher vor Ort ♦ Umgebung: Golf; Mont-Saint-Michel, Ufer der Rance, Altstadt Dinan ♦ Man spricht Englisch ♦ **Anreise** (Karte Nr. 6): N 137 zwischen Rennes u. Saint-Malo. Im Stadtzentrum von Saint-Pierre-de-Plesguen Rtg. Lanhélin über die D 10, dann ausgeschildert (2,5 km).

Wie könnte man dem Charme dieser kleinen, einsam an einem Teich gelegenen Mühle widerstehen? Sollten Sie am späteren Nachmittag bei schönem Wetter anreisen, "erleuchtet" die untergehende Sonne das Wasser und "durchflutet" den hübschen Salon. Die Zimmer sind klein, aber angenehm. Eines besitzt an der Ostseite eine große Fensterfront. Das gute Abendessen mit seinen bretonischen Spezialitäten darf man sich auf keinen Fall entgehen lassen. Freundliche Betreuung.

BRETAGNE

179 - Les Mouettes

Grande Rue
35430 Saint-Suliac
Tel. 99 58 30 41
Fax 59 58 39 41
Isabelle Rouvrais

♦ Ganzj. geöffn. ♦ 5 Zi. m. Bad od. Dusche, WC: 220-260 F (1 Pers.), 250-290 F (2 Pers., je nach Saison) ♦ Frühst. inkl. ♦ Kein Speiseangebot - Rest. 150 m entf. u. im Dorf ♦ Salon ♦ Hunde nicht erlaubt ♦ Umgebung: Strand (200 m), Wassersportangebot, Tennispl. im Dorf, Mountainbikes, Wanderwege (GR); Dorf Saint-Suliac, Saint-Malo, Cancale, Dinan ♦ Man spricht Englisch u. Spanisch ♦ **Anreise** (Karte Nr. 6): 3 km nördl. von Châteauneuf (nahe Saint-Malo). Schnellstraße Rennes/Saint-Malo, Ausf. Châteauneuf, in den Ort fahren, dann Saint-Suliac ausgeschildert.

In einem charmanten Dorf und nur einige Meter vom Hafen entfernt liegt dieses mit absolut sicherem Geschmack eingerichtete Haus. In den Zimmern harmoniert das helle Holz der Möbel und der Parkettfußböden sehr gut mit den Pastellfarben der Wände, Gardinen, Lampenschirme, usw. Hier ist alles komfortabel, schlicht und voller Ruhe. Die junge Besitzerin empfängt ihre Gäste mit großer Freundlichkeit, ihr Haus ist äußerst gepflegt, und der Aufenthalt lohnt sich allein wegen des Frühstücks (frische Fruchtsäfte, Milchspeisen, Kuchen, usw.). Eine wahre Entdeckung.

180 - Ty Horses

Route de Locmaria
Le Rouho
56520 Guidel
(Finistère)
Tel. 97 65 97 37 / 98 96 11 45
M. und Mme Hamon

♦ Ganzj. geöffn. ♦ 4 Zi. m. Dusche, WC (TV auf Wunsch): 200 F (1 Pers.), 250 F (2 Pers.) + 70 F (zusätzl. Pers.) ♦ Frühst. inkl. ♦ Kein Speiseangebot - Rest. in Guidel Plage (2 km), Guidel (4 km) ♦ Umgebung: Angeln (Lachsfluß) vor Ort ♦ Umgebung: Golfpl. von Queven (6 km); Pont-Aven (20 km), Lorient, Carnac ♦ Man spricht Englisch ♦ **Anreise** (Karte Nr. 5): 4 km nördl. von Guidel. Autobahn Nantes-Brest, Ausf. Guidel, die Kirche umfahren, Rtg. "Centre-Commercial", dann 4 km lang Rtg. Locmaria: ausgeschilderter Weg links.

Ein hübsches, blumenumwachsenes Haus mit einigen Zuchtpferden und Trabern auf der Weide. Die vier Zimmer mit Blick auf den Garten oder aufs Feld sind ruhig und komfortabel; jedes hat einen Namen und "seine" Farbe. Das Frühstück wird in einem kleinen Salon mit großen Fensterfronten serviert, bei schönem Wetter auch draußen. Kein Speiseangebot, aber in Guidel oder Guidel-Plage gibt es Crêperien und auch gastronomische Restaurants. Ein ruhiges Haus in ländlicher Atmosphäre.

BRETAGNE

181 - Le Clos

Rue Neuve
Le Bourg
56780 L'Ile-aux-Moines
(Morbihan)
Tel. 97 26 34 29
Mme Michèle Béven

♦ Ganzj. geöffn. ♦ Von Juli bis Sept. nur f. Aufenth. von 1 Monat ♦ 1 App. (2-3 Pers.) m. Bad, WC u. 1 Nebenzi.: 300 F (2 Pers.) + 75 F (zusätzl. Pers.), Kleinkinder: kostenlos ♦ Frühst. inkl. ♦ Kein Speisenangebot - Rest. "San Franciso, "La Désirade" u. "Les Embruns" (200-400 m) ♦ Zimmerreinigung zu Lasten der Gäste ab dem 3. Tag ♦ Hunde auf Anfr. erlaubt ♦ Umgebung: Besichtig. der Insel zu Fuß od. per Fahrrad, Strand (400 m), Windsurfing, Rundf. "Fee des Iles", Umfahren der Insel u. des Golfpl. per Boot, Hünengräber u. Menhire ♦ **Anreise** (Karte Nr. 14): Fähre (Tel.: 97 26 31 45) ab Les Moines in Port-Blanc, alle 30 Min. (7-22 Uhr im Juli-Aug./ sonst: 7-19.30 Uhr). Das Haus liegt im Ort.

Ein sehr altes, auf einer hübschen Insel des Morbihan gelegenes Fischerhaus mit freundlichem Garten. Das Appartement ist groß, in einem "bretonisch-rustikalen" Stil möbliert, ein wenig streng, aber mit hübschen Vorhängen belebt. Daneben befindet sich die Küche und das Badezimmer im Stil der 60er Jahre. Dieses für Familien ideale Haus liegt nur 50 Meter vom Meer entfernt. Madame Béven ist sehr gastfreundlich, sie liebt ihre Insel und teilt diese Leidenschaft gern mit ihren Gästen.

182 - La Carrière

8, rue de la Carrière
56120 Josselin
(Morbihan)
Tel. 97 22 22 62
M. und Mme Bignon

♦ Ganzj. geöffn. ♦ 6 Zi. m. Bad od. Dusche, WC u. 2 Kinderzi. (weder Bad noch Dusche): 290-340 F (2 Pers.) + 90 F (zusätzl. Pers.), 180 F (Kinderzi., 2 Betten) ♦ Frühst. inkl. ♦ Kein Speisenangebot - Rest. ab 500 m ♦ Salon ♦ Hunde auf Anfr. erlaubt ♦ Kreditk.: Carte bleue ♦ Umgebung: Segeln (Lac aux Ducs), 9-Loch-Golfpl. Ploermel (12 km), Reiten (12 km); Josselin, Rochefort-en-Terre ♦ Man spricht Englisch u. Deutsch ♦ **Anreise** (Karte Nr. 6): 54 km nördl. von Vannes über die N 166 bis Roc-Saint-André, dann die D 4; hinter dem Schloß.

"La Carrière" liegt auf einer Anhöhe und etwas vom Dorf Josselin mit seinem prächtigen Schloß entfernt. Das Interieur dieses großen Hauses ist hochelegant. Die wunderbaren Empfangsräume sind hell, mit echtem altem Mobiliar eingerichtet und gehen auf eine herrliche Halle mit Täfelwerk aus dem 18. Jahrhundert, das mit Gold abgesetzt ist. Die hübschen, in klassischem Stil eingerichteten Zimmer sind sehr angenehm (fünf von sechs haben Doppelbetten). Sehr schöner Garten - Empfang vom Feinsten.

BRETAGNE

183 - Chaumière de Kérizac

56390 Locqueltas
(Morbihan)
Tel. 97 66 60 13
Fax 97 66 66 73
M. und Mme Cheilletz-Maignan

◆ Ganzj. geöffn. ◆ 1 Zi. m. Dusche, WC; 2 Zi. m. eig. Bad, gemeins. WC: 250 F (1 Pers.), 330-360 F (2 Pers.) ◆ Frühst. inkl. ◆ Kein Speiseangebot - Rest. in Locqueltas u. Vannes ◆ Salon ◆ Hunde nicht erlaubt ◆ Teich, Trimm-Dich-Pfad vor Ort ◆ Umgebung: Schwimmbad, Tennis, Reiten, Golf; Bucht des Morbihan ◆ Man spricht Englisch ◆ **Anreise** (Karte Nr. 14): D 767 Rtg. Pontivy-Saint-Brieuc (Schnellstraße), Ausfahrt Locqueltas. An der ersten Kreizug hinter dem Ort links, dann ausgeschildert.

Ein bretonisches Dörfchen, etwas weiter einige Bauernhäuser und dann zwei typische, strohgedeckte Häuser. Wir empfehlen die beiden großen Zimmer unter dem hohen Dach (deren Preise in diesem Jahr leider gestiegen sind). Die Einrichtung des ganzen Hauses ist sehr gelungen: alte Möbel, Spitzen, kleine Gemälde, Souvenirs aus aller Welt, hübsche Farben, usw. Das ausgezeichnete Frühstück wird je nach Wetter im Haus oder im Garten serviert. Äußerst liebenswürdige Betreuung.

184 - Le Cosquer-Trélécan

56330 Pluvigner
(Morbihan)
Tel. 97 24 72 69
Bernard und Françoise Menut

◆ Ganzj. geöffn. ◆ 1 Suite (4 Pers.) m. Bad, WC (+ Waschb. in jedem Zi.): 200 F (1 Pers.), 250 F (2 Pers.), 300 F (3 Pers.), 350 F (4 Pers.) ◆ Frühst. inkl. ◆ Kein Speiseangebot - Rest. in Umgebung ◆ Salon ◆ Hunde nicht erlaubt ◆ Umgebung: Meer, Reiten; Wald von Camors, Golf des Morbihan, Saint-Goustan ◆ Man spricht Englisch ◆ **Anreise** (Karte Nr. 5): 32 km nordwestl. von Vannes über die N 165 bis Auray u. die D 768 Rtg. Pontivy. In Pluvigner die D 102 Rtg. Languidic, dann der Ausschilderung "Brocante" folgen.

Madame Menut ist Antiquitätenhändlerin, ihr Mann züchtet Bienen, und gemeinsam führen Sie das strohgedeckte Gästehaus mit leuchtendem First, das vollkommen ruhig mitten auf dem Land gelegen ist. Hier erwartet Sie eine wunderbare kleine Suite, die sich besonders für Familien eignet und über eine typisch bretonische Bettvorrichtung für Kinder verfügt. Das Frühstück ist ein Traum und wird in einem mit ausgesuchten Antiquitäten eingerichteten Salon serviert - meist in Begleitung von Musik und manchmal mit einem Feuer im Kamin. Sehr gastfreundliche Atmosphäre.

BRETAGNE

185 - Les Hortensias

Saint-Trémeur
56330 Pluvigner
(Morbihan)
Tel. 97 24 96 10
Mme Simone Le Boudouil

♦ Ganzj. geöffn. ♦ 2 Zi. u. 1 Studio mit Kochnische (3 Pers.), Dusche, WC: 200 F (1 Pers.), 250 F (2 Pers.) + 50-70 F (zusätzl. Pers.) ♦ Frühst. inkl. ♦ Kein Speisenangebot - Rest. "La Croix Blanche" in Pluvigner u. "La Cahumière" (7 km) ♦ Zimmerreinigung auf Wunsch, auch tägl. ♦ Kl. Hunde erlaubt ♦ Eig. Schwimmbad ♦ Umgebung: Reitclub, Tennis, 18-Loch-Golfpl. (13 km); Museumsdorf, Waldungen, Galerien, Museen ♦ **Anreise** (Karte Nr. 5): 3 km südl. von Pluvigner Rtg. Sainte-Anne-d'Auray über die D 102. Nach 2 km rechts Rtg. Brech (800 m); Saint-Trémeur rechts, das Haus ist ausgeschildert.

Dieses von einem Pflanzenzüchter erworbene Haus trägt seinen Namen zu Recht, denn Blumen und Sträucher gedeihen hier prächtig in fast allen Jahreszeiten. Die drei schlichten, nett mit Stilmöbeln ausgestatteten Zimmer sind für längere Aufenthalte mit viel Ruhe vorgesehen. Bei schönem Wetter wird das Frühstück draußen vor der Fenstertür serviert, über die jedes Zimmer verfügt. Angenehmer Empfang.

186 - Manoir de Kerlebert

56530 Quéven
(Morbihan)
Tel. 97 05 06 80 / 97 05 24 18
Pol und Cathy Chenailler

♦ Ganzj. geöffn. ♦ 3 Zi. m. Bad od. Dusche, WC: 195 F (1 Pers.), 210 F (2 Pers.) ♦ Frühst. inkl. ♦ Außerdem: ein kleines Haus (2-5 Pers.) m. 2 Zi., Kochnische, Dusche, WC u. eig. Garten: 1800-2500 F pro Woche ♦ Kein Speisenangebot - Rest. in Lorient ♦ Zimmerreinigung alle 5-6 Tage ♦ Hunde auf Anfr. erlaubt ♦ Reiten, Pferdeboxen vor Ort ♦ Umgebung: Meer, Golf ♦ **Anreise** (Karte Nr. 5): 3 km nordwestl. von Lorient über die N 165, Ausfahrt Quéven; ab Queven ausgeschildert, 1 km vom Ort entfernt.

Von Wäldchen und hohen Bäumen umgeben, liegt der Landsitz "Kerlebert" zwar nicht weit vom Dorf Quéven entfernt, aber in einer sehr ruhiger und vollkommen unverdorbener Umgebung. Die Zimmer sind schlicht, das mit der Bezeichnung "Art déco" mögen wir besonders gern. Schade, daß weder im Salon noch im Speisesaal die gleiche Sorgfalt bei der Ausstattung angewandt wurde (angesichts der sehr günstigen Preise sollte man aber vielleicht nicht zu kritisch sein). Natürliche, ungezwungene Atmosphäre.

BRETAGNE

187 - Château de Talhouët

56220 Rochefort-en-Terre
(Morbihan)
Tel. 97 43 34 72
M. Jean-Pol Soulaine

♦ Ganzj. geöffn. ♦ 8 Zi. m. Bad, WC; 1 Zi. m. Dusche, Tel., TV: 550-950 F (2 Pers.) ♦ Frühst. inkl.
♦ HP: 505-705 F pro Pers. im DZ ♦ Individ. Abendessen: 230 F (ohne Wein) ♦ Salon ♦ Kreditk.:
CB, Amex ♦ Hunde erlaubt (+ 30 F) ♦ Umgebung: Tennis, Angeln, Golf ♦ Man spricht Englisch
♦ **Anreise** (Karte Nr. 14): 33 km nordwestl. von Redon über die D 775 Rtg. Vannes, dann rechts
die D 774 Rtg. Rochefort-en-Terre. Rochefort durchqueren, D 774 Rtg. Malestroit (4 km), dann
links.

Das in einer wunderbaren Landschaft am Wald gelegene "Château de
Talhouët" ist ein besonders typisches bretonisches Schloß und verfügt über
prachtvolle, sehr geschmackvoll renovierte Innenräume. Im Erdgeschoß liegt
ein Schmuckstück hinter dem anderen: Salon, Billardraum, Speisesaal... Die
meist großen Gästezimmer mit luxuriösen Badezimmern sind ausgesprochen
komfortabel und verfügen über schöne alte Möbel, Gemälde und
Gegenstände aller Art. Der Hausherr, Jean-Pol Soulaine, ist geradezu in
diesen Ort verliebt - und davon profitieren nicht zuletzt die Gäste.

188 - Ferme-Auberge du Château de Castellan

56200 Saint-Martin-sur-Oust
(Morbihan)
Tel. 99 91 51 69
Fax 99 91 57 41
M. und Mme Cossé

♦ Ganzj. geöffn. ♦ 4 Zi. u. 1 Suite m. 2 Zi. (4 Pers.) m. Bad od. Dusche, WC: 350 bis 400 F
(2 Pers,) Suite: 400 F (2 Pers.) + 80 F (zusätzl. Pers.) ♦ Frühst. inkl. ♦ Individ. Essen: 100-150 F
(ohne Wein) ♦ Tel. m. Zähler ♦ Hunde nicht erlaubt ♦ Umgebung: Tennis, Meer (45 km),
Schiffsfahrten im Golf des Morbihan (Sonderpreise); Rochefort-en-Terre, Josselin, La Gacilly
(Handwerkerdorf), Museum Saint-Marcel ♦ Man spricht Englisch ♦ **Anreise** (Karte Nr.14): 20 km
nordwestl. von Redon über D 764 Rtg. Malestroit, in Peilhac rechts Rtg. Les Fougerêts, vor dem
Dorf Rtg. Saint-Martin. Hinter dem Dorf D 149 (1,5 km), rechts, dann ausgeschildert.

Eine reizvolle bretonische Landschaft umgibt dieses typische Schloß aus
dem 18. Jahrhundert, dessen Nebengebäude als Gästehaus dient. Die
Betreuung ist freundlich und dynamisch. Die vor kurzem renovierten
Zimmer sind hell, gut möbliert und in frischen Farben geschmackvoll
hergerichtet (uns gefielen "Médaillon", "Rose" und "Verte" am besten). Das
gute Abendessen wird in einem großen Raum serviert, dessen rustikale
Strenge möglicherweise nicht jedermanns Geschmack ist.

BRETAGNE

189 - Lann Kermané

56470 Saint Philinert
Tel. 97 55 03 75
Fax 97 30 02 79
M. und Mme Cuzon du Rest

♦ Ganzj. geöffn. ♦ 2 Zi. m. Bad od. Dusche, WC: 350 F (2 Pers.) + 80-100 F (zusätzl. Pers.)
♦ Frühst. inkl. ♦ Kein Speisenangebot - Rest. "l'Azimuth", "l'Ostréa" (2 km) und Crêperien (300 m)
♦ Salon ♦ Hunde nicht erlaubt ♦ Umgebung: Strand (1,5 km), Tennis (1,5 km), Wassersport, 27-Loch-Golfpl. (10 km); Kreuzfahrten im Golf des Morbihan, Steinreihen von Carnac, Belle-Ile, zahlr. hist. Sehenswürdigk. ♦ Man spricht Englisch ♦ **Anreise** (Karte Nr. 5): 10 km südl. von Auray. Aus Vannes kommend: D 165, Ausfahrt Carnac-Locmariaquer, D 28 bis zum runden Platz von Chat Noir, dann D 781 (50 m), Straße links (300 m). Route des Paladiers links (300 m) und nochmal links, Rue des Peupliers: das Haus liegt rechts am Ende der Sackgasse.

Das Haus befindet sich in einem Weiler, hundert Meter von einem der Meeresarme entfernt, die im Golf des Morbihan einzigartig sind. Die Räumlichkeiten mit schönem, altem Mobiliar und einigen ausgesuchten Gegenständen verbreiten - im Winter mit Kaminfeuer - eine warme Atmosphäre. Die angenehmen kleinen Zimmer sind elegant und komfortabel, sehr gepflegt und ruhig. Äußerst liebenswürdiger Empfang.

190 - La Maison du Latz

56470 La Trinité-sur-Mer
(Morbihan)
Tel. 97 55 80 91
Nicole Le Rouzic

♦ Ganzj. geöffn. ♦ 3 Zi. u. 1 Suite (4 Pers.) m. Bad, WC, Tel.: 270-320 F (2 Pers.); Suite 470 F (4 Pers.) ♦ Frühst. inkl. ♦ Gemeins. od. individ. Abendessen auf Bestellung (24 Std. im voraus): 80-120 F (ohne Wein) ♦ Salon ♦ Terrasse direkt am Wasser gelegen, Angeln vor Ort ♦ Umgebung: Golf, Tennis, Reiten, Segeln, Hochseefischen; Quiberon, Belle-Ile, Carnac, Golf des Morbihan ♦ Man spricht Englisch ♦ **Anreise** (Karte Nr. 5): 11 km südl. von Auray über die D 28 u. die D 781 Rtg. La Trinité-sur-Mer bis zur Brücke, dann Rtg. Le Latz.

Von diesem Gästehaus blickt man auf den herrlichen Golf des Morbihan mit einer Vielzahl von Inseln und zahlreichen weißen Schiffen. Auf der Veranda mit Seeblick genießt man diese Aussicht besonders. Das Frühstück wird mit den ersten Sonnenstrahlen serviert. Die Zimmer sind schlicht, komfortabel und sehr ruhig. Das grüne Zimmer (la "verte") bietet die schönste Aussicht, aber auch von den anderen kann man die Umgebung bewundern. Auch Sie werden von Madame Le Rouzics Gastfreundschaft angetan sein.

CENTRE

191 - Château de la Verrerie

Oizon
18700 Aubigny-sur-Nère
(Cher)
Tel. 48 58 06 91
Fax 48 58 21 25
Comte und Comtesse A. de Vogüé

♦ Vom 15. Dez. bis 15. Jan. geschl. ♦ 10 Zi. u. 1 Suite m. Bad, WC, Tel.; 1 Zi. m. Dusche, WC: 880-1100 F (2 Pers.) + 250 F (zusätzl. Pers.), Suite: 1300 F (2 Pers.) ♦ Frühst.: 55 F ♦ Gemeins. Abendessen auf Bestellung: 450 F (Wein inkl.) od. Rest. im Schloßpark (Menüs 80-200 F) ♦ Salons ♦ Kreditk.: Visa, Mastercard, Eurocard ♦ Hunde auf Anfr. erlaubt ♦ Tennis, Jagd, Reiten See vor Ort ♦ Umgebung: 18-Loch-Golfpl., See, Dorf La Borne (Töpferei), Jacques-Coeur-Route (Schlösser), Weinberge des Sancerre ♦ Man spricht Englisch, Deutsch, Italienisch u. Spanisch ♦ **Anreise** (Karte Nr. 17): 35 km südl. von Gien über die D 940 bis Aubigny-sur-Nère; dann D 89 bis "La Verrerie".

Dieses am Wasser und Wald gelegene herzogliche Schloß wurde unmittelbar nach dem Hundertjährigen Krieg gebaut. Die Perfektion der Innenausstattung mutet etwas übertrieben an und erinnert an ein Museum: alle Räume sind prächtig, komfortabel, riesig und vollkommen unverfälscht. Wenn Sie das Abendessen nicht mit den Gastgebern einnehmen möchten, können Sie in der kleinen Herberge speisen: ein im Park gelegenes Fachwerkhaus aus dem 17. Jahrhundert.

192 - Domaine de Vilotte

1995

Ardenais
18170 Le Châtelet-en-Berry
(Cher)
Tel. 48 90 04 96
Fax 48 96 04 96
M. und Mme Jacques de Champenier

♦ Von Ende Sept. bis 3. April geschl. ♦ 5 Zi. m. Bad, WC: 390 F (2 Pers.) + 80 F (zusätzl. Pers.) ♦ Frühst. inkl. ♦ Gemeins. Essen : 90-120 F ♦ Salon ♦ Tel. ♦ Teich, Angeln, Park u. Wald vor Ort ♦ Umgebung: 18-Loch-Golfpl. (60 km), Wassersport, Tennis, Reiten; Schlösser, Abtei Noirlac, Nonant-Haus, Wald von Tronçais ♦ Man spricht Englisch ♦ **Anreise** (Karte Nr. 17): 21 km südwestl. von Saint-Amand-Montrond (Ausf. A 71, Autob. Clermont-Ferrand) Rtg. Orval, La Châtre-Culan, Fosse Nouvelle, Rtg. Le Châtelet. In dem kleinen Ort Ardenai links Rtg. Culan (D 38), dann ausgeschildert.

Diese Besitzung (Teil einer ehemaligen römischen Siedlung) liegt mitten auf dem Land im Berri. Renée-Elizabeth und Yves Cheval sind Freunde des Hausbesitzers und bieten elegante, geschmackvoll möblierte Gästezimmer ("Marguerite" hat uns am wenigsten begeistert) mit Blick auf den großen Garten an. Die Einrichtung des Hauses ist beachtlich, und es gibt zahlreiche Objekte aller Art vom Flohmarkt: alte Werkzeuge, Grammophone, Radios, alte Öfen, Fayencen, usw. Sehr freundlicher Empfang und äußerst ruhige Umgebung.

CENTRE

193 - Manoir d'Estiveaux

Estiveaux
18170 Le Châtelet-en-Berry
(Cher)
Tel. 48 56 22 64
Mme de Faverges

◆ Ganzj. geöffn. ◆ 4 Zi. u. 1 Suite (= 2 Zi.) m. Bad od. Dusche, WC, TV: 300-500 F (1-2 Pers.) + 80 F (zusätzl. Pers.); Suite: 550 F (1-2 Pers.) ◆ Frühst. inkl. ◆ Gemeins. od. individ. Abendessen: ab 150 F (Wein inkl.) ◆ Großer Salon (Nichtraucher), kleiner Salon (Raucher), Spielzimmer ◆ Tel. ◆ Kl. Hunde auf Anfr. erlaubt ◆ Angeln am Teich vor Ort ◆ Umgebung: Schwimmbad, 18-Loch-Golfpl., Tennis, Reiten; roman. Kirchen, Schlösser ◆ **Anreise** (Karte Nr. 17): 46 km nördl. von Montluçon über die D 943. In Culan die D 65; Ausf. Le Châtelet über die D 951, dann 1,5 km Rtg. La Châtre.

Dieses Herrenhaus ist von einem Park mit Teich umgeben und liegt in unmittelbarer Nähe der "Route-Jacques-Cœur", an der sich zahlreiche Schlösser befinden. Das Haus ist außerordentlich gepflegt, und die großen, ruhigen Zimmer sind sehr geschmackvoll gestaltet. Madame de Faverges, die angenehme und unaufdringliche Seele des Hauses, wird Sie besonders freundlich empfangen und Ihnen gute Tips zum Kennenlernen der Region geben. Das Abendessen wird im großen Speiseraum serviert, aber auch, wenn es intimer sein soll, im kleinen Salon.

194 - La Rongère

18110 Saint-Eloy-de-Gy
(Cher)
Tel. 48 25 41 53
Fax 48 25 47 31
Florence und Philippe
Atger-Rochefort

◆ Ganzj. geöffn. (ausschließl. auf Reservierung) ◆ 1 Zi. u. 1 Suite (= 2 Zi.) m. Bad, WC; 2 Zi. m. Dusche, WC: 240 F (1-2 Pers.) + 65 F (zusätzl. Pers.); Suite: 400 F (4 Pers.) ◆ Frühst. inkl. ◆ Kein Speisenangebot (auf Wunsch: mittags Picknickkorb) - Rest. in Saint-Eloy-de-Guy ◆ Salon ◆ Umgebung: Tennis, Reiten; Bourges ◆ Man spricht Englisch u. Deutsch. ◆ **Anreise** (Karte Nr. 17): 8 km nordwestl. von Bourges über die N 76 Rtg. Mehun-sur-Yèvre, dann rechts D 104 Rtg. Vouzeron.

In einem großen, ruhigen Park liegt dieses sehr angenehme Haus, das zu Beginn dieses Jahrhunderts gebaut wurde. Auch wenn die Fassade eine Renovierung nötig hätte, sind doch die Innenräume mit einem hübschen Salon und einem Eßzimmer, das durch amüsante, in Blei gefaßte Fenster erhellt wird, sehr ansprechend. Die großen Gästezimmer mit hübschen Bädern sind mit echten alten Möbeln eingerichtet. Ungezwungene, freundliche Atmosphäre.

CENTRE

195 - Château de Quantilly

Quantilly
18110 Saint-Martin-d'Auxigny
(Cher)
Tel. 48 64 51 21
M. de Botmiliau

♦ Vom 1. Mai bis 31. Okt. geöffn. ♦ Mind. 2 Üb. ♦ 3 Zi. m. Dusche, WC (TV auf Wunsch): 300 F (2 Pers.) ♦ Frühst. inkl. ♦ Kein Speisenangebot - Rest. in Umgebung ♦ Hunde nicht erlaubt ♦ Pferdeboxen vor Ort ♦ Umgebung: 18-Loch-Golfpl., Baden (im Teich); Schlösser, La Borne (Töpferdorf), Bourges, Weinberge von Menetou ♦ Man spricht Englisch ♦ **Anreise** (Karte Nr. 17): 15 km nördl. von Bourges über die D 940 Rtg. Gien, dann D 59 Rtg. Quantilly; ausgeschildert.

Hier herrscht noch ganz die ländliche Atmosphäre der guten alten Zeit. Die Eingangshalle wirkt etwas unaufgeräumt (die Franzosen nennen es *bohème*) und läßt an Jäger denken, die gerade von der Jagd zurückgekehrt sind (das nennen die Franzosen *retour de chasse*). Die alten Möbel der drei großen Zimmer haben wahrscheinlich von jeher hier gestanden. Leider sind die Duschräume (sie befinden sich in den Türmchen) etwas klein. Der schöne Speisesaal, in dem ein reichhaltiges (und wer möchte ausgedehntes) Frühstück serviert wird, geht zum Park. Die Betreuung ist sehr nett und ebenso natürlich wie der Ort selbst.

196 - Ferme du Château

1995

Levéville
28300 Bailleau L'Evêque
(Eure-et-Loir)
Tel. 37 22 97 02
Bruno und Nathalie Vasseur

♦ Ganzj. geöffn. ♦ 3 Zi. m. Bad od. Dusche, WC: 190-200 F (1 Pers.), 230-250 F (2 Pers.) + 70 F (zusätzl. Pers.) ♦ Frühst. inkl. ♦ Individ. u. gemeins. Essen: 65 F u. 100 F (Wein inkl.) ♦ Tel.♦ Hunde nicht erlaubt ♦ Umgebung: 18-Loch-Golfpl. (15 km); Kathedrale von Chartres, Museen, Altstadt ♦ Man spricht Englisch ♦ **Anreise** (Karte Nr. 8): 8 km nordwestl. von Chartres. Rtg. Dreux über RN 154, an der Brücke von Poisvilliers Rtg. Bailleau-L'Evêque über die D 134[10].

Die viereckige Einfriedigung dieses schönen Beaucer Bauernhauses grenzt an das prächtige Schloß, und aus den umgebenden Feldern ragt einsam die Kathedrale von Chartres hervor. Der Empfang ist freundlich und distinguiert, die Zimmer sind komfortabel und in frischen Farben geschmackvoll ausgestattet. Das Abendessen (2 Menüs) wird entweder in einem Aufenthaltsraum oder im wunderbaren Speisesaal serviert. Ein schöner, gepflegter Ort zu angemessenen Preisen.

CENTRE

197 - Château de Maillebois

28170 Maillebois
(Eure-et-Loir)
Tel. 37 48 17 01
M. Armand-Delille

♦ Vom 15. April bis 15. Okt. geöffn. ♦ 1 Zi. m. Bad, WC; 1 Zi. m. Bad, gemeins. WC: 700 F
♦ Frühst. inkl. ♦ Kein Speisenangebot ♦ Hunde erlaubt (im Zwinger) ♦ Tennis vor Ort
♦ Umgebung: Schwimmbad, Reiten; Kathedrale von Chartres, Verneuil-sur-Avre, Wald von Senonches ♦ **Anreise** (Karte Nr. 8): 34 km nordwestl. von Chartres über die D 939 Rtg. Verneuil-sur-Avre. 9,5 km hinter Châteauneuf-en-Thymerais die D 20 an der Kreuzung (Dreux-Senonches).

Dieses wunderbare Schloß aus dem 17. Jahrhundert herrscht über einen 300 Hektar großen Park. Der Schloßherr, Monsieur Armand-Delille, empfängt seine Gäste mit unaufdringlicher, zwangloser Freundlichkeit. Die Innenräume haben viel Charme. Alle Gästezimmer verfügen über echte alte Möbel, ordentliche Bäder und einen phantastischen Ausblick. Zu diesen Gemächern führt ein stattlicher Gang mit alten Gobelins. Das Frühstück wird in einem Raum serviert, der im Directoire-Stil eingerichtet ist.

198 - Château de Blanville

1995

28170 Saint-Luperce
(Eure-et-Loire)
Tel. 37 26 77 36
Fax 37 26 78 02
Emmanuel und Lisa
de Cossé Brissac

♦ Im Febr. geschl. ♦ 5 Zi. u. 1 Suite (2 Pers.) m. Bad od. Dusche, WC: 600-700 F (1-2 Pers.) + 100 F (zusätzl. Pers.); Suite: 800 F (2 Pers.) ♦ Frühst.: 50 F ♦ Gemeins. Essen 24 Std. vorher reserv.: 150 F mittags, 250 F abends (Wein inkl.) ♦ Kredtik.: Am. Express ♦ Salon ♦ Hunde auf Anfr. erlaubt ♦ Schwimmbad, Teich, Fahrräder vor Ort ♦ Umgebung: Tennis (1 km), Reiten, 18-Loch-Golfpl. (30 km); Kathedrale von Chartres, Schloß Maintenon ♦ **Anreise** (Karte Nr. 8): 12 km südwestl. von Chartres. Autobahn A 10, Ausf. Chartres, N 123 und N 23 Rtg. Nogent-le-Rotrou, in Saint-Luperce abfahren. Dort D 114 Rtg. Courville, dann ausgeschildert.

Die herrliche Anordnung dieses Schlosses aus dem 17. Jahrhundert mit einem riesigen Park birgt ein höchst raffiniertes Interieur. Salons, Bibliothek und Speisesaal liegen hintereinander und stehen voll und ganz zu Ihrer Verfügung. Außer dem Mobiliar, größtenteils aus dem 17. und 18. Jahrhundert, gibt es hier Porträts der Vorfahren sowie interessante alte Gegenstände. Die komfortablen Zimmer haben nichts von ihrem Charme vergangener Zeiten verloren. Festessen, sympathische Betreuung. Ein außergewöhnlicher Ort, den man besonders dann schätzt, wenn man ihn in seiner Gesamtheit betrachtet.

CENTRE

199 - Château de Boisrenault

36500 Buzançais
(Indre)
Tel. 54 84 03 01
M. und Mme Y. du Manoir

♦ Im Jan. geschl. ♦ 6 Zi., 1 Suite (4 Pers.) m. Bad od. Dusche, WC; 2 Zi. teilen sich Dusche u. WC: 330-430 F (1 Pers.), 370-475 F (2 Pers.); Suite: 790 F (4 Pers.) ♦ Frühst. inkl. ♦ Gemeins. Abendessen: 140 F (ohne Wein) ♦ Salon ♦ Kreditk.: Visa, Amex ♦ Schwimmbad ♦ Umgebung: Tennis, Golf; Weiher von Brenne, Loire-Schlösser ♦ Man spricht Englisch ♦ **Anreise** (Karte Nr. 16): 25 km nordwestl. von Châteauroux über die N 143 Rtg. Buzançais, dann die D 926 Rtg. Levroux; 3 km vor dem Dorf rechts.

Dieses neugotische Schloß liegt in einem Park und verfügt über geräumige Gästezimmer mit klassischem Luxus wie z.B. das "Aux Faisans"; andere sind besonders exzentrisch, aber stets von allergrößter Qualität. Bis hin zu den bemalten Badezimmerkacheln, deren Motive auf die Dekostoffe der Zimmer abgestimmt sind, wurde bei der Einrichtung auch nicht das kleinste Detail vernachlässigt. Das Bibliotheks- und Fernsehzimmer sowie der Salon stehen den Gästen voll und ganz zur Verfügung. Ein wunderbarer Ort in unmittelbarer Nähe der "tausend Seen" der Region Brenne.

200 - La Maison des Moines

1, route de Neuillay
36500 Méobecq
(Indre)
Tel. 54 39 44 36
Mme Cécile Benhamou

♦ Ganzj. geöffn. ♦ 2 Zi. m. eig. Bad od. Dusche, gemeins. WC (Erdgeschoß): 260 F (2 Pers.) + 100 F (zusätzl. Pers.) ♦ Kein Speiseangebot - Rest. "Le Boeuf Couronné" in Mézières-en-Brenne (18 km) ♦ Salon ♦ Umgebung: Golf (10 km), Baden im angelegten Teich "Bellebranche", Schwimmbad, Tennis, Wanderwege, Teiche u. Wälder der Region Brenne, hübsche Dörfer ♦ Man spricht Englisch ♦ **Anreise** (Karte Nr. 16): 30 km westl. von Châteauroux über die D 925 Rtg. Châtellerault. Nach 18 km links D 27 Rtg. Neuilly-les-Bois, dann weiter auf der D 27 Rtg. Méobecq; das Haus liegt hinter der Kirche.

Unmittelbar hinter der Apsis einer kleinen Kirche gelegen, ist dieses Haus der ideale Ausgangspunkt zum Entdecken des wunderbaren Parks der "tausend Seen" (mille étangs). Die beiden Zimmer sind hell, sehr gepflegt und mit einigen Möbeln aus der Provinz und Stoffen in frischen Farben hergerichtet. Um die Raumeinheit zu bewahren, wurde im großen Zimmer das Bad nicht abgetrennt. Das recht gute Frühstück wird mit guter Laune entweder in einem der beiden Aufenthaltsräume oder im gepflegten Blumengarten serviert.

CENTRE

201 - Moulin de Chézeaux

Rivarennes
36800 Saint-Gaultier
(Indre)
Tel. 54 47 01 84
Fax 54 47 10 93
Ren Rijpstra

◆ Ganzj. geöffn. ◆ Für Nichtraucher ◆ Kinder unter 16. J. nicht erwünscht ◆ 3 Zi. m. Bad od. Dusche, WC: 350-400 F (2 Pers.) ◆ Frühst. inkl. ◆ Gemeins. Abendessen (außer So u. Mo): 160 F ◆ Salon, Wintergarten ◆ Haustiere nicht erlaubt ◆ Angeln vor Ort ◆ Umgebung: 18-Loch-Golfpl, Schwimmbad, Tennis, Kajak, Reiten; Teiche der Brenne ◆ Man spricht Englisch, Deutsch u. Niederländisch ◆ **Anreise** (Karte Nr. 16): 10 km westl. von Argenton-sur-Creuse; D 927 u. N 151 Rtg. Le Blanc; RN 151 (in der Höhe von Saint-Gaultier) rechts Rtg. Migne, dann D 46 u. nach ca. 50 m rechts, dann ausgeschildert.

Ren Rijpstra ist Innenarchitekt und hat diese mit zahlreichen Geranien geschmückte und oberhalb eines Teiches gelegene Mühle wundervoll renoviert. Die Einrichtung des Salons (mit Kamin) ist englischen Stils. Die Zimmer werden Sie begeistern: altes Mobiliar, helle Tapeten, Stoffe und bestickte Bettwäsche im alten Stil, Blumensträuße, usw. Frühstück und Abendessen werden entweder draußen oder im Wintergarten mit Blick auf den Teich serviert. Hier legt man Wert aufs Detail und betreut die Gäste sehr aufmerksam. Ein hervorragendes Haus.

202 - Château du Gerfaut

37190 Azay-le-Rideau
(Indre-et-Loire)
Tel. 47 45 40 16
Fax 47 45 20 15
Marquise de Chénerilles
Madame Salles (geb. Chénerille)

◆ Ganzj. geöffn. (im Winter auf Anfr.) ◆ 6 Zi. m. Bad, WC: 295-480 F (1 Pers.), 395-580 F (2 Pers.) ◆ Sonderpreise f. Appartements od. Zimmer pro Woche ◆ Frühst. inkl. ◆ Gemeins. Abendessen auf Bestellung: 200 F (alles inkl.) ◆ Salon ◆ Tel. ◆ Kreditk. akzeptiert ◆ Hunde nicht erlaubt ◆ Tennis, Weiher vor Ort ◆ Umgebung: Golf; Schlösser, Weinkeller ◆ Man spricht Englisch ◆ **Anreise** (Karte Nr. 16): 18 km nordöstl. von Chinon über die D 751 Rtg. Tours, dann Rtg. Villandry an der Ausfahrt Azay-le-Rideau; ausgeschildert. Ab Tours: D 751 Rtg. Chinon, Azy-le-Rideau; nach 23 km hinter Forêt rechts.

Hier wurden einst die Falken für Ludwig XI. gezüchtet. Das heutige Schloß ist jedoch viel jünger und stammt aus dem 19. Jahrhundert. Ein monumentaler Treppenaufgang führt zu den geräumigen Zimmern. Das Frühstück wird in einem großen Salon eingenommen, der mit außergewöhnlich schönem Empire-Mobiliar eingerichtet ist und aus dem Besitz des Jérôme Bonaparte stammt. Die umliegenden Felder und Wälder reichen bis nach Villandry und Azay-le-Rideau. Hier wird man mit ausgesuchter Höflichkeit empfangen.

CENTRE

203 - Le Château du Coteau

37270 Azay-sur-Cher
(Indre-et-Loire)
Tel. 47 50 47 47 / 47 50 43 50
Fax 47 50 49 60
Mme und M. Pierre Lemoine-Tassi

1995

♦ Ganzj. geöffn. ♦ 5 Zi. m. Bad od. Dusche, WC, TV u. Canal+: 340 F (1 Pers.), 490 F (2 Pers.), Suite: (6 Pers.) m. Bad, WC, Küche, Sitzecke, TV, Canal+: 650 F (2 Pers.) + 150 F (zusätzl. Pers.) ♦ Frühst. Zi. inkl. (Suite: 40 F pro Pers.) ♦ Kein Speisenangebot - Restaurants: "La Planchette" u. "Les Chandelles gourmandes" (5 km) ♦ Salon ♦ Angeln am Teich, Fahrräder u. Mountainbikes u. Ort ♦ Umgebung: Angeln (Cher), Reiten, Schwimmbad, Tennis, Schlösser "von oben" (Ballonfahrten) ♦ Man spricht Englisch u. Spanisch ♦ **Anreise** (Karte Nr. 16): 15 km östl. von Tours über N 76 Rtg. Vierzon, oder Autobahnausf. Saint-Avertin-Vierzon, dann N 76.

Chopin hielt sich gerne hier auf, und der schöne romantische Park scheint ihn noch immer zu erwarten. Die äußerst freundlichen Gastgeber teilen die Gemeinschaftsräume mit ihren Gästen. Die prächtig eingerichteten Zimmer wie auch die Badezimmer sind von perfektem Komfort. Der große, auch als Salon dienende Speisesaal ist hell und elegant möbliert. Auf der amüsanten Veranda aus dem 19. Jahrhundert kann man im Sommer das Frühstück einnehmen. Eine exzellente Adresse.

204 - Manoir de Montour

37420 Beaumont-en-Véron
(Indre-et-Loire)
Tel. 47 58 43 76
Mme M. Krebs

♦ Von Ostern bis Allerheiligen geöffn. ♦ 3 Zi. (davon 1 f. 4 Pers.) m. Bad, WC: 360 F (2 Pers.), 460 F (4 Pers.) ♦ Frühst. inkl. ♦ Kein Speisenangebot ♦ Salon ♦ Tel. ♦ Kl. Hunde erlaubt ♦ Umgebung: Schwimmbad, Tennis, Reiten, Angeln, Golf; Azay-le-Rideau, Fontevrault, Gizeux, Langeais, Villandry, Saumur, Rigny-Ussé ♦ **Anreise** (Karte Nr. 16): 5 km nordwestl. von Chinon über die D 749 Rtg. Avoine u. Bourgeuil bis Coulaine, dann die D 118 Rtg. Savigny-en-Véron.

Selten findet man in einem - selbst sehr alten - Haus so viel Ursprüngliches vor: viel Holz, Terrakotta, alte Kamine... Mit Ausnahme der Bäder, in denen die alten Wannen dem modernen Komfort gewichen sind, scheint hier die Zeit stehengeblieben zu sein. Die Zimmer sind groß und ruhig, und der Salon mit seiner hellblauen Täfelung ist sehr angenehm. Das Frühstück wird entweder im Speiseraum oder in dem ausgesprochen hübschen Garten serviert. Marion Krebs wird Sie hier wie alte Bekannte empfangen.

CENTRE

205 - La Garenne

1995

37350 La Celle-Guénand
(Indre-et-Loire)
Tel. 47 94 93 02
M. und Mme Devaulx de Chambord

♦ Ganzj. geöffn. ♦ 3 Zi. u. 1 Suite (3 Pers.) m. Bad od. Dusche, WC: 325 F (1 Pers.), 350 F (2 Pers.), Suite: 500 F (2 Pers.) + 100 F (zusätzl. Pers.) ♦ Frühst. inkl. ♦ Kein Speisenangebot - Rest. ab 3 km ♦ Frische Bettw. alle 3 Tage ♦ Hunde nur im Zwinger erlaubt ♦ Forellenangeln am Fluß vor Ort ♦ Umgebung: Tennis (10 km), Reiten (10 km), 18-Loch-Golfpl. (24 km); prähistorisches Museum in Grd Préssigny, Angle s/Anglin, Park Haute-Touche ♦ Man spricht Englisch ♦ **Anreise** (Karte Nr. 16): 24 km südöstl. von Loches. Autob. A 10, Rtg. Loches, Ligueil (D 59), dann 12 km D 50 Rtg. Preuilly. Das Haus liegt hinter dem Ortsausgang von La Celle-Guénand links, Rtg. Preuilly.

Nur selten findet man einen derart authentischen Ort wie dieses Herrenhaus aus dem frühen 19. Jahrhundert vor, wo man sich (ausschließlich im traditionellen Sinn) der Jagd widmet. Die Ausstattung ist superbe: altes, besonders wertvolles Mobiliar, Gemälde aus dem Familienbesitz, Jagdtrophäen. Wunderbare, warm und heiter wirkende Zimmer. Teppiche und Dekostoffe sind gekonnt auf alles andere abgestimmt. Ein ausgesprochen gutes Haus, in dem Sie die allerbeste Betreuung erwartet.

206 - Domaine de Pallus

Cravant-les-Côteaux
37500 Chinon
(Indre-et-Loire)
Tel. 47 93 08 94
Fax 47 98 43 00
M. und Mme B. Chauveau

♦ Ganzj. geöffn. ♦ 2 Zi. u. 1 Suite m. Bad, WC: 450-500 F (2 Pers.), in Suite: + 150 F zusätzl. Pers. ♦ Frühst. inkl. ♦ Kein Speisenangebot - Rest.: "L'Océanic" in Chinon u. "Château de Marçay" ♦ Salon ♦ Tel. ♦ Hunde nicht erlaubt ♦ Schwimmbad ♦ Umgebung: Angeln, Golf, Reiten; Loire-Schlösser ♦ Man spricht Englisch u. Deutsch. ♦ **Anreise** (Karte Nr. 16): 8 km östl. von Chinon über die D 21 bis Cravant-les-Côteaux; 1,5 km hinter Ortsausgang; das Haus liegt rechts.

In diesem entzückenden Haus der Touraine, das knapp zwei Kilometer vom Dorf entfernt liegt, ist jeder Raum gelungen. Die Möbel aus verschiedenen Epochen passen sehr gut zueinander. Jedes Zimmer hat seinen eigenen Stil und ist mit viel Sorgfalt hergerichtet - die Badezimmer sind phantastisch. Den Gästen steht der Salon und selbstverständlich auch der Garten zur Verfügung. Die Atmosphäre ist sehr angenehm und das Frühstück ausgezeichnet.

CENTRE

207 - La Butte de l'Epine

37340 Continvoir
(Indre-et-Loire)
Tel. 47 96 62 25
M. Michel Bodet

♦ Weihnachten geschl. ♦ 2 Zi.(Doppelbetten) m. Bad, WC: 260-275 F (1 Pers.), 280-295 F (2 Pers.) + 80 F (zusätzl. Pers.) ♦ Frühst. inkl. ♦ Kein Speisenangebot - Rest. in Umgebung ♦ Großer Salon ♦ Hunde nicht erlaubt ♦ Umgebung: 18-Loch-Golfpl., Reiten, See, Tennis, Wanderwege, Weinberge, Schlösser, Museen ♦ Man spricht Englisch ♦ **Anreise** (Karte Nr. 16): 13 km nördl. von Bourgueil über die D 749 Rtg. Château-la-Vallière, dann die D 15 rechts Rtg. Continvoir. Dort die D 64.

In diesem Teil der Touraine - "Les Landes de la Gâtine Tourangelle" - haben Madame und Monsieur Bodet ihren Traum verwirklicht und ein Haus im Stil des 17. Jahrhunderts gebaut - mit Werkstoffen aus jener Zeit. In der Mitte befindet sich ein sehr großer Raum, der sehr geschickt unter einer Balkendecke Speiseraum und Salon miteinander verbindet. Die beiden Schlafzimmer mit Blümchentapete sind schlicht, behaglich und komfortabel. Das Frühstück wird an einem großen Tisch je nach Wetter drinnen oder draußen eingenommen. Die Betreuung ist sehr liebenswürdig.

208 - Manoir du Grand Martigny

Vallières
37230 Fondettes
(Indre-et-Loire)
Tel. 47 42 29 87
Fax 47 42 24 44
Henri und Monique Desmarais

♦ Von Ende März bis 12. Nov. geöffn. ♦ Kleinkinder unerwünscht ♦ Nichtraucher-Zi. ♦ 5 Zi. u. 2 Suiten (3-4 Pers.) m. Bad, WC: 450-690 F (2 Pers.) + 150 F (zusätzl. Pers.); Suiten: 950 F (3-4 Pers.) ♦ Frühst. inkl. ♦ Kein Speisenangebot - Rest.: "Pont de la Motte" in Fondette, "La Poêle d'Or" in Saint-Cyr-sur-Loire ♦ Salon ♦ Hunde nicht erlaubt ♦ Pferdeboxen vor Ort ♦ Umgebung: Reiten, Tennis, Golf, Squash; Loire-Schlösser ♦ Man spricht Englisch ♦ **Anreise** (Karte Nr. 16): 5 km westl. von Tours über die N 152 Rtg. Luynes; bis zum Hinweisschild "Chambres d'Hôtes" auf dem rechten Loire-Ufer bleiben. Ab Tours: 600 m hinter der "BP"-Tankstelle. Ab Langeais: 1 km hinter der "Total"-Tankstelle in Vallières.

Ein sehr elegantes altes Haus am Ufer der Loire, vollkommen ruhig inmitten eines gepflegten Parks gelegen. Die Ausstattung des Salons, der komfortablen Gästezimmern und Bäder ist purer Luxus, aber keine Zurschaustellung. Unseren Vorzug geben wir dem Zimmer "Jouy", das wirklich sehr gelungen ist. Mahlzeiten werden nicht angeboten, aber das nahegelegene Tours vermag dieses Manko zu kompensieren. Die Betreuung ist professionell und diskret.

CENTRE

209 - Domaine de Beauséjours

37220 Panzoult
(Indre-et-Loire)
Tel. 47 58 64 64
Mme Marie-Claude Chauveau

♦ Ganzj. geöffn. ♦ 2 Zi. u. 1 Suite (2 Zi.) m. Bad od. Dusche, WC: 420 F (2 Pers.), Suite: 580-620 F (3-4 Pers.) ♦ Frühst. inkl. ♦ Kein Speisenangebot - Rest. ab 6 km ♦ Zimmerreinigung auf Wunsch ♦ Hunde auf Anfr. erlaubt ♦ Schwimmbad ♦ Umgebung: Tennis, Golf, Angeln; Loire-Schlösser ♦ Man spricht Englisch ♦ **Anreise** (Karte Nr. 16): 12 km östl. v. Chinon über die D 21 bis Panzoult; vor der Ortschaft links.

"Beauséjours" ist ein besonders gastfreundliches Weingut. Die Zimmer sind schlicht, hübsch mit alten Möbeln eingerichtet und haben alle einen herrlichen Blick auf die Weinberge und die Ebene. Der angenehme Salon, die Terrasse und das Schwimmbad steht den Gästen ebenfalls zur Verfügung. Mahlzeiten werden leider nicht angeboten, aber in nächster Umgebung gibt es zahlreiche Restaurants. Wenn Sie sich für gute Weine interessieren (wer tut das nicht?), wird ein Familienmitglied Sie zu einer Weinprobe einladen. Hier können Sie somit Ihre Kenntnise über regionale Weine auf eine besonders angenehme Art vervollkommnen!

210 - Le Clos Saint-Clair

Départementale 18
37800 Pussigny
(Indre-et-Loire)
Tel. 47 65 01 27
Fax 47 65 04 21
Mme Anne-Marie Liné

♦ Ganzj. geöffn. ♦ 4 Zi. m. Dusche, WC (2-4 Pers.): 200 F (1 Pers.), 250 F (2 Pers.) + 60 F (zusätzl. Pers.) ♦ Frühst. inkl. ♦ Kein Speisenangebot - Rest. im Dorf (100 m) u. im Tal (Vallée de la Vienne): 4 km ♦ Salon ♦ Zimmerreinigung auf Wunsch (+ 30 F) ♦ Hunde nicht erlaubt ♦ Tennis, Angeln, Fahrräder vor Ort ♦ Umgebung: Golf, Schwimmbad; roman. Kirchen, Schlösser, Weinkeller ♦ **Anreise** (Karte Nr. 16): 50 km südl. von Tours über die A 10, Ausfahrt Sainte-Maure, die RN 10 rechts bis Port-de-Piles, rechts die D 5 Rtg. Pussigny (2 km), dann links die D 18 Rtg. Pussigny (1 km); gegenüber der "Mairie".

Kurz vor diesem hübschen Dörfchen der Touraine liegen in einem gepflegten Blumengarten zwei alte Häuser. Den drei Schlafzimmern mit ländlichem Charme wurden dank einiger besonderer Möbelstücke, geschmackvoller Stoffe und zahlreicher Aufmerksamkeiten eine gewisse Eleganz verliehen. Das ausgezeichnete Frühstück wird auf einer sehr schönen Veranda serviert, die bei schönem Wetter zum Garten geöffnet wird. Besonders liebenswürdige Betreuung.

CENTRE

211 - Les Religieuses

24, place des Religieuses
37120 Richelieu
(Indre-et-Loire)
Tel. 47 58 10 42
Mme Marie-Josèphe
Le Platre-Arnould

♦ Vom 15. Dez. bis 15. Jan. geschl. ♦ 4 Zi. u. 1 Suite (3 Pers.) m. Bad od. Dusche, WC: 210 F (1 Pers.), 250-330 F (2 Pers.); Suite: 330 F (2 Pers.), 430 F (3 Pers.) ♦ Frühst. inkl. ♦ Kein Speiseangebot - Rest. ab 300 m ♦ Salon ♦ Kl. Hunde gelegentl. erlaubt ♦ Umgebung: Schwimmbad, Tennis, Golf; Loire-Schlösser, Chinon, Azay-le-Rideau ♦ **Anreise** (Karte Nr. 16): 29 km nordwestl. von Châtellerault über die A 10, dann die D 749; ab Richelieu ausgeschildert.

Innerhalb der Stadtmauern des Ortes Richelieu erbaut, wird Ihnen dieses Stadtpalais bestimmt gefallen. Die Gastgeberin, Madame Le Platre, ist charmant und wird Sie besonders liebenswürdig in ihrem Haus aufnehmen, das eine wahre Sammlung alter Möbel und Nippsachen ist. Überall duftet es fein nach Möbelpolitur; die komfortablen Zimmer sind ebenso gepflegt wie der Rest des Hauses. Für eine Stadtlage ist es hier sehr ruhig. Im Sommer wird im Garten gefrühstückt.

212 - Château de Montgouverne

37210 Rochecorbon
(Indre-et-Loire)
Tel. 47 52 84 59
Fax 47 52 84 61
Christine und Jacques Desvignes

♦ Vom 16. Nov. bis 28. Februar geschl. ♦ 4 Zi. u. 2 Suiten (3 Pers.) m. Bad, WC, TV u. Tel.: 500-650 F (2 Pers.); Suite: 750-990 F (2 Pers.) + 150 F (zusätzl. Pers.) ♦ Frühst. inkl. ♦ HP, mind. 2 Üb.: 425-625 F pro Pers. im DZ ♦ Gemeins. u. (meist) individ. Abendessen: 200 F (Wein inkl.) ♦ Salon ♦ Hunde nicht erlaubt ♦ Schwimmbad (beheizt), Reiten, Mountainbikes, Wanderwege (GR) vor Ort ♦ Umgebung: 18-Loch-Golfpl. (16 km), Tennis (500 m), Loire-Schlösser ♦ Man spricht Englisch u. Spanisch ♦ **Anreise** (Karte Nr. 16): 7 km östl. von Tours. Ausf. A 10, Tours, Sainte-Radegonde Rtg. Vouvray über N 152. 700 m weiter links, ausgeschildert.

Sobald man seinen Park erblickt, der einem Bild gleicht, begreift man, daß "Montgouverne" ein außergewöhnlicher Ort ist. Das Interieur entspricht dem Äußeren: eine wunderbare Ausstattung mit alten Möbeln, ansprechenden Objekten, Stilleben und großzügig verwandten Dekostoffen. Jeder Raum ist ästhetischer und komfortabler als der andere; das betrifft die Zimmer ebenso wie die Salons. Dieses vollkommen den Gästen zur Verfügung stehende Schloß, das der Perfektion sehr nahe kommt, wird von seinen jungen, sehr gastfreundlichen Besitzern gekonnt geführt.

CENTRE

213 - Manoir du Port Guyet

37140 Saint-Nicolas-de-Bourgueil
(Indre-et-Loire)
Tel. 47 97 82 20
Fax 47 97 98 98
Mme Valluet Deholin

♦ Vom 1. Nov. bis 31. März geschl. ♦ 3 Zi. (Doppelbetten) m. Bad, WC: 550-750 F (2 Pers.) -10% ab 4. Üb ♦ Frühst. inkl. ♦ Gemeins. Abendessen: 200 F (St-Nicola-de-Bourgueil-Wein inkl.) ♦ Salons ♦ Hunde auf Anfr. erlaubt ♦ Umgebung: Tennis, Teich, Loire, Reiten, 18-Loch-Golfpl. (17 km), Schwimmbäder, Loire-Schlösser; Chinon, Cadre noir, Saumur, usw. ♦ Man spricht Englisch, Spanisch u. ein wenig Italienisch ♦ **Anreise** (Karte Nr. 16): Autobahn Paris-Tours, Ausf. Tour-Nord, Rtg. Langeais, Saumur. Hinter Langeais geradeaus bis Saint-Nicolas-de-Bourgueil; der Ausschilderung "Monument historique" folgen.

Dieser Landsitz beherbergte einst Ronsard, der hier wunderbare Liebessonetten für Marie schrieb. Danach hielt das Haus einen langen Schlaf... Dank der gelungenen Restaurierung verfügt es heute über eine Innenausstattung von erlesenem Geschmack mit viel Komfort. Der helle Ton der Steine und die verwandten Dekostoffe stellen einen interessanten Kontrast zu den wertvollen alten Möbeln dar. Hier ist alles geschmackvoll, und man ist sehr eingenommen von dieser "douce-France"-Stimmung.

214 - Le Prieuré des Granges

37510 Savonnières
(Indre-et-Loire)
Tel. 47 50 09 67
Fax 47 50 06 43
M. Philippe Dufresne

♦ Vom 1. Jan. bis 30. März geschl. ♦ 5 Zi. m. Bad od. Dusche, WC u. Tel.: 420-470 F (1 Pers.), 450-500 F (2 Pers.) + 120 F (zusätzl. Pers.) ♦ Frühst. inkl. ♦ Gemeins. Abendessen auf Bestellung: 180 F (Wein inkl.) ♦ Salon ♦ Schwimmbad, Tennis, Antiquitäten vor Ort ♦ Umgebung: Angeln, Reiten, 18-Loch-Golfpl. (2 km); Schloß Villandry u. a. Loire-Schlösser ♦ Man spricht Englisch ♦ **Anreise** (Karte Nr. 16): 11 km von Tours entfernt. Ab Tours Rtg. "Tours-Sud/Villandry", dann Savonnières.

Dieses auf den Anhöhen von Savonnières gelegene Haus aus dem 17., 18. und 19. Jahrhundert ist wahrlich gelungen. Die außergewöhnlichen Zimmer sind ebenso komfortabel wie geschmackvoll eingerichtet. Philippe Dufresne ist Antiquitätenhändler: deshalb sind Objekte und alte Möbel besonders gut aufeinander abgestimmt. Die Badezimmer könnten nicht angenehmer sein, und der in Blautönen gehaltene Speisesaal aus dem 18. Jahrhundert paßt genau zum Chinaporzellan. Gemütlicher Salon. All das geht auf einen Park voller Blumen. Ausgesprochen freundliche Betreuung.

CENTRE

215 - Le Prieuré Sainte-Anne

10, rue Chaude
37510 Savonnières
(Indre-et-Loire)
Tel. 47 50 03 26
Mme Caré

♦ Von März bis Nov. geöffn. ♦ 1 Suite (2-4 Pers.) m. Dusche, WC: 220 F (1 Pers.), 290 F (2 Pers.), + 85 F (zusätzl. Pers.) ♦ Frühst. inkl. ♦ Kein Speisenangebot - Rest. im Dorf (200 m) ♦ Salon ♦ Hunde nicht erlaubt ♦ Umgebung: 18-Loch-Golfpl.; Schlösser ♦ **Anreise** (Karte Nr. 16): 13 km westl. v. Tours über die D 7 Rtg. Villandry; im Ort Straße nach Druye, vor dem Rathaus (mairie) "rue du Paradis", dann rechts.

Etwas abseits in einer ruhigen Dorfstraße liegt dieses alte Haus aus dem 15. Jahrhundert mit rustikalem Aussehen. Altes, gut gepflegtes Mobiliar, alte Teller an den Wänden, große Kamine, komfortable Wollmatratzen. Das Erscheinungsbild ist schlicht, sehr gepflegt, und man fühlt sich regelrecht in eine andere Zeit versetzt. Madame Caré ist besonders liebenswürdig und serviert ihr köstliches Frühstück entweder am Kamin oder im Garten voller Blumen, den schöne alte Mauern schützen.

216 - La Ferme des Berthiers

37800 Sepmes
(Indre-et-Loire)
Tel. 47 65 50 61
Mme Anne-Marie Vergnaud

♦ Ganzj. geöffn. ♦ 3 Zi. u. 1 Suite m. Bad od. Dusche, WC: 180 F (1 Pers.), 220-250 F (2 Pers.), 280-300 F (3 Pers.),Suite: 340 F (3 Pers.); außerdem: zusätzl. Bett u. Kinderzi. ♦ Frühst. inkl. ♦ Gemeins. Abendessen: 90 F (Qualitätswein inkl.) ♦ Zimmerreinigung alle 3 T. ♦ Hunde auf Anfr. erlaubt ♦ Umgebung: Loire-Schlösser, Weinkeller ♦ Man spricht Englisch, Deutsch u. Niederländisch ♦ **Anreise** (Karte Nr. 16): 40 km südl. von Tours über die A 10, Ausfahrt Sainte-Maure-de-Touraine, dann D 59 Rtg. Ligueil; ab Ortsausgang Sepmes ausgeschildert.

Auf diesem Bauernhof werden die Gäste besonders freundlich empfangen. Die Zimmer sind komfortabel und hübsch ausgestattet, aber besonders eindrucksvoll sind die Bäder. Das blaue und das gelbe Zimmer mögen wir am liebsten. Wunderbare Terrakotta-Fußböden. Das exzellente Abendessen wird von der talentierten Köchin Anne-Marie Vergnaud zubereitet - das Frühstück ist reichhaltig. Kinder sind hier, auf dem Land, sehr willkommen.

CENTRE

217 - Manoir de Foncher

37510 Villandry
(Indre-et-Loire)
Tel. 47 50 02 40
M. und Mme Salles

♦ Von April bis Sept. geöffn. ♦ 1 Suite (2 Zi.) m. Bad, WC: 600 F (1 Zi. 1-2 Pers.), 850 F (2 Zi., 3-4 Pers.) ♦ Frühst. inkl. ♦ Kein Speisenangebot - Rest. in Umgebung ♦ Salon ♦ Umgebung: Reiten, Golf, Loire-Schlösser ♦ Man spricht Englisch ♦ **Anreise** (Karte Nr. 16): 15 km westl. von Tours über die D 7 Rtg. Villandry. In Savonnières über die Brücke, dann links auf das rechte Ufer des Cher (3 km).

Der am Ende einer Landzunge zwischen den Flüssen Loire und Cher gelegene Landsitz "Foncher" ist mit seinen alten Fensterkreuzen, seiner Außengalerie und seiner außergewöhnlichen Wendeltreppe heute noch wie zur Zeit seiner Entstehung im 14. Jahrhundert. Im Kaminzimmer, in dem man an einem ausgesprochen großen Klostertisch das Frühstück einnimmt, herrscht eine besonders freundliche Atmosphäre. Die Suite ist nicht nur wunderbar und authentisch, sondern auch sehr komfortabel. Hübsche Badezimmer. Ein idealer Ausgangspunkt zum Besichtigen der Loire-Schlösser.

218 - Château de Jallanges

Vernou-sur-Brenne
37210 Vouvray
(Indre-et-Loire)
Tel. 47 52 01 71
Fax 47 52 11 18
Mme Danièle Ferry-Balin

♦ Ganzj. geöffn. ♦ 4 Zi. m. Bad, WC; 2 Suiten (2-5 Pers.) m. Salon, Dressing, Bad, WC: 680-830 F (2-3 Pers.); Suiten: 730 u. 880 F (2 Pers.) + 150 F (zusätzl. Pers.) ♦ Frühst. inkl. ♦ Gemeins. Abendessen auf Bestellung: 260 F (alles inkl.) ♦ Salon ♦ Tel. ♦ Kl. Hunde auf Anfr. erlaubt (+ 50 F) ♦ Billard, Fahrräder, Ballonfahrten, Pferdekutschen, Trödler, Veranstaltungen u. Ausstellungen vor Ort ♦ Umgebung: Golf, Schwimmbad, Reiten ♦ Man spricht Englisch u. Deutsch ♦ **Anreise** (Karte Nr. 16): 15 km östl. von Tours, N 152 Rtg. Amboise, dann Rtg. Vouvray, dann D 46 Rtg. Vernou-sur-Brenne (TGV ab Paris: 55 Min.).

Mit seinem großen Hof und seiner Renaissance-Fassade aus Ziegel- und Bruchsteinen erkennt man schon von weitem die Schönheit dieses Schlosses. Hier werden Sie sehr freundlich und professionell von einer Familie betreut, die diese großen Gebäude besonders liebevoll restauriert hat. Die Zimmer und Suiten sind hübsch eingerichtet und haben Ausblick auf den Park oder den kleinen Garten "à la française". Die großen, schönen und komfortablen Gästezimmer im ersten Stock verdienen ein besonderes Lob. Die hier gereichten Speisen sind von guter Qualität.

CENTRE

219 - La Farge

41600 Chaumont-
sur-Tharonne
(Loir-et-Cher)
Tel. 54 88 52 06
M. und Mme de Grangeneuve

♦ Ganzj. geöffn. ♦ 1 Zi., 1 Suite (2-4 Pers.) u. 1 Studio (3-4 Pers., Aufenthaltsr., Kamin, TV u. Kochnische) m. Bad, WC: Zi.: 325 F (2 Pers.), Suite: 325-450 F (2 Pers.), Studio: 450-550 F ♦ Frühst. inkl. - Kein Speiseangebot - Rest.: "La Grenouillière (5 km) ♦ Kaminzimmer m. TV ♦ Hunde auf Anfr. erlaubt ♦ Schwimmbad, Reiten, Reitcenter, Wanderwege vor Ort ♦ Umgebung: 18-Loch-Golfpl. (10 km), Tennis, Angeln (Teich), Fahrradverleih; hübsche Dörfer, Loire-Schlösser ♦ Man spricht Englisch ♦ **Anreise** (Karte Nr. 17): 5 km östl. von Chaumont-sur-Tharonne. Über die C 2 Rtg. Vouzan. "La Farge" 4 km weiter rechts (35 km südl. von Orléans über N 20).

Dieser mitten im Wald gelegene und für diese Region ausgesprochen typische Häuserkomplex aus dem 16. Jahrhundert bietet komfortable und angenehm möblierte Zimmer mit schönen Badezimmern. Das Appartement mit reizender Sitzecke, Kamin und Kochnische ist sehr gelungen. Das Frühstück wird in einem großen Raum mit freigelegten Balken serviert, in dem Kupfergegenstände, Jagdtrophäen und echte alte Möbel zur warmen Atmosphäre dieses gastfreundlichen Hauses beitragen.

220 - La Rabouillère

Chemin de Marçon
41700 Contres
(Loir-et-Cher)
Tel. 54 79 05 14
Fax 54 79 59 39
Mme Thimonnier

♦ Ganzj. geöffn. ♦ 5 Zi. m. Bad, WC, TV (auf Wunsch): 300 F (1 Pers.), 380-550 F (2 Pers.), 650 F (3 Pers.), 700 F (4 Pers.) ♦ Frühst. inkl. ♦ Kein Speisenangebot (Kochnische steht zur Verf.) - Rest. in Cour-Cheverny u. Contres ♦ Salon ♦ Tel. ♦ Hunde nicht erlaubt ♦ Umgebung: Tennis, Reiten, Angeln, 18-Loch-Golfpl.; Loire-Schlösser ♦ Man spricht Englisch ♦ **Anreise** (Karte Nr. 16): 19 km südl. von Blois über die D 765. In Cheverny die D 102 Rtg. Contres (6 km), dann "Chambres d'hôtes" ausgeschildert.

Inmitten von fünf Hektar Wald und Wiesen gelegen und von einem gepflegten Garten umgeben, wurde dieses noch nicht sehr alte Haus (das man in dieser Gegend als *longère* bezeichnet) mit altem Material gebaut. Hier haben die Zimmer Blumennamen und sind mit ihren hübschen Bädern sehr angenehm und komfortabel. Madame Thimonnier verhehlt nicht, daß sie ihr Haus sehr liebt und wird Sie sehr gerne bei sich aufnehmen. Wenn es das Wetter erfordert, knistert ein Feuer im Kaminzimmer, das sich weit zum Garten öffnet.

CENTRE

221 - La Borde

41160 Danzé
(Loir-et-Cher)
Tel. 54 80 68 42
M. und Mme Kamette

♦ Ganzj. geöffn. ♦ 3 Zi. u. 2 Suiten (2 Zi.) m. Bad od. Dusche, WC: 150-200 F (1 Pers.), 200-250 F (2 Pers.), Suiten: 350-400 F (3 Pers.), 400-450 F (4 Pers.) ♦ Preisermäßigung ab 3. Üb. ♦ Frühst. inkl. ♦ Kein Speisenangebot - Rest.: in Danzé (2 km) u. in La Ville-aux-Clercs (3 km) ♦ Salon ♦ Tel. ♦ Hunde auf Anfr. erlaubt ♦ Schwimmbad, Angeln vor Ort ♦ Umgebung: Tennis, Reiten, Golf; Loire-Schlösser, Loir-Tal ♦ **Anreise** (Karte Nr. 16): 15 km nördl. von Vendôme über die D 36 bis Danzé, dann die D 24 nach La Ville-aux-Clercs.

"La Borde" ist ein Haus aus den dreißiger Jahren mit sehr angenehmer Atmosphäre und großem Park. Alle Gästezimmer haben Ausblick aufs Grüne, sind komfortabel, groß und mit hellen Eichenmöbeln im nüchternen Stil der fünfziger Jahre eingerichtet. Ein Raum dient als Fernseh- und Eßzimmer, in dem ein reichhaltiges Frühstück serviert wird. Ein gutes Preis-Leistungsverhältnis.

222 - Manoir de Clénord

Route de Clénord
41250 Mont-près-Chambord
(Loir-et-Cher)
Tel. 54 70 41 62
Fax 54 70 33 99
Mme Renauld

♦ Ganzj. geöffn. ♦ 4 Zi. m. Bad, WC u. 2 Suiten (2-4 Pers.): 380-700 F (2 Pers.); Suiten: 800-1100 F ♦ - 10% von Jan. bis 15. März ♦ Frühst. inkl. ♦ Gemeins. Abendessen auf Bestellung: 140-190 F (Wein inkl.) ♦ Salon ♦ Kreditk.: Visa ♦ Hunde nicht erlaubt ♦ Schwimmbad, Tennis, Fahrräder, Kanu vor Ort ♦ Umgebung: 18-Loch-Golfpl., Wald; Loire-Schlösser, Weinkeller ♦ Man spricht Englisch u. Spanisch ♦ **Anreise** (Karte Nr. 16): ab Paris: A 10, Ausf. Blois Rtg. Vierzon über die D 765. Im kleinen Ort Clénord links Route de Mont-près-Chambord, Einfahrt 200 m weiter.

Um zu diesem kleinen Landsitz aus dem 18. Jahrhundert zu gelangen, muß man durch einen kleinen Wald fahren. Madame Renauld wird Sie sehr freundlich aufnehmen. Die hübschen Gästezimmer sind alle mit alten Möbeln eingerichtet und haben Ausblick auf den sehr französischen Garten. Das Frühstück wird entweder im rustikalen Eßzimmer serviert oder, sofern das Wetter es erlaubt, auf der Terrasse. Die in diesem Haus herrschende Atmosphäre ist sehr angenehm und erholsam.

CENTRE

223 - Château de Colliers

41500 Muides-sur-Loire
(Loir-et-Cher)
Tel. 54 87 50 75
Fax 54 87 03 64
M. und Mme de Gélis

♦ Ganzj. geöffn. (im Winter ausschl. auf Reservierung) ♦ 4 Zi. u. 1 Suite (4 Pers.) m Bad, WC: 550-700 F (2 Pers.); Suite 800 F ♦ Frühst. inkl. ♦ Gemeins. Abendessen auf Bestellung: 200 F - Rest.: "Le Relais" (B. Robin) in Bracieux (18 km) u." Les Calanques" in Mer (5 km) ♦ Salon ♦ Tel. ♦ Schwimmbad ♦ Umgebung: Kajak, Heißluftballon u. Hubschrauber, 18-Loch-Golfpl., Reiten, Wassersport; Loire-Schlösser ♦ Man spricht Englisch u. Spanisch ♦ **Anreise** (Karte Nr. 16): Autob. A 10, Ausf. Mer, Rtg. Chambord bis Muides-sur-Loire, dann D 951 Rtg. Blois. Das Schloß liegt am Loire-Ufer, 300 m hinter dem letzten Haus.

Dieses Lustschlößchen aus dem 18. Jahrhundert verfügt über eine außergewöhnliche Lage am Ufer der Loire. Das Interieur ist von großer Eleganz: der Salon ist wunderbar möbliert, das Eßzimmer hat seine zahlreichen originalen Fresken bewahrt und die prachtvollen Zimmer haben fast alle einen Kamin, der selbstverständlich benutzt werden kann (ein Zimmer verfügt über eine ausgesprochen hübsche Dachterrasse). Von überall ist der Blick auf den Fluß sehr angenehm. Aufmerksame und diskrete Betreuung.

224 - En Val de Loire

46, rue de Meuves
41150 Onzain
(Loir-et-Cher)
Tel. 54 20 78 82
Fax (wie Tel.)
Mme Langlais

♦ Ganzj. geöffn. (in Vor- u. Nachsaison ausschl. auf Reserv.) ♦ 5 Zi. m. Bad od. Dusche, WC: 330 F (2 Pers.) ♦ Frühst. inkl. ♦ Gelegentl. gemeins. od. individ. Abendessen (bei mehr als 1 Üb.): 100-250 F ♦ Salon ♦ Hunde nicht erlaubt ♦ Umgebung: Schwimmbad, Tennis, Reiten, Golf, Loire-Schlösser ♦ Man spricht Englisch ♦ **Anreise** (Karte Nr. 16): 15 km südwestl. von Blois über die N 152 Rtg. Amboise, dann in Chouzy rechts die D 58 bis Onzain (Rtg. Monteaux).

Man durchquert einen langgestreckten Garten und steht schließlich vor einem mit zahlreichen Blumen umgebenem Haus - es ist klein, aber ebenso freundlich wie die Gastgeber. Madame und Monsieur Langlais haben ihr Haus - ein gutes Beispiel für ländlichen Komfort - eigenhändig umgestaltet und eingerichtet. Die Dekostoffe sind geschmackvoll auf die alten Möbel abgestimmt. Im gemütlichen Wohn- und Eßzimmer stehen tiefe Sessel dem Kamin gegenüber. Zum Frühstück werden 21 verschiedene Sorten Konfitüre angeboten. Eine Adresse, die wir mit gutem Gewissen empfehlen können.

CENTRE

225 - La Villa Médicis

Macé
41000 Saint-Denis-sur-Loire
(Loir-et-Cher)
Tel. 54 74 46 38
Fax 54 78 20 27
Baronne Baxin de Caix
de Rembures

♦ Ganzj. geöffn. ♦ 5 Zi. u. 1 Suite (2 Pers.) m. Bad od. Dusche, WC: 300 F (1 Pers.), 350 F (2 Pers.); Suite: 450 F ♦ Frühst. inkl. ♦ Gemeins. od. individ. Abendessen auf Bestellung: 200 F; "assiette anglaise" (kalte Platte): 80 F ♦ Salons ♦ Hunde nicht erlaubt ♦ Umgebung: Reiten, Kanu/Kajak, Rudern, Windsurfing, Angeln; Loire-Schlösser ♦ Man spricht Englisch, Deutsch, Italienisch u. Spanisch ♦ **Anreise** (Karte Nr. 16): 3 km nördl. von Blois über die N 152 Rtg. Orléans, dann Macé; 500 m weiter rechts vor der Kirche.

Maria von Medici liebte es, in den drei Quellen des an der Loire gelegenen Parks zu baden. Sollten Ihnen die Badezimmer (außer denen im Erdgeschoß) hier ein wenig klein erscheinen, werden Sie entschädigt durch die großen, freundlichen und hübsch eingerichteten Zimmer - für den Speiseraum und den Salon gilt das gleiche. Und die freundliche Aufmerksamkeit, die Madame de Caix ihren Gästen zukommen läßt, macht diesen Ort noch sympathischer.

226 - Château de la Voûte

41800 Troo
(Loir-et-Cher)
Tel. 54 72 52 52
MM. Clays und Venon

♦ Ganzj. geöffn. ♦ 3 Zi. u. 2 Suiten m. Bad od. Dusche, WC: 370-470 F (2 Pers.); Suiten: 550 F (2 Pers.) ♦ Frühst. inkl. ♦ Kein Speiseangebot - Rest.: "Le Cheval Blanc", "La Grotte", "La Paix" (200 m) ♦ Hunde nicht erlaubt ♦ Angeln vor Ort ♦ Umgebung: Reiten, Tennis, Golf; Loir-Tal, Heimat von Ronsard ♦ Man spricht Englisch ♦ **Anreise** (Karte Nr. 16): 25 km westl. von Vendôme über die D 917 u. 5 km von Montoire; im Ort ausgeschildert.

Der Park des "Château de la Voûte" umgibt zwei stufenförmig angelegte Terrassen. Die sehr aufmerksamen Gastgeber haben bei der Einrichtung und dem Hinzufügen schöner alter Gegenstände viel Geschmack bewiesen. Alle Gästezimmer, ob "Pompadour", "Empire" oder "Louis XIII", beweisen mit ihren Gemälden, Möbeln und Teppichen den guten Stil des Hauses; außerdem sind sie sehr ruhig und selbstverständlich voller Komfort. Das Frühstück können Sie im Zimmer oder auf der Terrasse einnehmen.

CENTRE

227 - Château de la Giraudière

41220 Villeny
(Loir-et-Cher)
Tel. 54 83 72 38
Mme Anne Giordano-Orsini

◆ Von Ostern bis Allerheiligen geöffn. ◆ 2 Zi. m. Bad, WC; 3 Zi. m. eig. Bad, gemeins. WC: 350 F (2 Pers.) ◆ Frühst. inkl. ◆ Kein Speisenangebot, jedoch: Imbiß - Rest. in Umgebung ◆ Salon ◆ Hunde nicht erlaubt ◆ Tennis vor Ort ◆ Umgebung: Angeln, Reiten, Golf ◆ Man spricht Englisch ◆ **Anreise** (Karte Nr. 17): 39 km östl. von Blois über die D 951 bis Muides-sur-Loire, dann die D 103. In La Ferté-Saint-Cyr die D 925 Rtg. La Marolle-en-Sologne; 800 m von der Straße entfernt.

Nach einem kleinen Abstecher durch den Wald erreicht man das hübsche Schloß mit sehr gepflegter Fassade im Louis-XIII-Stil. Die Innenräume verfügen über die gleiche Sorgfalt. Im Salon beeindruckt die Eleganz des Mobiliars und die große Helligkeit; letztere ist auf die großen, gegenüberliegenden Fenster zurückzuführen. Die Zimmer sind sehr vornehm und haben einen schönen Ausblick auf den Park. Ein wirklich ausgezeichnetes Haus, in dem man vor dem Besuch der Sologne hervorragend betreut wird.

228 - Sainte-Barbe

Route de Lorris
Nevoy
45500 Gien
(Loiret)
Tel. 38 67 59 53
Mme Annie Le Lay

◆ Ganzj. geöffn. (auf Anfr.) ◆ 1 Zi. m. Bad, WC: 270 F (1 Pers.), 320 F (2 Pers.) + 50 F (zusätzl. Pers.) sowie 1 kl. Haus (5 Pers.) in der Dependance m. 1 Bad u. 2 WC: 1 Wochende: 800 F (2 Pers.), 1000 F (5 Pers.) ◆ Frühst. inkl. ◆ Individ. Essen (vorwiegend abends): 100 F (ohne Wein) ◆ Salon ◆ Hunde im Zwinger erlaubt ◆ Tennis, Pferdeboxen, Angeln vor Ort ◆ Umgebung Reiten, Golf, Ball-trap ◆ Man spricht Englisch ◆ **Anreise** (Karte Nr. 17): 5 km nordwestl. von Gien über die D 44; dann Route de Lorris.

Hinter seinem bescheidenen Äußeren verbirgt dieses alte, von Feldern und kleinen Wäldern umgebene Haus ein prachtvolles, hervorragend möbliertes Gästezimmer. Sie werden sehr freundlich empfangen und den angenehmen den Gästen zur Verfügung stehenden Salon entdecken. Mit dem Haute Epoque-Mobiliar, dem Chesterfield-Sofa sowie zahlreichen Gegenständen verfügt dieses Haus über einen ganz besonderen Stil und eine Atmosphäre die an Jagd und Pferde erinnert. Das "kleine Haus" ist ideal für einen besonders ungezwungenen Aufenthalt. Ein Haus, das Komplimente verdient

CHAMPAGNE ARDENNES

229 - La Giberie

La Giberie
10500 Petit-Mesnil
(Aube)
Tel. 25 92 22 00
Fax 25 92 26 86
Baron und Baronne
Bertrand de Taisne

♦ Ganzj. geöffn. ♦ 1 Zi. u. 1 Suite (2-4 Pers.) m. Bad, WC u. 1 Nebenzi.: 300-450 F; Suite: 700 F (4 Pers.) + 100 F (zusätzl. Pers.) ♦ Frühst. inkl. ♦ Kein Speiseangebot, aber: "Giberie-Platte": 100 F (Wein inkl.) od. Rest. "Auberge de la Plaine" (4 km) ♦ Salons ♦ Fahrräder, Wälder vor Ort ♦ Umgebung: Tennis, Wasserski, Baden, Segeln (15 km); die alte Stadt Troyes u. Bar-sur-Aube, Schloß Cirey s/Blaise, Königl. Kristallmanufaktur Bayel, Colombey-les-deux-Eglises ♦ Man spricht Englisch u. Deutsch ♦ **Anreise** (Karte Nr. 11): 38 km östl. von Troyes Rtg. Nancy. In Brienne-le-C. Rtg. Bar/Aube. In La Rothière links Rtg. Petit-Mesnil, Giberie. Petit-Mesnil durchfahren, 1 km hinter Giberie liegt links das Haus (weißes Gitter).

Die Gelegenheit, eine Region zu entdecken, die ebenso schön wie unbekannt ist. "La Giberie" liegt in einem Weiler und ist ein elegantes, geschmackvoll eingerichtetes Haus, das zu Beginn des 19. Jahrhunderts errichtet wurde. Eine Reihe schöner, auf den Park gehender Räume mit Directoire-Täfelungen. Große, komfortable Zimmer, dekoriert mit hübschen englischen Stoffen; zwei der Zimmer haben eine eigene, sehr große, mit einem Geländer umgebene Terrasse: einnehmender Blick auf die Landschaft. Zwanglose, sympathische Betreuung.

230 - Château d'Etoges

51270 Etoges-par-Montmort
(Marne)
Tel. 26 59 30 08
Fax 26 59 35 57
Mme Anne Filliette-Neuville

♦ Vom 31. Jan. bis 24. Feb. geschl. ♦ 17 Zi. u. 3 Suiten (3 Pers.) m. Bad, WC, Tel, Direktleitg. (TV auf Anfr.): 480-620 F (2 Pers.) + 80 F (zusätzl. Pers.), Suiten: 950 F (3 Pers.) ♦ Frühst.: 55 F Individ. Abendessen: 160-180 F (Gästemenü, ohne Wein) ♦ Salons, Billard, KLavier ♦ Kreditk.: Visa ♦ Hunde auf Anfr. erlaubt (+ 40 F) ♦ Krockestspiel, 2 Fahrräder vor Ort ♦ Umgebung: Reiten, Tennis, Golfplätze; Weinberge u. -keller ♦ Man spricht Englisch ♦ **Anreise** (Karte Nr. 10): 22 km südl. von Epernay über die D 51 bis Montmort, die D 18, dann ausgeschildert.

Von diesem Schloß aus dem 17. Jahrhundert ist man unmittelbar angetan. Nachdem man den Schloßhof durchquert hat, gelangt man ins Innere des Hauptgebäudes mit Ost/West-Lage. Der Ausblick von den Zimmern ist einzigartig, und die klassische, freundliche Einrichtung vorbildlich. Die Bäder mit entzückenden Kacheln, altem Mobiliar und ausgesuchten Farben bieten höchsten Komfort. Die Atmosphäre ist von Freundlichkeit bestimmt. "Château d'Etoges" ist eine exzellente Adresse und zwischen dem Landgasthaus und dem Hotel einzuordnen.

CHAMPAGNE-ARDENNES

231 - Château du Ru Jacquier

51700 Igny-Comblizy
(Marne)
Tel. 26 57 10 84
Fax 26 57 11 85
M. Granger

♦ Ganzj. geöffn. ♦ 6 Zi. m. Bad od. Dusche, WC: 380-410 F (2 Pers.) + 100 F (zusätzl. Pers.) ♦ Frühst. inkl. ♦ Gemeins. Abendessen auf Bestellung: 150 F (ohne Wein) ♦ Salon ♦ Hunde erlaubt (+ 50 F) ♦ Angeln, Pferdekutschen, Mountainbike-Verleih vor Ort ♦ Umgebung: 18-Loch-Golfpl (6 km); "Champagner-Straße", Weinkeller, Schloß Montmort, Condé-en-Brie ♦ **Anreise** (Karte Nr. 10): 20 km südwestl. von Epernay über die N 3 Rtg. Château-Thierry, dann links die D 18 Rtg. Dormans (7 km).

Die gut renovierten Türmchen dieses Schlosses, das in einem sehr großen Park mit Pferden, Rehen und Lamas liegt, wirken recht anheimelnd. Ein sehr schöner Treppenaufgang aus Holz führt zu den Zimmern, die groß und komfortabel sind. Ihre Einrichtung mit altem Mobiliar bzw. Stilmöbeln ist hübsch, und im sehr ansprechenden Speiseraum mit seinen fein gedeckten Tischen, an denen das empfehlenswerte Abendessen serviert wird, fühlt man sich besonders wohl. Bei gutem Wetter kann das Frühstück draußen eingenommen werden. Ein besonders gutes Haus.

232 - Domaine des Oiseaux

12, Grande Rue
51390 Rosnay
(Marne)
Tel. 26 03 63 07
Mme Legros

♦ Ganzj. geöffn. ♦ 2 Zi. m. Bad, WC; 2 Zi. m. eig. Bad u. gemeins. WC: 200-220 F (1 Pers.), 265-285 F (2 Pers.) ♦ Frühst. inkl. ♦ Kein Speisenangebot - Rest. 5 bzw. 7 km entf. ♦ Salon ♦ Hund auf Anfr. erlaubt ♦ Schwimmbad ♦ Umgebung: Tennis, Golf (3 km), Weinberge u. -keller d Champagne, Reims ♦ **Anreise** (Karte Nr.10): 12 km westl. von Reims über die N 3 (Autobahnausf. Reims-Tinqueux), N 31 Rtg. Soissons, D 27 links Rtg. Gueux, dann Rosnay; im Ort

Dieses hübsche Haus stellt seinen Gästen außer seinem freundliche Interieur einen angehmen Garten mit Schwimmbad zur Verfügung. D Schlafzimmer liegen unter dem Dach, sind mit hübschen Stoffen versehe geschmackvoll eingerichtet und sehr komfortabel. Das Frühstück wird a einem großen Tisch im Speiseraum neben dem Salon mit Kamin servier Liebenswürdige Betreuung.

CHAMPAGNE-ARDENNES

233 - Domaine de Boulancourt

Boulancourt
52220 Montier-en-Der
(Haute-Marne)
Tel. 25 04 60 18
M. und Mme Viel-Cazal

◆ Ganzj. geöffn. ◆ 5 Zi. u. 1 Appart. (4-6 Pers.) m. Bad od. Dusche, WC: 185 F (1 Pers.), 220 F (2 Pers.) + 50 F (zusätzl. Pers.); Appart.: 2500 F pro Woche (Mai-Sept.) + 200 F (zusätzl. Pers.) ◆ Frühst.: 25 F ◆ Gemeins. od. individ. Abendessen auf Bestellung: 110 F (alles inkl.) ◆ Salon ◆ Tel. (Point-phone) ◆ Hunde nicht erlaubt ◆ Angeln u. Jagd vor Ort ◆ Umgebung: Tennis, Kirchen, angelgter See Chantecoq ◆ Man spricht Englisch u. ein wenig Deutsch ◆ **Anreise** (Karte Nr. 11): Autob. A 26, Ausf. Arcis-sur-Aube Rtg. Brienne-le-Château, dann Rtg. Nancy über die D 400. In Laize links auf die D 174 Rtg. Longeville-sur-Laines. Longeville durchqueren; 1 km hinter dem Ort an der 1. Kreuzung links.

Einst hieß dieses Herrenhaus *Ferme du désert*; es liegt vollkommen ruhig in einem angenehmen Garten mit einem Teich und Fluß. Die Innenausstattung ist besonders freundlich und farbenfroh, und die komplett renovierten Zimmer sind nun ebenso hübsch wie komfortabel. Das ausgezeichnete Abendessen besteht oft aus Wildgerichten, die in der Küche zubereiteten Fische stammen aus dem eigenen Teich und die Wildschweine aus eigener Züchtung. Natürliche, freundliche Atmosphäre.

FRANCHE-COMTE

234 - Le Crêt l'Agneau

1995

25650 La Longeville
(Doubs)
Tel. 81 38 12 51
Yves und Liliane Jacquet-Pierroulet

♦ Im April geschl. ♦ Für Wochenenden im Sommer u. Herbst od. ganzwöchig vom 15. Dez. bis Ende März ♦ 7 Zi. m. Bad od. Dusche, WC (davon 2 mit gemeins. WC): 500 F pro Tag, 2500-3000 F pro Pers. u. Wo. (Verpflegung, Führer u. Ski) ♦ Gemeins. Mittag-u. Abendessen ♦ Zimmerreinig. alle 2 Tage ♦ Hunde nicht erlaubt ♦ Wochenenden m. Progr. u. div. Aktivit.: Skilanglauf, Schlittschuhlaufen, Mountainbikes, Picknicken (Grillen) vor Ort ♦ Man spricht Englisch u. Spanisch ♦ **Anreise** (Karte Nr. 20): 15 km nordöstl. von Pontarlier (60 km südöstl. von Besançon über N 57) D 437 Rtg. Morteau. In Montbenoît Rtg. Gilley; in "Les Auberges" ausgeschildert (auch: TGV Frasne).

Ein verloren in einer wunderbaren Landschaft gelegener Bauernhof aus dem 17. Jahrhundert. Hierher begibt man sich meist für längere Aufenthalte. Yves ist unser Führer beim Skilanglauf, und er sammelt auch Pilze mit uns. Liliane herrscht in der Küche, bietet köstliche Gerichte an und verwendet viel Hausgemachtes wie Brot, Kuchen, Fleisch- und Wurstwaren, Konfitüren... Am großen Tisch herrscht stets eine höchst gastfreundliche, ja freundschaftliche Atmosphäre. Die Ausstattung ist gepflegt, und die mit hellem Holz verkleideten Zimmer sind komfortabel. Sport, Entspannung und Gastronomie.

235 - Château de l'Hermitage

1995

25120 Mancenans-Lizerne
(Doubs)
Tel. 81 64 09 24
Sylvia und André Tanner

♦ Von Allerheiligen bis Ostern geschl. ♦ 2 Zi. m. Bad od. Dusche, eig. WC, jedoch außerh. der Zi., 2 Nebenzi.: 250 F (1 Pers.), 300 F (2 Pers.) + 100 F (zusätzl. Pers.) ♦ Frühst. inkl. ♦ Sonderpr. in Vor- u. Nachsaison ♦ Gemeins. od. individ. Mittag- u. Abendessen: 60-90 F (Wein inkl.) ♦ Salon ♦ Schloßbesichtig., Wald, Waroly-Grotten vor Ort ♦ Umgebung: Reiten, Schwimmen (Fluß); Schloß Belvoir, Kloster Consolation ♦ Man spricht Englisch u. Spanisch ♦ **Anreise** (Karte Nr. 20): 5 km nordwestl. von Maîche. Autob. A 36, Ausf. Montbéliard, dann Route de Pontarlier. In Maîche D 464 Rtg. "Grottes de Waroly". Das Schloß liegt 100 m hinter den Grotten.

Joseph Auber, der berühmte Maler von Saint Sulpice, machte aus diesem früheren Kloster, das einsam in der Natur an einem Hang liegt, eine Wohnstätte. Das unveränderte Interieur weist jenen Stil auf, der Ende des 19. Jahrhunderts vorherrschte. Die überall anzutreffende Spätgotik, ob Fresken, Gemälde, Skulpturen oder Teppiche, ist einzigartig. Große, unveränderte und etwas altmodische, aber dennoch komfortable Zimmer. Jovialer, natürlicher Empfang. Üppiges Frühstück und vor allem ein wunderbarer Blick aufs Tal.

FRANCHE-COMTE

236 - Rue du Puits

3, rue du Puits
39100 Gévry
(Jura)
Tel. 84 71 05 93
Fax 84 71 08 08
M. und Mme Picard

♦ Ganzj. geöffn. ♦ 5 Zi. m. Bad od. Dusche, WC: 170 F (1 Pers.), 200 F (2 Pers.) + 30 F (zusätzl. Pers.) ♦ Frühst. inkl. ♦ Gemeins. Abendessen: 100 F (Wein inkl.) ♦ Salon ♦ Umgebung: Tennis, Reiten, Golf; Weinberge des Jura u. der Bourgogne, Wald von Chaux ♦ Man spricht Englisch u. Deutsch ♦ **Anreise** (Karte Nr. 19): 8 km südl. von Dole über die N 73 Rtg. Chalon-Beaune, dann links Rtg. Genf die N 5; 1. Ortschaft rechts.

Ehemals ein Dorfgehöft, vermochte dieses große Haus seine alten Balken zu bewahren. Angenehm heller Aufenthaltsraum und frisch renovierte, nett eingerichtete und mit hübschen Stoffen belebte Zimmer. Bei schönem Wetter wird im Garten hinter dem Haus aufgetischt: exzellente, großzügig servierte Gerichte, die dank Monsieur Picards Witz und guter Laune noch besser schmecken! Hervorragendes Frühstück.

237 - Ferme-Auberge de la Bergerie

Crenans
39260 Moirans-en-Montagne
(Jura)
Tel. 84 42 00 50
Fax 84 42 08 60
M. und Mme Baron

♦ Anfang Sept. geschl. ♦ Ausschließl. HP u. VP ♦ 4 Zi. m. Dusche, WC ♦ HP: 220 F pro Pers. im DZ; VP: 280 F pro Pers. im DZ + 50 F f. nur 1 Pers. ♦ Bauerngasthof vor Ort (individ. Tische), Menüs: 65-170 F ♦ Salon ♦ Hunde auf Anfr. erlaubt ♦ Reitcenter vor Ort - Org. von Ausflügen nach Themen ♦ Umgebung: Tennis, See; galloroman. Sehenswürdigk., Schloß Pin ♦ Man spricht Englisch u. Spanisch ♦ **Anreise** (Karte Nr. 19): 38 km südöstl. von Lons-le-Saunier über die N 78 u. die D 470 Rtg. Saint-Claude u. Genf über Moirans; 3 km vor Moirans links auf die D 296 Rtg. Crenans; im Ort.

Hinter einer schönen, aber etwas strengen Steinfassade verbirgt sich ein sehr einladendes Haus. Hier gibt es Werke von begabten Bildhauern zu entdecken, regionales Mobiliar aus hellem Holz, Wände aus Stein und Balken und nicht zuletzt eine besonders aufrichtige Gastfreundschaft. Die Zimmer sind angenehm heiter und die Küche ist ebenso gesund wie wohlschmeckend. Ein idealer, abgelegener Ort für alle, die gerne wandern.

FRANCHE-COMTE

238 - Château Gréa

39190 Rotalier
(Jura)
Tel. 84 25 05 07
Bénédicte und Pierre de Boissieu

♦ Ganzj. geöffn. ♦ 1 Zi. u. 1 Suite (4 Pers.) m. Bad od. Dusche, WC: 360 F (2 Pers.) + 90 F (zusätzl. Pers.) ♦ Frühst. inkl. ♦ - 5% (8 Üb.), - 10% (15 Üb.) ♦ Leichtes Essen bei der Ankunft: 60 F (Wein inkl.), Küche steht z. Verf. od. Rest. ab 3 km ♦ Zimmerreinigung auf Wunsch, frische Wäsche alle 2 Tage ♦ Salon ♦ Tel.: Teleservice ♦ Wandern (GR 59), Fahrräder vor Ort ♦ Umgebung: Tennis (3 km), angelegte Seen, 18-Loch-Golfpl. (9 km); Beaune-les-Messieurs, Weinstraße, Schloß Arlay (Raubvögel) ♦ Man spricht Englisch u. Spanisch ♦ **Anreise** (Karte Nr. 19): 12 km südl. von Lons-le-Saulnier, N 83 Rtg. Bourg-en-Bresse u. Lyon (10 km). An der Eisenbahnbrücke von Paisia links Rtg. Rotalier, kurz vor dem Ort links.

An der Weinstraße gelegen, lehnt sich das heiter wirkende "Schloß Gréa" an einige mit Weinreben und Bäumen bepflanzte Hügel an und überragt die Ebene. Die hübsch renovierten Zimmer sind einladend, raffiniert und komfortabel, und ihr Parkettboden glänzt ebenso wie die Badezimmer. Wertvolles altes Mobiliar in allen Räumen. Wunderbarer Salon und Speisesaal für das üppige Frühstück, das bei schönem Wetter auch draußen serviert wird. Äußerst freundlicher Empfang. Eine exzellente Adresse: Kinder sind gern gesehen.

239 - Château d'Epenoux

Route de Saint-Loup
Epenoux
70000 Vesoul
(Haute-Saône)
Tel. 84 75 19 60
Mme Germaine Gauthier

♦ Ganzj. geöffn. ♦ 5 Zi. m. Bad od. Dusche, WC, (4 Zi. m. Tel u. 1 Zi. m. TV): 300-360 F (1-2 Pers.) ♦ Frühst. inkl. ♦ HP: 650-750 F (2 Pers.) ♦ Gemeins. Abendessen: 200 F (Wein inkl.) ♦ Salon ♦ Kreditk.: Eurochecks, Reiseschecks ♦ Umgebung: Schwimmbad, Tennis, Reiten 18-Loch-Golfpl.; Kapelle von Ronchamp (Le Corbusier, 20 km), Luxeuil, die Dörfer Montigny u Charriez. Umgeb. von Vesoul ♦ Man spricht Englisch u. Deutsch ♦ **Anreise** (Karte Nr. 20): 4 km nördl. von Vesoul über die D 10 Rtg. Saint-Loup; am Dorfeingangsschild links.

An einem fünf Hektar großen Park gelegen, ist "Schloß Epenoux" im Besitz einer sehr charmanten Dame, die Sie wie ein Mitglied ihrer eigenen Familie empfangen wird. Die Innenausstattung entspricht dem Stil des 19. Jahrhunderts, ist komfortabel und farbenfroh. Die mit zahlreichen Möbeln und allerlei Gegenständen eingerichteten Zimmer sind groß und harmonisch. Abends treffen sich die Gäste am eleganten, fein gedeckten Tisch, um das Diner für verwöhnte Gaumen zu teilen.

ILE-DE-FRANCE

240 - La Ferme de Vosves

Vosves
77190 Dammarie-les-Lys
(Seine-et-Marne)
Tel. (1) 64 39 22 28 / 64 39 02 26
Mme Lemarchand

♦ Ganzj. geöffn. ♦ 2 Zi. m. Bad od. Dusche, WC u. 1 Nebenzi.: 200 F (1 Pers.), 250 F (2 Pers.) + 220 F (zusätzl. Zi.) ♦ Frühst. inkl. ♦ Kein Speisenangebot - Rest.: "L'Ile aux Truites" in Vulaine ♦ Hunde auf Anfr. erlaubt ♦ Umgebung: Schösser Vaux-le-Vicomte u. Courances; Treidelweg der Seine u. Schleusen, Wald von Fontainebleau, Barbizon ♦ Man spricht Englisch u. Italienisch ♦ **Anreise** (Karte Nr. 9): 15 km nordwestl. von Fontainebleau (A 6, Ausfahrt Nr. 12); N 7 Rtg. Fontainebleau. Hinter Ponthierry links auf die N 472 (3 km); dann rechts Rtg. Vosves.

Dieser Bauernhof liegt am Rand des kleinen Ortes Vosves und ist noch immer in Betrieb. Madame Lemarchand wird Sie sehr freundlich betreuen. Als Kunstmalerin verstand sie es, ihr Haus recht geschmackvoll herzurichten. Für Familien eignet sich besonders die kleine "Suite", die sehr angenehm und im elegant-ländlichen Stil eingerichtet ist. Ansonsten empfehlen wird das "Atelier", das durch seine hohen Balken und großen Dachfenster besonders anheimelnd wirkt. Ausgezeichnetes Frühstück.

241 - Vivescence

9, place Greffulhe
77810 Thomery
(Seine-et-Marne)
Tel. (1) 60 96 43 96
Fax (1) 60 96 41 13
Brigitte Stacke

♦ Zw. Weihnachten u. Neujahr geschl. ♦ 10 Zi. m. Bad od. Dusche, WC, Tel.: 320 F (1 Pers.), 400 F (2 Pers.) + 130 F (zusätzl. Pers.) ♦ Frühst. inkl. ♦ Gemeins. Abendessen: 140 F (Wein u. Kaffee inkl.) - leichtes Mittagessen im Sommer (Garten) ♦ Zimmerreinigung tägl. (außer Wochenende) ♦ Salon ♦ Hunde auf Anfr. erlaubt ♦ Beheizt. Hallenschwimmbad, Sauna, Massage, Yoga, Körper- u. Gesichtspflege, Fahrradverleih (50 F pro T.) vor Ort ♦ Man spricht Englisch ♦ **Anreise** (Karte Nr. 9): 7 km östl. von Fontainebleau; über die A 6 u. die N 7. Beim Obelisk von Fontainebleau die N 6 Rtg. Sens, dann die D 301 links nach Thomery, am Kirchplatz.

Diese Adresse fällt insofern ein wenig aus dem Rahmen, als sie zahlreiche Fitneßaktivitäten anbietet: Sauna, Yoga, Schwimmen... Selbstverständlich kann man hier auch ganz einfach den gepflegten Garten genießen oder sich in den plüschigen Zimmern (mit sehr komfortablen Bädern) wohlfühlen, die Gewürznamen tragen. In diesem Haus mit gelassener Atmosphäre wird größter Wert darauf gelegt, daß jeder seinen Tagesablauf selbst bestimmt.

ILE-DE-FRANCE

242 - Mont au Vent

2, route de Maule
Herbeville
78580 Maule
(Yvelines)
Tel. (1) 30 90 65 22
Mme Turmel

♦ Am 24., 25., 31. Dez., 1. Jan. u. 2 Wo. im Sommer (im Prinzip) geschl. ♦ 5 Zi. (davon 1 m. Tel. u. TV) u. 1 Suite m. Bad, WC: 350-400 F (2 Pers.), Suite: 610 F (4 Pers.) ♦ Frühst. inkl. ♦ Individ. Abendessen auf Bestellung: 100 F (ohne Wein) ♦ Salon ♦ Tennis, Schwimmbad, Teich, 2 Pferdeboxen, Wald vor Ort ♦ Umgebung: Versailles, Saint-Germain-en-Laye, Monet-Haus in Giverny, Thoiry; Golfpl. in Saint-Nom-la-Bretèche ♦ **Anreise** (Karte Nr. 9): 7 km östl. von Orgeval. Autobahnausf. Poissy, dann Rtg. Orgeval. Dort links Rtg. Maule (N 13). Hinter dem Dorf Les-Alluets- le Roi 1. Straße links Rtg. Herbeville; das Haus liegt am Ortseingang.

Trotz der Nähe zu Paris liegt dieses "Ile-de-France"- Haus mit seinem Park in einer unverdorbenen Landschaft. Die Zimmer sind komfortabel: Teppichboden, schöne Dekostoffe in Herbstfarben, schlichte, lackierte Möbel, prächtige Badezimmer. Im Sommer wird das Frühstück auf der Terrasse mit Ausblick serviert, im Winter im schönen Speisesaal. Wunderbarer Salon mit Täfelung aus heller Eiche (18. Jahrhundert). Sehr freundlicher Empfang.

243 - Château de Villepreux

78450 Villepreux
(Yvelines)
Tel. (1) 30 80 50 00 / 30 81 78 00
Fax (1) 30 80 50 01
Comtesse de Saint-Seine

♦ Ganzj. geöffn. ♦ 3 DZ m. Bad, WC ,Tel. u. 7 Zi. m. Bad, WC, Tel.: 900-1200F (2 Pers.) ♦ Frühst. inkl. ♦ Kein Speisenangebot - Rest. ab 500 m ♦ Hunde auf Anfr. erlaubt ♦ Tennis u. Park vor Ort ♦ Umgebung: Golf (wochentags); Versailles (10 km), Dampierre, Rambouillet, Fontainebleau, Thoisy (15 km) ♦ **Anreise** (Karte Nr. 9): 20 km westl. von Paris über die A 12, Ausfahrt Versailles-Ouest, dann die N 307 Rtg. Bailly u. Villepreux.

Das "Château de Villepreux" mit seiner wunderbaren Fassade des 18. Jahrhunderts liegt in einem 20 Hektar großen Park in der Nähe von Paris. Hier werden Sie einzigartige Räume entdecken und freundlich-distinguiert empfangen. Die Innenräume sind im reinem Empire-Stil prächtig ausgestattet. In den ähnlich eingerichteten Gästezimmer konnten die originalen Tapeten größtenteils bewahrt werden; die Badezimmer wurden vor kurzem vollkommen renoviert. Eine Adresse für geschichtsinteressierte Puristen.

LANGUEDOC-ROUSSILLON

244 - Le Rocher Pointu

Plan-de-Dève
30390 Aramon
(Gard)
Tel. 66 57 41 87
Fax 66 57 01 77
Annie und André Malek

♦ Ganzj. geöffn. ♦ 4 Zi., 2 App. (m. Terrasse) u. 2 Studios (m. Terrasse) m. Bad od. Dusche, WC; Zi.: 330 F (1 Pers.), 350-400 F (2 Pers.) + 90 F (zusätzl. Pers.); Studios u. App.: 430-450 F (2-4 Pers.) ♦ Frühst. inkl. (nur bei Zi.) ♦ Kein Speiseangebot (Grill steht z. Verfg.) - Rest. in Aramon ♦ Salon ♦ Tel. ♦ Hunde nicht erlaubt ♦ Schwimmbad ♦ Umgebung: Reiten, Golf, Angeln, Jagd; Avignon, Les Baux, Séguret, Uzès, Tarascon, Saint-Rémy, Séguret, Pont-du-Gard ♦ Man spricht Englisch ♦ **Anreise** (Karte Nr. 33): 12 km westl. von Avignon Rtg. Nîmes, dann die D 2 Rtg. Aramon u. die D 126 Rtg. Saze; ausgeschildert.

In einer hügeligen Heidelandschaft unweit von Avignon liegt dieses typisch provenzalische Haus. Hier werden ein Schwimmbad, ein großer Aufenthaltsraum mit mehreren gemütlichen Sitzecken, kleine, sehr angenehme Zimmer sowie separat gelegene Studios und Appartements mit hübscher Ausstattung angeboten. Überall dominieren Naturtöne mit viel Holz und Stein. Das Frühstück gleicht einem Mini-Brunch und wird im Freien an mehreren grünlackierten Tischen serviert. Auch eine kleine Küche steht den Gästen zur Verfügung. Angenehme Betreuung.

245 - Mas de la ville

1995

rue Basse
30430 Barjac
(Gard)
Tel. 66 24 59 63
M. und Mme Ciaramella

♦ Ganzj. geöffn. (im Winter nur auf Reserv.) ♦ 3 Zi. m. Bad od. Dusche, WC: 230 F (1 Pers.), 230 F (2 Pers.), 330 F (3 Pers.) ♦ Frühst.: 25 F ♦ Kein Speiseangebot - Rest. "L'Esplanade" u. "Auberge Ribes Hautes" (2 bzw. 3 km entf.) ♦ Salon ♦ Hunde auf Anfr. erlaubt ♦ Eig. Schwimmbad ♦ Umgebung: Naturgolfpl., Reiten, Wanderwege, Höhlenbesichtig., Kanu; Uzès, Nîmes, Avignon, Orange, kleine Dörfer u. Rundfahrten "romanische Kunst" ♦ Man spricht Englisch u. Deutsch ♦ **Anreise** (Karte Nr. 33): 40 km von Bollène entf. Autob. A 7, Ausf. Bollène, dann Rtg. Pont-Saint-Esprit u. Barjac.

Hinter seiner strengen Fassade überrascht dieses im Dorf gelegene Haus mit einem großen Blumengarten und dem Schwimmbad. Die Gartenseite mit kleinen Treppen, zahlreichen Balkons und verborgenen Winkeln aller Art ist charmant. Die Zimmer sind angenehm. Wir fanden das mit Balkon und direktem Zugang zum Garten am schönsten. Die beiden anderen gehen zur sehr ruhigen Rue Basse, und das im Obergeschoß hat das größte Badezimmer. Sympathische Betreuung.

LANGUEDOC-ROUSSILLON

246 - Beth

Hameau de Beth
30580 Lussan
(Gard)
Tel. 66 72 94 80
M. und Mme Schuh

◆ Ganzj. geöffn. ◆ 1 Suite m. 3 Zi., Bad, WC: 300 F (2 Pers.) + 100 F (zusätzl. Pers.) ◆ Frühst. inkl. ◆ Kein Speisenangebot - Rest. in Vallerargues (5 km) u. Mejannes (8 km) ◆ Salon ◆ Zimmerreinigung zu Lasten der Gäste ◆ Hunde nicht erlaubt ◆ Eig. Schwimmbad ◆ Umgebung: Golf (25 km), Tennis, Reiten (8 km); Schluchten der Ardèche, Uzès, Lussan, Pont-du-Gard ◆ Man spricht Englisch u. Deutsch ◆ **Anreise** (Karte Nr. 32): 20 km nördl. von Uzès über die D 979. In Lussan Rtg. Malataverne; am Ortseingang rechts; im Weiler von Beth, Chemin du Menir, nach 200 m links.

Von dieser ehemaligen, oberhalb der Ebene gelegenen Schäferei sind lediglich die Steinmauern und das Dach übriggeblieben. Die Innenräume wurden von einem Architekten vollkommen neu gestaltet. Das Ergebnis, eine glückliche Symbiose von Raum und Material, ist sehr gelungen und modern. Die Suite liegt auf mehreren Ebenen, ist ebenso komfortabel wie ästhetisch und verfügt über eine kleine Terrasse. Ausgezeichnete Betreuung und wunderbarer Ausblick.

247 - Château de Ribaute

30720 Ribaute-les-Tavernes
(Gard)
Tel. 66 83 01 66
Fax 66 83 86 93
Comte und Comtesse Chamski-Mandajors

◆ Ganzj. geöffn. ◆ 4 Zi. u. 1 Suite (3 Pers.) m. Bad od. Dusche, WC u. 1 Studio (2 Pers.) m. Bad WC, Kochnische: 350-500 F (2 Pers.), Suite: 600 F (3 Pers.), Studio: 500 F (2 Pers.) ◆ Frühst. 40 F ◆ Gemeins. Abendessen: 150-200 F (Wein inkl.) ◆ Salon ◆ Kreditk. (außer Amex) akzeptier ◆ Hunde auf Anfr. erlaubt (+ 50 F) ◆ Schwimmbad u. Reiten vor Ort ◆ Umgebung: Angeln, Tennis Golf, Ski (Mont Aigoual); Anduze, Nîmes, Camargue, Park der Cevennen ◆ Man spricht Englisch u Deutsch ◆ **Anreise** (Karte Nr. 32): 27 km nordwestl. von Nîmes über die N 106. In Pont-de-Ners die D 982 Rtg. Anduze; nach 5 km rechts die N 110.

Dieses eindrucksvolle Schloß klassischer Schönheit aus dem 17. Jahrhunder ist von einem Park mit Schwimmbad umgeben und angenehm ruhig. Die Eingangshalle mit ihrem doppelten Treppenlauf ist ein Meisterwerk. Die Zimmer sind groß, sehr komfortabel und besonders edel möbliert. Das Abendessen ist ausgezeichnet, die Atmosphäre familiär und freundlich. Ein Adresse, die Sie nicht enttäuschen wird.

LANGUEDOC-ROUSSILLON

248 - Mas de Casty

Boisson
Allègre
30500 Saint-Ambroix
(Gard)
Tel. 66 24 82 33
M. und Mme Mesnage

♦ Ganzj. geöffn. ♦ Mind. 2 Üb. ♦ 4 Zi. u. 1 Studio (Kochnische) m. Dusche, WC: 170-350 F (2 Pers.); Studio: 280-320 F (je nach Saison) u. 1 Suite (2-3 Pers.) m. Bad, WC, Zi. u. Kochnische: 350-500 F (je nach Saison) - Studio u. Suite: nur wöchentlich ♦ Frühst.: 25 F ♦ Kein Speisenangebot - Rest. in Allègre ♦ Salon ♦ Hunde auf Anfr. erlaubt (+ 20 F) ♦ Eig. Schwimmbad ♦ Umgebung: Golf, Kanu/Kajak; Pont-du-Gard ♦ Man spricht Englisch ♦ **Anreise** (Karte Nr. 32): 48 km nordwestl. von Pont-du-Gard über die D 981 Rtg. Uzès, dann die D 979 über Lussan u. die D 37. In Pont-d'Auzon rechts die D 16 Rtg. Barjac.

Seit 20 Jahren haben Michèle und Alain Mesnage Freude daran, ihr kleines Paradies persönlich zu restaurieren, das inmitten der Natur liegt. Die in zwei verschiedenen Häusern untergebrachten komfortablen und behaglichen Zimmer verfügen über einige alte Möbelstücke. Das Frühstück wird entweder auf einer der beiden Terrassen oder im offenen Speiseraum serviert, der von Blumen umgeben ist. Ausgesprochen freundliche Betreuung.

249 - Mas du Platane

Place du Platane
Collorgues
30190 Saint-Chaptes
(Gard)
Tel. 66 81 29 04
Claude und Claudine Vieillot

♦ Vom 15. Juni bis 15. Sept. geöffn. ♦ Mind. 3 Üb. ♦ 2 Zi. m. Dusche, WC: 320 F (2 Pers.) ♦ nur 1 Zi. beheizt ♦ Zimmerreinigung zu Lasten der Gäste ♦ Frühst. inkl. ♦ Kein Sepisenangebot - Rest.: "Jardin d'été" in Brignon (6 km) ♦ Hunde nicht erlaubt ♦ Eig. Schwimmbad ♦ Umgebung: 18-Loch-Golfpl, Tennis, Meer (60 km); Park der Cevennen, Nîmes, die Camargue, Anduze ♦ Man spricht (etwas) Englisch ♦ **Anreise** (Karte Nr. 32): 11 km westl. von Uzès über die D 982 Rtg. Moussac. Hinter Garrigues rechts die D 114. Im Ort hinter dem Schloß.

Dieses unweit vom Zentrum gelegene und in einem entzückenden Garten mit provenzalischen Düften verborgene hübsche Landhaus verfügt über zwei Gästezimmer, die sehr freundlich ausgestattet sind und über angenehme Bäder verfügen. Die hübschen Stoffe und alten Gegenstände sind gut auf die Bruchsteinmauern abgestimmt. Alles liegt zu ebener Erde direkt neben dem Schwimmbad. Ausgezeichnetes Frühstück und sehr freundlicher Empfang.

LANGUEDOC-ROUSSILLON

250 - Hôtel de l'Orange

1995

7, rue des Baumes
30250 Sommières
(Gard)
Tel. 66 77 79 94
M. und Mme Engström

♦ Ganzj. geöffn. ♦ 4 Zi. m. Bad od. Dusche, WC, TV: 280-300 F (1 Pers.), 330-350 F (2 Pers.) ♦ Frühst.: 35 F ♦ Kein Speisenangebot - Rest. "L'Auberge du Pont Romain" u. "L'Evasion" in Sommières ♦ Salon ♦ Hunde erlaubt (+ 20 F pro Tag) ♦ Eig. Schwimmbad ♦ Umgebung: 18-Loch-Golfpl. (30 km), Tennis, Schloß Sommières, Dörfer der Umgebung, Nîmes (30 km) ♦ Man spricht Englisch u. Deutsch ♦ **Anreise** (Karte Nr. 32): im Dorf Sommières, ab Nîmes: D 40.

Das "Hôtel de l'Orange" liegt mitten im Dorf und ragt aus den Häusern dieses mittelalterlichen (aber kaum restaurierten) Dorfes hervor. Mit Ausnahme der großen Räume im Erdgeschoß ist alles um die zentrale Treppe dieses schönen alten Stadtpalais' aus dem 17. Jahrhundert herum angeordnet. Die Zimmer im Obergeschoß sind höchst angenehm, und das auf dem Dach installierte Schwimmbad ist für ein Stadthaus besonders originell. Kosmopolitischer Empfang: die Hotelbesitzer kommen aus Irland bzw. Schweden.

251 - Cruviers

Route de Saint-Ambroix
Cruviers-Larnac
30700 Uzès
(Gard)
Tel. 66 22 10 89
Thérèse Delbos

♦ Ganzj. geöffn. ♦ 4 Zi. m. Dusche, WC: 280 F (2 Pers.), 330 F (3 Pers.), 380 F (4 Pers.) ♦ Frühst. inkl. ♦ HP: + 80 F pro Pers. u. Mahlz. ♦ Bauerngasthof mittags/abends (individ. Tische) ♦ Salon ♦ Hunde auf Anfr. erlaubt ♦ Umgebung: 9-Loch-Golfpl., Schwimmbad, Tennis, Reiten (4 km); Uzès, Pont-du-Gard, Schluchten des Gardon, Nîmes, Anduze, Avignon ♦ **Anreise** (Karte Nr. 33): 5 km nördl. von Uzès Rtg. Lussan (Autob.: Ausf. Remoulins-Pont du Gard).

In dieser ehemaligen, gut renovierten "Auberge" stehen den Gästen vier Zimmer zur Verfügung. Alle gehen nach Süden, sind recht komfortabel und (da mit Zwischenstockwerk) ideal für Familien. Im kleinen Restaurant (mit guter, bodenständiger Küche) fallen die besonders schönen provenzalischen Stoffen auf. Die junge Gastgeberin wird Sie besonders freundlich empfangen.

LANGUEDOC-ROUSSILLON

252 - Le Grand Logis

1995

Place de la Madone
30210 Vers-Pont-du-Gard
(Hérault)
Tel. 66 22 92 12
M. Maurice Chabrat

♦ Vom 15. Nov. bis 15. Febr. geschl. (sonst nur auf Reserv. geöffn.) ♦ 3 Zi. m. Bad, WC: 250 F (1 Pers.), 300 F (2 Pers.) ♦ Frühst. inkl. ♦ Kein Speisenangebot - Rest. 2 bzw. 6 km entf. ♦ Salon ♦ Zimmerreinigung auf Wunsch; frische Bettwäsche alle 3 Tage ♦ Kl. Hunde erlaubt ♦ Umgebung: Baden im Gardon, Tennis im Dorf; Pont du Gard, Uzès, Avignon, Nîmes ♦ Man spricht Englisch u. Spanisch ♦ **Anreise** (Karte Nr. 31 u. 32): Autob. 9, Ausf. Remoulins, dann Rtg. Uzès Pont-du-Gard (linkes Ufer), D 981, dann 1. Straße rechts hinter Bégude-de-Vers.

Das an der Place de la Madone gelegene Haus macht mit dem Kupferschild "Chambres d'Hôtes" auf sich aufmerksam. Von Monsieur Chabrat, einem früheren Antiquitätenhändler, geschmackvoll renoviert, liegt dieses ausgesprochen hübsche Haus mit einem wunderbaren schmiedeeisernen Balkon in einem netten Dorf. Um die Zimmer bei heißem Wetter möglichst kühl zu halten, sind tagsüber die Fensterläden geschlossen. Eine ausgetretene Treppe führt zu den sehr schlichten Zimmern mit alten Möbeln, bestickten Leinen-Bettüchern und gepflegten Wänden mit kleiner Borte. Im reizenden Garten und auf der Terrasse im Obergeschoß kann man die Sonne genießen.

253 - Domaine de la Redonde

Montels
34310 Capestang
(Hérault)
Tel. 67 93 31 82
M. und Mme Hugues
de Rodez-Bénavent

♦ Ganzj. geöffn. ♦ 1 Suite (2 Pers.) u. 1 Studio (4 Pers.) m. Bad, WC: Suite 400-500 F; Studio 430-500 F (je nach Saison) ♦ Frühst. inkl. ♦ Kein Speisenangebot - Rest. in Umgebung ♦ Salon ♦ Zimmerreinigung auf Wunsch, sonst: Gäste ♦ Kl. Hunde auf Anfr. erlaubt ♦ Eig. Schwimmbad ♦ Umgebung: Tennis, Reiten, Golf; Schleppkähne Canal du Midi, Meer, Carcassonne, Abtei Fontfroide, Minerve ♦ Man spricht Englisch u. Spanisch ♦ **Anreise** (Karten Nr. 31 u. 32): 21 km südwestl. von Béziers über die D 11 Rtg. Capestang; südl. von Capestang über die D 16.

Dieses kleine Schloß liegt isoliert inmitten von Weinbergen, und seine jungen Besitzer sind ausgesprochen gastfreundlich. Die Suite und das Studio für Gäste richteten sie erst vor kurzem ein. Sie verfügten über große Räume - ihr guter Geschmack und das erlesene Mobiliar taten den Rest, und man muß zugeben, daß alles sehr gelungen ist. Ein kleiner Weg führt zum Schwimmbad, von wo man die elegante, klassische Fassade des Hauses bewundern kann. Ein wirklich empfehlenswertes Haus, in dem man sich vollkommen frei und sehr gut untergebracht fühlt.

LANGUEDOC-ROUSSILLON

254 - Aux 3 Cèdres

166, avenue des
Deux Ponts
34190 Cazilhac-Granges
(Pyrénées-Orientales)
Tel. 67 73 50 77
Mme Isnard

◆ Ganzj. geöffn. (ausschl. auf Reserv.) ◆ Für Reisende m. Kindern über 12 J. ◆ 1 Zi. (m. TV) u. 1 Suite (3 Pers., 2 Zi.) m. Bad od. Dusche, WC: 250-280 F (1 Pers.), 300 F (2 Pers.) + 100 F (zusätzl. Pers.) ◆ Frühst. inkl. ◆ Kein Speisenangebot - Rest. "Jocelyn' Melodie" (800 m) u. "Ferme Auberge Blancardy" (8 km) ◆ Salon ◆ Zugang z. Fluß (Baden und Angeln) vor Ort ◆ Umgebung: Tennis, Reiten, Wanderwege, Mountainbikes, Kanu/Kajak (im Dorf), 18-Loch-Golfpl. (18 km); Meer (50 km), Demoiselles-Grotten (7 km), Seide-Museum ◆ **Anreise** (Karte Nr. 32): 45 km nordöstl. von Montpellier. Ab Montpellier D 986, dann Ganges (45 km). Dort D 25 Rtg. Cazilhac (500 m).

Madame Isnard machte aus einer ehemaligen, am Ufer des Hérault gelegenen Seidenspinnerei ein freundliches, sehr schmuckes Haus. Für die Ausstattung wurden zahlreiche Blumen und Farben verwandt - wohl um die strenge Straßenansicht zu mildern. Die Wanderer und aktiven Touristen werden das reichhaltige Frühstück zu schätzen wissen. Wer mit schmutzigen Schuhen ins Haus kommt, muß eine Art Überschuhe tragen!

255 - Les Prunus

9, rue des Prunus
34230 Plaissan
(Hérault)
Tel. 67 96 81 16
M. und Mme Colin

◆ Ganzj. geöffn. ◆ Mind. 2 Üb. Nov./Dez./Jan. ◆ 3 Nichtraucher-Zi. ◆ 4 Zi. m. Dusche, WC; 1 Suite (2-3 Pers.) m. Salon, Bad, WC: 210-260 F (2 Pers.) + 60 F (zusätzl. Pers.); Suite: 300 F ◆ Frühst. inkl. ◆ Kein Speisenangebot - Rest.: "Le Beaulieu" in Plaissan ◆ Salon ◆ Hunde auf Anfr. erlaubt ◆ Umgebung: Golf, Meer, Tennis, Reiten, Kanu/Kajak, Schwimmbad; See Salagou, Saint-Guilhem-le-Désert, Canal du Midi ◆ Man spricht etwas Englisch ◆ **Anreise** (Karte Nr. 32): 32 km südöstl. von Montpellier (Autobahnausf. Sète); die D 2 bis Poussan, dann Villeveyrac; ausgeschildert.

Dieses alte Winzerhaus liegt in einem kleinen Dorf und besitzt einen großen Garten. Hier wird in jedem Zimmer mit diversen Gegenständen, Möbeln und erstaunlichen Wandmalereien den dreißiger Jahren gehuldigt. Der Komfort kommt dabei keinesfalls zu kurz, besonders nicht in den netten kleinen Badezimmern. Die gute Betreuung, das angenehme Frühstück (es wird bei schönem Wetter draußen serviert) und die sehr günstigen Preise sind ewähnenswert. Eine ausgesprochen interessante Adresse.

LANGUEDOC-ROUSSILLON

256 - Domaine de Fon de Rey

Route de Pezenas
34810 Pomérols
(Hérault)
Tel. 67 77 08 56
Fax 67 77 08 56
M. und Mme Poisson

♦ Jan. u. Febr. geschl. ♦ Mind. 3 Üb. in Hochsaison ♦ 6 Zi. (davon 3 für 3 Pers.) m. Bad od. Dusche, WC: 230 F (1 Pers.), 250-300 F (2 Pers.), 350 F (3 Pers.) ♦ Frühst. inkl. ♦ HP: 205-230 F pro Pers. ♦ Individ. Essen: 70-80 F ♦ Salon ♦ Tel. ♦ Hunde auf Anfr. erlaubt ♦ Schwimmbad, Billard, Tischtennis, Spaziergänge u. Radtouren; Kurse f. bleigefaßte Fenster vor Ort ♦ Umgebung: Meer (10 km), 18-Loch-Golfpl. (10 km), Tennis, Kanu/Kajak; Pezenas, Canal du Midi, Domitian-Weg, Teich von Thau ♦ Man spricht Englisch u. Spanisch ♦ **Anreise** (Karte Nr. 33): 44 km südwestl. von Montpellier entf., Autob. A 9, Ausf. Agde, Rtg. Saint-Thibery/Florensac, Pomerols, dann Route de Pézenas.

Dieses solide, schöne Haus mit dicken Wänden wurde zwar seinerzeit von Winzern verlassen, ist aber heute von einer netten Familie bewohnt und wurde auch von ihr renoviert. Die Hausbesitzer machen dem "Domaine de Fon de Rey", das außer den praktischen und angenehmen Gästezimmern auch eine Glasbläserei besitzt, alle Ehre. Die Tochter des Hauses bereitet zur Gaumenfreude der Gäste die köstlichen regionalen Gerichte zu. Eine Adresse, die man sich unbedingt merken sollte.

257 - Mas Cammas

66300 Caixas
(Pyrénées-Orientales)
Tel. 68 38 82 27
Fax 68 38 82 27
M. Vissenaeken-Vaes

♦ Von den Osterferien bis Ende Sept. geöffn. ♦ 2 Zi. u. 3 Suiten (4-5 Pers.) m. Dusche, WC: 440 F (2 Pers.); Suiten: 660 F (4 Pers.) ♦ Frühst. inkl. ♦ HP (mind. 2 Üb.): 330 F pro Pers. im DZ (ohne Wein) ♦ Gasthof vor Ort mittags/abends (individ. Tische): 140 F (mit Aperitif, ohne Wein) ♦ Salon ♦ Tel. ♦ Hunde nicht erlaubt ♦ Eig. Schwimmbad ♦ Umgebung: Meer, Berge; Castelnou (mittelalterl. Dorf), Priorei von Serrabone, Collioure ♦ Man spricht Englisch u. Deutsch ♦ **Anreise** (Karte Nr. 31): ca. 25 km südwestl. von Perpignan über die D 612 A u. die D 615. In Fourques rechts die D 2 Rtg. Caixas über Montauriol.

Das "Mas Cammas" liegt an einem Hügel mit Blick auf die Ebene des Roussillon und das Meer in der Ferne. Die Zimmer sind alle weiß getüncht, charmant, wenig möbliert und haben Ausblick aufs Tal. Das in dunklen Tönen gehaltene Eßzimmer besonderen Stils lädt mittags zum kleinen Imbiß und abends zu ausgezeichneten Diners ein. Es gibt viel zu unternehmen, die Atmosphäre ist sehr angenehmen, nur: es ist nicht gerade geschenkt!

MIDI-PYRENEES

258 - Château de Camon

Camon
09500 Mirepoix
(Ariège)
Tel. 61 68 14 05
Fax 61 68 81 56
M. du Pont

♦ Von März bis Ende Nov. geöffn. ♦ 7 Zi. m. Bad od. Dusche, WC: 500-1000 F (2 Pers.) ♦ Frühst. inkl. ♦ Gemeins. Abendessen auf Bestellung: 300 F (alles inkl.) ♦ Kreditk. akzeptiert ♦ Hunde nicht erlaubt ♦ Schwimmbad u. Angeln vor Ort ♦ Umgebung: Tennis, Reiten; Mirepoix, Schlösser der Katharer, prähist. Grotten ♦ Man spricht Englisch ♦ **Anreise** (Karte Nr. 31): 36 km südöstl. von Pamiers über die D 119. In Mirepoix die D 7 Rtg. Chalabre.

Der Park dieses Schlosses aus dem 12. Jahrhundert liegt in der Mitte eines der schönsten Dörfer dieser Gegend. Im Interieur führt ein großer Treppenaufgang aus Stein zu einer Galerie, an der die Gästezimmer liegen. Alle sind komfortabel und unterschiedlich mit edlen alten Möbeln und glänzenden Stoffen ausgestattet. Das Eßzimmer und der Salon verbreiten ein besonders angenehmes Ambiente. Frühstück und Abendessen für verwöhnte Gaumen. Das Schwimmbad liegt im Park.

259 - Saint-Genès

Le Carlaret
09100 Palmiers
(Ariège)
Tel. 61 67 16 31
Fax 61 67 16 31
Familles Szigeti - Dagniaux

♦ Ganzj. geöffn. ♦ 2 Zi. m. Bad, WC, 3 Zi. (davon 2 m. Waschb.) m. gemeins. Dusche u. WC: 170-350 F (2 Pers., je nach Saison) + 50 F (zusätzl. Pers.) ♦ Frühst. inkl. ♦ HP: 150-250 F pro Pers. im DZ ♦ Gemeins. Mittag- u. Abendessen auf Bestellung.: 85 F (Wein inkl.) ♦ Zimmerreinig. auf Wunsch ♦ Salon ♦ Hunde auf Anfr. erlaubt (20 F pro Tag) ♦ Schwimmbad, Fahrräder vor Ort ♦ Umgebung: 18-Loch-Golfpl., Ski (Mts d'Olmes), Kanu, Rafting; romanische Kirchen, Katharer-Schlösser ♦ Man spricht Englisch u. Spanisch ♦ **Anreise** (Karte Nr. 31): 5 km östl. von Pamiers über D 11 Rtg. Belpech, dann Rtg. "Lycée agricole", 1,5 km hinter George rechts.

Ein schlichtes, aber helles und geräumige Haus, das von Cousins geführt wird. Zwei große Zimmer mit Bad und Toilette wurden im Dachgeschoß eingerichtet. Bei den drei schönen anderen Zimmern teilt man sich Dusche und Toilette. Hier ist alles angenehm: der liebenswürdige Empfang, die Bibliothek voller guter Bücher, der TV-Salon. Die im Sommer im Garten servierten Gerichte werden oft mit Produkten vom Hof und aus dem Gemüsegarten zubereitet.

MIDI-PYRENEES

260 - Domaine de Montagnac

09500 Saint-Félix-de-Tournegat
(Ariège)
Tel. 61 68 72 75
Fax 61 67 44 84
Mme Jean Bertolino

♦ Ganzj. geöffn. ♦ 8 Zi. m. Bad od. Dusche, WC (+ 2 Kinderzi.): 270-320 F (2 Pers.) ♦ Frühst. inkl. ♦ HP: 225-250 F pro Pers. im DZ ♦ Kinder unter 12: 1/2 Preis ♦ Gemeins. od. individ. Abendessen: 90 F (Wein inkl.) ♦ Salon, Billard ♦ Tel. ♦ Hunde auf Anfr. erlaubt ♦ Schwimmbad, Mountainbike-Verleih, Reiten vor Ort ♦ Umgebung: Tennis, Golf, Ski ♦ Man spricht Englisch u. Italienisch ♦ **Anreise** (Karte Nr. 31): 66 km südöstl. von Toulouse über die N 20. In Pamiers Rtg. Mirepoix; in Les Pujols links Rtg. Saint-Amadou, dann rechts Rtg. Saint-Félix-de-Tournegat.

Dieses ungewöhnliche Haus liegt einsam, ist mit Blumen umgeben und überragt eine wunderbar typische Landschaft der Ariège. Die Zimmer sind gefällig und haben einen sehr schönen Ausblick, die Ausstattung ist schlicht und ländlich: rustikales Parkett, ausgesuchtes Mobiliar vom Trödler. Angenehme Badezimmer. Frühstück und Abendessen ausgezeichnet. Freundlicher Salon mit Billard.

261 - Le Poulsieu

Cautirac
09000 Serres-sur-Arget
(Ariège)
Tel. 61 02 77 72
Jenny und Bob Brogneaux

♦ Ganzj. geöffn. ♦ 4 Zi. m. Dusche u. WC: 170 F (1 Pers.), 200 F (2 Pers.) + 50 F (zusätzl. Pers.) ♦ Frühst. inkl. ♦ HP: 170 F pro Pers. im DZ ♦ Gemeins. Abendessen: 70 F (alles inkl.) - Mittags steht eine Kochnische zur Verfügung ♦ Salon ♦ Schwimmbad, Reiten u. Ausflüge m. Geländewagen vor Ort ♦ Umgebung: Golf, Tennis; Grotten, Katharer-Schlösser ♦ Man spricht Englisch, Deutsch, Spanisch u. Holländisch ♦ **Anreise** (Karte Nr. 30): 12 km westl. von Foix Rtg. Saint-Girons, dann Col des Marrons über die D 17 bis La Mouline; gegenüber dem Café links, ausgeschildert.

Nachdem sie die ganze Welt bereist hatten, fanden Jenny und Bob Brogneaux hier in einem alten, etwas abgelegenen Bergweiler ihr Zuhause. Die weißgetünchten Zimmer sind schlicht und frisch. Am Tisch der Gastgeber ist die Atmosphäre besonders entspannt und sympathisch. Sehr nette Betreuung.

MIDI-PYRENEES

262 - Baudeigne

Las Rives
09120 Varilhes
(Ariège)
Tel. 61 60 73 42
Fax 61 60 78 76
M. und Mme Jean Baudeigne

◆ Ganzj. geöffn. ◆ 4 Zi. m. Dusche, WC, Tel.; 1 Zi. m. eig. Dusche, gemeins. WC, Tel.: 200 F (1 Pers.), 260 F (2 Pers.) + 40 F (zusätzl. Pers.) ◆ Frühst. inkl. ◆ Kein Speiseangebot ◆ Salon ◆ Zimmerreinigung auf Wunsch ◆ Hunde auf Anfrage im Zwinger erlaubt ◆ Schwimmbad, Tennis vor Ort ◆ Umgebung: Golf, Abfahrtski (50 km); roman. Kirchen, Katharer-Schlösser, Grotten ◆ Man spricht Englisch. ◆ **Anreise** (Karte Nr. 31): in Foix die N 20 Rtg. Toulouse bis Varilhes; dann ausgeschildert.

Dieses schöne Herrenhaus liegt in unmittelbarer Nähe zu den Pyrenäen. Im sehr gepflegten Park kann man nicht nur Tennis spielen und schwimmen, sondern auch angeln. Die Zimmer mit Blümchentapete und altem Mobiliar haben alle Ausblick auf den Park und sind sehr ruhig. Das Frühstück wird auf der Terrasse oder in einem schönen Eßzimmer serviert. Ein sehr angenehmer Salon steht den Gästen ebenfalls zur Verfügung. Die Betreuung ist freundlich und unaufdringlich.

263 - Ferme-Auberge de Quiers

Compeyre
12520 Aguessac
(Aveyron)
Tel. 65 59 85 10
M. und Mme Lombard-Pratmarty

◆ Von Ostern bis Allerheiligen geöffn. (auf Reserv.) ◆ 6 Zi. m. Bad od. Dusche, WC (davon 1 Zi. f. 4-6 Pers. m. Mezzanin): 200 F (2 Pers.), Zi. m. Mezzanin: 300 F (4 Pers.) + 30 F (zusätzl. Pers.) ◆ Frühst.: 25 F ◆ HP: 195 F pro Pers. im DZ außer an Ruhetagen (mind. 2 Üb.) ◆ Individ. Abendessen: 80-95 F (ohne Wein), außer montags u. mittwoch außer Saison, auf Bestellung ◆ Zimmerreinigung einmal wöchentl. ◆ Kreditk.: Visa ◆ Umgebung: Reiten, Angeln ◆ **Anreise** (Karten Nr. 31 u. 32): in Millau die N 9 Rtg. Severac. In Aguessac die D 907 bis Compeyre; dann ausgeschildert.

Diese bäuerliche Herberge unweit des mittelalterlichen Dorfes Compeyre liegt oberhalb einer Hügellandschaft. Zu den in einer ehemaligen Scheune eingerichteten Gästezimmern hat man direkten Zugang. Sie sind angenehm und besitzen Charme: weißes Mauerwerk, Mobiliar aus Naturholz und einige rosa oder blaue Farbtupfer. Das Frühstück und das gute Abendessen (meist regionale Küche) werden in den beiden rustikalen Eßzimmern der serviert.

MIDI-PYRENEES

264 - Château de Saint-Léons

12780 Saint-Léons
(Haute-Garonne)
Tel. 65 61 84 85
Fax 65 61 82 30
Odile und Marc Chodkiewicz

1995

♦ Ganzj. geöffn. ♦ 2 Zi. m. Bad, WC, 1 Nebenzi. m Waschb. u. WC: 330 F (1 Pers.), 400 F (2 Pers.) + 90 F (zusätzl. Pers.) ♦ Frühst. inkl. ♦ Gemeins. Abendessen: 130 F (Wein inkl.) Kinder bis zu 12 J.: 65 F ♦ Salon ♦ Hunde auf Anfr. erlaubt ♦ Gärten u. Park vor Ort ♦ Umgebung: Wanderungen (gekennz. u. botan. Wege), Tennis (8 km), Mountainbikes; Museum Henri-Fabre, Tarn-Schluchten, Roquefort ♦ Man spricht Englisch, Deutsch, Italienisch u. Schwedisch ♦ **Anreise** (Karte Nr. 31): 20 km nördl. von Millau, Rtg. Rodez (D 911). Ausfahrt Bois-du-Four. Nach 4 km Saint-Léon: ab Ortseingang ist das Schloß ausgeschildert.

Dieses Schloß aus dem 15. Jahrhundert wurde ursprünglich zum Schutz des Dorfes errichtet. Das erklärt auch seine Lage. Der terrassierte Garten liegt über den Dächern der Häuser des sanftes Muze-Tales. Die Räume sind recht groß, und deshalb gibt es auch nur drei pro Etage. Die Gemeinschaftsräume für die Gäste und die "Schloßherren" liegen im Erdgeschoß. Die Gästezimmer sind im Obergeschoß untergebracht. Zwei von ihnen, sehr groß und verfügen über Bäder in den Türmen; das dritte Zimmer ohne Bad ist das Nebenzimmer - alle verfügen über viel Charme und sind edel ausgestattet.

265 - Château de Croisillat

31460 Caraman
(Haute-Garonne)
Tel. 61 83 10 09
M. Guérin

♦ Vom 15. März bis 15. Nov. geöffn. ♦ 1 Zi. m. Bad, WC; 4 Zi. m. Bad od. Dusche, 3 gemeins. WC: 350-500 F (1 Pers.), 450-600 F (2 Pers.) ♦ Frühst. inkl. ♦ Kein Speisenangebot - Rest.: "La Ferme d'En Bouyssou" (10 km) ♦ Salon ♦ Hunde auf Anfr. erlaubt ♦ Schwimmbad, Pferdeboxen, Angeln vor Ort ♦ Umgebung: Golf; Albi, Castres ♦ Man spricht Englisch u. Deutsch. ♦ **Anreise** (Karte Nr. 31): 23 km östl. von Toulouse über die N 126. In Montauriol die D 1. An der Ausfahrt Caraman die D 1 Rtg. Revel; nach 2,5 km rechts die Platanenallee; ausgeschildert.

Dieses sehr alte, ganz mit wildem Wein bedeckte Haus ist von mehreren Terrassen umgeben. Im Salon und im Speisesaal gibt es zahlreiche bunt zusammengewürfelte Erinnerungen, das Mobiliar ist spanischen Stils oder aus dem 17. Jahrhundert; wenn auch etwas altmodisch, so ist das alles doch recht charmant und komfortabel. Bei Ihrem nächsten Aufenthalt werden Sie höchstwahrscheilich in den Genuß vollkommen renovierter Bäder kommen. Besonders anspruchsvolle Gäste reservieren die Zimmer "Empire" oder "Louis XV." Freundliche Betreuung und angenehmer Park.

MIDI-PYRENEES

266 - Serres d'en Bas

Route de Nailloux
31550 Cintegabelle
(Haute-Garonne)
Tel. 61 08 41 11
M. und Mme Deschamps

♦ Ganzj. geöffn. ♦ 2 Zi. u. 1 Suite (4 Pers.) m. Bad od. Dusche, WC: 195 F (1 Pers.), 220-250 F (2 Pers.) 60 F (zusätzl. Pers.) ♦ Frühst. inkl. ♦ Gemeins. Mittag- u. Abendessen: 85 F (alles inkl.) ♦ - 10% ab 5. Üb. ♦ Gastronom. Wochenende (1 Üb. 2 Mahlzeiten u. Frühstück): 550 F (2 Pers.) ♦ Salon ♦ Tel.♦ Waschservice ♦ Hunde auf Anfr. erlaubt ♦ Schwimmbad, Volleyball, Krocket, Federball vor Ort ♦ Umgebung: Reiten (18 km), Angeln (3,5 km), Wassersport (See Nauilloux); Cintegabelle, "Pigonnier" von Wissous, Monglard ♦ Man spricht Englisch u. Spanisch ♦ **Anreise** (Karte Nr. 31): 40 km südl. von Toulouse. Ausf. N 20 (Toulouse), Auterive durchfahren, nach 7 km links Rtg. Cintegabelle, dann 3,5 km bis Nailloux.

Dieses gastfreundliche, rustikale und einstöckige Haus liegt mitten im Grünen auf einem jener Hügel, die die Landschaft des Lauraguais kennzeichnen. Zimmer und Suite sind komfortabel mit modernen Badezimmern ausgestattet. Sobald das Wetter es erlaubt, hält man sich draußen auf, denn man kann den Blick von der hübschen Hügellandschaft ganz einfach nicht abwenden. Freundliche, aufmerksame Gastgeber.

267 - Château de Larra

Larra
31330 Grenade-sur-Garonne
(Haute-Garonne)
Tel. 61 82 62 51
Baronne de Carrière

♦ Von Ostern bis Allerheiligen geöffn. ♦ 2 Zi. u. 2 Suiten m. Bad od. Dusche, WC: 350-400 F (2 Pers.); Suiten: 500 F (4 Pers.) ♦ Frühst. inkl. ♦ Gemeins. Abendessen: 100-120 F (Wein inkl) ♦ Salon ♦ Hunde auf Anfr. erlaubt ♦ Umgebung: Reiten, Golf; Abtei Belleperche, Caumont, Pibrac, Montauban, Toulouse ♦ **Anreise** (Karte Nr. 30): 30 km nordwestl. von Toulouse. A 62, Ausfahrt Nr. 10, dann N 20 Rtg. Grisolles, Ondes, Grenade. Ab Grenade (D 87) ausgeschildert.

Das Ambiente des 18. Jahrhunderts blieb in diesem Schloß vollständig erhalten: Gemälde und Louis-XV-Mobiliar im Salon, Stuck im Speisesaal und eine sehr große, mit einem wunderbaren schmiedeeisernen Geländer verzierte Treppe. Die Zimmer sind groß, angenehm und ein bißchen altmodisch, haben aber Charme. Frühstück und Abendessen von höchster Güte. Auch Sie werden die Dynamik von Madame de Carrière schätzen.

MIDI-PYRENEES

268 - Stoupignan

31380 Montpitol
(Haute-Garonne)
Tel. 61 84 22 02
Mme Claudette Fieux

1995

♦ Ganzj. geöffn. ♦ 4 Zi. m. Bad od. Dusche, WC: 240 F (1 Pers.) 320 F (2 Pers.) + 80 F (zusätzl. Pers.) ♦ Frühst. inkl. ♦ Gemeins. Abendessen: 120 F (Wein inkl.) - Rest. 1 bzw. 5 km entf. ♦ Salon ♦ Hunde auf Anfr. erlaubt ♦ Tennis, See vor Ort ♦ Umgebung: Reiten (18 km), Schwimmbad (4,5 km), Golfpl. von Palmola (7 km); Verpeil (Dorf), Lavaur (Kathedrale) ♦ Man spricht Englisch u. Spanisch ♦ **Anreise** (Karte Nr. 31): 20 km nördl. von Toulouse über N 88 (Rtg. Albi) bis Montastruc. 500 m hinter der Ampel D 30 Rtg. Lavaur-Montpitol, dann rechts nach Stoupignan.

In diesem schönen Haus im Louis-XIII-Stil am Rande des Laurageais werden Sie von Madame Fieux aufs herzlichste empfangen. Die vier geräumigen und im alten Stil ausgestatteten Zimmer sind ebenso elegant wie die Badezimmer, die Wäsche und das Besteck. Auf Bestellung wird Ihnen ein köstliches Abendessen (regionale Küche) serviert. Bewaldeter Park und Blick auf die Hügellandschaft. Eine besonders charmante Adresse.

269 - Domaine de Ménaut

Auzas
31360 Saint-Martory
(Haute-Garonne)
Tel. 61 90 21 51
(während der Essenszeiten)
Mme Jander

♦ Ganzj. geöffn. ♦ 1 Zi. u. 1 Suite m. 2 Zi. (4 Pers.) m. Bad, WC: 350 F (2 Pers.), 600 F (3-4 Pers.) ♦ Frühst. inkl. ♦ Gemeins. od. individ. Essen mittags/abends auf Bestellung: 70 F (Wein inkl.) ♦ Salon ♦ Garage ♦ Haustiere nicht erlaubt ♦ Seen, Angeln u. Baden vor Ort ♦ Umgebung: Foto-Safaris, Tennis, Ski, Golf; Katharer-Schlösser, Museen ♦ Man spricht Englisch u. Deutsch ♦ **Anreise** (Karte Nr. 30): ca. 20 km östl. von Saint-Gaudens. Toulouse N 117, in Boussens Rtg. Mancioux, dann D 33. Nach 5 km vor der D 52 rechts auf den kleinen Weg abbiegen u. der Einfriedigung entlangfahren.

Die "Domaine de Ménaut" liegt vollkommen abgeschieden in einer 90 Hektar großen Besitzung mit viel Wald und drei Seen. Die Innenausstattung ist tadellos, schlicht und gepflegt. Elegante Stilmöbel zieren Eßzimmer und Salon. Die komfortablen Gästezimmer sind mit schönen Bädern ausgestattet und haben eine nach Süden gelegene Terrasse, auf der im Sommer das Frühstück serviert wird. Ein Ort, den Naturfreunde und Ruhebedürftige besonders schätzen werden.

MIDI-PYRENEES

270 - La Chavinière

32120 Avensac
(Gers)
Tel. 62 65 03 43
Fax 62 65 03 23
Yveline und Thierry Morel

1995

♦ Ganzj. geöffn. ♦ 4 Zi. m. Bad, WC: 350-420 F (2 Pers.)♦ Frühst.: 40 F ♦ Gemeins. Abendessen: 200 F (Wein inkl.) ♦ Salon ♦ Hunde auf Anfr. erlaubt ♦ Schwimmbad, Angeln am Teich, Fahrräder vor Ort ♦ Umgebung: 9-Loch-Golfpl. (30 km), Tennis; Besichtigung von Landhäusern, Schlössern u. Armagnac-Weinkellern; Rundf. Antiquitätenhändler ♦ Man spricht Englisch u. Spanisch ♦ **Anreise** (Karte Nr. 30): 40 km südwestl. von Montauban. Autob. A 62 Rtg. Toulouse, Ausf. 9 Castelsarrazin, dann D 928 Rtg. Auch. 10 km hinter Beaumont-de-Lomagne kleine Straße rechts, dann "La Chavinière".

Dieses große Herrenhaus liegt mitten auf dem Land und ist zudem von einem Park umgeben. Die Innenräume sind wunderbar: Terrakotta- oder helle Holzplatten als Bodenbelag, alte Möbel aus dem Familienbesitz, hübsche Dekostoffe, dekorative Gegenstände... Alles ist geschmackvoll aufeinander abgestimmt. Die einwandfreien Zimmer sind mit der gleichen Sorgfalt ausgestattet (Badezimmer teils prachtvoll, teils originell). Das Abendessen wie auch die von Madame und Monsieur Morel geschaffene freundschaftliche Atmosphäre sind nicht zu überbieten.

271 - Le Petit Robin

32120 Avensac
(Gers)
Tel. 62 66 45 06
Mme Sylviane Hantzperg

1995

♦ Ganzj. geöffn. ♦ Für Nichtraucher ♦ 1 Zi. m. Bad, WC: 250 F (2 Pers.) u. 2 Zi. m. gemeins. Bad u. 2 WC: 220 F (2 Pers.) + 110 F (zusätzl. Pers.) ♦ Frühst. inkl. ♦ Kein Speiseangebot - Bauernstube 5 km u. Rest. 8 km entfernt ♦ Salon ♦ Hunde nicht erlaubt ♦ Fahrräder vor Ort ♦ Umgebung: Schwimmbad, Tennis, künstl. See, Reiten, Angeln, Bogenschießen, 9-Loch-Golfpl. (30 km) ♦ Man spricht Englisch, Italienisch u. ein wenig Deutsch ♦ **Anreise** (Karte Nr. 30): 45 km südwestl. von Montauban. Rtg. Auch über Beaumont-de-Lomagne, dann D 928. 8 km hinter Beaumont rechts D 556 bis Avensac, dann Rtg. Pessoulens: 3. Haus rechts.

Dieses kleine, auf dem Land gelegene gepflegte Haus verfügt über einen vollkommen neuen Flügel für die Gäste: ein komfortables Zimmer mit schönem Bad; zwei andere, für Familien geeignet, teilen sich Badezimmer (Dusche) und Toiletten. Das reichhaltige Frühstück wird entweder in einem hübschen Raum des Haupthauses oder draußen serviert. Brot und Konfitüren sind hausgemacht. Empfang höflich und diskret. Eine ideale Adresse für Ruheliebende.

MIDI-PYRENEES

272 - Ferme de Mounet

Avenue de Parleboscq
32800 Eauze
(Gers)
Tel. 62 09 82 85
Fax 62 09 77 45
M. und Mme Molas

♦ Von Ostern bis Allerheiligen geöffn. ♦ 3 Zi. m. Bad od. Dusche, WC: 250-350 F (2 Pers.) ♦ Frühst. inkl. ♦ HP: 220 F pro Pers. im DZ (200 F ab 4. Üb.) ♦ Gemeins. Abendessen: 90-170 F/gastronom. Menü (Wein inkl.) ♦ Salon ♦ Kreditk.: Visa ♦ Hunde erlaubt (außer in den Zi.) ♦ Fahrräder vor Ort ♦ Umgebung: Schwimmbad, Tennis, Reiten, 18-Loch-Golfpl. ♦ Man spricht Englisch ♦ **Anreise** (Karte Nr. 29 u. 30): 39 km nordöstl. von Aire-sur-l'Adour über die N 124 Rtg. Nogaro. In Manciet die D 931 links bis nach Eauze; dem Schild "Foie gras" folgen.

Mitten in den Weinbergen des Armagnac gelegen, ist "Mounet" für die andere Spezialität dieser Gegend bekannt: die Gänseleberpastete. Die Gästezimmer dieses schönen Hauses sind komfortabel und gut renoviert - das größte hat sogar ein Bett mit Baldachin. Leider blickt man von den Zimmern auf ein Landwirtschaftsgebäude. Im großen Eßzimmer rustikalen Stils werden exzellente Abendessen serviert, an denen hin und wieder auch die sympatischen Gastgeber teilnehmen.

273 - Le Moulin de Mazères

32450 Lartigue
(Gers)
Tel. 62 65 98 68
Régine und Raymond Bertheau

♦ Ganzj. geöffn. ♦ 3 Zi. m. Bad od. Dusche, WC: 250 F ♦ Frühstück: 25 F ♦ HP: 250 F pro Pers. (Getränke inkl.) ♦ Gemeins. Abendessen ♦ Zimmerreinigung auf Wunsch ♦ Salon ♦ Schwimmbad, Angeln, Reiten u. Boxen für Pferde vor Ort ♦ Umgebung: Tennis, Squash, Reiten, 18-Loch-Golfpl. in Auch (20 km); Auch (Kathedrale), Castelau, Barbarens, befestigte Kirche ♦ Man spricht Englisch ♦ **Anreise** (Karte Nr. 30): 17 km südöstl. von Auch. Rtg. Toulouse, in Aubiet D 40, hinter Castelnau 3,5 km Rtg. Héréchou (D 40).

Diese hübsche alte Mühle, an einer kleinen Straße gelegen und geschmackvoll restauriert, ist umgeben von Natur und Frische. In den drei geräumigen Zimmern hört man das Wasser rauschen. Vor allem eines gibt dank seiner großen Fensterfront den Blick auf den Mühlbach frei. Hier sind Reiter mit ihren Pferden gern gesehen. Auch das Schwimmbad und das reichhaltige, von Madame Bertheau zubereitete Frühstück tragen zum Entspannen und zum Wohlbefinden bei, das man hier empfindet.

MIDI-PYRENEES

274 - Le Vieux Pradoulin

32700 Lectoure
(Gers)
Tel. 62 68 71 24
Mme Martine Vetter

◆ Ganzj. geöffn. ◆ 1 Suite (m. 1 Zi. u. Salon) u. 2 andere Zi. m. 1 gemeins. Bad u. WC: 210-230 F (2 Pers.) ◆ Frühst. inkl. ◆ Kein Speisenangebot - Rest.: "Le Bastard" (1 km) ◆ Salon ◆ Tel. ◆ Hunde nicht erlaubt ◆ Umgebung: Schwimmbad, Tennis, Angeln, Reiten, Golf; Castelnaux u. Sauvetés (Rundf. zur Besichtig. der Landhäuser) Zisterzienserabtei, Klöster, Schlösser, Weinkeller ◆ Man spricht etwas Englisch ◆ **Anreise** (Karte Nr. 30): nördl. von Auch Rtg. Agen (N 21). An der Kreuzung Lectoure: Route de Condom, nach 500 m links.

Den möglichen Streß der Autofahrt vergißt man sehr schnell, wenn man hier ankommt, denn dieses Haus verbreitet wohltuende Ruhe. Zuvor stand an dieser Stelle ein galloromanisches Haus, und "Le Vieux Pradoulin" besitzt noch einige seiner Überreste wie Öllampen und Terrakottafragmente. Die liebevoll eingerichteten Zimmer haben alle Ausblick auf den Garten, und die alten Betten sind erstaunlich bequem. Daß es nur ein Bad gibt, stört kaum. Hier ist alles dermaßen schön, daß man diesen kleinen Nachteil rasch vergißt. In dieser freundlichen, vollkommen ungezwungenen Atmosphäre wird man Sie wie Freunde empfangen.

275 - La Tannerie

32170 Miélan
(Gers)
Tel. 62 67 62 62
M. und Mme Bryson

◆ Ganzj. geöffn. ◆ 3 Zi. m. Bad, WC: 290 F (2 Pers.) - Frühst. inkl. ◆ HP: 225 F pro Pers. im DZ ◆ Gemeins. Abendessen: 85 F (Wein inkl.) ◆ Salon ◆ Pétanque ◆ Umgebung: Tennispl. im Dorf, Reiten (1 km), 18-Loch-Golfpl. in Masseube (25 km), Wassersport (14 km), Baden in Lupiac (20 km), Angeln; Talkessel von Gavarny, Landhäuser u. Kirchen ◆ Man spricht Englisch u. Spanisch ◆ **Anreise** (Karte Nr. 30): 40 km südwestl. von Auch, N 21 Rtg. Tarbes. In Miélan kleine Straße rechts vor der Kirche.

Wie könnte man diesem schönen Landsitz, dieser Balustraden-Terrasse und vor allem der liebenswürdigen Hausbesitzerin, Madame Bryson, widerstehen. In den geräumigen und hellen Zimmern kann man sich einen Kaffee oder Tee zubereiten. Im Erdgeschoß sind der Lese- und Fernsehraum sowie das Eßzimmer ausgesprochen angenehm. Bei schönem Wetter werden Frühstück und Abendessen unter den Sonnenschirmen serviert. Die Vorteile dieses Hauses sind der Empfang, die Ruhe, die Entspannung und der hübsche Blick auf die umliegenden Hügel.

MIDI-PYRENEES

276 - Le Pigeonnier

32380 Pessoulens
(Gers)
Tel. 62 66 49 25
M. und Mme Jeangrand

♦ Ganzj. geöffn. ♦ 1 Zi. m. Bad, WC; 1 Nebenzi. f. Kinder: 240 F (2 Pers.) ♦ Frühst. inkl. ♦ Kein Speisenangebot - Bauernstube "Jouars" (1 km) u. "L'Estramiac" (4 km) ♦ Salon ♦ Tel. ♦ Hunde nicht erlaubt ♦ Umgebung: Schwimmbad, Tennis, Angeln (See), Freizeitzentrum Solomiac (8 km) ♦ Man spricht Italienisch, Spanisch u. ein wenig Englisch ♦ **Anreise** (Karte Nr. 30): nordöstl. von Toulouse über die D 2 u. die D 3. In Beaumont-de-Lomagne die D 928 Rtg. Auch u. die D 18 in Rtg. Saint-Clar; im Ort.

Dank Madame und Monsieur Jeangrand werden Sie sich hier sofort wohl fühlen. Beide waren früher Lehrer; heute empfangen Sie Gäste in ihrem hübschen Haus. Das einzige Zimmer verfügt über viel Komfort. Die Einrichtung in Blaßrosa und Weiß ist ein wenig kitschig. Vom Eßzimmer blickt man in den hübschen Garten, und das Frühstück mit Kuchen, diversen Konfitüren und Apfelkompott ist ein echter Gaumenschmaus.

277 - En Bigorre

32380 Tournecoupe
(Gers)
Tel. 62 66 42 47
Jean und Jacqueline Marqué

♦ Ganzj. geöffn. ♦ 5 Zi. m. Dusche, WC: 190 F (2 Pers.) ♦ Frühst.: 25 F ♦ HP: 190 F pro Pers. im DZ ♦ Gemeins. Abendessen: 70 F (alles inkl.) ♦ Salon ♦ Zimmerreinigung auf Wunsch ♦ Tel. ♦ Schwimmbad, Pferdeboxen, Angeln vor Ort ♦ Umgebung: Tennis, Golf; Saint-Clar, Cologne, Avezan, Solomiac ♦ **Anreise** (Karte Nr. 30): 40 km südl. von Agen über die N 21 Rtg. Lectoure, dann links die D 27. Vor Lectoure Rtg. Saint-Clar, dann Tournecoupe.

Dieses erst kürzlich renovierte Haus ist von einem Garten umgeben und deshalb auch sehr ruhig. Die Zimmer sind angenehm, vertäfelt oder weiß gestrichen. Das Frühstück und das Abendessen werden entweder in einem hübschen Eßzimmer oder unter einem Vordach mit offenem Grill und Blick auf das Schwimmbad serviert. Gute regionale Küche zu sehr zivilen Preisen. Sympathische Betreuung.

MIDI-PYRENEES

278 - Château de Cousserans

46140 Belaye
(Lot)
Tel. 65 36 25 77
Fax 65 36 29 48
M. und Mme Georges Mougin

♦ Von Juni bis Okt. geöffn. ♦ 4 Zi. m. Bad, WC: 700-800 F ♦ Frühst. inkl. ♦ Kein Speisenangebot - Rest. in Lascabanes u. Saint-Medard-Catus ♦ Musiksalon (Orgel und 2 Klaviere) ♦ Angeln vor Ort ♦ Umgebung: Lauzerte, Montcuq, Rundf. prähistorische Sehenswürdigkeiten ♦ Man spricht Englisch u. Spanisch ♦ **Anreise** (Karte Nr. 30): 30 km von Cahors über die D 911. In Castelfranc links nach Anglars, dann die D 45 Rtg. Montcuq.

Das Schloß ragt aus einer Baumgruppe an der Biegung einer kleinen Straße hervor. Sein mittelalterliches Äußeres bildet einen interessanten Kontrast zur komfortablen Inneneinrichtung. Ein Aufzug bringt Sie zu den Zimmern, die komplett renoviert, sehr groß, ausgesprochen komfortabel und mit einigen alten Mahagoni-Möbeln eingerichtet sind. Der Musiksalon ist sehr einladend. Das Frühstück wird in einem Speisesaal mit Deckengewölbe eingenommen, und im Sommer auf der Schloßterrasse.

279 - Domaine de Labarthe

46090 Espère
(Lot)
Tel. 65 30 92 34
Fax 65 23 97 10
M. und Mme Claude Bardin

1995

♦ Ganzj. geöffn. 3 Zi. (davon 1 Zi. m. TV) u. 1 Suite (3 Pers., Kochnische, TV, Tel.) m. Bad, WC: 350-500 F (2 Pers.) ♦ Frühst. inkl. ♦ Kein Speisenangebot - Rest. "Le Relais des Champs" (2 km) od. "Le Gindreau" (10 km) ♦ Zimmerreinigung tägl.; frische Wäsche alle 3 Tage ♦ Salon ♦ Tel. ♦ Hunde auf Anfr. erlaubt ♦ Eig. Schwimmbad (für Gäste bis 13 Uhr geöffn. od. auf Anfr.) ♦ Umgebung: Tennis (500 m), 9-Loch-Golfpl. (40 km), Höhlenbesichtigung, Wanderwege; Castelnau, Montratier, die Region ist reich an Geschichte ♦ Man spricht Englisch ♦ **Anreise** (Karte Nr. 30): 10 km westl. von Cahors über D 911 Rtg. Villneuve s/Lot. An der Place d'Espère hinter der Telefonzelle links. Einfahrt 10 m weiter.

In diesem schönen, großen und stattlichen Haus aus weißem Stein werden Sie mit ausgesuchter Höflichkeit empfangen; hier können Sie die Ruhe genießen und sich in den klassischen, komfortablen Zimmern mit Blick auf den Park entspannen. Üppiges, im Leseraum für die Gäste serviertes Frühstück. Wer besonders unabhängig sein möchte, wird sich für die im Taubenhaus mit kleinem Garten eingerichtete Suite (mit Kochnische) entscheiden. Bei schönem Wetter kann man sich am Schwimmbad sonnen, das mit viel Grün umgeben ist. Ein bemerkenswertes, traditionelles Haus.

MIDI-PYRENEES

280 - Moulin de Fresquet

46500 Gramat
(Lot)
Tel. 65 38 70 60
M. und Mme Ramelot

♦ Vom 15. März bis 1. Nov. geöffn. ♦ Nichtraucherzi.♦ 5 Zi. m. Dusche, WC (TV auf Wunsch): 230-340 F (2 Pers.) + 75 F (zusätzl. Pers.) ♦ Frühst. inkl. ♦ Gemeins. Abendessen: 100 F (Wein inkl.) ♦ Salon ♦ Hunde nicht erlaubt ♦ Angeln, Ruderboot, Wanderweg vor Ort ♦ Umgebung: Reiten, Schwimmbad, Tennis, Mountainbikes, Kanu/Kajak; Rocamadour, Padirac, Loubressac ♦ Man spricht ein wenig Englisch ♦ **Anreise** (Karte Nr. 24): 800 m südwestl. von Gramat; dort Rtg. Figeac über die N 140, nach 500 m links, Weg: 300 m.

Ganz in der Nähe von Gramat liegt diese alte Mühle sehr ruhig mitten im Grünen. Dank der gelungenen Renovierungsarbeiten ist sie nun sehr komfortabel, hat aber ihren Charme von früher bewahren können. Die Zimmer sind sehr schön eingerichtet, und zwei von ihnen haben einen direkten Ausblick aufs Wasser. Claude und Gérard sind ausgesprochen freundliche Gastgeber, ihre Küche ist bemerkswert, und auf Wunsch servieren sie ihren Gästen einen "foie-gras-Aperitif". Ein wunderbares Haus.

281 - L'Ermitage

46230 Lalbenque
(Lot)
Tel. 65 31 75 91
M. Daniel Pasquier

♦ Ganzj. geöffn. ♦ 3 kl. Häuser m. Dusche, WC, Kochnische, Tel.: 180 F (2 Pers.) ♦ Kein Speiseangebot - Rest.: "Chez Bertier" (im Ort) ♦ Zimmerreinigung ist von den Gästen zu übernehmen ♦ Umgebung: Tennis, Reiten; Saint-Cirq-Lapopie, gallische Ruinen ♦ Man spricht Deutsch ♦ **Anreise** (Karte Nr. 30): 16 km südl. von Cahors über die D 6; am Ortseingangsschild Lalbenque) links.

Diese drei kleinen Häuser, die hier *gariottes* genannt werden und in denen man vollkommen unabhängig wohnt, liegen inmitten eines Trüffeleichenwaldes. Sie sind rund, tadellos, angenehm kühl im Sommer, warm im Winter und verfügen je über eine Kochnische (zum Zubereiten aller Mahlzeiten), ein Bad mit Dusche und ein Doppelbett (das komfortabel, aber ein wenig schmal ist) - und sogar über ein Telefon. Hier wohnt man individuell und sehr preisgünstig.

MIDI-PYRENEES

282 - La Petite Auberge

Domaine de Saint-Géry
Lascabanes
46800 Montcuq
(Lot)
Tel. 65 31 82 51
Pascale und Patrick Duler

♦ Im Jan. u. Febr. geschl. ♦ Im Juli u. Aug. nur mit HP ♦ 5 Zi u. 1 Suite (4-6 Pers.) m. Bad, WC, Tel.: 220-380 F (1-2 Pers.), Suite: 580-630 F (4 Pers.) ♦ Frühst.: 60 F ♦ HP: 280-440 F pro Pers. im DZ ♦ Essen mittags/abends (individ. Tische): 100-350 F (ohne Wein) ♦ Zimmerreinigung alle 2 T. ♦ Hunde auf Anfr. erlaubt ♦ Eig. Schwimmbad ♦ Umgebung: Tennis, Golf (8 km), Wanderwege, Mountainbikes; Schiffsfahrten auf dem Lot ♦ **Anreise** (Karte Nr. 30): 18 km südwestl. von Cahors über die N 20 Rtg. Toulouse, dann die D 653 Rtg. Montcuq u. links Rtg. Lascabanes über die D 7.

In dieser wilden und kalkigen Landschaft des Quercy sind auch die Häuser sehr eigenwillig. Und "La Petite Auberge" ist diesbezüglich bestimmt keine Ausnahme. Die auf mehrere Gebäude verteilten Gästezimmer sind ausnahmslos schön: weiße Wände (mit der Reibscheibe aufgetragene Farbe), romanische Bögen, edles altes Mobiliar, Terrakottaplatten. Wunderbar. Außerdem: angenehme Badezimmer, eine exzellente Verpflegung (regionale Spezialitäten) und eine freundliche, unkomplizierte Betreuung.

283 - Domaine du Barry
Barran

Lieu-dit "Le Barry"
Duravel
46700 Puy-l'Evêque
(Lot)
Tel. 65 24 63 24
M. und Mme J.F. Nioloux

♦ Von Ostern bis Allerheiligen geöffn. ♦ 6 Zi. m. Bad od. Dusche, WC: 250-400 F (1-3 Pers.) ♦ Frühst. inkl. ♦ Gemeins. Abendessen nur auf Bestellung: 105 F (Wein inkl.) - Rest. ab 3 km ♦ Salon ♦ Tel. ♦ Kl. Hunde auf Anfr. erlaubt (+ 10 F pro Tag) ♦ Umgebung: Baden (Lot) Reiten, Schwimmbad, Tennis; Schlösser u. a. Sehenswürdigkeiten ♦ **Anreise** (Karte Nr. 23 u. 30): D 911 zw. Cahors u. Villeneuve-sur-Lot; ab dem Weiler Girard (zw. Puy-l'Evêque u. Duravel) ausgeschildert.

Am Ende eines kleinen Tales gelegen, ist dieses schöne Haus aus hellem ockerfarbenem Stein ein gelungenes Beispiel regionaler Architektur. Die Zimmer sind hell, angenehm, schlicht, sehr komfortabel und haben Ausblick auf die friedliche Landschaft der Weiden und Hügel. Die Betten sind sehr breit und die Badezimmer tadellos. Das große Zimmer hat sogar eine eigene wunderschöne Terrasse, die überdacht ist. Ausgezeichnete lokale Küche und entspannte Atmosphäre.

MIDI-PYRENEES

284 - Domaine de Jean-Pierre

20, route de Villeneuve
65300 Pinas
(Hautes-Pyrénées)
Tel. 62 98 15 08
Fax 62 98 15 08
Mme Marie Colombier

♦ Ganzj. geöffn. ♦ 3 Zi. m. Bad, WC; 1 Zi. ohne Bad (auch: Zi. als Suite): 200 F (1 Pers.), 240 F (2 Pers.) + 60 F (zusätzl. Pers.) ♦ Frühst. inkl. ♦ Kein Speisenangebot - Rest.: "Chez Maurette" u. "Le Relais du Castera" (5 bzw. 7 km) ♦ Salon ♦ Pferdeboxen vor Ort ♦ Umgebung: Schwimmbad, Tennis, Golf; Lourdes, Saint-Bertrand-de-Comminges ♦ Man spricht Englisch ♦ **Anreise** (Karte Nr. 30): 30 km östl. von Tarbes über die N 117 Rtg. Toulouse. 5 km von Lannemezan entf. An der Kirche von Pinas D 158 Rtg. Villeneuve; das Haus liegt 800 m weiter rechts.

Dieses schöne, ganz mit wildem Wein bedeckte Haus ist ruhig am Rand des Dorfes gelegen. Es besitzt einen sehr gepflegten Garten, und alle Zimmer - mit stets eigener Farbe und altem Mobiliar - gehen aufs Grüne. Die modernen Badezimmer sind besonders großzügig gestaltet; die Gesamteinrichtung des Hauses kann als elegant bezeichnet werden. Madame Colombier ist sehr freundlich und bereitet ein ausgezeichnetes Frühstück zu, das bei schönem Wetter auf der Terrasse serviert wird.

285 - Chez Mme Salvador

Place des Arcades
81140 Castelnau-de-Montmiral
(Tarn)
Tel. 63 33 17 44
M. und Mme Salvador

♦ Ganzj. geöffn. ♦ 5 Zi. m. Bad, WC; 1 Zi. m. Bad, gemeins. WC; 1 Suite (2-3 Pers. - mind. 4 Üb.) m. Salon, Küche, Bad, WC: 150-170 F (2 Pers.) + 30 F (zusätzl. Pers.); Suite: 300 F (2-3 Pers.) ♦ Frühst.: 20 F ♦ Kein Speisenangebot - Rest. im Ort ♦ Zimmerreinigung alle 2-3 T. od. auf Wunsch ♦ Salon ♦ Kl. Hunde erlaubt ♦ Umgebung: Schwimmbad, Angeln, Tennis, Reiten, Golf, Besichtig. des Dorfes, Rundf. Besichtig. der Landhäuser ♦ **Anreise** (Karte Nr. 31): 30 km westl. von Albi Rtg. Gaillac, dort Route de Caussade.

An den beiden großen Fensterkreuzen leicht erkennbar, finden Sie dieses Haus am Hauptplatz von Castelnau vor, einem kleinen Meisterwerk aus dem Mittelalter. Die komfortablen Gästezimmer sind schlicht und rustikal eingerichtet. Im Salon kann man einen außergewöhnlichen Kamin im Louis-XIII-Stil bewundern. Das Frühstück wird entweder in jenem Raum serviert, der als Eßzimmer und Teesalon dient, oder draußen unter den Arkaden. Angenehme Betreuung.

MIDI-PYRENEES

286 - Château de Garrevaques

81700 Garrevaques
(Tarn)
Tel. 63 75 04 54 / 61 52 01 47
Fax 63 70 26 44
Mme Barande und Mme Combes

♦ Ganzj. geöffn. (ausschließl. auf Reserv.) ♦ 7 Zi. (2-3 Pers.) u. 2 Suiten m. Bad, WC: 650 F (2 Pers.), Suiten: ab 1100 F (4-6 Pers.) ♦ Frühst. inkl. ♦ HP: 450 F pro Pers. im DZ (mind. 3 Üb.) ♦ Gemeins. Abendessen auf Bestellung: 150 F (Wein inkl.) ♦ Salons, Billard ♦ Tel. ♦ Kreditk.: Visa, Amex ♦ Kl. Hunde auf Anfr. erlaubt ♦ Schwimmbad, Tennis vor Ort ♦ Umgebung: Golf, Antiquitätenhändler ♦ Man spricht Englisch u. Spanisch ♦ **Anreise** (Karte Nr. 31): 50 km südöstl. von Toulouse über die D 1. Ab Revel 5 km Rtg. Caraman (D 79, gegenüber der Gendarmerie).

Während der Revolution durch Brand teilweise zerstört, wurde das in einem ausgedehnten Park (heute mit Schwimmbad und Tennisplatz) gelegene Schloß zu Beginn des 19. Jahrhunderts wiederaufgebaut. Es verfügt über herrliche Salons, die ganz im Empire- und Napoléon-III-Stil eingerichtet sind. Wir empfehlen die Zimmer und Suiten im ersten Stock; sie sind groß, elegant möbliert und komfortabel. Das traditionelle Abendessen nehmen die Gäste und die Dame des Hauses gemeinsam ein. Die Betreuung ist angenehm und von gehobenem Niveau.

287 - Meilhouret

1995

81140 Larroque
(Tarn)
Tel. 63 33 11 18
Minouche und Christian Jouard

♦ Ganzj. geöffn. (von Okt. bis April nur auf Anfrage) ♦ 2 Zi. m. Bad od. Dusche, WC: 230 F (1 Pers.), 250 F (2 Pers.) ♦ Frühst. inkl. ♦ Gemeins. u. individ. Abendessen auf Best.: 90 F (Wein inkl.) ♦ Zimmerreinigung u. frische Wäsche alle 3 Tage ♦ Salon ♦ Eig. Schwimmbad ♦ Umgebung: See (Angeln u. Wassersport) in Montclar, Tennis, Reiten; Rundfahrten Besichtig. der Landhäuser, Sommerkonzerte ♦ Man spricht Englisch ♦ **Anreise** (Karte Nr. 31): 25 km nordwestl. von Gaillac über D 964 Rtg. Caussade. 4 km vor Larroque links 3 km über D 1 Rtg Monclar, vor Monclar am Schild "Chambres d'Hôtes" rechts, 2 km durch den Wald, 2. Haus am geteerten Weg.

Am Ende eines kleinen Waldweges werden Sie ein schönes Herrenhaus im regionalen Baustil entdecken - man wird Sie höflich und diskret empfangen. Die Zimmer mit wunderbarem Ausblick sind komfortabel und sorgfältig ausgestattet. Im Sommer wird das Frühstück unter den Bäumen serviert. Für alle, die Ruhe und die Natur lieben.

MIDI-PYRENEES

288 - Château de Montcuquet

81440 Lautrec
(Tarn)
Tel. 63 75 90 07
M. und Mme Vene

♦ Ganzj. geöffn. ♦ 2 Zi. m. Bad, WC, 1 Zi. ohne Bad/Dusche: 270 F (1 Pers.), 300 F (2 Pers.), 100 F (zusätzl. Pers.) ♦ Frühst. inkl. ♦ Gemeins. Abendessen: 80 F (Wein inkl.) ♦ Zimmerreinigung auf Wunsch ♦ TV-Raum u. Leseraum ♦ Angeln (Fluß und Teich) vor Ort ♦ Umgebung: 19-Loch-Golfpl. (15 km); Sidobre, Schlösser, Cord ♦ **Anreise** (Karte Nr. 31): 15 km von Castres entf. Rtg. Lautrec; 4 km vor Lautrec, an der "Route de Roquecourbe".

Zum Schloß führt eine schöne Kastanienallee. Der Turm aus dem 14. Jahrhundert liegt ein wenig abseits der Flügel in U-Form mit Innenhof. Madame Vene arbeitet oft im Garten unter den Fenstern des größten Zimmers mit ungewöhnlichen Ausmaßen, das zudem einen großartigen Blick auf die Landschaft bietet. Aber auch das andere Zimmer mit seinem kleinen, winkligen Bad ist voller Charme; die Fenster gehen zur schattigen Terrasse, auf der im Sommer das Frühstück serviert wird. Die gute Laune und Ungezwungenheit der "Schloßherren" ist sehr angenehm. Eine Adresse, die Qualität garantiert.

289 - Taverne de la Dame du Plô

5, rue Père-Colin
81500 Lavaur
(Tarn)
Tel. 63 41 38 77
M. Fèvre

♦ Ganzj. geöffn. ♦ 4 Zi. m. Dusche u. gemeins. WC: 180 F (1 Pers.), 230 F (2 Pers.) ♦ Frühst. inkl. ♦ Kein Speiseangebot - Rest. in Lavaur ♦ Salon ♦ Eig. Kunstgalerie (katalanische Maler) Umgebung: Fluß, Golf; Altstadt von Lavaur ♦ Man spricht Englisch, Italienisch u. Spanisch ♦ **Anreise** (Karte Nr. 31): 37 km östl. von Toulouse über die D 112.

Als heilige Stadt der Katharer hat Lavaur auch seine Heldin: "la Dame du Plô". Bernard Fèvre wird Ihnen ihre Geschichte erzählen. In diesem alten, vollkommen renovierten Haus finden regelmäßig Kunstausstellungen statt. Es gibt vier hübsche, komfortable Gästezimmer. Jeden Morgen wird im Aufenthaltsraum der Frühstückstisch gedeckt; die Gäste brauchen sich dann nur noch Schokolade, Tee oder Kaffee zuzubereiten.

MIDI-PYRENEES

290 - Montpeyroux

81700 Lempaut
(Tarn)
Tel. 63 75 51 17
M. und Mme Adolphe Sallier

♦ Vom 1. April bis 1. Nov. geöffn. ♦ 1 Zi. m. Bad (kl. Badewanne), WC; 4 Zi. m. Dusche (2 m. eig. WC u. 2 m. gemeins. WC): 250-300 F (1-2 Pers.) ♦ Frühst. inkl. ♦ Gemeins. Essen: 60 F mittags (einfach), abends 100-120 F (Wein inkl.) ♦ Zimmerreinigung zweimal pro Woche u. auf Wunsch ♦ Salon ♦ Hunde nicht erlaubt ♦ Eig. Schwimmbad u. Tennispl. ♦ Umgebung: Reiten, Golf; See St-Féréol, Rundf. Besichtig. der Landhäuser, Albi, Toulouse, Carcassonne ♦ **Anreise** (Karte Nr. 31): 12 km nordöstl. von Revel über die D 622 Rtg. Castres (9 km), dann links die D 12. In Lempaut links die D 46 Rtg. Blan, und vor dem Friedhof nochmal links.

Ein altes, ruhiges und ganz im Grünen gelegenes Haus. Die Einrichtung (mit erlesenen Möbeln aus dem 18. und frühen 19. Jahrhundert) im Salon wie auch in den komfortablen Zimmern mit angenehmen Bädern ist wirklich sehr gelungen. (Zwei Zimmer teilen sich eine Toilette.) Das recht gute Abendessen und das Frühstück werden bei schönem Wetter draußen unter einem kleinen Vordach serviert. Vor dem Haus steht ein großer, schattenspendender Baum. Die Betreuung ist natürlich und freundlich.

291 - Villa Les Pins

81700 Lempaut
(Tarn)
Tel. 63 75 51 01
Mme Delbreil

♦ Vom 1. April bis Ende Nov. geöffn. ♦ 5 Zi. m. Bad, WC; 2 kl. Zi. teilen sich Dusche u. WC: 180-400 F (1-2 Pers.) ♦ Frühst. inkl. ♦ Gemeins. Abendessen (auch: Diät): 100 F (alles inkl.) ♦ Salon ♦ Zimmerreinigung zweimal pro Woche ♦ Hunde nicht erlaubt ♦ Flußangeln vor Ort ♦ Umgebung: 18-Loch-Golfpl., Tennis, Reiten, See (12 km); Katharer-Schlösser, Montagne Noire, Castres ♦ Man spricht Englisch. ♦ **Anreise** (Karte Nr. 31): 12 km nordöstl. von Revel über die D 622 Rtg. Castres (9 km), dann links die D 12. In Lempaut links die D 46 Rtg. Blan; 2. Weg links.

Dieser schöne Besitz, eine Villa italienischen Stils, stammt aus der Jahrhundertwende und wurde vor kurzem von Grund auf mit viel Gespür und Liebe zum Detail renoviert. Die charmanten hellen Zimmer mit Blümchentapete sind mit elegantem Mobiliar aus dem Familienbesitz eingerichtet. Das größte Zimmer hat einen hübschen, halbkreisförmigen Balkon. Park mit Blick auf die Montagne Noire. Sympatische, familiäre Betreuung.

MIDI-PYRENEES

292 - Domaine équestre des Juliannes

Les Juliannes
81250 Paulinet
(Tarn)
Tel. 63 55 94 38
M. und Mme Choucavy

♦ Von März bis Dez. geöffn. (im Juli/August u. während der Schulferien Sonderpreise bei Reserv. f. 1 Woche) ♦ 3 Zi. u. 3 Suiten (4-5 Pers.) m. Bad u. WC: 310 F (2 Pers.), Suiten: 465 F (2 Pers.) ♦ Frühst. inkl. ♦ HP: 258 F pro Pers. im DZ ♦ Gemeins. Essen mittags (kaltes Buffet, 67 F) u. abends auf Bestellung: 103 F (ohne Wein) ♦ Zimmerreinigung auf Wunsch ♦ Salon ♦ Kreditk.: Visa ♦ Hunde auf Anfr. erlaubt ♦ Schwimmbad, Reitcenter, Angeln vor Ort ♦ Man spricht Englisch ♦ **Anreise** (Karte Nr. 31): 37 km südöstl. von Albi über die D 999 Rtg. Millau. Vor Alban rechts die D 86 Rtg. Réalmont, dann 2. Straße links; ausgeschildert.

Dieser ausgezeichnet renovierte Landsitz bietet einen schönen Ausblick und viel Ruhe. Die Zimmer sind groß und komfortabel, und ihre betont schlichte, elegante Einrichtung bringt das helle Holz des Parketts, die Natursteine und die hübschen Bettdecken besonders zur Geltung. Angenehmer Salon, ausgezeichnete Verpflegung, renommiertes Reitcenter, ganzwöchige Aufenthalte in der Ferienzeit.

NORD-PAS-DE-CALAIS

293 - Château d'En-Haut

59144 Jenlain
(Nord)
Tel. 27 49 71 80
M. und Mme Demarcq

♦ Ganzj. geöffn. ♦ 6 Zi. m. Bad od. Dusche, WC (auch: Zi. als Suite): 240-340 F (2 Pers.) + 100 F (zusätzl. Pers.) ♦ Frühst. inkl. ♦ Kein Speisenangebot - Rest. in Umgebung ♦ Salon ♦ Hunde nicht erlaubt ♦ Umgebung: Golf; Wald von Mormal ♦ Man spricht Englisch ♦ **Anreise** (Karte Nr. 3): 8 km südöstl. von Valenciennes über die N 49 Rtg. Maubeuge.

Der Ort Jenlain wirkt nicht gerade einladend mit seiner etwas eintönigen Aneinanderreihung roter Häuser. Um so angenehmer werden Sie von diesem sehr ansprechenden Schloß überrascht sein, das fern der Straße in einem großen Park liegt. Die Innenausstattung ist sehr gelungen: wertvolle Teppiche und alte Möbel, optimal ergänzt durch geschickt gewählte Farben. Die Zimmer sind sehr angenehm. Das Frühstück wird in einem der drei Speisesäle serviert. Die Betreuung ist sehr nett und das Preis-Leistungsverhältnis hervorragend.

294 - La Maison de la Houve

62179 Audinghen
(Pas-de-Calais)
Tel. 21 32 97 06 / 21 83 29 95
Mme Danel

♦ Ganzj. geöffn. ♦ 5 Zi. m. Bad od. Dusche, WC; 2 Zi. m. Waschb.: 100-150 F (1 Pers.), 125-170 F (2 Pers.) ♦ Frühst. inkl. ♦ Kein Speisenangebot ♦ Salon ♦ Tel. ♦ Botan. Garten, Rosenzucht vo Ort ♦ Umgebung: Tennis, Reiten, Golf, Meer, Fischfang; Schloß u. Museum von Boulogne-sur-Me ♦ Man spricht Englisch ♦ **Anreise** (Karte Nr. 1): zw. Calais u. Boulogne. 5,5 km von Cap Gris-Ne entf. Rtg. Marquise (D 191); im kleinen Ort Onglevert.

Dieses ebenso eigenwillige wie gefällige Haus verfügt über eine wunderbar Lage mit Blick zur Côte d'Opale. Seine perfekte, komfortable Einrichtung vermittelt wirklich das Gefühl absoluten Wohlbefindens. Das Frühstück mu in höchsten Tönen gelobt werden und wird auf elegantem Porzellangeschir serviert. Der Panoramablick ist herrlich und in der Ferne erkennt man Ca Gris-Nez. Madame Danel ist die Liebenswürdigkeit in Person. Diesen O verläßt man nur ungerne.

NORD-PAS-DE-CALAIS

295 - La Gacogne

La Gacogne
62310 Azincourt
(Pas-de-Calais)
Tel. 21 04 45 61
Marie-José und Patrick Fenet

♦ Ganzj. geöffn. ♦ 3 Zi. m. Waschraum, Dusche, WC; 1 Zi. m. Waschraum, WC: 220 F (2 Pers.) ♦ Frühst. inkl. ♦ Kein Speisenangebot - Rest. in Azincourt, Hesdin u. Fruges ♦ Salon ♦ Hunde nicht erlaubt ♦ Malkurse (Aquarell und Öl), Kutschfahrten vor Ort ♦ Umgebung: Meer, Tennis, Reiten, Angeln ♦ Man spricht Englisch ♦ **Anreise** (Karte Nr. 2): 41 km nordöstl. von Abbeville über die D 928 Rtg. Fruges. Vor Ruisseauville rechts auf die D 71 Rtg. Azincourt, dann Rtg. Tramecourt; ausgeschildert.

Im historischen Ort Azincourt liegt an der Stelle des Feldlagers der Engländer im Hundertjährigen Krieg das einladende Haus "La Gacogne". Die Zimmer wurden in einem kleinen Nebengebäude mit Küche, Aufenthaltsraum und Kamin eingerichtet. Sie sind alle sehr hübsch und besitzen ein geschickt eingerichtetes Bad mit Dusche und Toilette. Das Frühstück wird in einem Raum eingenommen, der besonders gemütlich eingerichtet ist. Äußerst gastfreundliche Atmosphäre.

296 - Le Clos Grincourt

1995

18, rue du Château
62161 Duisans
(Pas-de-Calais)
Tel. 21 48 68 33
Annie Senlis

♦ Ganzj. geöffn. ♦ 1 Zi. u. 1 Suite (4 Pers.) m. Bad od. Dusche, WC: 170 F (1 Pers.), 200 F (2 Pers.) + 50 F (zusätzl. Pers.), Kinder unter 5 J.: kostenlos; Suite: 390 F (4 Pers.) ♦ Frühst. inkl. ♦ Kein Speisenangebot - zahlr. Restaur. in Arras ♦ Salon ♦ Wanderwege (GR 121) ♦ Umgebung: Tennispl. im Dorf, 18-Loch-Goflpl. (4 km), Reiten; Altstadt Arras, Route du Camp du Drap d'or, Route fleurie, Air-sur-la-Lys, Moor von Saint-Omer ♦ Man spricht Englisch ♦ **Anreise** (Karte Nr. 2): 8 km westl. von Arras über N 39, dann D 56 Rtg. Duisans, anschließend ausgeschildert.

Ein prächtiger, von einem Park mit vielen Blumen umgebener Landsitz. Der Empfang, die Innenausstattung und nicht zuletzt die Familienfotos tragen dazu bei, daß man sich hier sofort wohl fühlt. Wir empfehlen vor allem das Gästezimmer "Chambre d'amis" - es ist wunderbar nostalgisch, groß und sehr komfortabel. Ein Raum ist für die Gäste da: zum Einnehmen des Frühstücks, zum Lesen der Touristeninformationen oder zum Betrachten eines über die Region gedrehten Videofilmes.

NORD-PAS-DE-CALAIS

297 - La Grand'Maison

1995

62179 Escalles
(Pas-de-Calais)
Tel. 21 85 27 75
Fax 21 85 27 75
Jacqueline und Marc Boutroy

♦ Ganzj. geöffn. ♦ 4 Zi. u. 2 Studios (2 Pers.) m. Bad od. Dusche, WC: 200-250 F (2 Pers.) + 60-100 F (zusätzl. Pers.) ♦ Frühst. inkl. ♦ Gemeins. Essen: 80 F ♦ Zimmerreinigung auf Wunsch ♦ Salon ♦ Hunde nicht erlaubt ♦ Mountainbikes (langer Wanderweg, GR 120) ♦ Umgebung: Tennispl. im Dorf, Reiten, Meer (1,4 km), 18-Loch-Golfpl. (15 km), Küstenwege; Cap Blanc-Nez, Cap Gris-Nez ♦ Man spricht Englisch ♦ **Anreise** (Karte Nr. 1): 15 km südwestl. von Calais über D 940 (am Meer), Zufahrt in Escalles über Schnellstraße (A 16), Ausfahrt Blanc-Nez (Nr. 10 od. 11), Peuplingues, dann D 243, Ortschaft Haute-Escalle .

Nur ein paar Schritte von den herrlichen Reliefs des Cap Blanc-Nez entfernt liegt dieses große, im Viereck gebaute Bauernhaus, dessen Innenhof mit Blumenbeeten geschmückt ist und über ein Taubenhaus verfügt. Hier werden Sie besonders freundlich empfangen. Die Zimmer sind groß, schön und komfortabel: hohe Schränke, Voltaire-Sessel, Radierungen, Teppiche, usw. Die beiden Studios im Erdgeschoß sind nicht so beeindruckend. Das gute Frühstück wird in einem freundlichen Raum serviert.

NORMANDIE

298 - Château d'Asnières-en-Bessin

14710 Asnières-en-Bessin
(Calvados)
Tel. 31 22 41 16
M. und Mme Heldt

♦ Ganzj. geöffn. ♦ Kinder unter 11 J. nicht erwünscht ♦ 1 Zi. m. Bad, WC: 450 F (2 Pers.) ♦ Frühst. inkl. ♦ Kein Speiseangebot - Rest. am Meer ♦ Hunde nicht erlaubt ♦ Umgebung: Tennis, Reiten, Meer; Landungsstrände, Bayeux, Schloß Bessin, Wald von Balleroy ♦ Man spricht Englisch u. etwas Deutsch ♦ **Anreise** (Karte Nr. 7): 20 km nordwestl. von Bayeux über die N 13 Rtg. Isigny-sur-Mer. D 98 rechts Rtg. Asnières.

Mitten auf dem Land gelegen, spiegelt sich das Schloß von Asnières im runden Parkbecken wider. Die geschmackvolle, unverfälschte Innenausstattung ist ebenso einnehmend wie das Äußere. Das Zimmer ist sehr groß und komfortabel; es verfügt über altes Mobiliar, schöne glänzende Parkettböden und ein angenehmes Bad. Das Frühstück wird am großen Tisch im Speisesaal eingenommen, der ganz im Louis-XV-Stil eingerichtet ist. Die Betreuung ist natürlich und von gehobenem Niveau. Ein besonders angenehmes, authentisches Haus.

299 - Le Castel

7, rue de la Cambette
14400 Bayeux
(Calvados)
Tel. 31 92 05 86
Fax 31 92 55 64
Baronne A. de Ville d'Avray

♦ Vom 15. März bis 1. Nov. geöffn. (in der Vor- u. Nachsaison auf Anfrage) ♦ 2 Zi. u. 1 Suite (4-5 Pers.) m. Bad od. Dusche, WC: 490-550 F (2 Pers.) + 80 F (zusätzl. Pers.); Suite: 910 F (4-5 Pers.) ♦ Frühst. inkl. ♦ Kein Speiseangebot - Rest. in Bayeux ♦ Salon ♦ Tel. ♦ Umgebung: Schwimmbad, Reiten, Golf, Meer; Tapisserie von Bayeux, Kathedralen, "normannische Schweiz" ♦ Man spricht Englisch ♦ **Anreise** (Karte Nr. 7): auf der südl. Ringstr. von Bayeux (Périphérique-Süd), gegenüber der Kreuzeug von Saint-Lô.

Direkt hinter dem Hof dieses Stadtpalais' liegt ein Park, den man dort nicht vermutet. Hier wird man auf joviale, natürliche Art empfangen. Das Eßzimmer liegt im Erdgeschoß mit Blick aufs Grüne, der Salon ist sehr schön und ganz im Stil des 18. Jahrhunderts eingerichtet. Die Zimmer sind charmant und elegant, jedes hat "seine" Farbe und alle liegen zum Park, in dem bei schönem Wetter das Frühstück serviert wird. Ein wunderbarer Aufenthaltsort zum Entdecken von Bayeux.

NORMANDIE

300 - Château de Vaulaville

Tour-en-Bessin
14400 Bayeux
(Calvados)
Tel. 31 92 52 62
Mme Corblet de Fallerans

♦ Von Ostern bis Allerheiligen geöffn. ♦ 1 Zi. m. Bad, WC; 1 Suite (3 Erw. u. 2 Kinder) m. Bad, Waschraum, WC: 350 F (1 Pers.), 480 F (2 Pers.); Suite: 700 F (3 Pers.) ♦ Frühst. inkl. ♦ Individ. Abendessen auf Bestellung: 150-200 F (alles inkl.) ♦ Salon ♦ Hunde auf Anfr. erlaubt ♦ Umgebung: Golf, Meer; Bayeux, "Mémorial"-Museum, Landungsstrände (Plages de débarquement) ♦ Man spricht Englisch ♦ **Anreise** (Karte Nr. 7): 7 km westl. von Bayeux über die N 13 Rtg. Tours-en-Bessin; ausgeschildert.

Dieses Schloß im reinen Baustil des 18. Jahrhunderts liegt am Ende einer Allee, und hübsche Wassergräben ohne jeglichen defensiven Charakter umgeben sein wohlproportioniertes Äußeres. Im Interieur wurden prächtige Gästezimmer hergerichtet. In einem werden Sie wirklich erleben, was "la vie en rose" ist, denn es wurde hauptsächlich in diesem Ton und mit ausgesuchtem altem Mobiliar gestaltet. Das Frühstück und das exzellente Abendessen nehmen die Gäste im Salon ein, der ein wahres Meisterwerk ist.

301 - Chez M. et Mme Rogoff

Le Bourg
Ranchy
14400 Bayeux
(Calvados)
Tel. 31 92 36 42
Monique und Guy Rogoff

♦ Vom 1. April bis Allerheiligen geöffn. ♦ 2 Zi. m. Bad od. Dusche, WC: 150 F (1 Pers.), 200 F (2 Pers.) + 100-120 F (1 od. 2 zusätzl. Pers.) ♦ Frühst. inkl. ♦ Kein Speisenangebot - Rest. in Bayeux ♦ Salon ♦ Hunde nicht erlaubt ♦ Umgebung: Meer (12 km) Schwimmbad, Tennis, Reiten, 9- u. 18-Loch-Golfpl.; Schlösser, Herrenhäuser, befestigte Landgüter ♦ **Anreise** (Karte Nr. 7): 3 km südwestl. von Bayeux über die D 5 Rtg. Le Molay-Littry, dann die D 169; vor der Kirche links.

Wenige Minuten von Bayeux entfernt, ist dieses Haus sehr ruhig in einem angenehmem Garten gelegen. Die Gäste können zwischen zwei großen Zimmern wählen, die schlicht sind, aber über Charme verfügen. Beide Gästezimmer haben ein Bad, das im Erdgeschoß liegt - allerdings außerhalb des Zimmers. Frühstücken können Sie in der großen Küche, und bei schönem Wetter auf der Terrasse. Der freundlichen Betreuung von Madame Rogoff ist es zu verdanken, daß man sich hier rasch sehr wohl fühlt.

NORMANDIE

302 - Château des Riffets

14680 Bretteville-sur-Laize
(Calvados)
Tel. 31 23 53 21
Fax 31 23 75 14
Alain und Anne-Marie Cantel

♦ Ganzj. geöffn. ♦ 2 Zi. m. Bad, WC; 2 Suiten (2-4 Pers.), davon 1 m. Bad, Balneotherapie, WC u. 1 m. Vielstrahldusche, WC: 460 F (2 Pers.) + 150 F (zusätzl. Pers.); kostenlos f. Kinder unter 13 J. ♦ Frühst. inkl. ♦ Gemeins. od. individ. Abendessen: 200 F (alles inkl., halber Preis f. Kinder unter 13 J.) ♦ Salon ♦ Hunde nicht erlaubt ♦ Hammam, Sauna, Schwimmbad, Pferdeboxen vor Ort ♦ Umgebung: 18-Loch-Golfpl.(5 km); Beuvron-en-Auge, Beaumont, Deauville, Cabourg ♦ Man spricht Englisch u. Deutsch ♦ **Anreise** (Karte Nr. 7): 10 km südl. von Caen über die N 158 Rtg. Falaise. In La Jalousie auf die D 23 u. die D 235; ausgeschildert.

Hinter einer sich lang hinziehenden Ebene erreicht man eine heitere, hügelige Landschaft. Das Schloß liegt vollkommen ruhig in einem schönen Park mit Schwimmbad. Die Zimmer sind groß und komfortabel, die Einrichtung ist jedoch sehr unterschiedlich. Wir empfehlen die "Suite rose" und das "Baladaquin"-Zimmer. Die andere Suite verfügt über einen ultramodernen Duschraum. Die "Stil"-Ausstattung im Erdgeschoß gewinnt an Komfort, was sie an Echtheit einbüßt. Der Empfang ist ausgesprochen freundlich.

303 - Manoir des Tourpes

Chemin de l'Eglise
14670 Bures-sur-Dives
(Calvados)
Tel. 31 23 63 47
Fax 31 23 86 10
Mme Landon und M. Cassady

♦ Ganzj. geöffn. ♦ 4 Zi. m. Bad od. Dusche, WC: 280-350 F (2 Pers.) + 50 F (zusätzl. Pers.) ♦ Frühst. inkl. ♦ Kein Speisenangebot ♦ Salon ♦ Hunde nicht erlaubt ♦ Umgebung: Tennis (2 km), 18-Loch-Golfpl., Schwimmbad, Reiten u. Segeln (10 km); Caen, Pays d'Auge, Sumpfgebiet ♦ Man spricht Englisch ♦ **Anreise** (Karte Nr. 7): 15 km östl. von Caen über die A 13, in Troarn die D 95 Rtg. Bures-sur-Dives; neben der Kirche.

Dieser elegante Landsitz liegt neben der Kirche und gegenüber Weiden, durch die sich ein kleiner Fluß schlängelt. Hier werden sehr schöne, gepflegte und komfortable Zimmer angeboten. Die Farben der Tapeten und Vorhänge sind gut aufeinander abgestimmt und bringen das alte Mobiliar (wovon es einige Exemplare gibt) zur Geltung. Im schönen Salon, der auch als Eßzimmer dient, kann das Frühstück am Kamin eingenommen werden. Auch der Garten ist angenehm. Ein Ort mit Charme und freundlicher Betreuung.

NORMANDIE

304 - Ferme de la Picquoterie

14320 La Cambe
(Calvados)
Tel. 31 92 09 82
Fax 31 51 80 91
Jean-Gabriel Laloy

♦ Von April bis Okt. od. Nov. geöffn. (sonst: auf Anfrage) ♦ Für Nichtraucher ♦ 2 Zi. (1 gr. Bett od. 2 Betten) u. 1 Zi. (1 Pers.) m. Bad od. Dusche, WC: 350-450 F (1-2 Pers.); 1 Häuschen (2 Pers.): 400 F pro Üb. (2 Pers.), 700 F (4 Pers.), Sonderpreis pro Woche ♦ Frühst.: 45 F ♦ Kein Speiseangebot - Rest. in Umgebung ♦ Salon (nur bei längerem Aufenth.) ♦ Kreditk.: Diners Club int., Eurocard, MasterCard, Visa ♦ Hunde nicht erlaubt ♦ Umgebung: Golf, Tennis, Meer; Sumpfgebiet; roman. Abteien, Schlösser ♦ Man spricht Englisch, Deutsch u. Italienisch ♦ **Anreise** (Karte Nr. 7): 21 km westl. v. Bayeux die N 13, Ausf. in La Cambe (od. Autob. Paris-Cherbourg, Ausf. La Cambe). Ab Hauptstraße des Ortes 1. Straße rechts, nach 200 m links, ausgeschildert.

Dieses alte, mitten auf dem Land gelegene Haus ist eine angenehme Überraschung. Jean-Gabriel Laloy ist Kunstmaler und verstand es, einen Ort voller Modernität ohne jegliche Kälte zu schaffen. Viel Schlichtes, klare Linien, schöne Gegenstände, Bilder und Skulpturen schaffen ein bemerkenswertes Ganzes. Die Zimmer sind groß und komfortabel, die Badezimmer traumhauft. Im Garten wachsen seltene Pflanzen, und die Betreuung ist natürlich und sympathisch. Eine wahre Entdeckung.

305 - Ferme Savigny

14230 La Cambe
(Calvados)
Tel. 31 22 70 06
M. und Mme Maurice Le Devin

♦ Ganzj. geöffn. ♦ 3 Zi. m. Bad, WC: 200 F (1 Pers.), 250 F (2 Pers.) ♦ Frühst. inkl. ♦ Kein Speiseangebot - Rest.: "La Marée" u. "La Belle Marinière" (3 km) ♦ Hunde nicht erlaubt ♦ Umgebung: Tennis, Reiten, 27-Loch-Golfpl., Meer, Pointe du Hoc (3 km), Landungsstrände; Bayeux (Tapisserie, Museum, Kathedrale), Sumpfgebiet (Park) des Cotentin ♦ **Anreise** (Karte Nr. 7): 25 km westl. von Bayeux über die N 13 bis La Cambe, am Kalvarienberg rechts die D 113 Rtg. Grandcamp-Maisy; ausgeschildert.

Mitten im normannischen Bessin liegt dieses ganz mit wildem Wein (dessen Farbe sich stetig ändert) bewachsene Bauernhaus, das ganz und gar dem freundlichen Wesen der Hausbesitzer entspricht. Eine Steintreppe führt zu den schönen, sorgfältig möblierten Zimmern und zu den besonders ansprechenden Badezimmern. Das Frühstück wird im großen Raum im Erdgeschoß eingenommen, in dem der Bruchstein gut zu den rot-weißen Tapeten und Tischdecken paßt. Ein schlichtes Haus mit viel Charme.

NORMANDIE

306 - Le Relais

19, rue Thiers
14240 Caumont-l'Eventé
(Calvados)
Tel. 31 77 47 85
M. und Mme Boullot

♦ Ganzj. geöffn. ♦ Kinder unter 3 J. nicht erwünscht ♦ 4 Zi. u. 1 Suite (2-3 Pers.) m. Bad od. Dusche, WC; 2 Nebenzi.: 270 F (2 Pers.); Suite: 340 F (2 Pers.), 420 F (3 Pers.) ♦ Frühst. inkl. ♦ Gemeins. Abendessen: 130 F (Wein u. Cidre inkl.) ♦ Zimmerreinigung zweimal pro Woche ♦ Salon ♦ Kl. Hunde auf Anfrage erlaubt (+ 20 F) ♦ Schwimmbad, Ponys, Pferde (+ 70 F), Minigolf vor Ort ♦ Umgebung: Tennis, Golf; Mont-Saint-Michel, Schloß Balleroy ♦ Man spricht Englisch ♦ **Anreise** (Karte Nr. 7): 35 km südwestl. von Caen über die D 9. In Caumont-l'Eventé links die D 28 Rtg. Balleroy; das Haus liegt 200 m weiter, ausgeschildert.

Sobald man das "Relais" erblickt, ist man angetan von den Pflanzen und Blumen, die dieses Haus umgeben. Auch das Innere, im diskret ländlichen Stil gehalten, bestätigt den ersten guten Eindruck. Die angenehmen und hübschen Zimmer sind mit einigen alten Möbeln hergerichtet. Das Frühstück und das exzellente Abendessen werden am großen Tisch vor dem Kamin in einem gemütlichen Raum eingenommen, der auch einen kleine Bar umfaßt. Der Salon mit Blick aufs Schwimmbad ist entzückend. Die Betreuung ist freundlich und dynamisch und das Preis-Leistungsverhältnis sehr gut.

307 - La Ferme du Vey

Le Vey
14570 Clecy-le-Vey
(Calvados)
Tel. 31 69 71 02
M. und Mme Leboucher-Brisset

♦ Ganzj. geöffn. ♦ 3 Zi. m. Dusche, WC: 190 F (2 Pers.), 250 F (3 Pers.), 280 F (4 Pers.) ♦ Außerdem: ein kl. Haus: Preis zu vereinbaren ♦ Frühst. inkl. ♦ Kein Speiseangebot ♦ Kl. Hunde auf Anfr. erlaubt ♦ Angeln vor Ort ♦ Umgebung: Schwimmbad, Tennis, Reiten, Kanu/Kajak, Klettern, Drachenfliegen, 18-Loch-Golfpl.; Schloßpark Thury, Schloß Pontécoulan ♦ Man spricht Englisch ♦ **Anreise** (Karte Nr. 7): 37 km südl. von Caen über die D 562 Rtg. Flers. In Clecy links Rtg. Le Vey; (1,5 km).

Dieser ehemalige Bauernhof liegt mitten in der "Suisse normande", der normannischen Schweiz, und ganz in der Nähe einer Felswand, die ein großer Anziehungspunkt für Kletterer und Drachenflieger ist. Die drei angebotenen Zimmer sind charmant, rustikal eingerichtet und komfortabel. Zwei von ihnen haben Ausblick auf einen hübschen Obstgarten, an dem ein Bach vorbeifließt. Ein schlichtes Haus mit natürlicher, diskreter Betreuung.

NORMANDIE

308 - Chez Mme Hamelin

Le Bourg
Beuvron-en-Auge
14430 Dozulé
(Calvados)
Tel. 31 39 00 62
Mme. Hamelin

♦ Von Ostern bis Allerheiligen geöffn. ♦ 2 Zi. (2 Pers.) m. Bad od. Dusche, WC (außerdem: 1 Zi. m. 2 Etagenbetten): 200 F (2 Pers.), 270 F (3 Pers.), 340 F (4 Pers.) ♦ Frühst. inkl. ♦ Kein Speiseangebot - Rest.: "La Forge", "La Boule d'O"r, "Le Pavé d'Auge" in Beuvron-en-Auge u. Crêperien ♦ Kl. Hunde erlaubt ♦ Umgebung: 18-Loch-Golfpl., Touristen-Rundfahrt, hübsche Dörfer ♦ Man spricht Englisch ♦ **Anreise** (Karte Nr. 7): 27 km östl. von Caen über die N 175, dann die D 49; gegenüber von "La Boule d'Or", am Ortseingang.

Beuvron-en-Auge ist mit seinen Blumenbalkons und Fachwerkbauten ein entzückendes normannisches Dorf. Und das Haus "Chez Madame Hamelin" ist ebenso authentisch wie das Dorf. Es ist im Winkel gebaut, hat einen hübschen Garten voller Blumen und (von hier und da) Blick auf die Weiden. Das eine (kleine) Zimmer liegt Parterre dem Garten gegenüber, und das andere (elegante) mit englischen Tapeten befindet sich im ersten Stock. Der Frühstücksraum ist hübsch und die Betreuung sehr nett und natürlich.

309 - Château des Parcs-Fontaine

Les Parcs-Fontaine
14130 Fierville-les-Parcs
(Calvados)
Tel. 31 64 02 02
Fax 31 64 30 90
Morgane Weyenbergh

♦ Ganzj. geöffn. (im Winter: schriftl. reserv.) ♦ 4 Zi. m. Bad od. Dusche, WC: 400 F (2 Pers.) u. Nebenzi. m. Waschbecken u. Bidet (eig. WC außerhalb des Zi.): 250 F (2 Pers.) ♦ Frühst. inkl. ♦ Kein Speiseangebot - Rest. 3 km entf. ♦ Salon ♦ Hunde nicht erlaubt ♦ Pferdeboxen vor Or ♦ Umgebung: 18-Loch-Golfpl. (5 km), Angeln, Reiten, Tennis, Wassersport; Route des Haras (Gestüte), Route des douets (kleine Wasserläufe), alte normannische Besitzungen, Beuvron, Beaumont en-Auge, das Meer ♦ Man spricht Englisch u. Deutsch ♦ **Anreise** (Karte Nr. 8): Autob. Normandie Ausf. Pont-l'Evêque, dann D 579 Rtg. Lisieux; 300 m hinter der Kreuzung Blangy-le-Château links.

Dieser Landsitz, der zur Hälfte aus dem 19. Jahrhundert stammt und übe einen Garten am Wald verfügt, liegt oberhalb einer schönen Landschaft. Di Innenräume sind komfortabel und gut eingerichtet. Vor dem in frische Tönen gehaltenen Salon liegt eine romantische Veranda. In den große Zimmern wird das Frühstück serviert (in zwei Gästezimmern is möglicherweise trotz der Doppelfenster etwas Straßenverkehr zu hören), di Badezimmer sind gut ausgestattet. Für alle, die gerne vollkomme unabhängig sind.

NORMANDIE

310 - L'Hermerel

14230 Géfosse-Fontenay
(Calvados)
Tel. 31 22 64 12
Agnès und François Lemarié

♦ Ganzj. geöffn. ♦ 4 Zi. m. Dusche, WC: 160-200 F (1 Pers.), 190-250 F (2 Pers.) 60-70 F (zusätzl. Pers.) ♦ Frühst. inkl. ♦ Kein Speiseangebot ♦ Salon ♦ Hunde nicht erlaubt ♦ Umgebung: Tennis, Golf, Segeln, Angeln; Bayeux, Schlösser, Landsitze, Landungsstrände ♦ Man spricht Englisch ♦ **Anreise** (Karte Nr. 7): 7 km nördl. von Isigny-sur-Mer über die RN 13. In Osmanville auf die D 514 Rtg. Grandcamp-Maisy, dann links die D 199; 2. Weg rechts.

Dieses von Feldern umgebene Bauernhaus wirkt mit seiner Fassade und seiner schönen Anordnung fast wie ein Schloß aus dem 17. Jahrhundert. Die angenehmen Zimmer, die Rustikales mit Komfort verbinden, haben sehr hohe Decken (das Dachzimmer mit Mezzanin ist außergewöhnlich schön, das kleine Zimmer im Erdgeschoß hat uns weniger begeistert). Das Frühstück wird in einem großen, sehr schönen Raum serviert. In der zum Haus gehörenden, unter Denkmalschutz stehenden Kapelle wurde unlängst ein Salon eingerichtet. Madame Lemarié ist sehr liebenswürdig und wird Ihnen gute Tips zum Kennenlernen der Gegend geben.

311 - Château de Vouilly

Vouilly
14230 Isigny-sur-Mer
(Calvados)
Tel. 31 22 08 59
Fax 31 22 90 58
M. und Mme James Hamel

♦ Von März bis Nov. geöffn. ♦ 5 Zi. m. Bad, WC: 250 F (1 Pers.), 290 F (2 Pers.) + 70 F (zusätzl. Pers.) ♦ Frühst. inkl. ♦ Kein Speiseangebot - Bauerngasthof "La Piquenotière" u. Rest. am Meer ♦ Salon ♦ Hunde auf Anfr. erlaubt ♦ Umgebung: Angeln (Teich), Tennis, Golf; Regionalpark der Sumpfgebiete Cotentin u. Bessin, Bayeux (Tapisserien, Kathedrale) ♦ Man spricht Englisch ♦ **Anreise** (Karte Nr. 7): 8 km südöstl. von Isigny-sur-Mer über die D 5 Rtg. Vouilly; ausgeschildert.

Das kleine, charmante und von Wassergräben umgebene Schloß Vouilly liegt vollkommen ruhig in der Nähe eines Dorfes. Die Zimmer sind groß und komfortabel und verfügen über schönes Mobiliar und wunderbaren Parkettboden. Das Frühstück wird im Speisesaal eingenommen, der der amerikanischen Presse zum Zeitpunkt der Landung der Alliierten 1944 als "Hauptquartier" diente. Die Betreuung ist angenehm, das Preis-Leistungsverhältnis sehr zufriedenstellend.

NORMANDIE

312 - Ferme de la Rivière

Saint-Germain-du-Pert
14230 Isigny-sur-Mer
(Calvados)
Tel. 31 22 72 92
Paulette und Hervé Marie

♦ Von Ostern bis Allerheiligen geöffn. ♦ 2 Zi. m. Dusche, WC; 2 Zi. m. Waschb. teilen sich Bad u. WC: 150 F (1 Pers.), 200 F (2 Pers.) ♦ Frühst. inkl. ♦ Gemeins. Abendessen: 85 F (Cidre inkl.) ♦ Salon ♦ Hunde nicht erlaubt ♦ Angeln am Fluß vor Ort ♦ Umgebung: Golf, Tennis, Reiten, Meer, Landungsstrände, Wanderwege im Sumpfgebiet (Naturpark); Bayeux ♦ **Anreise** (Karte Nr. 7): 6 km nordöstl. von Isigny-sur-Mer; von der N 13 in La Cambe abfahren, dann die D 113 (1 km) u. die D 124 Rtg. Saint-Germain-du-Pert (1,5 km).

Dieses schöne, befestigte Bauernhaus befindet sich in jenem Teil der Normandie, der bis heute sehr authentisch geblieben ist. Die hübsch rustikal eingerichteten Zimmer sind angenehm und sehr gepflegt. Drei von ihnen haben Ausblick auf das umliegende Sumpfgebiet. Die Betreuung ist gut und die Preise sind sehr annehmbar. Abends wird gemeinsames Essen angeboten. Rechtzeitig reservieren.

313 - La Varinière

1995

La Vallée
14310 Monts-en-Bessin
(Calvados)
Tel. 31 77 44 73
David und Pippa Edney

♦ Ganzj. geöff. ♦ Nichtraucher-Zi ♦ 5 Zi. m. Bad od. Dusche, WC: 150 F (1 Pers.), 240 F (2 Pers.) + 40 F (zusätzl. Pers.) ♦ Frühst. inkl. ♦ Gemeins. Abendessen: 85 F (Hauptgericht, Dessert, 1 Glas Wein) ♦ Salon ♦ Hunde auf Anfr. erlaubt ♦ Umgebung: Tennis, Reiten, überd. Schwimmbad, künstl. See u. Hochseefischfang (30 km), 9-, 18- u. 27-Loch-Golfpl. (28 km); Route des Haras (Gestüte), Bayeux, Schloß Balleroy, Arc-en-Terre, Memorial in Caen, Route des Traditions (Straße der Traditionen) ♦ Man spricht Englisch ♦ **Anreise** (Karte Nr. 7): in Caen N 75 Rtg. Rennes. Ausf. Villers-Bocage, dann D 6 Rtg. Bayeux (6 km); hinter dem Dorf Fains rechts ausgeschildert.

"La Varinière" ist ein traditionelles Haus, das zwischen Hainen (die hier *bocages* heißen) liegt und vor nicht langer Zeit von einem netten, jungen englischen Paar eingerichtet wurde. Jeder Raum hat seine Farbe: das Eßzimmer ist gelb, die Gästezimmer sind entweder blau oder altrosa. Das ganze Haus macht einen sehr gepflegten Eindruck, ist gut möbliert und elegant. Die komfortablen Zimmer sind sehr einladend. Günstige Preise.

NORMANDIE

314 - Cour l'Epée

14340 Saint-Aubin-Lebizay
(Calvados)
Tel. 31 65 09 45
Bernard und Bernardine Bataille

♦ Ganzj. geöffn. ♦ Mind. 2 Üb. ♦ 3 Zi. m. Bad od. Dusche, WC: 260-320 F (2 Pers.) + 70 F (zusätzl. Pers.) ♦ Frühst. inkl. ♦ Kein Sepisenangebot ♦ Zimmerreinigung alle 2 Tage ♦ Hunde nicht erlaubt ♦ Tennis vor Ort ♦ Umgebung: Golf; Beuvron-en-Auge, Honfleur, Deauville, Cabourg ♦ Man spricht Englisch ♦ **Anreise** (Karte Nr. 8): 18 km östl. von Cabourg; A 13, Ausf. Pont-l'Evêque, N 175 Rtg. Caen. In Dozulé links die D 85 Rtg. Cambremer; 1,8 km hinter Forges-de-Clermont links.

"Cour l'Epée" ähnelt einem kleinen, privaten Weiler, und das ganze Haus wirkt sehr geschmackvoll. Der etwas erhöhten Lage hat das Haus seinen Ausblick auf die großartige Landschaft zu verdanken. Die Zimmer sind schlicht und schön und verfügen über gutes Mobiliar und reizende Stoffe. In der ehemaligen *bouillerie*, der Schnapsbrennerei, wurde ein nettes kleines Appartement eingerichtetet. Überall herrscht absolute Ruhe. Das stets gute Frühstück wird entweder im Haus oder draußen serviert. Ein bemerkenswerter Ort, wo fast alles perfekt ist.

315 - La Ferme des Poiriers Roses

14130 Saint-Philbert-des-Champs
(Calvados)
Tel. 31 64 72 14
Fax 31 64 19 55
M. und Mme Lecorneur

♦ Ganzj. geöffn. ♦ Kleine Kinder unerwünscht ♦ 6 Zi. (davon 2 f. 4 Pers.); 1 Suite (Zi. + Salon) m. Bad, WC: 300-500 F (2 Pers.) ♦ Feinschmecker-Frühst.: 52 F ♦ Kein Speisenangebot - Rest.: "La Paquine" in Ouilly-du-Hauley ♦ Salon ♦ Hunde nicht erlaubt ♦ Fahrräder vor Ort ♦ Umgebung: 27-Loch-Golfpl., Tennis, Reiten, angelegter See; Rundfahrt Besichtig. der Landsitze ♦ Man spricht Englisch ♦ **Anreise** (Karte Nr. 8): A 13, Ausf. Pont-l'Evêque, dann die D 579 Rtg. Lisieux. In Ouilly links die D 98 über Norolles, dann die D 264; 700 m vor der Ortschaft.

Draußen blühen viele Blumen, und überall im Haus sind getrocknete Blumensträuße verteilt. Die Räume mit ihren niedrigen Balken, zahlreichen Fayence-Gegenständen und Bildern sind ausgesprochen freundlich und haben etwas von einem Puppenhaus. Die Gästezimmer konkurrieren untereinander an Charme - die Mischung aus Holz und geschmackvollen Dekostoffen ist sehr gelungen. Überall viel Komfort, auch in den Badezimmern. Das Frühstück ist ein wahres Schlemmerfest, und die Betreuung ein Höhepunkt an Gastfreundschaft.

NORMANDIE

316 - Château de Colombières

Colombières
14710 Trévières
(Calvados)
Tel. 31 22 51 65
Fax 31 92 24 92
Comtesse E. de Maupeou

♦ Von Juni bis Sept. geöffn. ♦ 1 Zi. m. Bad; 2 Suiten (2-4 Pers.) m. Bad, WC: 800 F (1-2 Pers.) + 200 F (zusätzl. Pers.) ♦ Frühst.: 40 F ♦ Kein Speisenangebot - Bauerngasthöfe u. Rest. in Umgebung ♦ Salon ♦ Kl. Hunde auf Anfr. erlaubt ♦ Angeln, Pferdeboxen vor Ort ♦ Umgebung: 27-Loch-Golfpl; Tapisserie von Bayeux, Naturpark (Sumpfgebiet) ♦ Man spricht Englisch u. Spanisch ♦ **Anreise** (Karte Nr. 7): 20 km westl. von Bayeux über die N 13 Rtg. Mosles; der Ausschilderung "Monuments Historiques" folgen.

Dieses Schloß stammt größtenteils aus dem 14. und 15. Jahrhundert und ist von Wassergräben mit blühenden Uferböschungen umgeben. Die großen, ruhigen und sehr komfortablen Zimmer sind echte Suiten. Die eine (zu der eine ausgefallene Wendeltreppe aus Holz führt) ist im reinen Stil des 15. Jahrhunderts ausgestattet, und die andere, von uns bevorzugte, repräsentiert das prachtvolle 18. Jahrhundert. Der wunderbare Speisesaal lädt zum Frühstück ein. Ideal zum Entdecken des Sumpfgebietes und der Küste - zu Fuß ab "Château des Colombières". Stilvolle, freundliche Betreuung.

317 - Ferme de l'Abbaye

Ecrammeville
14710 Trévières
(Calvados)
Tel. 31 22 52 32
M. und Mme Louis Fauvel

♦ Ganzj. geöffn. ♦ 2 Suiten (3-4 Pers.) m. Bad od. Dusche, WC: 150 F (1 Pers.), 200 F (2 Pers.), 260 F (3 Pers.), 340 F (4 Pers. für längeren Aufenth.) ♦ Frühst. inkl. ♦ Gemeins. Abendessen: 80 F (Cidre inkl.) ♦ Tel. ♦ Hunde nicht erlaubt ♦ Umgebung: Schwimmbad, Tennis, 27- Loch-Golfpl., Meer; Landungsstrände, Bayeux ♦ **Anreise** (Karte Nr. 7): 19 km westl. von Bayeux über die N 13, Schnellstraße verlassen, links Rtg. Ecrammeville, dann rechts auf die D 30.

Dieser große, in einem hübschen Weiler gelegene Bauernhof mit gepflegter Umgebung verfügt über zwei einwandfreie "Suiten" für Familien. Die eine befindet sich im Hauptgebäude und ist mit einigen alten Möbelstücken hübsch eingerichtet; die andere, etwas dunkler gehaltene, liegt in einem charmanten kleinen Nebenhaus, das sie ganz für sich einnimmt. Diese empfehlen wir in erster Linie für die Sommerzeit. Madame und Monsieur Fauvel sind sehr angenehme und freundliche Gastgeber.

NORMANDIE

318 - Manoir de l'Hormette

Aignerville
14710 Trévières
(Calvados)
Tel. 31 22 51 79
Fax 31 22 75 99
M. und Mme Yves Corpet
M. et Mme. Denis Corpet

♦ Vom 1. April bis 31. Dez. geöffn. ♦ 3 Zi. m. Bad od. Dusche, WC; 1 Studio (2 Pers.) u. 2 Suiten (4-5 Pers.) m. 2 Zi., Kochnische, Bad od. Dusche, WC; TV u. kl. Salon in jedem Zi.: 475-500 F (2 Pers.); Studio: 550-600 F (2 Pers.); Suiten: 800-1000 F (4 Pers.) ♦ Frühst.: 50 F ♦ Kein Speisenangebot - Rest. "L'Omaha" in Saint-Laurent-sur-Mer (5 km) ♦ Tel. ♦ Kreditk.: Visa, MasterCard ♦ Kl. Hunde auf Anfr. erlaubt ♦ Umgebung: Golf, Reiten ♦ Man spricht Englisch u. Italienisch ♦ **Anreise** (Karte Nr. 7): 18 km westl. von Bayeux über die N 13 (vierspurige Straße), Ausfahrt Aignerville. Genaue Wegbeschreibung per Telefon.

Das wunderbare "Manoir de l'Hormette" liegt in einer Hügellandschaft, und bei seiner Innenausstattung wurde nicht nur auf Schönheit, sondern auch auf Komfort viel Wert gelegt. Die sehr angenehm möblierten Zimmer haben Blick auf einen gepflegten Blumengarten. Das auf Silbergeschirr servierte Frühstück umfaßt außer der hausgemachten Konfitüre und dem Honig vom Pfarrer gekochte Eier, Früchte und mindestens drei Sorten Brot. Es gibt kein Speisenangebot, aber nur einige Kilometer weiter besitzt die Familie Corpet ein Restaurant (Meeresfrüchte und Gegrilltes).

319 - Chez Régine Bultey

Les Coutances
27210 Beuzeville
(Eure)
Tel. 32 57 75 54
Mme Régine Bultey

♦ Ganzj. geöffn. ♦ 3 Zi. m. eig. Bad od. Dusche; gemeins. WC: 170 F (1 Pers.), 200 F (2 Pers.) + 50 F (zusätzl. Pers.) ♦ Frühst. inkl. ♦ Kein Speisenangebot ♦ Hunde nicht erlaubt ♦ Umgebung: Honfleur, Le Bec-Hellouin, Sumpfgebiet Vernier ♦ Man spricht etwas Englisch ♦ **Anreise** (Karte Nr. 8): 1 km von Beuzeville Rtg. Saint-Pierre-du-Val; ab "Place de la République" in Beuzeville ausgeschildert.

Ein entzückender Garten, in dem jeden Sommer ein großer roter Rosenstock blüht, umgibt dieses hübsche Haus. Auch das geschmackvolle, sorgfältig eingerichtete Innere zieren Blumen. Die Zimmer sind schlicht, komfortabel und ruhig und haben einen hübschen Ausblick aufs Land und die kleinen normannischen Häuser der Umgebung. Ungezwungene, sehr freundliche Atmosphäre.

NORMANDIE

320 - Le Vieux Pressoir

Le Clos Potier
Conteville
27210 Beuzeville
(Eure)
Tel. 32 57 60 79
Mme Anfray

♦ Ganzj. geöffn. ♦ 3 Zi. u. 1 Suite (4 Pers.) m. Bad od. Dusche, WC: 240 F (2 Pers.) + 100 F (zusätzl. Pers.); Suite 420 F (4 Pers.) ♦ Frühst inkl. ♦ Gemeins. Abendessen auf Bestellung: 120 F (Cidre inkl.) ♦ Salon ♦ Kl. Hunde auf Anfr. erlaubt ♦ Besichtigung der alten Presse (18. Jahrh.) u. Fahrradverleih vor Ort ♦ Umgebung: Schwimmbad, Tennis, Golf, Meer (12 km); Honfleur, zahlr. Abteien ♦ Man spricht etwas Englisch ♦ **Anreise** (Karte Nr. 8): 12 km östl. von Honfleur über die D 180 Rtg. Pont-Audemer, dann in Fiquefleur links die D 312 bis Conteville; ausgeschildert.

"Le Vieux Pressoir" (Die alte Presse) ist ein nettes kleines Bauernhaus. Im kleinen Salon, im Eßzimmer und in den Schlafzimmern herrscht eine angenehm nostalgische Atmosphäre: alte Fotos, Spitzen, getrocknete Blumen, dicke Federbetten... Diese heitere Stimmung entspricht voll und ganz dem freundlichen Wesen von Madame Anfray. Das gemeinsame Abendessen ist hervorragend.

321 - Château de Saint-Gervais

Asnières
27260 Cormeilles
(Eure)
Tel. 32 45 37 87
Fax 32 46 49 76
M. und Mme Noirot-Nérin

♦ Ganzj. geöffn. ♦ 8 Zi. m. Bad od. Dusche, WC, 1 Zi. m. Waschb. u. WC u. 1 Nebenzi.: 250-450 F (1-2 Pers.) ♦ Frühst. (kontinental): 40 F ♦ Individ. Mittag- u. Abendessen auf Best. od. Restaurants in Umgeb. ♦ Salons, Billard ♦ Umgebung: Tennis, Reiten, Angeln, 18-Loch-Golfpl. (18 km) Schlösser u. Landsitze der Region Auge, Honfleur (30 km), Wallfahrtsort Lisieux, Gestüt ♦ Man spricht Englisch u. Italienisch ♦ **Anreise** (Karte Nr. 8): 18 km nordöstl. von Lisieux. N 13 zwischen Hôtellerie u. Duranville. Auf der Höhe von Thiberville links auf die D 22 Rtg. Cormeilles (7,4 km) das Schloß liegt links. Ab Paris: A 3, Ausf. Beuzeville Rtg. Cormeilles, D 22 Rtg. Thiberville. Nach 4,5 km rechts.

Vom alten Schloß sind einige hübsche kleine Fachwerk-Dependancen übriggeblieben; das derzeitige Gebäude stammt aus dem 19. Jahrhundert und wurde vollkommen renoviert, die Innenräume sind farbenfroh. Die hellen Zimmer bieten einen schönen Ausblick, sind komfortabel und verfügen über eine schlichte Einrichtung mit alten Möbeln, Radierungen, usw. Der kleine Salon ist gemütlich und der Speisesaal entzückend. Der Gebäudekomplex liegt in einem 70 Hektar großen Park: hier herrscht absolute Ruhe.

NORMANDIE

322 - Les Ombelles

4, rue du Gué
27720 Dangu
(Eure)
Tel. 32 55 04 95
Fax 32 55 59 87
Mme de Saint-Père

♦ Vom 1. März bis 15. Dez. geöffn. ♦ Kinder unter 3 J. nicht erwünscht ♦ 2 Zi. m. Bad od. Dusche WC: 270 F (2 Pers.) + 80 F (zusätzl. Pers.) ♦ Frühst. inkl. ♦ HP: 230 F pro Pers. im DZ (Wein inkl.) ♦ Gemeins. Abendessen (außer Sa.): 130 F (Wein inkl.); "Grand-Mère"-Diner: 80 F (ohne Alkohol) ♦ Salon ♦ Hunde nicht erlaubt ♦ Umgebung: Anfängerkurse f. Hanggleiter u. im Ultraleichtflugzeug; Gisors, Giverny ♦ Man spricht Englisch ♦ **Anreise** (Karte Nr. 9): 8 km westl. von Gisors über die D 181.

Dieses kleine, in einem Dorf gelegene Haus mit sehr schlichter Straßenfassade besitzt eine geschützte Terrasse und einen Garten, der durch einen hübschen Bach begrenzt wird. Die Inneneinrichtung ist sehr elegant und die Betreuung ausgesprochen gastfreundlich. Das Zimmer zur Straßenseite ist klein, aber sehr charmant mit seiner Bettnische. Eventuellen Verkehrslärm hört man hier dank der Doppelverglasung nicht. Das andere Zimmer ist ausgesprochen schön und hat Ausblick auf den Garten. Ein exzellentes Haus.

323 - Château du Landin

Le Landin
27350 Routot
(Eure)
Tel. 32 42 15 09
M. Patrice Favreau

♦ Von Ostern bis Ende Dez. geöffn. ♦ 6 Zi. m. Bad u. WC: 450 F (2 Pers.) ♦ Frühst.: 40 F Individ. Abendessen auf Bestellung: 180 F (Wein inkl.) ♦ Hunde auf Anfr. erlaubt (+ 50 F pro Hb.) ♦ Pferdeboxen vor Ort ♦ Umgebung: Golf; zahlr. Abteien u. Gestüte ♦ Man spricht Englisch ♦ **Anreise** (Karte Nr. 8): 4 km nördl. von Bourg-Achard über die D 313; ausgeschildert.

Am Ende eines großen, bewaldeten Parks liegt dieses Schloß aus rotem Backstein. Durchquert man die Eingangshalle, so sieht man auf der anderen Seite die Seine, die hier in einer sehr grünen Landschaft eine Schleife zieht. Mit einer einzigen Ausnahme hat man von den Gästezimmern, alle sehr komfortabel, und den großzügig gestalteten Bädern diesen herrlichen Ausblick. Die gesamte Innenausstattung ist sehr gelungen und zeugt von viel Gespür, das besonders schöne Zimmer im Rundbau muß jedoch extra erwähnt werden. Sobald es das Wetter erlaubt, wird das Frühstück auf der Terrasse serviert.

NORMANDIE

324 - Château du Hanoy

Le Hanoy
27250 Rugles
(Eure)
Tel. 32 24 70 50
M. und Mme Delaplace

◆ Vom 2. Jan. bis 14. Febr. geschl. ◆ 6 Zi. m. Bad od. Dusche, WC: 250 F (1-2 Pers.), 300 F (2 Pers., 2 Betten) + 120 F (zusätzl. Pers.) ◆ Frühst. inkl. ◆ HP: 430 F (2 Pers. im DZ); VP: 610 F (2 Pers. im DZ) ◆ Sonderpreise für längeren Aufenthalt ◆ Salon ◆ Kreditk.: Visa, Amex, Diners ◆ Saubere Hunde an der Leine erlaubt ◆ Umgebung: 18-Loch-Golfpl. (20 km), Angeln, Reiten; Markt in L'Aigle ◆ **Anreise** (Karte Nr. 8): 7 km nordwestl. von L'Aigle (außerhalb von Rugles).

Fern der Straße und in einem drei Hektar großen Park mit vielen Bäumen und Blumen liegt dieses kleine Schloß aus dem 19. Jahrhundert normannischens Stil. Die Gästezimmer sind hell, komfortabel, groß und ein wenig nostalgisch eingerichtet; manche haben sogar einen Balkon. Elegante Stilmöbel zieren den Salon und das Eßzimmer, das auch als - kleines - Restaurant dient; die Mahlzeiten können ebenfalls draußen im Grünen eingenommen werden. Die Betreuung ist ebenso freundlich wie aufmerksam.

325 - Le Four à Pain

1995

8, rue des Gruchets
27140 Saint-Denis-Le-Fervent
Tel. 32 55 14 45
Madeleine Rousseau

◆ Ganzj. geöffn. (im Winter nur auf Rerserv.) ◆ 2 Zi. m. Dusche, WC (davon 1 Zi. m. Bad außerh. des Zi.): 170 F (1 Pers.), 220 F (2 Pers.), 270 F (3 Pers.) ◆ Frühst. inkl. ◆ Kein Speiseangebot "L'Auberge de l'atelier" 500 m entf. ◆ Salon ◆ Hunde auf Anfr. erlaubt ◆ Umgebung: Reiter Tennis, Wald, Angeln, zwei 18-Loch-Golfpl. (15 km); Lyons-la-Forêt, Zwinger von Gisors ◆ Ma spricht Englisch ◆ **Anreise** (Karte Nr. 9): 6 km nordwestl. von Gisors über D 14bis Rtg. Bézu un Rouen, dann D 17 Rtg. Saint-Denis-Le-Fervent. Am 2. Schild "Chambres d'hôtes" im Dorf links.

Dieses hübsche normannische Haus verfügt über zwei sehr gepflegt Gästezimmer. Das eine, in Herbstfarben gehalten, liegt unter dem hohe Balkendach; das andere befindet sich im Garten, und zwar dort, wo frühe das Brot gebacken wurde. Mit seinem Terrakottafußboden, seinen hübsche Dekostoffen mit Blumenmuster und seiner Kochnische ist es ideal für eine längeren Aufenthalt. Einige alte Möbel und ein großer Kamin beleben de Speiseraum, der auch als Salon dient. Das gute Frühstück wird auf besonder freundliche Art serviert. Eine charmante Adresse.

NORMANDIE

326 - La Michaumière

72, rue des Canadiens
27370 Tourville-la-Campagne
(Eure)
Tel. 32 35 31 28
Mme Paris

♦ Ganzj. geöffn. ♦ 2 Zi. m. Bad od. Dusche, WC; 1 Zi. m. eig. Bad, 2 Zi. ohne Bad; gemeins. WC: 170 F (1 Pers.), 200 F (2 Pers.) ♦ Frühst. inkl. ♦ Kein Speiseangebot - Rest. in Umgebung ♦ Zimmerreinigung auf Wunsch ♦ Salon ♦ Hunde auf Anfr. erlaubt ♦ Fahrradverleih vor Ort ♦ Umgebung: Golf; Harcourt, Giverny ♦ Man spricht Englisch ♦ **Anreise** (Karte Nr. 8): 33 km südl. von Rouen, N 138. In Elbeuf die D 840 Rtg. Le Neubourg u. die D 26; ausgeschildert.

Dieses strohgedeckte Haus liegt sehr ruhig in einem hübschen Garten. Die drei Gästezimmer haben Ausblick auf den Blumengarten, sind komfortabel und nett eingerichtet. Im Winter wird das ausgezeichnete Frühstück im Kaminzimmer eingenommen, in dem zahlreiche Fayencen und Kupfergegenstände zu bewundern sind, und im Sommer im kleinen, hellen Eßzimmer - mit Orangensaft, Joghurt, Brioche, Brot und Konfitüren. Alles hausgemacht.

327 - Manoir d'Arville

1995

Sainte-Geneviève
50760 Barfleurt
(Manche)
Tel. 33 54 32 51
Mme Jean Le Bunetel

♦ Vom 1. Mai bis 1. Okt. geöffn. ♦ Schriftl. reservieren ♦ 1 Appartement in einem Flügel des Landsitzes: 2 Zi. (2-3 Pers.), jedes Zi. verf. über: Bad, WC, 1 großen vertäfelten Aufenthaltsraum, Küche (u.a. m. Wasch- u. Geschirrspülmaschine), Gartensalon, Tel. (Carte pastel), TV: 2400-3500 F pro Woche je nach Saison ♦ Umgebung: zwei 9-Loch-Golfpl., Tennis, Reiten, Meer, (Tauchen, Segeln); Barfleur, Insel Tatihan, Valogne, Cap de la Hague, Landungsstrände ♦ **Anreise** (Karte Nr. 7): 2 km von Barfleur über die D 901 Rtg. Cherbourg, 1. Straße links, D 10 nach Sainte-Geneviève, dann ausgeschildert.

Früher bot Madame Le Bunetel Gästezimmer an, und heute vermietet sie wochenweise ein Appartement, das in einem Flügel dieses charmanten, von Feldern und Wiesen umgebenen Landsitzes aus dem 18. Jahrhundert liegt. Das Interieur vermag die Leidenschaft von Madame Le Bunetel für schöne Stoffe nicht zu verbergen. Seide, wertvolle Gegenstände aller Art und alte Möbel machen die elegante, komfortable Ausstattung aus. Die naturhelle Holztäfelung aus dem 18. Jahrhundert ist wundervoll. Sehr freundlicher Empfang.

NORMANDIE

328 - Manoir de Caillemont

Saint-Georges-de-la-Rivière
50270 Barneville-Carteret
(Manche)
Tel. 33 53 81 16
Mme Eliane Coupechoux

♦ Von Mai bis Oktober geöffn. (in der Vor- u. Nachsaison auf Anfrage) ♦ 1 Studio (2 Pers.) m. Kochnische, Dusche, WC; 2 Suiten (2-4 Pers.) m. Dusche, WC: 330-500 F + 100 F (zusätzl. Pers. im DZ) + 250 F (+ 2 Pers. in Suite) ♦ Frühst.: 35 F ♦ Kein Speisenangebot - Rest. "La Marine" in Carteret (5 km) ♦ Hunde auf Anfr. erlaubt ♦ Schwimmbad, Fahrräder vor Ort ♦ Umgebung: Tennis, Reiten, Golf; Meer,Cap de La Hague, Mont-Saint-Michel, anglonormannische Inseln ♦ Man spricht Englisch ♦ **Anreise** (Karte Nr. 6): 35 km südl. von Cherbourg über die D 903. In Barneville-Carteret Rtg. Coutances. Genaue Wegbeschreibung per Telefon.

Dieser alte normannische Landsitz bietet ein Studio und zwei Suiten an, die Suiten bestehen aus einem Zimmer und einem Salon - alles ist sehr komfortabel, ruhig und gepflegt. Das Studio und eine der Suiten sind rustikal eingerichtet, die andere Suite ist mit ihrer dunklen Holztäfelung im Louis-XV-Stil eher klassisch gehalten. Das Frühstück wird im Speiseraum serviert. An schönen Tagen steht den Gästen ein beheiztes Schwimmbad zur Verfügung, das unter einer Terrasse versteckt liegt. Humorvolle Betreuung.

329 - Le Bel Enault

Saint-Côme-du-Mont
50500 Carentan
(Manche)
Tel. 33 42 43 27
M. und Mme Gérard Grandin

♦ Ganzj. geöffn. ♦ 5 Zi. m. Bad, WC: 230 F (1 Pers.) 260 F (2 Pers.), + 60 F (zusätzl. Pers.) ♦ Frühst.: 30 F ♦ Kein Speisenangebot - Rest. ab 4 km ♦ Salon ♦ Hunde nicht erlaubt ♦ Tennis, romant. Park (1900), Weiher vor Ort ♦ Umgebung: Sumpfgebiet (Galabre, 3 km), Landungsstrände, Sainte-Mère-Eglise (6 km), Museen ♦ Man spricht Englisch ♦ **Anreise** (Karte Nr. 7): 4 km nördl. von Carentan über die N 13 Rtg. Cherbourg, die D 913 Rtg. Sainte-Marie-du-Mont (1 km), dann ausgeschildert.

Hinter dem im 19. Jahrhundert umgestalteten kleinen Schloß verbirgt sich ein exotischer Garten, in dem viele fremdartige Pflanzen an kleinen Wasserbecken, Grotten und Felsen gedeihen. Das Innere des Schlosses ist verhältnismäßig schlicht, aber die Zimmer sind sehr gepflegt, ruhig und hübsch eingerichtet. Zur Morgenstunde wird das Frühstück am großen Kamin oder im Zimmer serviert. Angenehme, natürliche Betreuung.

NORMANDIE

330 - Château de Coigny

50250 Coigny
(Manche)
Tel. 33 42 10 79
Mme Ionckheere

♦ Von Ostern bis Allerheiligen geöffn. (in der Vor- u. Nachsaison auf Anfrage) ♦ 2 Zi. m. Bad, WC (davon 1 Zi. m. zusätzl. Bett): 450 F (1 Pers.), 500 F (2 Pers.), 600 F (3 Pers.) ♦ Frühst. inkl.
♦ Gemeins. Abendessen auf Bestellung: 150 F (Wein inkl.) ♦ Salon ♦ Hunde nicht erlaubt
♦ Umgebung: Reiten, Golf; Museen, Mont-Saint-Michel, Hafen von Carentan, Sumpfgebiete, Meer
♦ **Anreise** (Karte Nr. 7): 11 km westl. von Carentan über die D 903 Rtg. Barneville, dann die D 223; hinter dem Schild "Coigny" 1. Einfahrt links.

"Coigny" ist ein schönes Schloß und wurde im 16. Jahrhundert von dem Vorfahr eines Marschalls von Ludwig XVI. erbaut. Im Interieur mußte das alte Mobiliar Stilmöbeln weichen, aber die Zusammenstellung wirkt sehr gepflegt. Die Zimmer sind komfortabel und ruhig und haben einen schönen Ausblick auf den Schloßhof bzw. den Wassergraben. Das Frühstück und das Abendessen werden im großen Speisesaal serviert, den ein wundervoller Renaissancekamin ziert; am Kamin wurde eine Sitzecke eingerichtet.

331 - Le Homme

Le Bourg
Pouilley
50220 Ducey
(Manche)
Tel. 33 48 44 41
Victor und Jeanine Vaugrente

♦ Ganzj. geöffn. ♦ Mind. 2 Üb. ♦ 1 Zi. (2-4 Pers.) m. Bad, WC; 2 Zi. (davon 1 m. Waschraum) teilen sich Bad u. WC: 250-270 F (2 Pers.) + 100 F (zusätzl. Pers.) ♦ Frühst.: 25 F ♦ Kein Speisenangebot - Rest. od. Bauerngasthof in Umgebung ♦ Salon ♦ Hunde nicht erlaubt
♦ Umgebung: Golf (30 km), Tennis, Kanu/Kajak, Meer; Mont-Saint-Michel, Schloß Fougères
♦ Man spricht Englisch u. Deutsch ♦ **Anreise** (Karte Nr. 7): 10 km südöstl. von Avranches (Ausf. Alençon - RN 176 Rtg. Ducey) od. Ausf. Ducey Rtg. Mont-Saint-Michel (1 km), dann links Rtg. Pouilley.

Diese Adresse in der Nähe des Mont-Saint-Michel kann man wirklich empfehlen: ein kleines Dorfhaus mit einem entzückenden Garten. Die Innenausstattung ist sehr komfortabel und angenehm, außerdem ist es überall ruhig und hell. Im ersten Stock liegen die beiden wunderbaren Zimmer, die sich ein Badezimmer teilen, das ebenfalls sehr schön ist. Das im zweiten Stock gelegene Gästezimmer mit eigenem Bad ist genauso komfortabel wie der Rest des Hauses. Das Frühstück ist ausgezeichnet und die Betreuung sehr liebenswürdig.

NORMANDIE

332 - Château de la Roque

50180 Hébécrevon
(Manche)
Tel. 33 57 33 20
Fax 33 57 51 20
Mireille und Raymond Delisle

♦ Ganzj. geöffn. ♦ 15 Zi. m. Bad od. Dusche, WC, Tel., TV: 210 F (1 Pers.), 270 (2 Pers., 1 gr. Bett) u. 320 F (2 Pers., 2 Betten), 360 F (3 Pers.) ♦ Frühst.: 20 F ♦ HP: 500 F (2 Pers. im DZ) ♦ Gemeins. Abendessen: 95 F (Wein inkl.) ♦ Salon ♦ Kreditk.: Visa ♦ Hunde auf Anfr. erlaubt ♦ Tennis, Fahrradverleih vor Ort ♦ Umgebung: Reiten, Angeln, Golf; Bayeux, Mont-Saint-Michel ♦ Man spricht Englisch u. Deutsch ♦ **Anreise** (Karte Nr. 7): 6 km nordwestl. von Saint-Lô, Rtg. Coutances (D 972). In Saint-Gilles rechts D 77 Rtg. Pont-Hébert (3 km).

Dieses Schloß aus dem 17. Jahrhundert ist elegant und um einen sehr gepflegten Garten herum angeordnet. Die besonders hübsch ausgestatteten Zimmer sind komfortabel und verfügen über Telefon und TV. Wer möchte, kann im Erdgeschoß das Speiseraum und den Salon in Anspruch nehmen. Hier geht es sehr professionell zu, und man hat fast den Eindruck, sich in einem Hotel zu befinden. Die liebenswürdige Betreuung und das gemeinsame Abendessen verleihen diesem Haus aber auch einen sehr persönlichen Charakter.

333 - Le Cottage de la Voisinière

Route de Sourdeval
50410 Percy
(Manche)
Tel. 33 61 18 47
Fax 33 61 43 47
Daniel und Maryclaude Duchemin

♦ Ganzj. geöffn. ♦ 5 Zi. m. Dusche, WC (davon 1 Zi. m. Kochnische): 200 F (2 Pers.), Studio 240 F + 60 F (zusätzl. Pers.) ♦ Frühst. inkl. ♦ Kein Speisenangebot - Rest.: "Les Gourmets" (1,5 km u. viele andere 10 km entf.) ♦ Salon ♦ Hunde erlaubt (+ 20 F) ♦ Angeln am Teich vor Ort ♦ Umgebung: Fischfang in Begleitung (bei Ebbe), 9-Loch-Golfpl. (30 km), Tennis, Meer (30 km) Mont-Saint-Michel, Abtei von Hambye, Villedieu, Landungsstrände ♦ **Anreise** (Karte Nr. 7) 30 km nördl. von Avranches über die N 175. In Percy links Rtg. Sourdeval; 1,5 km von Percy entf. ausgeschildert.

Zwei kleine, sehr schlichte, aber einladende Häuser. Die Gästezimmer sind sehr gepflegt und in einem ländlichen Stil eingerichtet. Wir empfehlen besonders die separat gelegenen (das Zimmer "Cyclamène" ist besonders gelungen), die außerdem über einen großen Aufenthaltsraum und eine Kochnische verfügen. Gefrühstückt wird entweder in einem sehr freundlichen Speiseraum oder im wunderschönen Garten, der beim regionalen Wettbewerb bereits mehrere Preise erhielt.

NORMANDIE

334 - La Févrerie

50760 Sainte-Geneviève
(Manche)
Tel. 33 54 33 53
Marie-France Caillet

♦ Ganzj. geöffn. (im Winter nur auf Reserv.) ♦ 3 Zi. m. Bad, WC (davon 1 Zi. m. Bad außerh. des Zi.): 200-320 F (2 Pers.) + 80 F (zusätzl. Pers.) ♦ Frühst. inkl. ♦ Gemeins. Abendessen einmal pro Woche: 60-100 F (Cidre inkl.), Menü (Krustentiere): 130 F - Restaurants u. Crêperien ab 3 km ♦ Salon ♦ Hunde auf Anfr. erlaubt ♦ Fahrräder, Pferdeboxen (+ 60 F pro Tag) vor Ort ♦ Umgebung: Tennispl. im Dorf, Wassersport (Meer, 2 km), Reiten, Golfpl. (15 km); Barfleur, Pointe de la Hague, Hôtel de Beaumont in Valogne ♦ Man spricht Englisch u. Spanisch ♦ **Anreise** (Karte Nr. 7): 3 km westl. von Barfleur über D 25 Rtg. Quettehou, 2. Straße rechts, dann ausgeschildert.

Unweit der herrlichen Pointe de Barfleur liegt dieser Landsitz aus dem 16. und 17. Jahrhundert mitten im Grünen. Das Interieur ist ebenso freundlich wie elegant. Die komfortablen, mit alten Möbeln ausgestatteten und mit hübschen Dekostoffen belebten Zimmer sind unwiderstehlich. Frühstück und Abendessen werden am großen Kamin des angenehmen Aufenthaltsraumes serviert. Eine bemerkenswertes Haus. Betreuung freundlich und stets gutgelaunt.

335 - Château de la Brisette

50700 Saint-Germain-
de-Tournebu
(Manche)
Tel. 33 41 11 78
Fax 33 41 22 32
Gentien und Inès de La Hautière

♦ Ganzj. geöffn. (im Winter nur auf Rerserv.) ♦ 3 Zi. m. Bad, WC, Tel. u. TV: 450-550 F (2 Pers.) + 100 F (zusätzl. Pers.), kostenl. f. Kinder u. 5 J. ♦ Frühst. inkl. ♦ Individ. Essen: 200 F (alles inkl.) - Rest. ab 8 km ♦ Kreditkarten (außer Am. Expr.) akz. ♦ Frische Bettw. u. Handt. tägl. ♦ Salon ♦ Hunde nicht erlaubt ♦ Angeln am Teich vor Ort ♦ Umgebung: Tennis u. Reiten (6 km), 18-Loch-Golfpl. (6 km); Meer (10 km), Tierpark (4 km), Hôtel de Beaumont in Valogne, Altstadt Barfleur, Nez-de-Jobourg, Sainte-Mère-l'Eglise ♦ Man spricht Englisch ♦ **Anreise** (Karte Nr.7): 8 km östl. von Valogne über D 902, 6 km Route de Quettehou, ab Kreuzung ausgeschildert.

Angenehm isoliert gelegen, wurde dieses Schloß im klassizistischen Stil des 18. Jahrhunderts erbaut. Die Räume verfügen über großzügige Ausmaße, insbesondere der große Salon mit schöner Täfelung (goldfarben verziert) und hohen Fenstertüren. Die auf das Bassin und aufs Grüne gehenden angenehmen Zimmer sind mit einem Mobiliar eingerichtet, dessen Stil von der strengen Haute-Epoque bis zum eleganten Empire reicht.

NORMANDIE

336 - La Maurandière

50150 Sourdeval-la-Barre
(Manche)
Tel. 33 59 65 44
Mme Evelyne Dupart

◆ Ganzj. geöffn. ◆ 4 Zi. m. Bad od. Dusche, WC (davon 1 Gartenhäuschen): 180 F (1 Pers.), 200 F (2 Pers.), 250 F (3 Pers.) ◆ Frühst. inkl. ◆ Kein Speisenangebot (aber: kalte Platte, Salat, geräucherter Fisch) - Rest.: "La Table de Pauline" (3 km) ◆ Salon ◆ Hunde auf Anfr. erlaubt ◆ Angeln m. Angelschein vor Ort ◆ Umgebung: Reiten, Klettern, Windsurfing, Fahrradverleih; Mont-Saint-Michel, Töpfermuseum, Granitmuseum, "cité du cuivre" (Kupferstadt) ◆ **Anreise** (Karte Nr. 7): 13 km südl. von Vire über die D 977 Rtg. Mortain; ab Ortsausgang ausgeschildert.

Inmitten einer hügeligen Landschaft werden Sie das schöne Haus "La Maurandière" in blühender und sehr gepflegter Umgebung erblicken. Auch im Salon und im Speiseraum (mit gelungener Einrichtung) ist alles sehr gepflegt. Die Zimmer sind angenehm, hübsch und gut möbliert. Wenn morgens die Sonne scheint, wird das Frühstück auf der Terrasse serviert. Die Betreuung wie die Preise sind sehr angenehm.

337 - Le Prieuré Saint-Michel

61120 Crouttes
(Orne)
Tel. 33 39 15 15
Fax 33 36 15 16
M. und Mme Pierre Chahine

◆ Im Febr. geschl. ◆ 2 Zi. u. 2 Suiten (2 Pers.) m. Bad od. Dusche, WC: 450-600 F (2 Pers.); Suite: 700 F (2 Pers.) + 50 F (zusätzl. Pers.) ◆ Frühst. inkl. ◆ Gemeins. od. individ. Abendessen ab Juni: 200 F (Wein inkl.) ◆ Kreditk.: Visa ◆ Hunde nicht erlaubt ◆ Kunstcenter, Konzerte u. Theater vor Ort ◆ Umgebung: Golf; Straße der normannischen Herzöge (Route des ducs de Normandie), Honfleur, Deauville, Bagnoles-de-l'Orne ◆ Man spricht Englisch, Deutsch u. Spanisch ◆ **Anreise** (Karte Nr. 8): 34 km südl. von Lisieux über die D 579. In Vimoutiers die D 916 Rtg. Argentan; der Ausschilderung "Monuments historiques" folgen.

Diese echte Priorei, die früher zur Abtei von Jumièges gehörte, liegt etwas erhöht in einer sehr schönen Landschaft der Normandie. Hier herrscht absolute Ruhe. "Saint Michel" ist von einem Park umgeben, der wie gemalt aussieht und in dem es Wasserspiele gibt. Die Fachwerkgebäude verfügen über wunderbare, mit viel Geschmack und Komfort eingerichtete Gästezimmer. Im Sommer wird der monumentale Kelterraum zum Salon bzw. Speiseraum. Die Besichtigung der Kapelle und der Scheune aus dem 12. Jahrhundert lohnt sich.

NORMANDIE

338 - La Grande Noë

61290 Moulicent
(Orne)
Tel. 33 73 63 30
Fax 33 83 62 92
Pascale und Jacques de Longcamp

1995

♦ Vom 30. Nov. bis 1. April geschl. (im Winter auf Anfrage geöffn.) ♦ 3 Zi. m. Bad, WC: 450-620 F (2 Pers.), zusätzl. Pers.: + 120 F (Erwachs.) + 80 F (Kinder) ♦ Frühst. inkl. ♦ Gemeins. Abendessen: 220 F (Kinder 80 F) ♦ Salon ♦ Hunde auf Anfrage erlaubt ♦ Pferdeboxen u. Pferdewagen vor Ort ♦ Umgebung: Tennis, 18-Loch-Golfpl. (25 km); Abtei de la Trappe, Landsitze des Perche, Altstadt Mortagne ♦ Man spricht Englisch u. Spanisch ♦ **Anreise** (Karte Nr. 8): 30 km südwestl. von Verneuil-sur-Avre über N 12 Rtg. Alençon. An der Kreuzung "Sainte-Anne" Rtg. Longny über D 918, dann 4 km vor Moulicent links; das Haus liegt 800 m weiter rechts.

Dieses Herrenhaus aus dem 15. und 17. Jahrhundert liegt mitten auf dem Land. Die Zimmer mit ihren alten Möbeln und eleganten Dekostoffen sind reizend, und die Bäder sind sehr komfortabel. Das prächtige Treppenhaus verfügt über Trompe-l'œil-Marmor und Stuckarbeiten aus dem frühen 19. Jahrhundert. Der äußerst große Salon ist sehr geschmackvoll ausgestattet und hat einen Kamin. Warmer, mit heller Eiche vertäfelter Speisesaal (18. Jahrhundert). Alles ist vollkommen gelungen. Charmanter Empfang.

339 - Le Château

Place de l'église
76750 Bosc-Roger-sur-Buchy
(Seine-Maritime)
Tel. 35 34 29 70
M. und Mme Preterre-Rieux

♦ Im Febr. geschl. ♦ 4 Zi. m. Bad od. Dusche, WC: 240 F (1 Pers.), 360 F (2 Pers.), 420 F (3 Pers.), 470 F (4 Pers.) ♦ Frühst. inkl. ♦ Kein Speiseangebot - Rest. in Buchy (1 km) ♦ Salons ♦ Pferdeboxen, Fahrräder vor Ort u. Wochenendprogr. (Besichtig. von Gärten, Wanderuungen, Golf) ♦ Umgebung: Tennis, Schwimmbad, 18-Loch-Golfpl.; Abtei Mortemer, Park Forges-les-Eaux ♦ Man spricht Englisch ♦ **Anreise** (Karte Nr. 1 u. 8): 27 km nordöstl. von Rouen über die A 28 od. d 28 Rtg. Neufchâtel, rechts die D 919 Rtg. Buchy; dann rechts Rtg. Bosc-Roger.

Le Château" liegt gegenüber der Kirche eines winzigen Dorfes. Sobald man dieses kleine Schloß betritt, spürt man seine angenehm ruhige Atmosphäre. Die Räumlichkeiten sind hübsch und komfortabel und wirken sehr frisch. Die angenehmen Zimmer (wir bevorzugen die im Rundbau) verfügen über neues Mobiliar aus Korb oder hellem Holz und haben hübsche Farben. Auch von den großen Badezimmern blickt man auf den Park. Die Betreuung ist voller Dynamik und guter Laune, das Frühstück ausgezeichnet.

NORMANDIE

340 - Domaine de Champdieu

76590 Gonneville-sur-Scie
(Seine-Maritime)
Tel. 35 32 66 82
Mrs. Buquet, Mauduit und
Vacheron

♦ Ganzj. geöffn. ♦ Kinder unter 14 J. nicht erwünscht ♦ 3 Zi. m. Dusche, WC (ferner: 1 Suite m. Zi. u. Salon): 400 F (1 Pers.), 450 F (2 Pers.); Suite: 800 F (2 Pers.) + 150 F (zusätzl. Pers.) ♦ Frühst.: 50 F ♦ Gemeins. od. individ. Abendessen - alles inkl.: 400 F (Fischgerichte), 650 F ("formule fois gras" = Gänselebergerichte), 800 F (Champagner-Diner od. Wildgerichte m. bes. Burgunderwein) ♦ Salon ♦ Hunde nicht erlaubt ♦ Umgebung: Golf, Tennis, Strände; Schloß Mirosmesnil, Parks von Prinzessin Sturdza u. Madame Mallet, Elfenbein-Museum in Dieppe ♦ Man spricht Englisch u. Spanisch ♦ **Anreise** (Karte Nr. 1 u. 8): 14 km südl. von Dieppe über die N 27. Hinter Tôtes rechts die D 50, dann die D 203; der Ausschilderung "Chambres d'hôtes" folgen.

Dieses auf dem Land gelegene hübsche Herrenhaus verbirgt eine prächtige Inneneinrichtung, die zugleich klassisch und freundlich ist: alte Möbel, Gemälde, erstaunliche Gegenstände aller Art. Denis Buquet ist sehr gastfreundlich und bei der Zusammenstellung und Zubereitung seiner Abendessen (siehe oben) wird er zum Künstler. Die an diesem außergewöhnlichen und zeitlosen Ort stattfindenden Diners bei Kerzenlicht sind wahre Feste.

341 - La Marette

76260 Melleville
(Seine-Maritime)
Tel. 35 50 81 65
M. und Mme Etienne Garçonnet

♦ Ganzj. geöffn. ♦ 1 Zi. m. Bad, WC; 1 Zi. m. Waschb., WC u. Dusche außerh. des Zi. (auch: Zi. als Suite): 200-250 F (2 Pers.) + 70 F (zusätzl. Pers.) ♦ Frühst. inkl. ♦ Kein Speiseangebot - Rest.: "Le Moulin de Becquirel" (9 km) ♦ Zimmerreinigung einmal pro Woche ♦ Hunde nicht erlaubt ♦ Spielzimmer ♦ Umgebung: Schwimmbad, Tennis, Flußangeln, Wald von Eu, Meer ♦ Man spricht Englisch u. Deutsch ♦ **Anreise** (Karte Nr. 1): 12 km südl. von Eu über die D 1314, dann links die D 78; ausgeschildert.

Wenn Sie Ruhe und Erholung suchen, sollten Sie sich in diesem Bauernhaus aus rotem Backstein niederlassen, das am Waldrand liegt und sehr gepflegt ist. Für Familien lassen sich die Zimmer leicht zu einer "Suite" vergrößern. Mit ihrer Blümchentapete und einem Mobiliar aus der Jahrhundertwende sind die Gästezimmer auf eine nette Art altmodisch. Wir empfehlen das mit eigenem Bad. Das Frühstück wird im Eßzimmer an mehreren Tischen serviert. Kinder werden die große Scheune schätzen, in der man u.a. Tischtennis und Basketball spielen kann. Die Betreuung in diesem schlichten Haus ist besonders freundlich.

NORMANDIE

342 - Le Val de la Mer

76400 Senneville-sur-Fécamp
(Seine-Maritime)
Tel. 35 28 41 93
Mme Lethuillier

◆ Im August geschl. ◆ 3 Zi. m. Bad od. Dusche, WC: 230 F (1 Pers.), 270 F (2 Pers.), 350 F (3 Pers.) ◆ Frühst. inkl. ◆ Kein Speisenangebot - Rest.: "La Marée" in Fécamp, "Le Maritime" (3 km), "Le Relais des Dalles" (7 km) ◆ Hunde nicht erlaubt ◆ Umgebung: 18-Loch-Golfpl. in Etretat (18 km) ◆ **Anreise** (Karte Nr. 8): in Fécamp Rtg. Dieppe über die D 925; im Ort, neben der Kirche.

Dieses hübsche Haus liegt am Rand eines Dorfes, nur einige Hundert Meter vom Meer und den Kreidefelsen entfernt. Hier wird man Sie sehr freundlich aufnehmen und Ihnen gute Tips für Tagesausflüge geben. Die kleinen Zimmer sind ruhig, komfortabel und sehr freundlich. Vom Zimmer im Erdgeschoß hat man direkten Zugang zum gepflegten Blumengarten. Das Frühstück wird am großen Tisch des Aufenthaltsraumes serviert, in dem zahlreiche Nippsachen stehen.

343 - Le Clos du Vivier

1995

Chemin du Vivier
76540 Valmont
(Seine-Maritime)
Tel. 35 29 95 05/35 29 90 95
Fax 35 27 44 49
Mme Dominique Cachera

◆ Ganzj. geöffn. ◆ 2 Zi. m. Bad, WC u. TV: 250 F (1 Pers.), 310 F (2 Pers.), 380 F (3 Pers.); kostenl. f. Kinder u. 6 J. ◆ Frühst. inkl. ◆ Gemeins. od. individ. Essen auf Best.: 90 F (Cidre inkl.) - Rest. in Umgebung ◆ Salon ◆ Tel. (Carte pastel) ◆ Kl. Hunde auf Anfr. erlaubt ◆ Umgebung: Wanderwege (GR), Tennis, 18-Loch-Golfpl. (30 km), Fahrradverleih u. Angelparcours (1 km); Meer (10 km), Schloß Valmont, Museen (über Benediktiner u. Neufundland) ◆ Man spricht Englisch u. Spanisch ◆ **Anreise** (Karte Nr. 1 u. 8): 10 km östl. von Fécamp, Rtg. Yvetot u. Valmont über D 150. Place de la Mairie, 1 km Rtg. Ourville. An der 1. Kreuzung rechts Chemin du Vivier, 2. Haus rechts.

Das "Clos du Vivier" ist ein reizendes Bauernhaus mit Garten und liegt noch im Dorf. Die Renovierung, bei der Komfort und Ästhetik im Vordergrund standen, wurde erst vor kurzem vorgenommen. Die mit alten Möbeln ausgestatteten Zimmer sind mit einer Reihe hübscher Farben belebt. Im Erdgeschoß spendet das teilweise durchbrochene Fachwerk dem Salon und dem ausgesprochen freundlichen Speiseraum zusätzliches Licht. Betreuung voller guter Laune; hervorragender Brunch. Kurz, ein Haus, das Qualität bietet.

PAYS DE LA LOIRE

344 - Château du Housseau

Le Housseau
44470 Carquefou
(Loire-Atlantique)
Tel. 40 30 21 95
Fax 40 25 12 05
Jean-Luc Audonnet

♦ Ganzj. geöffn. ♦ 5 Zi. m. Bad od. Dusche, WC, Tel. (Direktleitung) u. TV: 390-440 F (1 Pers.), 450-495 F (2 Pers.) ♦ Frühst. 40-65 F ♦ Gem. Essen: 200 F (Aperitif u. Wein inkl.) ♦ Hunde nicht erlaubt ♦ Eig. Schwimmbad ♦ Umgebung: Tennis (50 m + 10 F), 18-Loch-Golfpl. (3 km), Erdre-Ufer, Altstadt Nantes, Weinstraße, La Baule (45 Min.) ♦ Man spricht Englisch u. Spanisch ♦ **Anreise** (Karte Nr.14): 3 km nordöstl. von Nantes. Autob. Paris-Nantes, Ausf. La Beaujoire, dann ausgeschildert ("Le Housseau").

Kurz vor Nantes, aber noch auf dem Land gelegen, bietet "Le Housseau "seit kurzer Zeit schöne große Zimmer an. Sie sind höchst komfortabel und mit hübschen bemalten Möbeln und dazu passenden Vorhängen, Bettdecken und Teppichen eingerichtet. Die von Jean-Luc Audonnet zubereiteten Diners werden in einem angenehmen Speisesaal rustikalen Stils eingenommen. Sobald das Wetter es erlaubt, wird das Frühstück auf der Terrasse serviert - dem Park und Schwimmbad gegenüber. Eine vortreffliche Adresse, die für Touristen ebenso interessant ist wie für Geschäftsleute.

345 - Domaine de la Morinière

44330 La Regrippière-Vallet
(Loire-Atlantique)
Tel. 40 33 61 64
Cécile und Michel Couillaud

♦ Ganzj. geöffn. ♦ 2 Zi. m. Dusche, WC: 265 F (2 Pers.), 320 F (3 Pers.) ♦ Frühst. inkl. ♦ Preisnachlaß ab 5. Üb. ♦ Kein Speiseangebot (kleine Küche verfügbar) - Restaurants "Des Voyageurs" (7 km) od. "La Bonne Auberge" (17 km) ♦ Zimmerreinigung auf Wunsch ♦ Salon ♦ Hunde auf Anfrage erlaubt ♦ Mountainbikes, Besichtig. des Weinkellers, Wanderwege vor Ort ♦ Umgebung: Reiten, Tennis; Clisson, Loire-Ufer ♦ Man spricht Englisch ♦ **Anreise** (Karte Nr. 15): 30 km südöstl. von Nantes. Autobahnausf. Ancenis, Rtg. Clisson bis Vallet, dann 7 km über D 756 Rtg. Beaupréau, danach ausgeschildert. Oder: RN 249, Ausf. Vallet, dann D 756.

Ein kleines, von Blumen umgebenes Haus inmitten der von Michel Couillaud und seinen Brüdern bebauten Weinberge. Im Innern ist alles tadellos und schlicht modern eingerichtet. Sehr schöne Gästezimmer mit weißer Holzverkleidung, belebt mit bunten Stoffen. Die zeitgenössischen Bilder und Skulpturen verleihen eine persönliche Note. Direkter, sehr freundlicher Empfang. Hervorragendes Frühstück.

PAYS DE LA LOIRE

346 - La Plauderie

1, rue du Verdelet
44680 Sainte-Pazanne
(Loire-Atlantique)
Tel. 40 02 45 08
Mme Mignen

♦ Vom 1. Mai bis 30. Okt. geöffn. ♦ 3 Zi. m. Bad od. Dusche, WC: 270-400 F (2 Pers.) ♦ Frühst.: 35 F ♦ Kein Speiseangebot - Rest.: "Le Col Vert" in Fresnay-en-Retz ♦ Zimmerreinigung alle 2 Tage ♦ Salon ♦ Hunde auf Anfr. erlaubt ♦ Umgebung: Tennis, Meer, Golf; bret. Sumpfgebiet, Insel Noirmoutier ♦ Man spricht Englisch ♦ **Anreise** (Karte Nr. 14): 28 km südwestl. von Nantes über die D 751 Rtg. Pornic. In Port-Saint-Père die D 758 links Rtg. Bourgneuf-en-Retz.

Dieses vortreffliche Haus liegt neben der Kirche und verbirgt einen wunderbaren, romantischen Garten. Allein die Gastfreundschaft von Madame Mignen würde eine Empfehlung des Hauses rechtfertigen. Sie werden aber außerdem die hübsche Einrichtung und den ausgezeichneten Komfort schätzen. Die Gästezimmer und die Bäder sind äußerst elegant. Tagsüber kann man sich jederzeit eine Tasse Kaffee oder Tee zubereiten. Ein sehr behaglicher Ort mit zahlreichen Ausflugsmöglichkeiten.

347 - Château de la Jaillière

La Chapelle-Saint-Sauveur
44370 Varades
(Loire-Atlantique)
Tel. 40 98 62 54
Fax 40 98 61 97
Comtesse d'Anthenaise

♦ Vom 15. Mai bis 15. Okt. geöffn. ♦ 4 Zi. u. 1 Suite (4 Pers.) m. Bad, WC, Tel.: 650 F (2 Pers.), Suite: 850 F (4 Pers.) ♦ Frühst. inkl. ♦ Gemeins. Abendessen: 200 F (Wein inkl.) ♦ Salon ♦ Hunde nicht erlaubt ♦ Schwimmbad, Tennis, Angeln vor Ort ♦ Umgebung: Reiten (30 km), Golf ♦ Man spricht Englisch u. Deutsch ♦ **Anreise** (Karte Nr. 15): 30 km westl. von Angers über die N 23, dann kurz vor Varades die D 30; hinter La Chapelle-Saint-Sauveur Rtg. Saint-Sigismond.

Das "Château de la Jaillière" ist ein großer Grundbesitz aus dem 19. Jahrhundert. Die Ausstattung mit Parkettböden und Wandtäfelung ist wunderbar auf das alte und selbstverständlich echte Mobiliar abgestimmt. Die Zimmer sind prächtig und komfortabel, und das gemeinsame Abendessen findet in einem freundlichen Speisesaal statt, der dem Charakter des Schlosses voll und ganz entspricht. Die Liebenswürdigkeit und Dynamik der Schloßherrin, Comtesse d'Anthenaise, sind weitere Pluspunkte dieses charmanten Ortes.

PAYS DE LA LOIRE

348 - Château des Briottières

49330 Champigné
(Maine-et-Loire)
Tel. 41 42 00 02
Fax 41 42 01 55
Hedwige und François de Valbray

♦ Ganzj. geöffn. (vom 1. Jan. bis 1. März auf Anfr.) ♦ 9 Zi. m. Bad, WC, Tel.: 400-700 F (2 Pers.) ♦ Frühst.: 45 F ♦ HP: 695 F pro Pers. im DZ ♦ Gemeins. Abendessen auf Bestellung: 250 F (alles inkl.) ♦ Salon, fr. Billard ♦ Kreditk. akz.♦ Beheiz. Schwimmbad im Freien (vom 1.6.-15.10.), Pferdeboxen, Angeln, Fahrräder vor Ort ♦ Umgebung: Tennis, Reiten, 18-Loch-Golfpl. (5 bzw. 15 km entf.); Anjou ♦ Man spricht Englisch ♦ **Anreise** (Karte Nr. 15): 25 km nördl. von Angers Rtg. Laval. In Montreuil-Juigné rechts die D 768 über Feneu u. nach Champigné.

Wer wegen des abseits gelegenen "Château des Briottières" einen Umweg macht, wird es nicht bedauern. Der Empfang ist freundlich und spontan. Die großen Empfangsräume haben zum größten Teil die Einrichtung und die Pracht früherer Zeiten bewahrt. Die Gästezimmer sind besonders edel, ohne jedoch übertrieben oder überladen zu wirken, und verfügen über luxuriöse Bäder mit Blick auf den Park. Die Bewirtung ist, wie alles andere, ausgezeichnet.

349 - Beauregard

22, rue Beauregard
Cunault
49350 Chênehutte-les-Tuffeaux
(Maine-et-Loire)
Tel. 41 67 92 93
M. und Mme Tonnelier

♦ Von Ostern bis Allerheiligen geöffn. ♦ 1 Suite (4 Pers.) m. 2 Zi., Bad, WC: 350 F (2 Pers.) + 120 F (zusätzl. Pers.); Suite: 550 F (4 Pers.) ♦ Frühst. inkl. ♦ Kein Speisenangebot - Rest.: "La Toque Blanche", "Le Val de Loire", "Les Rosiers" (5 km) ♦ Kl. Hunde erlaubt ♦ Angeln in der Loire vor Ort ♦ Umgebung: Reiten, 18-Loch-Golfpl.; Kirchen in Trêves-Cunault, Le Thoureil, Montreuil-Bellay u. Saumur ♦ Man spricht Englisch ♦ **Anreise** (Karte Nr. 15): 10 km nordwestl. v. Saumur über die D 751 Rtg. Gennes; vor dem Dorf, am Ufer der Loire.

Sie verlassen die Straße Richtung Saumur und folgen solange einer kleinen Straße, die immer romantischer wird und parallel zum Fluß verläuft, bis Sie den Park des erhöht gelegenen Landsitzes "Beauregard" erreichen. Die Sicht von hier ist wunderbar. Die Gästezimmer, alle mit Ausblick auf die Loire, sind hübsch, sehr groß und gut eingerichtet. Den Speiseraum, in dem das Frühstück eingenommen wird, ziert sehr schönes Haute Epoque-Mobiliar. Sympathische Betreuung.

PAYS DE LA LOIRE

350 - Domaine de Mestré

49590 Fontevrault-l'Abbaye
(Maine-et-Loire)
Tel. 41 51 72 32 / 41 51 75 87
Fax 41 51 71 90
M. und Mme Dominique Dauge

◆ Vom 20. Dez. bis 1. Febr. geschl. ◆ 11 Zi. u. 1 Suite (3 Pers.) m. Bad, WC: 295 F (2 Pers.) + 65 F (zusätzl. Pers.) ◆ Frühst.: 35 F ◆ HP: 297 F pro Pers. im DZ (mind. 1 Woche) ◆ Gemeins. u. individ. Abendessen auf Bestellung: 135 F (ohne Wein) ◆ Salon ◆ Kl. Hunde erlaubt ◆ Umgebung: Tennis, Reiten, Golf; Abteien, Loire-Schlösser ◆ Man spricht Englisch u. Deutsch ◆ **Anreise** (Karten Nr. 15 u. 16): 12 km südöstl. von Saumur über die D 947 Rtg. Chinon, dann Rtg. Fontevraud-l'Abbaye; zwischen Montsoreau u. Fontevraud.

"Mestré" gehörte früher den Mönchen der ehemals berühmten Abtei Fontevrault und war ein Bauernhof. Die komfortablen Gästezimmer sind sehr schön eingerichtet und haben die Echtheit und Eleganz früherer Zeiten bewahrt. Das Abendessen ist ausgezeichnet, reichhaltig und unkompliziert (ausschließliche Verwendung eigener Produkte - Fleisch, Gemüse und Milchprodukte nach traditioneller Art zubereitet); serviert wird es in einem eleganten Speisesaal. Ein höchst interessanter Ort, an dem außerdem nach sehr alten Rezepten Seife hergestellt wird - die man hier auch kaufen kann.

351 - La Croix d'Etain

2, rue de l'Ecluse
49220 Grez-Neuville
(Maine-et-Loire)
Tel. 41 95 68 49
M. und Mme Bahuaud

◆ Von Ostern bis Allerheiligen geöffn. ◆ 3 Zi. m. Bad, WC: 340 F (2 Pers.) ◆ Frühst. inkl. ◆ Gelegentl. gemeins. Abendessen auf Bestellung: 120 F (ohne Wein) - Rest. in Umgebung ◆ Salon (TV) ◆ Umgebung: Golf, Tennis, Reiten, Vermiet. v. Schiffen m. Kajüten (ohne Schiffslizenz); Schlösser, Museen, Weinberge ◆ Man spricht Englisch ◆ **Anreise** (Karte Nr. 15): 3 km südöstl. von Lion-d'Angers. RN 162 Rtg. Laval. In Grez-Neuville, zwischen der Kirche und der Mayenne (Zufahrt über Rue de 'Ecluse).

In der Altstadt von Grez-Neuville liegt dieses Bürgerhaus, das von Grund auf renoviert wurde und heute über viel Komfort verfügt. Die Zimmer sind groß, sehr hell dank ihrer Ecklage, modern und ausgesprochen geschmackvoll möbliert. Bei schönem Wetter kann man die Ruhe im großen Park genießen, der hinter dem Haus liegt. Für den Fall, daß Sie Spaziergänge am Ufer der Mayenne bevorzugen: der Fluß liegt nur 50 Meter entfernt. Angehme Betreuung.

PAYS DE LA LOIRE

352 - Château du Plessis

49220 La Jaille-Yvon
(Maine-et-Loire)
Tel. 41 95 12 75
Fax 41 95 14 41
Paul und Simone Benoist

♦ Vom 1. März bis 31. Okt. geöffn. ♦ 8 Zi. (davon 2 m. Balkon) m. Bad, WC: 720 F (2 Pers.) ♦ Frühst. inkl. ♦ HP: 610 F pro Pers. im DZ ♦ Gemeins. Abendessen auf Bestellung (Ruhetag So): 270 F (alles inkl.) ♦ Salon ♦ Tel. ♦ Kreditk.: Visa, Amex, Diners ♦ Hunde auf Anfr. erlaubt ♦ Tennis, Pferdeboxen, Heißluftballon vor Ort ♦ Man spricht Englisch u. Spanisch ♦ **Anreise** (Karte Nr. 15): 11 km nördl. von Lion-d'Angers über die N 162. In Fleur-de-Lys D189; ab der Kreuzung ausgeschildert.

Madame Benoist liebt Blumen, und ihre Gebinde wechseln mit der Jahreszeit; ihr Mann kennt sich besser in den Sehenswürdigkeiten der Gegend aus. Im Haus herrscht ein ungezwungener Ton, es gibt aber auch viel Komfort, der der Perfektion nahekommt. Die Zimmer sind sehr geschmackvoll eingerichtet, und auch bei den Bädern gibt es nichts zu beanstanden. Das gemeinsame Abendessen wird großzügig im Speisesaal mit Fresken aus den dreißiger Jahren aufgetragen. Die Voraussetzungen für einen gelungenen Aufenthalt sind hier alle gegeben.

353 - Préfontaine

49430 Lézigné
(Maine-et-Loire)
Tel. 41 76 97 71
Mme O'Neill

♦ Im Jan. u. Febr. geschl. ♦ 3 Zi. u. 2 Suiten m. Bad, WC: 350-400 F (2 Pers.), Suiten: 400-550 F (4 Pers.) ♦ Frühst. inkl. ♦ Gemeins. Abendessen (im Sommer auf der Terrasse): 120 F (Wein inkl.) ♦ Salon ♦ Angeln am Teich vor Ort ♦ Umgebung: Golf, Schwimmbad, Tennis, Baden im Loir-Fluß ♦ Man spricht Englisch ♦ **Anreise** (Karte Nr. 15): 30 km nordöstl. von Angers über die N 23 Rtg. Durtal; ausgeschildert.

Die prächtige Besitzung "Préfontaine" liegt in einem großen, gepflegten und bewaldeten Park. Die Innenausstattung ist harmonisch, das Mobiliar elegant. Die Zimmer sind sehr freundlich, angenehm eingerichtet und trotz der Straßennähe (die sich nur draußen bemerkbar macht) sehr ruhig. Die exzellenten Diners werden in einem stilvollen Speisesaal serviert. Die Betreuung ist sehr freundlich. Kurz: eine hervorragende Adresse.

PAYS DE LA LOIRE

354 - Château du Goupillon

49680 Neuillé
(Maine-et-Loire)
Tel. 41 52 51 89
Monique Calot

♦ Ganzj. geöffn. ♦ 2 Zi. u. 1 Suite (5 Pers.) m. Bad od. Dusche, WC: 290-420 F (2 Pers.) + 60 F (zusätzl. Pers.); Suite: 660 F (5 Pers.) ♦ Frühst. inkl. ♦ Kein Speisenangebot - zahlr. Rest. in Saumur ♦ Salon ♦ Hunde auf Anfr. erlaubt ♦ Umgebung: Schwimmbad, Tennis, Golf; Loire-Schlösser ♦ **Anreise** (Karte Nr. 15): 9 km nördl. von Saumur Rtg. Longué. Am Kreisverkehr La Ronde D 767 Rtg. Vernantes, nach 2 km links D 129 Rtg. Neuillé. 1 km vor Neuillé Rtg. Fontaine-Suzon, dann ausgeschildert.

Obwohl ganz in der Nähe von Saumur gelegen, scheint dieses von üppiger Vegetation umgebene Schloß wie von der modernen Welt abgeschnitten. Das verleiht ihm mit seiner einfachen, aber geschmackvollen Ausstattung eine besonders unbekümmerte Atmosphäre: alte Holzvertäfelungen, Trockenblumensträuße, stoffbespannte Wände, einige schöne alte Möbelstücke. Die Zimmer - klein und nett oder ausgesprochen groß - sind sehr schön hergerichtet und verfügen über angenehme Bäder. Die Betreuung könnte nicht freundlicher sein.

355 - Moulin de Rabion

1995

49490 Noyant
(Maine-et-Loire)
Tel. 41 89 32 80
Fax 41 89 32 80
Antonia und Edward Hoogewerf

♦ Ganzj. geöffn. (von Okt. bis April auf Anfrage) ♦ 2 Zi. m. Bad od. Dusche, WC: 300 F (2 Pers.) ♦ Frühst. inkl. ♦ Gemeins. od. individ. Abendessen: 70 F (Wein inkl.) - Kinder unter 10 J.: 50 F ♦ Salon ♦ Hunde nur im Zwinger erlaubt ♦ Flußangeln, 2 Pferdeboxen vor Ort ♦ Umgebung: Tennis, Schwimmbad, Wassersport (10 km), 18-Loch-Golfpl. (15 km); Schlösser u. Weinberge der Loire, "Ton- u. Licht"-Auff. in Le Lude ♦ Man spricht Englisch u. Spanisch ♦ **Anreise** (Karte Nr. 16): 20 km nördl. von Saumur D 767 Rtg. Le Mans, dann Rtg. Noyant-Vernantes. Ab Vernantes 8 km bis zur Kreuzung Linière-Bouton, dann geradeaus; "Rabion" 1 km weiter rechts an der D 767.

In einem großen, von einem Bach durchflossenen Park gelegen, wird dieses echte "Bed and Breakfast"-Haus von einer englischen Familie mit lässiger Lebensart und ansteckend guter Laune geführt. Die Einrichtung ist sehr elegant: altes Mobiliar, englische Tapeten und Dekostoffe. Viel Komfort und hübscher Blick aufs Grüne, nur ist die Geräuschisolierung (außer beim blauen Zimmer, "Chambre bleue") nicht besonders gut. Angenehmes gemeinsames Abendessen.

PAYS DE LA LOIRE

356 - Le Verder de la Bouquetterie

118, rue du Roi-René
49250 Saint-Marthurin-sur-Loire
(Maine-et-Loire)
Tel. 41 57 02 00
Fax 41 57 31 90
Claudine Pinier

♦ Ganzj. geöffn. ♦ 4 Zi. m. Dusche, WC: 190-240 F (1 Pers.), 250-300 F (2 Pers.), Preisnachl. ab 4. Üb. ♦ Frühst. inkl. ♦ Gemeins. Abendessen auf Best.: 105 F (Wein inkl.) ♦ Salon ♦ Hunde nicht erlaubt ♦ Umgebung: Angeln (Loire, gegenüber), Schwimmbad, Tennis, Reiten, Wassersport, Mountainbikes, Wanderwege (GR 3), Loire-Schlösser, Höhlen, Skulpturen-Keller, Weinstraße ♦ Man spricht Englisch u. Italienisch ♦ **Anreise** (Karte Nr. 15): 20 km südöstl. von Angers über D 952 (Touristenstraße der Loire entlang) Rtg. Saumur; 1 km vor Saint-Mathurin-sur-Loire.

Wenn die Straße nicht wäre, hätte dieses Haus "die Füße in der Loire". Im Haus ist der Verkehr weniger zu hören, und in den Zimmern ist er dank der Doppelfenster kaum zu vernehmen. Der Blick auf den Fluß ist wunderbar und die Innenausstattung (mit einem Mobiliar, das z.T. aus dem 19. Jahrhundert stammt) gepflegt. Hinter dem Haus liegt der Garten, und dahinter ein riesiger Obstgarten. Um das Wohlergehen der Gäste kümmern sich Madame und Monsieur Pinier besonders gut, weshalb man sich hier wie zu Hause fühlt. Hervorragendes Frühstück.

357 - La Croix de la Voulte

Route de Boumois
Saint-Lambert-des-Levées
49400 Saumur
(Maine-et-Loire)
Tel. 41 38 46 66
M. und Mme Jean-Pierre Minder

♦ Vom 15. April bis 15. Okt. geöffn. ♦ 4 Zi. m. Bad od. Dusche, WC: 330-430 F (2 Pers.) ♦ Frühst.: 35 F ♦ Kein Speisenangebot - Rest.: "Le Relais", "Les Forges de Saint Pierre" in Saumur (5 km) u. "La Toque Blanche" in Les Rosiers s/Loire (9 km) ♦ Salon ♦ Hunde auf Anfr. erlaubt ♦ Eig. Schwimmbad ♦ Umgebung: Golf; Saumur, Fontevraud, Langeais, Boumois, Montreuil-Bellay ♦ Man spricht Englisch u. Deutsch ♦ **Anreise** (Karte Nr. 15): 4 km nordwestl. von Saumur über die D 229 Rtg. Château de Boumois.

"La Croix de la Voult" setzt sich aus mehreren Tuffstein-Häusern zusammen, die zwar alle sehr alt, aber perfekt renoviert sind. Die Gästezimmer sind sehr gepflegt und sorgfältig mit einigen alten Möbelstücken eingerichtet. Das auf einer Terrasse voller Blumen besonders freundlich servierte Frühstück ist hervorragend (in der Vor- und Nachsaison wird es im kleinen Speiseraum eingenommen). Die großen Zimmer und die zahlreichen draußen aufgestellten Gartenmöbel lassen vergessen, daß es keinen Salon gibt. Eine empfehlenswerte Adresse.

PAYS DE LA LOIRE

358 - Domaine du Marconnay

Route de Saumur
Parnay
49400 Saumur
(Maine-et-Loire)
Tel. 41 67 60 46
Fax 41 50 23 04
M. und Mme Goumain

♦ Vom 1. April bis 11. Nov. geöffn. ♦ 3 Zi. u. 1 Suite (4 Pers.) m. Bad od. Dusche, WC: 250-300 F (2 Pers.) + 65 F (zusätzl. Pers.) ♦ Frühst.: 30 F ♦ Gemeins. od. inidvid. Abendessen auf Best.: 80 F (ohne Wein) ♦ Salon (TV) ♦ Hunde auf Anfr. erlaubt ♦ Schwimmbad, Besichtigung der Weinkeller, Weinproben, Höhlen vor Ort ♦ Umgebung: 18-Loch-Golfpl. (7 km); Loire-Promenade (200 m), Saumur, Montsoreau, Fontevraud, Ussé, Loire-Schlösser ♦ Man spricht Englisch u. Deutsch ♦ **Anreise** (Karte Nr. 15): 6 km östl. von Saumur. In Saumur D 947 Rtg. Chinon (6 km), dann ausgeschildert.

In der "Domaine du Marconnay" finden Sie folgendes vor: Saumur-Champigny-Wein, Häuser aus weißem Kalktuff und Höhlen. Drei Dinge, die diese Gegend kennzeichnen. Die schlichten, angenehmen Zimmer (Familien sollten die unter dem Dach nehmen) befinden sich im Haus. Das "Schloß" aus dem 15. und 18. Jahrhundert liegt gegenüber und wurde mit seinem unglaublichen Kellerlabyrinth in den Felsen gehauen. Diese erstaunlichen Gebäude liegen in einem gepflegten Park und sind umgeben von den alten Häusern eines charmanten Loire-Dorfes.

359 - Mirvault

Azé
53200 Château-Gontier
(Mayenne)
Tel. 43 07 10 87
Brigitte und François d'Ambières

♦ Vom 1. April bis 1. Nov. geöffn.♦ 2 Zi. m. Bad, WC u. 2 Nebenzi.: 300 F (1 Pers.), 350 F (2 Pers.) ♦ Frühst. inkl. ♦ Kein Speisenangebot - Rest. auf der anderen Seite des Flusses u. weitere ab 1 km ♦ Salon ♦ Hunde nicht erlaubt ♦ Teich, Fluß (Boot, Schwimmen, Windsurfing), Fahrräder vor Ort ♦ Umgebung: 18-Loch-Golfpl. (30 km), Tennis (100 m), Schwimmbad (100 m), Schiffsfahrten auf der Mayenne; Kirche u. Museum von Château-Gontier, Museum Tatin, Arche-Hütte ♦ Man spricht Englisch ♦ **Anreise** (Karte Nr. 15): 1 km von Château Gontier über die Ringstraße, Ausf. Rtg. Laval über die N 162, ab Kreisverkehr (50 m) ausgeschildert.

Eine bessere Lage für diese Besitzung mitten im Grünen, umflossen von der Mayenne und zwei Schritte von Château-Gontier entfernt, ist unvorstellbar! Hier werden Sie zwanglos mit guter Laune empfangen und ein Interieur entdecken, das äußerst geschmackvoll im Stil des 18. Jahrhunderts eingerichtet ist. Reizende, komfortable Zimmer (die im zweiten Stock eignen sich besonders für Familien). Und abends wird man Sie kostenlos mit dem Boot zu dem kleinen Restaurant am gegenüberliegenden Ufer begleiten ...

PAYS DE LA LOIRE

360 - Château du Bas du Gast

6, rue de la Halle aux Toiles
53000 Laval
(Mayenne)
Tel. 43 49 22 79
Fax 43 56 44 71
M. und Mme Williot

1995

◆ Im Dez. u. Jan. geschl. ◆ 3 Zi. m. Bad, WC u. 1 Suite (4 Pers.) m. Bad u. Dusche, WC: 550-650 F (2 Pers.), Suite: 1150 F (2 Pers.) + 150 F (zusätzl. Pers.) + 250 F (zusätzl. Bett f. Erw.) ◆ Frühst.: 45 F u. 70 F (englisch) ◆ Kein Speisenangebot (außer abends auf ausdrückl. Wunsch) - 5 gute Rest. in Laval ◆ Salon ◆ Hunde auf Anfr. erlaubt ◆ Umgebung: 27-Loch-Golfpl.(4 km), Schwimmbäder, Schiffsfahrten, Angeln, Reiten, Tourismus (Inf. vor Ort) ◆ Man spricht Englisch ◆ **Anreise** (Karte Nr. 7): im Zentrum von Laval.

Dieses im reinsten klassizistischen Stil des 18. Jahrhunderts errichtete prächtige Stadtpalais liegt im Herzen von Laval. Für den Fall, daß Sie mehr über die Besitzung wissen möchten, geben Madame und Monsieur Williot gerne und ausgiebig Auskunft. Die ausgesprochen gelungenen Zimmer sind ebenso schön wie komfortabel: Mobiliar aus dem Familienbesitz, alte Radierungen, elegante, gut aufeinander abgestimmte Dekostoffe und Tapeten, usw. Von den hohen Fenstern der "Suite" blickt man auf einen französischen Garten, der dem Jahrhundert Ludwigs XV. treu geblieben ist.

361 - Villeprouvé

53170 Ruillé-Froid-Fonds
(Mayenne)
Tel. 43 07 71 62
M. und Mme Davenel

◆ Ganzj. geöffn. ◆ 5 Zi. m. Bad od. Dusche, WC: 150 F (1 Pers.), 220 F (2 Pers.) ◆ Frühst. inkl. ◆ HP: 180 F pro Pers. im DZ ◆ Gemeins. Abendessen: 70 F (ohne Wein) ◆ Salon ◆ Kl. Hunde auf Anfr. erlaubt ◆ Angeln vor Ort ◆ Umgebung: Abtei Solesmes, La Trappe ◆ Man spricht Englisch ◆ **Anreise** (Karte Nr. 15): 25 km südl. von Laval über die N 162 bis Villiers-Charlemagne, dann die D 109; ab der Ortschaft ausgeschildert.

Dieser angenehme Bauernhof ist ebenso hübsch wie die Natur, die ihn umgibt. Die Zimmer mit reizenden Badezimmern sind groß, rustikal eingerichtet und sehr komfortabel. Hier kommen nur eigene, exzellente Produkte auf den Tisch, die von Madame Davenel in bester Laune serviert werden. Von dem mit Calvados flambierten Grog kann man behaupten, daß er zugleich wohlschmeckend und recht wirkungsvoll ist. Natürliche, sehr ländliche Atmosphäre.

PAYS DE LA LOIRE

362 - Le Logis et les Attelages du Ray

53290 Saint-Denis-d'Anjou
(Mayenne)
Tel. 43 70 64 10
Fax 43 70 65 53
Martine und Jacques Lefebvre

♦ Ganzj. geöffn. ♦ 3 Zi. m. Dusche, WC: 300-350 F (2 Pers.), 480 (3 Pers.) + 50 F (zusätzl. Kinderbett) ♦ Frühst. inkl. ♦ Kein Speisenangebot - Rest. ab 800 m ♦ Kredikt.: Visa ♦ Hunde auf Anfr. erlaubt ♦ Wochenenden m. Progr., gemeins. Essen, Reitunterricht, Droschkenfahrten (halbod. ganztägig m. Picknick), Fahrräder u. Mountainbikes vor Ort ♦ Umgebung: Golf, Tennis, Schwimmbad (10 km), Angeln; Abtei Solesmes, Schlösser, Schiffsfahrten ♦ Man spricht Englisch ♦ **Anreise** (Karte Nr. 15): 9 km südwestl. von Sablé-sur-Sarthe über die D 27 Rtg. Angers; ab Saint-Denis-d'Anjou "Chambres d'hôtes - Le Logis et les Attelages du Ray" ausgeschildert.

In diesem schönen Anwesen gibt es eine Vielzahl hübscher, rustikaler Möbel. Nicht zuletzt deshalb, weil Jacques Lefebvre Tischler und Antiquitätenhändler ist. Die Zimmer sind sehr komfortabel und mit viel Geschmack eingerichtet (besonders das mit dem Himmelbett). Im Sommer läßt der Hausherr die Gäste an seiner Leidenschaft für Pferde teilhaben. Möglicherweise lädt er auch Sie zu einem Ausflug in der Droschke ein. Bedauerlicherweise gibt es keinen Aufenthaltsraum für die Gäste.

363 - La Maison du Roi René

4, Grande-Rue
53290 Saint-Denis-D'Anjou
(Mayenne)
Tel. 43 70 52 30
Fax 43 70 58 75
Marie-Christine und Pierre
de Vaubernier

1995

♦ Ganzj. geöffn. ♦ 3 Zi. m. Bad, WC: 400 F (2 Pers.), Preisnachl. b. läng. Aufenth. ♦ Frühst.: 50 F ♦ Rest. vor Ort: Menüs: 90-250 F od. Karte ♦ Umgebung: Tennispl. im Dorf, Schwimmbad (5 km), 27-Loch-Golfpl. (5 km) Pferdewagenfahrten (Wochenende), Steingutmanufaktur Malicorne, Abtei Solesmes, Gestüt Lion d'Angers, Flußschiffsfahrten ♦ Man spricht Englisch, Italienisch u. Deutsch ♦ **Anreise** (Karte Nr. 15): 10 km südl. von Sablé Rtg. Angers. Im Dorf, gegenüber des Antiquitätenhändlers (TGV Sablé: eineinviertel Std. ab Paris).

Dieses in einem mittelalterlichen Dorf gelegene Haus aus dem 15. Jahrhundert verfügt über drei unwiderstehliche Zimmer, die ebenso schön wie komfortabel und voller charmanter Details sind. Ihren Charakter früherer Zeiten haben sie voll und ganz bewahrt. Das exzellente Restaurant liegt im Erdgeschoß. Im Winter geht im monumentalen Kamin das Feuer nie aus. Im Sommer dient der Garten voller Blumen als "Salon". Bemerkenswerte Betreuung.

PAYS DE LA LOIRE

364 - Le Chêne Vert

Chammes
53270 Sainte-Suzanne
(Mayenne)
Tel. 43 01 41 12
Fax 43 01 47 18
M. und Mme Morize

♦ Ganzj. geöffn. ♦ 6 Zi. m. Dusche, WC: 210 F (2 Pers.) ♦ Frühst. inkl. ♦ HP: 160 F pro Pers. im DZ (mind. 4 Üb.) ♦ Gemeins. Abendessen: 70 F (m. eig. Cidre) ♦ Zimmerreinigung alle 3 Tage ♦ Bibliothek ♦ Hunde auf Anfr. erlaubt ♦ Wanderwege, Schwimmbad u. Kinderspielplatz vor Ort ♦ Umgebung: Teiche, Golf; Schloß Mézanger, Abtei Solesmes, mittelalterl. Innenstadt von Sainte-Suzanne ♦ Man spricht Englisch ♦ **Anreise** (Karte Nr. 7): 45 km westl. von Le Mans über die A 81 Rtg. Laval, Ausf. Vaiges; in Vaiges die D 125 links Rtg. Sainte-Suzanne; vor Chammes.

In der Nähe der mittelalterlichen Stadt Sainte-Suzanne liegt dieser alte, vollständig renovierte Bauernhof mit sehr hübschen Gästezimmern. Bunte, frische Stoffe, einige nette Möbelstücke und der Komfort der Duschbäder machen ihren Reiz aus. Das Frühstück und das Abendessen werden in einem großen rustikalen Raum eingenommen, in dem sich in einer Ecke sogar eine Küchenbar befindet. Die Betreuung ist jugendlich frisch und sympathisch.

365 - Château le Grand-Perray

72500 La Bruère
(Sarthe)
Tel. 43 46 72 65
M. und Mme Thibault

♦ Ganzj. geöffn. ♦ Zi. für Behinderte verfügbar ♦ 8 Zi. m. Bad od. Dusche, WC: 320-450 F (2 Pers.); in einigen Zimmern Kaminfeuer auf Wunsch: + 50 F ♦ Frühst.: 35 F ♦ Gemeins. Abendessen auf Bestellung: Preis nach Vereinb. ♦ Salon ♦ Aufzug ♦ Hunde auf Anfr. erlaubt ♦ Angeln, Golftraining vor Ort ♦ Umgebung: Tennis, Schwimmbad; Loir-Tal, Besichtig. Weinkeller, Schloß Le Lude (Aufführungen von Juni bis Sept) ♦ Man spricht Englisch ♦ **Anreise** (Karte Nr. 16): 40 km südl. von Le Mans über die N 138 Rtg. Tours. Dann rechts D 11 Rtg. La Bruère-sur-Loir (5 km hinter dem Schloß Loir); ab D 11 ausgeschildert.

Dieses Schloß, das teilweise aus dem Mittelalter stammt, ist von viel Wald umgeben. Seine wunderbaren Gästezimmer sind je nach Etage mehr oder weniger groß, mit alten Möbeln eingerichtet und mit schönen Stoffen und Nippsachen aufgelockert. Mediävisten sollten im Turmzimmer wohnen. Der Salon ist angenehm, und fürs Frühstück und das Abendessen steht der große Speisesaal zur Verfügung. Die Betreuung ist äußerst freundlich.

PAYS DE LA LOIRE

366 - Garencière

72610 Champfleur
(Sarthe)
Tel. 33 31 75 84
Denis und Christine Langlais

♦ Ganzj. geöffn. ♦ 5 Zi. m. Bad od. Dusche, WC: 150 F (1 Pers.), 220 F (2 Pers., 1 großes Bett), 250 F (2 Pers., 2 Betten) ♦ Frühst. inkl. ♦ HP: 200 F pro Pers. im DZ ♦ Gemeins. Mittag- u. Abendessen: 90 F (Wein inkl.) ♦ Salon ♦ Hunde auf Anfr. erlaubt ♦ Mountainbikes vor Ort ♦ Umgebung: Schwimmbad, Reiten, Angeln; Saint-Ceneri (Dorf unter Denkmalschutz), Gestüt Le Pin ♦ Man spricht Englisch ♦ **Anreise** (Karte Nr. 8): 5 km südöstl. von Alençon über die N 138 Rtg. Le Mans, dann nach links die D 55 Rtg. Champfleur.

Auf diesem an einem Hang gelegenen Bauernhof wird man Sie besonders freudlich empfangen. Alle Gästezimmer sind sehr sorgfältig mit hübschen Dekostoffen in frischen Farben und einigen nostalgisch wirkenden Möbeln hergerichtet. Das kleine Haus ist ideal für Familien: rustikal im Erdgeschoß, verfügt es im ersten Stock über ein bemerkenswert schönes Zimmer, das uns regelrecht begeistert hat. Das Frühstück und das Abendessen werden gemeinsam im freundlichen Eßzimmer eingenommen. In der ausgezeichneten Küche werden hauptsächlich eigene Produkte verwendet.

367 - Manoir du Ronceray

72220 Marigné-Laillé
(Sarthe)
Tel. 43 42 12 05
M. und Mme Madamet

♦ Vom 15. April bis 15. Nov. geöffn. ♦ 4 Zi. m. Bad od. eig. Dusche, gemeins. WC: 350-380 F (2 Pers.) ♦ Frühst. inkl. ♦ Kein Speisenangebot - Rest. in Jupilles (4 km) ♦ Salon ♦ Hunde nicht erlaubt ♦ Pferdeboxen, Angeln am Teich vor Ort ♦ Umgebung: Tennis, Golf ♦ Man spricht Englisch ♦ **Anreise** (Karte Nr. 16): 30 km südl. von Le Mans über die N 138 bis Ecommoy, dann Marigné-Laillé u. die D 96; 2 km Rtg. Pruillé-L'Eguillé.

Das "Manoir du Ronceray" ist der Archetyp eines Landsitzes: klein, sehr alt, stilvoll und charmant. Im Entree mit Deckenwölbung befinden sich Erinnerungen an die Jagd und an Schlachten vergangener Zeiten. Die weniger strengen Gästezimmer sind komfortabel und hell; schöne Stoffe, alte Möbel, Eckbetten und runde Badezimmer (da im Turm gelegen) zieren sie. Das Frühstück wird im Speiseraum ("cathédrale") eingenommen, dessen Holztäfelung sakralen Charakter hat. Die Atmosphäre ist angenehm, natürlich und heiter. Eine hervorragende Adresse.

PAYS DE LA LOIRE

368 - Château de Saint-Paterne

72610 Saint-Paterne
(Sarthe)
Tel. 33 27 54 71
Fax 33 29 16 71
Charles-Henry de Valbray

◆ Vom 1. März bis 15. Dez. geöffn. (in der Vor- u. Nachsaison auf Anfrage) ◆ 3 Zi. u. 3 Suiten (3 Pers.) m. Bad od. Dusche, WC: 450-750 F (2 Pers.) u. 1 Dachwohnung: 450 F pro Üb./1800 F pro Woche ◆ 4. Üb. kostenl. ◆ Frühst.: 45 F ◆ Gemeins. Abendessen auf Bestellung: 250 F (Wein inkl.) ◆ Salon ◆ Kreditk.: Visa, Amex ◆ Kl. Hunde auf Anfr. erlaubt ◆ Tennis, Pferdeboxen vor Ort ◆ Umgebung: Schwimmbad, Reiten; Mont-Saint-Michel ◆ Man spricht Englisch ◆ **Anreise** (Karte Nr. 8): 2 km südwestl. von Alençon über die D 311 Rtg. Mamers-Chartres; im Zentrum von Saint-Paterne.

Alençon befindet sich kurz vor dem Dorf Saint-Paterne, aber das Schloß liegt geschützt in seinem von Mauern umgebenen Park. Mit jugendlicher Begeisterung wurde dieses Château von seinem Besitzer - der Sie besonders höflich und freundlich empfangen wird - unlängst gründlich restauriert. Der Salon und die geräumigen Zimmer sind komfortabel und mit superbem altem Mobiliar und eleganten Stoffen ausgestattet. Die Bäder sind reizend. Diners im Kerzenschein. Ein wunderbarer Ort.

369 - Le Fresne

1995

Route de Beaucé
72440 Solesmes
(Sarthe)
Tel. 43 95 92 55
Marie-Armelle und Pascal Lelièvre

◆ Ganzj. geöffn. ◆ 3 Zi. (davon 1 m. Mezzanin) m. Bad, od. Dusche, WC: 230-260 F (2 Pers.) + 70 F (zusätzl. Pers.) ◆ Frühst. inkl.◆ Gemeins. Essen: 100 F (Wein inkl.) ◆ Hunde auf Anfr. erlaubt ◆ Angeln am Teich vor Ort ◆ Umgebung: 27-Loch-Golfpl. (14 km), Reiten; Schiffsfahrten (auf dem Fluß Sarthe, 600 m entf.), Asnières-sur-Vègre, Abtei Solesmes, Fayencenbrennerei Malicorne ◆ Man spricht Englisch u. Deutsch ◆ **Anreise** (Karte Nr. 15): 7 km östl. von Sablé Rtg. Solesmes; ab der Apotheke (pharmacie) ausgeschildert: das Haus liegt 3 km weiter (TGV-Bahnhof: 7 km).

Vom Dorf mit seiner berühmten Abteikirche abgelegen, profitiert "Le Fresne" von einer friedlichen Landschaft und dem fischreichen Sarthe-Fluß. Dieses kleine Bauernhaus, in dem man ungezwungen, aber mit viel Takt empfangen wird, bietet erst seit kurzem komfortable Zimmer an. Mit sicherem Geschmack ausgestattet (bunte Stoffe, helles Holz, Terrakotta, usw.), verfügen sie über einwandfreie Fayence-Badezimmer und gehen direkt nach draußen. Angenehmer Aufenthaltsraum und sehr günstige Preise.

PAYS DE LA LOIRE

370 - Domaine du Grand Gruet

Route de Challes
72440 Volnay
(Sarthe)
Tel. 43 35 68 65 / 43 89 87 27
Mme Eveno-Sournia

♦ Vom 15. Febr. bis 31. Dez. geöffn. (im Winter auf Anfrage) ♦ 3 Zi. u. 2 Suiten m. Bad od. Dusche, WC; 2 Studios m. Kochnische, Dusche, WC (f. läng. Aufenth.): 350-550 F (2 Pers.) + 70 F (zusätzl. Pers.) ♦ Frühst. (kontinental) inkl.; Brunch: 35 F ♦ Gemeins. Essen nur auf Best. - Rest. 6 km entf. ♦ Zimmerreinigung auf Wunsch ♦ Salons ♦ Hunde nicht erlaubt ♦ Umgebung: Reiten, Teiche, Tennis, Golf; Loir-Tal ♦ Man spricht Deutsch ♦ **Anreise** (Karte Nr. 16): Autob. Chartres (A 11), Ausf. Ferté-Bernard, Rtg. Le Mans. In Conneré Rtg. Grand-Lucé (15 km). In Volnay D 90 Rtg. Challes; 600 m weiter auf den Weg links abbiegen.

Anne Sournia ist Malerin. Dieses schöne Haus wurde von ihr mit besonders sicherem Geschmack restauriert. Vom Aschenbecher bis zum Email-Waschbecken ist jeder Gegenstand von einem Kunstschaffenden und Freund der Hausbesitzerin signiert. Die Zusammenstellung ist unbeschwert, modern und komfortabel. Die Zimmer sind alle unterschiedlich und mit viel Charme ausgestattet. Im Salon und Speiseraum werden regelmäßig gut selektionierte Gemälde und Skulpturen ausgestellt. Die Betreuung ist persönlich und sehr freundlich. Ein schöner, sehr ruhiger Ort.

371 - Manoir de Ponsay

Saint-Mars-des-Prés
85110 Chantonay
(Vendée)
Tel. 51 46 96 71
Fax 51 46 80 07
M. und Mme de Ponsay

♦ Vom 1. April bis 30. Nov. geöffn. (im Winter auf Anfrage) ♦ 8 Zi. m. Bad od. Dusche, WC: 350-550 F (2 Pers.), Suite: 600 F (2-3 Pers.) ♦ Frühst.: 40 F (Brunch) ♦ Gemeins. od. individ. Abendessen: 170 F (Wein inkl.) ♦ Salon ♦ Tel. ♦ Kreditk.: Amex ♦ Hunde nicht erlaubt ♦ Umgebung: Schwimmbad, Tennis, Meer, Golf; Ile d'Yeu, Sumpfgebiet (marais poitevin), Veranstaltung am Puy-du-Fou ♦ Man spricht Englisch u. Deutsch ♦ **Anreise** (Karte Nr. 15): 35 km östl. von La Roche-sur-Yon über die D 948 u. die D 949 bis Chantonnay u. Saint-Mars-des-Prés; ausgeschildert. Autob. A 83, Ausf. Bournezeau.

In schöner, hügeliger Landschaft mit Pferden und zahlreichen Kühen liegt dieser einzigartige Landsitz aus dem 17. Jahrhundert. Auch Sie werden von seinem Charme angetan sein. Die Zimmer - einige schlicht, andere luxuriös - sind alle sehr komfortabel und haben prächtige Badezimmer. Das ausgezeichnete Frühstück wird in einem schönen Speiseraum serviert.

PAYS DE LA LOIRE

372 - Logis de Chalusseau

111, rue de Chalusseau
85200 Doix
(Vendée)
Tel. 51 51 81 12
M. und Mme Gérard Baudry

♦ Vom 1. April bis 15. Nov. geöffn. ♦ Mind. 2 Üb. ♦ 2 Zi. m. Bad od. Dusche, WC: 180 F (1 Pers.), 220 F (2 Pers.) + 50 F (zusätzl. Pers.) ♦ Frühst. inkl. ♦ Kein Speisenangebot (eine separate Küche steht den Gästen z. Verf.) ♦ Salon ♦ Zimmerreinigung alle 3 Tage ♦ Hunde nicht erlaubt ♦ Umgebung: Schwimmbad, Tennis, Meer (40 km), Reiten, 18-Loch-Golfpl.; Sumpfgebiet (marais poitevin), Mervent-Wälder, roman. Kunst, Abtei Maillezais, Kloster Nieul, La Rochelle (40 km) ♦ **Anreise** (Karte Nr. 15): 9 km südl. von Fontenay-le-Comte über die D 938ter Rtg. La Rochelle, dann links die D 20 Rtg. Fontaines-Doix (4 km).

Die Innenräume dieses schönen, Vendée-typischen Gebäudes aus dem 17. Jahrhundert haben alle ihre Kamine aus Stein, ihre alten Holzbalken und die ursprüngliche, großzügige Aufteilung bewahren können. Folglich sind die Zimmer groß, hell und hübsch mit regionalem Mobiliar eingerichtet. Das reichhaltige Frühstück wird auch im angenehmen Garten serviert. Eine außergwöhnlicher Ort in einer bemerkenswerten Lage. Außerdem ist die Betreuung ausgesprochen freundlich.

373 - Le Petit Marais des Broches

1995

7, Chemin des Tabernaudes
85350 L'Ile d'Yeu
(Vendée)
Tel. 51 58 42 43
Chantal und Jean-Marcel Hobma

♦ Ganzj. geöffn. ♦ 5 Zi. (davon 2 mit Mezzanin) m. Dusche, WC: 340 F (2 Pers.) + 100 F (zusätzl. Pers.) ♦ Frühst. inkl. ♦ Sonderpreise für läng. Aufenth. in Vor- u. Nachsaison ♦ Gemeins. Essen: 100 F (alles inkl.) ♦ Umgebung: Strand (300), Fahrräder, Mountainbikes, jegl. Wassersport, Reiten, Tennis; Sommerkonzerte, kleine Museen ♦ **Anreise** (Karte Nr. 14): im Nordwesten der Insel. 300 m von Anse des Broches entf. Mit dem Schiff (ganzjährig) ab Gare maritime Fromentine (Tel.: 51 49 59 69); im Sommer ab Ile de Noirmoutier (Tel.: 51 39 00 00) oder ab Saint-Gilles Croix de Vie (Tel.: 51 54 15 15).

Begeben Sie sich auf der Ile d'Yeu zur Côte sauvage, der wildromantischen Küste... In diesem einzigartigen Naturschutzgebiet liegt unser Haus nur 200 Meter vom Meer entfernt. Die neuen, komfortablen Zimmer sind von schlichter Eleganz (Schränke aus Zedernholz, Daunendecken mit hübschen blau-weißen Bezügen, reizende Bäder). Zwei Zimmer mit Mezzanin für Kinder. Der Empfang könnte nicht angenehmer sein. Madame Hobma bereitet entsprechend dem Fischfang exzellente Diners zu, die meist auf der Terrasse serviert werden. In Port-Joinville können Sie Fahrräder mieten und schöne Spazierfahrten unternehmen. Eine wahre Entdeckung.

PAYS DE LA LOIRE

374 - Le Logis d'Elpénor

5, rue de la Rivière
85770 Le Gué-de-Velluire
(Vendée)
Tel. 51 52 59 10
Christiane Ribert

1995

♦ Vom 1. Dez. bis 1. März geschl. ♦ 5 Zi. m. Bad od. Dusche, WC (TV auf Wunsch): 190 F (1 Pers.), 250 F (2 Pers.) + 60 F (zusätzl. Pers.) ♦ Frühst. inkl. ♦ Gemeins. Essen: 80 F (Wein inkl.) ♦ Salon ♦ Tel. ♦ Hunde nicht erlaubt ♦ Flußangeln vor Ort ♦ Umgebung: Wanderwege, Tennis (5 km), Fahrräder, 18-Loch-Golfpl., Bootsverleih, Sumpfgebiet (marais poitevin), Petit-Poitou-Haus, Wald von Mervent, Dörfer Nieul-sur-Autize, Vouvant (unter Denkmalsch.) u. Maillezais ♦ **Anreise** (Karte Nr. 15): 45 km südwestl. von Niort u. 30 km nordöstl. von La Rochelle. Ab Niort: N 148 Rtg. Fontenay-le-Comte, dann D 938ter Rtg. La Rochelle. Ab La Rochelle N 137 Rtg. Nantes, ab Marans D 938ter Rtg. Fontenay-le-Comte.

Die Innenausstattung dieses in einer ruhigen Straße des Dorfes gelegenen "Logis" ist schlicht, aber reizvoll: wunderbare Terrakottaböden, abgebeizte Holztüren, heller Parkettboden aus breiten Holzlatten. Die meisten Zimmer sind groß, hell und freundlich. Ein hübscher, mit einer Mauer umgebener Garten, und direkt dahinter ein von den Gewässern der Vendée umspülter Weg; das Sumpfgebiet - *marais potevin* - rechtfertigt in jedem Fall einen Aufenthalt. Hervorragende Hausmannskost und sehr freundlicher Empfang.

375 - Chez Mme Bonnet

69, rue de l'Abbaye
85420 Maillezais
(Vendée)
Tel. 51 87 23 00
Liliane Bonnet

♦ Ganzj. geöffn. ♦ Mind. 2 Üb. ♦ 4 Zi. m. Dusche, WC: 310 F (2 Pers.), 400 F (3 Pers.) ♦ Frühst. inkl. ♦ Kein Speisenangebot - Rest.: "L'Auberge Maraichine", "Le Mazeau" u. Bauerngasthof in Saint-Michel-de-Cloucq ♦ Salon ♦ Bibliothek ♦ Eig. Parkpl. ♦ Hunde nicht erlaubt ♦ Schwimmbad f. Kinder, Tennis, Angeln, Bootsfahrten vor Ort ♦ Umgebung: Reiten; Wald von Mervent-Vouvant, Abteien von Maillezais u. Nieul, Coulon, La Rochelle, Ile de Ré ♦ Man spricht Englisch u. Spanisch ♦ **Anreise** (Karte Nr. 15): 28 km nordwestl. von Niort über die N 148 Rtg. Fontenay-le-Comte, dann links die D 15 Rtg. Maillezais.

Dieses elegante Vendée-Haus verbirgt einen prächtigen Garten, der an einen Kanal grenzt und auf dem Sie mit einem Kahn bis zum Sumpfgebiet rudern können. Die komfortablen und charmanten Zimmer verfügen über altes Mobiliar und schöne Badezimmer. Außerdem gibt es einen großen Salon und einen hübschen Speiseraum fürs exzellente Frühstück, das im Sommer draußen serviert wird. Die Betreuung ist sehr entgegenkommend und liebenswürdig.

PAYS DE LA LOIRE

376 - Le Logis de la Cornelière

85200 Mervent
(Vendée)
Tel. 51 00 29 25
Lyse und Jean-Raymond de
Larocque Latour

1995

◆ Ganzj. geöffn. ◆ 3 Zi. u. 1 Suite (4 Pers.) m. Bad, WC: 400-500 F (2 Pers.) + 100 F (zusätzl. Pers.), Suite: 600 F (3 Pers.) ◆ Frühst. (Brunch): 40 F ◆ Gemeins. Essen nur auf Best.: ab 120 F ◆ Salon ◆ Steinpilzesammeln im Wald (5 000 ha), Mountainbikes vor Ort ◆ Umgebung: Reiten (5 km), künstl. See in Mervent, Klettern, Sumpfgebiet (marais poitevin), Dörfer Vouvant u. Foussais ◆ Man spricht Englisch ◆ **Anreise** (Karte Nr. 15): 13 km nordöstl. von Fontenay-le-Comte. Ab Fontenay Rtg. Bressuire, Route de Mervent, Mervent durchqueren, bis "Les Ouillères", 3 km Rtg. "La Châtaigneraie", dann ausgeschildert.

Ein paar Schritte von einem wunderbaren Wald entfernt, erscheint aus einer Talmulde das "Logis de la Cornelière" mit seinen alten Dächern und goldbraunen Steinen. Das Innere ist noch immer streng und authentisch: alte Möbel, persönliche Gegenstände, schön skulptierte Kamine, usw. Die Zimmer sind sehr groß, komfortabel und äußerst geschmackvoll eingerichtet. Der Empfang ist ausgesprochen angenehm. Alles sehr zufriedenstellend.

377 - Le Château

85450 Moreilles
(Vendée)
Tel. 51 56 17 56
Fax 51 56 30 30
Mme Danièle Renard

◆ Ganzj. geöffn. (von Okt. bis März auf Anfr.) ◆ 8 Zi. m. Bad od. Dusche, WC, Tel.: 350 F (1 Pers.), 400-450 F (2 Pers.) ◆ Frühst.: 45 F ◆ HP: 400-450 F pro Pers. im DZ ◆ Individ. Abendessen: 185 F (ohne Wein) ◆ Hunde auf Anfr. erlaubt ◆ Eig. Schwimmbad ◆ Umgebung: Tennis, Reiten, Angeln, 18-Loch-Golfpl. (25 km); La Rochelle, Sumpfgebiet (marais poitevin) ◆ Man spricht Englisch ◆ **Anreise** (Karte Nr. 15): 35 km nördl. von La Rochelle über die Straße nach Nantes (N 137); am Ortseingang rechts abbiegen.

In diesem großen, freundlichen Haus erwartet jene Gäste das wunderbar nostalgische Bett der "Belle Otero", die es rechtzeitig reserviert haben. Die Zimmer sind schmuck mit hübschen Stilmöbeln eingerichtet. Im Speisesaal wird das Frühstück und selbstverständlich auch das Abendessen serviert; über letzteres wacht Madame Renard besonders. Der Garten ist zwar hübsch, aber etwas laut wegen des Straßenverkehrs. Besonders aufmerksame und freundliche Betreuung.

PAYS DE LA LOIRE

378 - Le Castel du Verger

85670 Saint-Christophe-
du-Ligneron
(Vendée)
Tel. 51 93 04 14
Fax 51 93 10 62
M. und Mme H.A. Gouon

◆ Ganzj. geöffn. ◆ 6 Zi. u. 1 Suite m. Bad, WC: 300-350 F (2 Pers.) + 50 F (zusätzl. Pers.)
◆ Frühst.: 35 F ◆ HP: 600-660 F für ein Paar im DZ (mind. 2 Üb.) ◆ Individ. Mittag- u. Abwendessen: 120-180 F (ohne Wein) ◆ Salon, Klavier ◆ Hunde erlaubt (evtl. m. Zuschlag)
◆ Beheizt. Schwimmbad, Angeln (Teiche), Fahrräder vor Ort ◆ Umgebung: Tennis (500 m), Reiten, Golf (15 km); Sumpfgebiet (marais poitevin), Vendée-Küste, Inseln Noirmoutier u. Yeu ◆ Man spricht Englisch ◆ **Anreise** (Karte Nr. 14): 10 km südöstl. von Challans über die D 948; 30 km vor La Roche-sur-Yon.

Sobald man den Hof dieses Schlosses betritt, bewundert man die Grünflächen, die Blumen, auch das beheizte Schwimmbad, und vergißt vollkommen die unterhalb vorbeiführende Landstraße. Die von dicken Mauern geschützten Gästezimmer leiden darunter allerdings nicht und sind recht ruhig. Außerdem sind sie komfortabel, sehr gepflegt und im alten Stil eingerichtet (wir bevorzugen das Zimmer, dessen Wände mit Jouy-Stoffen bespannt sind). Für die Mahlzeiten (im Goldenen Buch sehr gelobt) werden ausschließlich Qualitätsprodukte verwandt.

379 - Château de la Millière

85150 Saint-Mathurin
(Vendée)
Tel. 51 22 73 29
Claude und Danielle Huneault

1995

◆ Von Mai bis einschl. Sept. geöffnet ◆ 4 Zi. (dav. 1 Suite) m. Bad, WC: 500 F (2 Pers.) + 100 F (zusätzl Pers.); Suite: 750 F (4 Pers.); - 10% im Mai, Juni, Sept. ◆ Frühst.: 40 F ◆ 2 Zi. m. Heiz.
◆ Gemeins. u. individ. Abendessen auf Best. (bis mittags): 170 F (Wein inkl.) ◆ Salon ◆ Kl. Hunde auf Anfr. erlaubt ◆ Schwimmbad, See, fr. Billard, Pferdeboxen vor Ort ◆ Umgebung: 18-Loch-Golfpl. (3 km), Meersaline, Saint-Gilles, La Rochelle, Noirmoutier ◆ Man spricht Englisch
◆ **Anreise** (Karte Nr. 14): 8 km nördl. von Sables-d'Olonne über N 160 Rtg. La Mothe-Achard u. Les Sables-d'Olonne: 1 km vor Saint-Mathurin rechts.

Von den Fenstern dieses Schlosses aus dem 19. Jahrhundert hat man einen herrlichen Blick auf die hohen Bäume des Parks und das Bassin. Die neue Inneneinrichtung besteht aus verschiedenartigem Mobiliar und zahlreichen Teppichen; im "Château de la Millière" wird man ausgesprochen freundlich und mit bester Laune empfangen, und deshalb fühlt man sich hier besonders wohl. Sehr große Zimmer, luxuriöse Badezimmer und olympische Ruhe.

PAYS DE LA LOIRE

380 - Le Fief Mignoux

85120 Saint-Maurice-des-Noués
(Vendée)
Tel. 51 00 81 42
M. und Mme Schnepf

♦ Vom 1. Mai bis Allerheiligen geöffn. ♦ 2 Zi. teilen sich Bad m. Dusche u. WC: 250 F (2 Pers.) + 50 F (zusätzl. Pers.) ♦ Frühst. inkl. ♦ Kein Speisenangebot - Rest.: "Auberge de Maître Pannetier" ♦ Zimmerreinigung alle 3 Tage ♦ Hunde nicht erlaubt ♦ Umgebung: Golf, Tennis, Reiten, künstl. See; Wald von Mervent, Vouvant, Sumpfgebiet (marais poitevin), Abtei Maillezais ♦ Man spricht Englisch u. Deutsch ♦ **Anreise** (Karte Nr. 15): 25 km nordöstl. von Fontenay-le-Comte über die D 938ter Rtg. La Châtaigneraie. In L'Alouette die D 30 Rtg. Vouvant. Hinter Saint-Maurice-des-Noués rechts die D 67 Rtg. Puy-de-Serre.

Dieses charmante Haus aus dem 17. Jahrhundert ist voller Licht und von zwei hübschen Blumengärten umgeben. Das Haupt-Gästezimmer ist sehr groß und hell und mit ländlichem Mobiliar hübsch eingerichtet. Der zum Zimmer gehörende Duschraum liegt gegenüber. Sollten Sie zu mehreren Personen reisen, läßt sich ohne weiteres ein zweites Zimmer hinzufügen, das ebenso groß und schön wie das erste ist. Ausgesprochen freundliche Betreuung.

381 - Château de la Cacaudière

85410 Thouarsais-Bouildroux
(Vendée)
Tel. 51 51 59 27
Fax 51 51 30 61
M. und Mme Montalt

♦ Vom 30. Sept. bis 1. Mai geschl. ♦ 5 Zi. (2 m. 2 Betten) u. 2 Suiten (3-4 Pers.) m. Bad od. Dusche, WC (Tel. in 3 Zi., TV auf Wunsch): 400 F (1 Pers.), 450-650 F (2 Pers.), 750 F (3 Pers.) ♦ Frühst. inkl. ♦ Gemeins. u. individ. Essen: 170 F (Wein inkl.) ♦ Kreditk. akz. ♦ Salons, Billard, Klavier ♦ Tel.(Point-phone) ♦ Kl. Hunde auf Anfrage erlaubt ♦ Umgebung: Tennis, Reiten, Angeln am Teich, 18-Loch-Golfpl. (45 km); Vouvant, Maillezais, Le Puy-du-Fou, Sumpfgebiet (marais poitevin) ♦ Man spricht Englisch, Deutsch u. Spanisch ♦ **Anreise** (Karte Nr. 15): 200 km nördl. von Fontenay-le-Comte über die D 23 Rtg. Bressuire. 4 km hinter Saint-Cyr-des-Gâts rechts die GC 39 Rtg. Thouarsais-Bouildroux; im ersten Weiler gegenüber der Scheune.

Auch das 19. Jahrhundert hatte Charme - das beweist dieses kleine, von einem Park mit abwechslungsreicher Vegetation umgebene Schloß. Die mit alten Möbeln eingerichteten Empfangsräume (Salon, Billard- und Speisesaal) stehen Ihnen zur Verfügung. Die Zimmer sind vollkommen renoviert und ebenso komfortabel wie geschmackvoll ausgestattet: englische Tapeten, elegante Dekostoffe und gut ausgewählte Möbel. Romantisch.

PICARDIE

382 - La Ferme de Lechelle

Hameau de Léchelle
02200 Berzy-le-Sec
Tel. 23 74 83 29
Fax 23 74 82 47
Nicole und Jacques Maurice

♦ Ganzj. geöffn. (von Nov. bis April auf Anfrage) ♦ 2 Zi. m. Bad od. Dusche, WC; 2 Zi. teilen sich Dusche u. WC: 180-220 F (1 Pers.), 200-250 F (2 Pers.) ♦ Frühst. inkl. ♦ Sonderpr. HP u. VP: mind. 2 Tage ♦ Gemeins. Essen: 90 F (ohne Wein) ♦ Salon ♦ Bassin, Fahrräder vor Ort ♦ Umgebung: 18-Loch-Golfpl. (30 km), Tennis, Wald, roman. Kirchen, archäol. Besichtig. (Rundfahrt), Schloß Longpont ♦ Man spricht Englisch u. Spanisch ♦ **Anreise** (Karte Nr. 2 u. 10): 10 km südl. von Soisson über N 2 Rtg. Paris. An der Kreuzung von Cravaçon links D 172 Rtg. Oulchy-le-Château (4 km), dann links D 177 Rtg. Léchelle.

Auf einem Fundament des 12. Jahrhunderts errichtet, kann dieses stattliche Bauernhaus einige Vorzüge vorweisen: den prächtigen Garten, ein harmonisches und raffiniertes Interieur, besten Empfang... Sie werden in echten Gästezimmern schlafen, die komfortabel und elegant sind und auf das bewaldete Land gehen. Hervorragendes, reichhaltiges Frühstück, serviert in einem hellen Raum mit großem Kamin und alten Möbeln. Köstliches, vorwiegend mit Geflügel und Gemüse vom Hof zubereitetes Abendessen.

383 - Le Clos

"Le Clos"
02860 Chérêt
(Aisne)
Tel. 23 24 80 64
M. und Mme Simonnot

♦ Vom 15. April bis 15. Okt. geöffn. ♦ 1 Zi. (m. 2 Betten, im Erdgeschoß) m. Bad, WC; 3 Zi. teilen sich Dusche u. WC; 1 Suite (2-5 Pers.) m. Bad, WC: 200-250 F (2 Pers.) + 80 F (zusätzl. Pers.) ♦ Frühst. inkl. ♦ Gemeins. Abendessen: 80 F (Wein inkl.) ♦ Salon ♦ Hunde nicht erlaubt ♦ Umgebung: Tennis, Schwimmbad, Reiten, Golf; mittelalterl. Stadt Laon, Wald von Saint-Gobain, Kathedrale von Reims (40 km) ♦ **Anreise** (Karte Nr. 3 u. 10): 8 km südl. von Laon über die D 967 Rtg. Fismes, dann die D 903; ausgeschildert.

Die ehemalige Weinkellerei "Le Clos" stammt aus dem 17. Jahrhundert und ist von einer hübschen Landschaft umgeben. Die Atmosphäre ist familiär und ländlich, aber auch von gewisser Eleganz. Monsieur Simonnot, stets gut gelaunt, sorgt bei Tisch für Unterhaltung. Das ganze Haus ist mit schönen alten Möbeln eingerichtet. Ein langer Gang (er wird derzeit renoviert) führt zu den Zimmern: die "Suite" ist sehr angenehm, und das "blaue" Zimmer wurde erst vor kurzem ganz neu eingerichtet; die drei anderen Gästezimmer sind viel schlichter und haben kein eigenes Bad. Ein authentisches Haus, in dem man sehr freundlich aufgenommen wird.

PICARDIE

384 - Domaine des Jeanne

Rue Dubarle
02290 Vic-sur-Aisne
(Aisne)
Tel. 23 55 57 33
Fax 23 55 57 33
M. und Mme Martner

♦ Ganzj. geöffn. ♦ 5 Zi. m. Dusche, WC, TV: 310-350 F (je nach Saison, 2 Pers.) ♦ Frühst. inkl. ♦ Individ. Abendessen: 90 F (ohne Wein) ♦ Salon ♦ Kreditk.: Visa ♦ Tel. ♦ Hunde auf Anfr. erlaubt ♦ Eig. Schwimmbad u. Tennispl. ♦ Umgebung: Golf; Schlösser von Pierrefond u. Compiègne, Jagdmuseum von Senlis ♦ Man spricht Englisch ♦ **Anreise** (Karte Nr. 2 u. 10): 16 km westl. von Soissons über die N 31 Rtg. Compiègne.

Der Park der Besitzung beginnt im kleinen Ort und endet am Flußufer. Alle Zimmer haben Blick aufs Grüne, sind komfortabel, gut eingerichtet und besitzen tadellose Badezimmer. Salon und Speisesaal sind im klassischen Stil gehalten und sehr ansprechend. Zu den zahlreichen Vorzügen dieses Hauses gehören nicht zuletzt die ausgezeichneten Abendessen und die ausgesprochen sympathische Betreuung.

385 - Les Patrus

L'Epine-aux-Bois
02540 Viels-Maisons
(Aisne)
Tel. 23 69 85 85
Fax 23 69 98 49
Mme Royol

♦ Ganzj. geöffn. ♦ 3 Zi. u. 2 Suiten (2-4 Pers.) m. Bad od. Dusche, WC, Tel.: 280-330 F (2 Pers.); Suite: 330-450 F (2 Pers.), 530-810 F (4 Pers.) ♦ Frühst. inkl. ♦ Gemeins. Abendessen: 90-130 F (ohne Wein) ♦ Salon ♦ Kreditk.: Visa ♦ Kl. Hunde auf Anfr. erlaubt (+ 50 F) ♦ Pferdeboxen, Angeln am Teich, Fahrräder vor Ort ♦ Umgebung: Golf; Château-Thierry ♦ Man spricht Englisch u. Deutsch ♦ **Anreise** (Karte Nr. 10): 10 km westl. von Montmirail über die D 933 Rtg. La Ferté-sous-Jouarre. In La Haute-Epine auf die D 863 Rtg. L'Epine-aux-Bois, dann ausgeschildert.

Dieser wunderbare Bauernhof ist von viel Natur umgeben, in der sich einige Reitpferde tummeln. Die Gästezimmer sind komfortabel und mit ihrem alten Möbiliar ausgesprochen elegant (die "Chambre bleue" verdient ein besonderes Lob). Im charmanten Speiseraum kann man diverse Sammlungen bewundern (alte Krüge und Dosen bzw. Schachteln). Zum Frühstück gibt es selbstgemachte Konfitüre, und das Abendessen besteht aus Hausmannskost. Betreuung und Atmosphäre sehr angenehm.

PICARDIE

386 - Ferme du Château

02130 Villers-Agron
(Aisne)
Tel. 23 71 60 67
Fax 23 69 36 54
Christine und Xavier Ferry

♦ Ganzj. geöffn. ♦ 4 Zi. m. Bad od. Dusche, WC: 330-390 F (2 Pers.) ♦ Frühst. inkl. ♦ Gemeins. Abendessen auf Bestellung: 160 F (alles inkl.) ♦ Salon ♦ Tennis, Forellenangeln, 18-Loch-Golfpl. vor Ort ♦ Umgebung: Schwimmbad, Reiten (10 km); Kanu/Kajak; Champagnerstraße, Waldwanderungen, Schlösser, Abteien ♦ Man spricht Englisch u. Deutsch ♦ **Anreise** (Karte Nr. 10): 25 km westl. von Reims u. 30 km nordöstl. von Château-Thierry; Autobahn A 4, Ausfahrt Dormans, dann die D 380 u. die D 801 Rtg. "Golf de Champagne"; ausgeschildert.

In diesem alten Haus (13. bis 18. Jahrhundert), dessen grüner, ruhiger Park durch einen schottischen Golfplatz verlängert und von einem Bach durchflossen wird, ist der Empfang sehr freundlich. Im Innern viel Eleganz, Charme und Komfort. Die mit farbenfrohen Stoffen und altem Mobiliar ausgestatteten Zimmer sind entzückend. Für das exzellente gemeinsame Abendessen, das den jungen Hausbesitzern sehr am Herzen liegt, werden meist regionale Produkte verwandt (Wild gibt es in der entsprechenden Jahreszeit). Eine Haus, das es lohnt, entdeckt zu werden.

387 - Chez Mme Gittermann

26, rue Nationale
60110 Amblainville
(Oise)
Tel. (16) 44 52 03 22
Mme Gittermann

♦ Ganzj. geöffn. ♦ 3 Zi. m. Bad od. Dusche, WC; 1 Nebenzi. ohne Bad: 170-200 F (2 Pers.) + 80-85 F (zusätzl. Pers.) ♦ Frühst. inkl. ♦ Kein Speisenangebot - Rest. in Méru (4 km) ♦ Salon ♦ Gut erzogene Hunde erlaubt ♦ Umgebung: Schwimmbad, Tennis, Reiten, Golf; Auvers-sur-Oise, Beauvais ♦ **Anreise** (Karte Nr. 9): 50 km nordwestl. von Paris über die A 15, Ausf. Pontoise, dann die D 27 u. die D 927 Rtg. Amblainville (4 km vor Méru).

Dieses Haus liegt an der Straße und wurde von Künstlern mit viel Imagination bis in den letzten Winkel sehr farbenfroh dekoriert. Die Zimmer sind gefällig und angenehm. Den außergewöhnlichen Salon mit zahlreichen Skulpturen, Gemälden und exotischen Pflanzen kann man nicht gerade als bourgeois bezeichnen - das dort servierte Frühstück ist sehr gut. Bei Madame Gittermann beggnen Sie Hunden, Papageien, Katzen und auch Tukanen, und werden bestens betreut. Ein ungewöhnlicher Ort, der uns sehr gut gefiel.

PICARDIE

388 - Chez M. et Mme Bernard

4, rue de Gomerfontaine
60240 Chambors
(Oise)
Tel. (16) 44 49 77 28
M. und Mme Jean Bernard

♦ Ganzj. geöffn. ♦ Für Nichtraucher ♦ 2 Zi. m. Bad od. Dusche, WC (davon 1 Zi. f. Kinder unter 5 J.) u. 1 Zi. m. Dusche, WC: 210 F (1 Pers.), 260 F (2 Pers.) + 50 F (Kinderzi.) ♦ Frühst. inkl. ♦ Kein Speiseangebot - zahlr. Rest. in Gisors (4 km) ♦ Hunde nicht erlaubt ♦ Wanderwege im Wald vor Ort ♦ Umgebung: 18-Loch-Golfpl., Reiten (8 km); Gerberoy, Giverny, Lyons-la-Forêt, Château-Gaillard ♦ **Anreise** (Karte Nr. 9): 35 km nordöstl. von Vernon (A 13), D 181 Rtg. Gisors, 4 km südöstl. von Gisors.

Dieses einladende Haus liegt versteckt in einem hübschen normannischen Weiler mit alten Mauern und braunen Dächern. Ein gepflegter Garten, umgeben von einem kleinen Bach, sorgt für Ruhe. Die Zimmer mit den aufeinander abgestimmten Bettdecken, Vorhängen und englischen Tapeten sind reizend. Den Gästen steht ein eigenes Frühstückszimmer zur Verfügung - im Sommer wird draußen gefrühstückt. Es gibt verschiedene Sorten Brot, ausgezeichnete Konfitüren und, an kühlen Tagen, ein Feuer im Kamin. Ein sehr angenehmes Haus.

389 - La Bultée

60300 Fontaine-Chaalis
(Oise)
Tel. (16) 44 54 20 63
Fax (16) 44 54 08 28
Annie Ancel

♦ Ganzj. geöffn. ♦ Kinder unter 7 J. nicht erwünscht ♦ 5 Zi. m. Dusche, WC, TV: 300 F (2 Pers.) + 80 F (zusätzl. Pers.) ♦ Frühst. inkl. ♦ Kein Speiseangebot - Rest. ab 3 km ♦ Salon ♦ Hunde nicht erlaubt ♦ Eig. Parkplatz ♦ Umgebung: Schwimmbad, Reiten, Golf; Chantilly, Compiègne, Pierrefond, Park J.-J. Rousseau ♦ Man spricht etwas Englisch ♦ **Anreise** (Karte Nr. 9): 8 km südöstl. von Senlis (A 1) über die D 330a Rtg. Nanteuil-le-Haudouin; hinter Borest u. vor Fontaine-Chaalis (Flugplatz Roissy: 20 km).

Der Innenhof dieses Bauernhofs ist besonders eindrucksvoll. Hier fühlt man sich ganz und gar unabhängig; den sehr großen Aufenthaltsraum mit Kamin teilen sich Gäste und Gastgeber. Bei kühlem Wetter wird dort auch das Frühstück serviert (sonst draußen). Die vollständig renovierten Zimmer sind hübsch, schlicht und sehr gepflegt - das betrifft auch die Bäder. Von allen Gästezimmern blickt man auf den hübschen Blumengarten. Hier ist es garantiert ruhig; die Betreuung ist gutgelaunt und spontan.

PICARDIE

390 - Abbaye de Valloires

Valloires - Service Accueil
80120 Argoules par Rue
(Somme)
Tel. 22 29 62 33
Fax 22 23 91 54
Association de Valloires

♦ Ganzj. geöffn. ♦ 6 Zi. (davon 4 m. Nebenzi.) m. Bad, WC, Tel.: 340 F (1 Pers.), 400 F (2 Pers.), 470 F (3 Pers.) + 70 F (Kinder) ♦ Frühst. inkl. ♦ Kein Speisenangebot - Gasthöfe in Umgebung ♦ Salon ♦ Hunde nicht erlaubt ♦ Besichtigung der Abtei u. der Gärten ♦ Umgebung: 18-Loch-Golfpl. (6 km) ♦ Man spricht Englisch ♦ **Anreise** (Karte Nr. 1): 31 km nördl. von Abbeville über die N 1 bis Nampont-Saint-Martin, dann die D 192 nach Argoules.

Die beeindruckend große Abtei wurde im 17. Jahrhundert errichtet und wird heute von einer Interessengemeinschaft verwaltet. Eine breite Galerie führt zu den fünf reizenden Zimmern, die ehemals dem Abt und seinen Gästen zur Verfügung standen. Sie sind groß und komfortabel und vermochten größtenteils ihre Holztäfelung und ihre Alkovenbetten zu bewahren. Wunderbarer Ausblick auf den außergewöhnlich schönen Garten. Das Frühstück wird an mehreren Tischen im ehemaligen, gigantisch wirkenden Refektorium serviert. In der "Abbaye de Valloires" wird, wie in früheren Zeiten, die Gastfreundschaft noch sehr ernst genommen. Tagsüber gibt es Gruppenführungen durch Abtei und Gärten.

391 - Château des Alleux

Les Alleux
80870 Behen
(Somme)
Tel. 22 31 64 88
M. und Mme René-François
de Fontanges

♦ Ganzj. geöffn. ♦ 4 Zi. m. Bad od. Dusche, WC: 230 F (1 Pers.), 280 F (2 Pers.) u. 1 Kinderzi. (+ 70 F zusätzl. Pers.) ♦ Gemeins. Abendessen: 100 F (Getränke inkl.) ♦ Salon, Aufenthaltsraum m. Kamin u. Küche f. Gäste ♦ Hunde nicht erlaubt ♦ Ponys, Pferdeboxen, Fahrräder vor Ort ♦ Umgebung: Golf, Tennis; Meer (20 km); Somme-Bucht, Park Marquenterre ♦ Man spricht Englisch u. Spanisch ♦ **Anreise** (Karte Nr. 1): 10 km südl. von Abbeville; Autobahnausf. A 28, Rtg. Blangy-sur-Bresle über die D 928; ab Les Croisettes ausgeschildert.

Dieses Schloß liegt inmitten eines 12 Hektar großen Parks und verfügt über sehr gepflegte und hübsch ausgestattete Zimmer, die (bis auf das wunderbare "Empire") in kleinen Dependancen untergebracht sind. Der Blumengarten ist sehr gepflegt, die Atmosphäre ungezwungen und gutgelaunt, und das Abendessen ausgezeichnet. Eine besonders attraktive und preisgünstige Adresse.

PICARDIE

392 - Château de Foucaucourt

80140 Oisemont
(Somme)
Tel. 22 25 12 58
Mme de Rocquigny

♦ Ganzj. geöffn. ♦ 1 Zi. u. 1 Suite m. Bad od. Dusche, WC; 2 Zi. teilen sich Bad u. WC: 300, 350 u. 400 F (2 Pers.) ♦ Frühst. inkl. ♦ Gemeins. Mittag- u. Abendessen: 60 od. 110 F (ohne Wein) ♦ Salon ♦ Tel. ♦ Hunde auf Anfr. erlaubt ♦ Reiten, Pferdeboxen vor Ort ♦ Umgebung: 18-Loch-Golfpl. (28 km), Tennis (5 km), Wassersportcenter (12 km), Somme-Bucht, Tréport, Mers-les-Bains, Schloß Rambure ♦ Man spricht Englisch ♦ **Anreise** (Karte Nr. 1): 25 km südl. von Abbeville über die N 28 bis Saint-Maixent, dann die D 29 bis Oisemont u. die D 25 Rtg. Senarpont.

Dieses charmante Schloß aus dem 18. Jahrhundert (es besteht aus Ziegel- und Bruchstein) ist von einem angenehmen Park umgeben. Das Interieur bewahrte die Atmosphäre vergangener Zeiten, und im sehr freundlich wirkenden Salon stehen Möbel unterschiedlicher Epochen. Die Suite ist besonders angenehm. Die beiden zum Park gehenden Zimmer verfügen über eigene Bäder. Die beiden anderen teilen sich ein erst vor kurzem renoviertes Badezimmer. Die Atmosphäre im Hause ist sehr freundlich und familiär. Die Qualität der Mahlzeiten ist leider nicht immer gleich gut.

393 - Le Bois de Bonance

80132 Port-le-Grand
(Somme)
Tel. 22 24 11 97
Fax 22 31 63 77
M. und Mme Jacques Maillard

♦ Vom 25. Dez. bis 1. Jan. geschl. ♦ 3 Zi. m. Bad, WC; 1 Suite (außer Juli/Aug.) m. 2 Zi. (4 Pers.) m. Bad, WC, Küche u. Salon: 300 F (1 Pers.), 380 F (2 Pers.) + 100 F (zusätzl. Pers.); Suite: 400 F (2 Pers.) ♦ Frühst. inkl. ♦ Kein Speisenangebot - Rest. in Saint-Valéry-sur-Somme u. Favières ♦ Salon ♦ Kl. Hunde im Zwinger erlaubt ♦ Schwimmbad, Pferdeboxen vor Ort ♦ Umgebung: 18-Loch-Golfpl.(5 km); Le Crotoy, Saint-Valéry, Meer (Somme-Bucht) ♦ Man spricht Englisch u. Deutsch ♦ **Anreise** (Karte Nr. 1): 8 km nordwestl. von Albertville über die D 40 Rtg. Saint-Valéry-sur-Somme; ab Dorfeingang ausgeschildert.

Von einem sehr gepflegten Park umgeben, liegt dieses schöne Bürgerhaus recht einsam auf dem Land. Die Innenausstattung ist sehr elegant. Die hübschen, komfortablen Zimmer sind mit alten Möbeln (meist im Louis-VI-Stil) eingerichtet. Der Speiseraum, in dem das Frühstück eingenommen wird, ist nett mit Leierstühlen und allerlei Gegenständen hergerichtet. Auch ein kleiner Fernsehraum steht den Gästen zur Verfügung. Eine hervorragende Adresse.

PICARDIE

394 - Ferme du Bois de Bonance

80132 Port-le-Grand
(Somme)
Tel. 22 24 34 97
M. und Mme Benoit Maillard

♦ Ganzj. geöffn. ♦ 2 Zi. (m. 2 Betten) m. Bad od. Dusche, WC: 300 F (2 Pers.) + 100 F (zusätzl. Pers.) ♦ Frühst. inkl. ♦ Kein Speisenangebot - Rest. in Saint-Valéry-sur-Somme u. Favières ♦ Hunde auf Anfr. erlaubt ♦ Schwimmbad, Pferdeboxen, Reiten vor Ort ♦ Umgebung: 18-Loch-Golfpl. (5 km); Le Crotoy, Saint-Valéry, Meer (Somme-Bucht), Park Le Marquenterre ♦ Man spricht Englisch ♦ **Anreise** (Karte Nr. 1): 8 km nordwestl. von Abbeville über die D 40 Rtg. Saint-Valéry-sur-Somme; ab Ortseingang ausgeschildert.

Ein großer Bauernhof im Baustil der Grafschaft Artois mit zwei eleganten, komfortablen Gästezimmern. Die Betreuung ist sehr freundlich und ungezwungen. Auch das Schwimmbad im wunderbaren Garten steht Ihnen zur Verfügung. Bei schönem Wetter wird das Frühstück draußen eingenommen. Diese Adresse empfehlen wir besonders für den Sommer, denn leider verfügt die "Ferme du Bois de Bonance" über keinen Aufenthaltsraum für die Gäste.

POITOU-CHARENTES

395- La Grande Métairie

Oyer
16700 Bioussac-Ruffec
(Charente)
Tel. 45 31 15 67
M. und Mme Moy

♦ Von Ende März bis Anf. Nov. geöffn. ♦ 1 Zi. u. 1 Suite (4 Pers.) m. Dusche, WC: 150 F (1 Pers.), 200 F (2 Pers.), 260 F (3 Pers.), 320 F (4 Pers.) ♦ Frühst. inkl. ♦ HP: 165 F pro Pers. im DZ ♦ Gemeins. Abendessen auf Bestellung: 65 F (Wein inkl.) - auch: vegetarische Mahlzeiten (Küche steht den Gästen z. Verf.) ♦ Zimmerreinigung auf Wunsch ♦ Aufenthaltsraum ♦ Gut erzogene kl. Hunde erlaubt ♦ Schwimmbad, Fahrräder vor Ort ♦ Umgebung: Wanderwege, Tennis, Reiten, Angeln, Kanu; Nanteuil-en-Vallée, Verteuil, Märkte ♦ Man spricht Englisch ♦ **Anreise** (Karte Nr. 23): 6 km östl. von Ruffec über die D 740 Rtg. Confolens. Hinter Condac die D 197 Rtg. Bioussac, dann links (Oyer), erstes Bauernhaus.

Wie es sich gehört, liegt dieser renovierte Bauernhof mitten auf dem Land und bietet ein Zimmer und eine Suite an - beide sind sehr angenehm. Die Suite liegt im Hauptgebäude und ist sehr eindrucksvoll mit ihren Kacheln und Steinnischen. Die Louis-Philippe-Betten sind ausgesprochen komfortabel und die Bäder sehr gepflegt. Das Abendessen ist absolut gesund, denn alles, was auf den Tisch kommt (Fleisch, Gemüse und Früchte) sind biologische Produkte. Sehr gutes Frühstück.

396 - La Breuillerie

Trois-Palis
16730 Fléac
(Charente)
Tel. 45 91 05 37
Mme Bouchard

♦ Ganzj. geöffn. ♦ 1 Zi. m. Bad, WC, TV; 2 Zi. m. Waschb. teilen sich Bad u. WC, TV in allen Zi.: 180-230 F (1 Pers.), 200-250 F (2 Pers.), 300 F (3 Pers.) ♦ Frühst. inkl. ♦ Kein Speisenangebot - Rest.: "Le Pont de la Meure" 500 m weiter u. in Angoulême ♦ Hunde nicht erlaubt ♦ Fahrradverleih vor Ort ♦ Umgebung: Tennis, Schwimmbad, Reiten in Angoulême ♦ Man spricht Englisch ♦ **Anreise** (Karte Nr. 22): 5 km westl. von Angoulême über die D 699. In Nersac die D 41; dann "Chambres d'hôtes" ausgeschildert.

Die direkte Umgebung der Stadt Angoulême wirkt alles andere als unberührt, aber gleich danach gewinnt das Land die Oberhand, weshalb der Rahmen von "La Breuillerie" sehr angenehm ist. Die Gästezimmer sind wie für Freunde der Familie sehr komfortabel, gut gepflegt und hübsch eingerichtet (leider hat nur ein Zimmer ein eigenes Bad). Das ausgezeichnete Frühstück wird in einem bemerkenswerten Eßzimmer serviert, das über einen besonders schönen Kamin verfügt. Die Atmosphäre ist ausgesprochen angenehm und freundlich.

POITOU-CHARENTES

397 - Le Logis de Romainville

1995

16440 Roullet-Saint-Estèphe
(Charente)
Tel. 45 66 32 56
Fax 45 66 46 89
Francine Quillet

♦ Ganzj. geöffn. ♦ 3 Zi. m. eig. Bad (2 Zi m. eig. WC, 1 Zi. m. gemeins. WC) u. 1 Nebenzi. ohne Bad: 250 F (1 Pers.) 280 F (2 Pers.) + 70 F (zusätzl. Pers.) ♦ Frühst. inkl. ♦ Gemeins. Abendessen: 100 F (Wein inkl.) ♦ Zimmerreinigung tägl., kein Bettenmachen ♦ Salon ♦ Schwimmbad, Fahrräder vor Ort ♦ Umgebung: 9-Loch-Golfpl. (10 km), Tennis, Reiten, Ultraleichtflugzeuge, Angeln, roman. Kirchen, Cognac, Angoulême ♦ Man spricht Englisch u. Italienisch ♦ **Anreise** (Karte Nr. 22): 12 km südl. von Angoulême über den Ring Rtg. Bordeaux, N 10, Ausf. Roullet und das Dorf durchfahren (D 42); das Haus liegt 2 km weiter (ausgeschildert).

Dieses Quartier mit seinen hübschen und besonders komfortablen Zimmern gefiel uns sehr: weicher Teppichboden, weiße oder Patchwork-Bettdecken, pastellfarbene Tapeten, usw. Die Zimmer sind sehr gepflegt und haben alle einwandfreie Badezimmer. Das Frühstück und das ausgezeichnete Abendessen werden in einem großen Raum serviert, in dem einige edle alte Möbel stehen. Um in den Genuß des großartigen Panoramas zu kommen, werden im Sommer die Mahlzeiten draußen serviert. Sympathische, ungezwungene Betreuung.

398 - Les Granges

16410 Vouzan
(Charente)
Tel. 45 24 94 61
Mme Louise Le Mouée

♦ Ganzj. geöffn. ♦ Für Nichtraucher ♦ 1 Zi. (im kl. Nebenhaus f. 2-3 Pers.) u. 1 Zi. (4 Pers.) m. Dusche, WC: 210-230 F (1 Pers.), 240-270 F (2 Pers.), 310-330 F (3 Pers.), 380 F (4 Pers.) ♦ Frühst. inkl. ♦ Kein Speisenangebot - Rest. in Umgebung ♦ Salon ♦ Garagen ♦ Tel. ♦ Kl. Hunde auf Anfr. erlaubt. ♦ Mal- u. Yogakurse vor Ort ♦ Umgebung: Schwimmbad, Tennis, Wanderwege, 9- u. 18-Loch-Golfpl.; Brantôme, Bourdeille, St-Jean-de-Côle, "Grünes Périgord", roman. Kunst, Schlösser ♦ **Anreise** (Karte Nr. 23): 16 km südöstl. von Angoulême über die D 939. In Sainte-Catherine die D 4. In "La Petitie" 1. Straße rechts (1,6 km).

Zwischen Angoulême und Brantôme liegt dieses hübsche Haus in einem sehr gepflegten Park. Beide Zimmer verfügen über eine eigene Terrasse. Das in dem kleinen Haus eingerichtete Gästezimmer gefällt uns besonders gut. Es ist komfortabel, mit schönen alten Möbeln eingerichtet und verfügt sowohl über eine kleine Sitzecke als auch über ein Mezzanin. Hier sind Sie vollkommen ungestört und können das Frühstück draußen in der Sonne einnehmen. Die Betreuung ist freundlich und diskret.

POITOU-CHARENTES

399 - Le Maurençon

10, rue de Maurençon
Les Moulins
17400 Antezant
(Charente-Maritime)
Tel. 46 59 94 52
Pierre und Marie-Claude Fallelour

◆ Ganzj. geöffn. ◆ 1 Zi. m. Dusche, WC; 2 Zi. m. gemeins. Bad od. Dusche, WC: 220-240 F (2 Pers.) + 65 F (zusätzl. Pers.) ◆ Frühst. inkl. ◆ HP: 180 F pro Pers. im DZ (mind. 3 Üb.) ◆ Gemeins. Abendessen. (Ruhetag So. u. Feiert.): 85 F od. Bauerngasthof (200 m) ◆ Zimmerreinigung zweimal pro Woche (bei läng. Aufenth.) ◆ Salon, Billard ◆ Hunde nicht erlaubt ◆ Angeln vor Ort ◆ Umgebung: Golf, Schwimmbad, Reiten, Tennis; Saintes, Cognac, Sumpfgebiet (marais poitevin) Schlösser, roman. Kirchen ◆ **Anreise** (Karte Nr. 22): 6 km nordöstl. von Saint-Jean-d'Angély über die D 127 Rtg. Dampierre; am Ortseingang.

Früher betrieb der Boutonne-Fluß die Mühle. Heute begnügt er sich damit, den Garten romantisch einzugrenzen. Der sehr freundlichen Gastgeberin, Madame Fallelour, ist es gelungen, diese Atmosphäre auf das Haus zu übertragen und hat die angenehmen, hellen Gästezimmer mit einigen alten Möbeln eingerichtet. Im Salon steht den Gästen ein Billardspiel zur Verfügung. Das gute Frühstück wird häufig im Freien serviert.

400 - Le Logis

17610 Dompierre-sur-Charente
(Charente-Maritime)
Tel. 46 91 02 05 / 46 91 00 53
Mme C. Cocuaud

◆ Vom 1. März bis 30. Okt. geöffn. ◆ 2 Zi. m. Bad, WC; 2 Zi. m. eig. Bad, gemeins. WC; 1 Kinderzi.: 440 F (2 Pers.) ◆ Frühst.: 50 F ◆ HP: 450 F pro Pers. im DZ (mind. 3 Üb.) ◆ Gemeins. Abendessen auf Bestellung: 200 F (Wein inkl.) - Rest. ab 5 km ◆ Salon ◆ Tel. ◆ Hunde nicht erlaubt ◆ Umgebung: Golf, Tennis, Angeln, Reiten, Meer (30 km); Saintes, Cognac, roman. Kirchen ◆ Man spricht Englisch ◆ **Anreise** (Karte Nr. 22): 13 km südöstl. von Saintes über die D 24 (Charente-Tal).

"Le Logis" ist ein sehr schönes Haus aus dem 18. Jahrhundert und wurde auf einer Anhöhe in der Nähe des Charente-Flusses errichtet. Die Gäste haben Zugang zu allen Räumen des Hauses, die stilvoll mit Möbeln bester Qualität eingerichtet und angenehm groß sind. Die komfortablen, hellen und sehr hübsch ausgestatteten Gästezimmer scheinen für Freunde des Hauses hergerichtet zu sein. Madame Cocuaud ist eine beeindruckende Persönlichkeit und hat viel Humor. Zudem kocht sie wunderbar und unterhält Sie ausgezeichnet bei Tisch. Was will man mehr?

POITOU-CHARENTES

401 - La Jaquetterie

17250 Plassay
(Charente-Maritime)
Tel. 46 93 91 88
Michelle und Jacques Louradour

♦ Ganzj. geöffn. ♦ 1 Zi. u. 2 Suiten (4 Pers.) m. Bad od. Dusche, WC: 220-260 F (2 Pers.) ♦ Frühst. inkl. ♦ HP: 180-190 F pro Pers. im DZ ♦ Gemeins. Abendessen: 75 F (inkl. Wein) ♦ Hunde auf Anfr. erlaubt ♦ Pferdeboxen vor Ort ♦ Umgebung: Angeln, Schwimmbad, Tennis, Meer, Reiten, Golf ♦ Man spricht Deutsch ♦ **Anreise** (Karte Nr. 22): 13 km nordwestl. von Saintes (A 10) über die N 137 Rtg. Rochefort (11 km). Dann rechts die D 119 Rtg. Plassay (2 km).

"La Jaquetterie" ist ein eigenwilliges, vom Dorf ein wenig abgelegenes Bauernhaus. Die Zimmer, mit vielen persönlichen Gegenständen, haben familiären Charme. Die Betten sind komfortabel und stehen schönen Schränken aus dem 18. Jahrhundert gegenüber. Die reizende "Suite familiale" wurde erst vor kurzem eingerichtet. Bei schönem Wetter wird das Frühstück draußen serviert. Das Abendessen wird mit hervorragenden eigenen Produkten zubereitet. Die Betreuung ist auf nette Art unkompliziert.

402 - Le Logis de l'Epine

17250 Plassay
(Charente-Maritime)
Tel. 46 93 91 66
M. und Mme Charrier

♦ Ganzj. geöffn. ♦ 2 Zi. m. Bad od. Dusche, WC; 2 (nebeneinanderliegende) Zi. m. gemeins. Dusche u. WC: 190-280 F (2 Pers.) ♦ Frühst. inkl. ♦ Kein Speiseangebot - Rest. in Umgebung ♦ Salon ♦ Hunde auf Anfr. erlaubt ♦ Umgebung: Schwimmbad, Tennis, Reiten, Meer, Golf; "roman. Saintonge" ♦ Man spricht Englisch ♦ **Anreise** (Karte Nr. 22): 10 km nordwestl. von Saintes über die N 137; dann die D 119; am Ortsausgang.

Inmitten seines großen schattigen Parks scheint dieses Haus aus dem 18. Jahrhundert wie von der modernen Welt abgeschnitten. Die Gastgeber sind wirklich Meister ihres Fachs. Die Zimmer haben sie mit einigen alten Möbeln und breiten Kajütenbetten eingerichtet und mit hübschen Dekostoffen verschönt. Das Frühstück wird draußen unter den Eichen serviert, und wenn das Wetter nicht mitspielt, steht ein Raum zur Verfügung, an dessen Wände Sie Fresken (Früchte und Ranken) aus dem 19. Jahrhundert bewundern können. Ein unverfälschter Ort mit viel Charme.

POITOU-CHARENTES

403 - 33, rue Thiers

33, rue Thiers
17000 La Rochelle
(Charente-Maritime)
Tel. 46 41 62 23
Fax 46 41 10 76
Mme Maybelle Iribe

◆ Ganzj. geöffn. ◆ 6 Zi. m. Bad od. Dusche, WC: 380-400 F (1 Pers.), 480-510 F (2 Pers.) ◆ Frühst. inkl. ◆ Individ. Abendessen: 120 F (ohne Wein) ◆ Salon ◆ Tel. ◆ Hunde auf Anfr. erlaubt ◆ Kochkurse vor Ort ◆ Umgebung: Segeln, Golf; Ile de Ré, Sumpfgebiet (marais poitevin) ◆ Man spricht Englisch ◆ **Anreise** (Karte Nr. 22): in La Rochelle Rtg. "Centre Ville", den großen Platz umfahren; vor der Kathedrale an der Ampel in gegenüberliegende Straße rechts abbiegen (Rue Thiers ist die Verlängerung der Rue Gargoulleau).

Dieses Haus mit hübschem Garten, in dem im Sommer das Frühstück serviert wird, liegt in der schönen Stadt La Rochelle. Die auf zwei Stockwerke verteilten Gästezimmer sind ruhig, sehr komfortabel und bemerkenswert mit zahlreichen Gemälden und Familienstücken hergerichtet. Ein elegantes Wohnzimmer mit Bibliothek steht den Gästen zur Verfügung. Gehen Sie zum Essen nicht außer Haus: Madame Iribe ist eine wahre Küchenfee! Eine wunderbare Adresse.

404 - Château des Salles

17240 Saint-Fort-sur-Gironde
(Charente-Maritime)
Tel. 46 49 95 10
Fax 46 49 02 81
Mme Couillaud

◆ Von Ostern bis Ende Sept. geöffn. ◆ 5 Zi. m. Bad od. Dusche, WC: 350-450 F (2 Pers.) ◆ Frühst.: 50 F ◆ HP: 350-420 F pro Pers. im DZ (mind. 3 Üb.) ◆ Individ. Abendessen auf Bestellung: 160 F (ohne Wein) ◆ Salon ◆ Tel. u. Fax ◆ Kreditk.: Visa ◆ Hunde nicht erlaubt ◆ Umgebung: Tennis, Meer; Cognac, La Rochelle ◆ Man spricht Englisch u. Deutsch ◆ **Anreise** (Karte Nr. 22): 14 km von der Ausf. Mirambeau-Royan (A 27) entfernt; an der Kreuzung die D 125 Rtg. Saint-Fort-sur-Gironde u. die D 730 Rtg. Royan.

Das im 15. Jahrhundert errichtete und im 19. Jahrhundert renovierte "Château des Salles" verfügt über fünf angenehme Gästezimmer mit Blick auf den Park. Die Einrichtung ist sehr gepflegt und eher klassisch (einige Gästezimmer wurden vor kurzem renoviert und ihre Wände mit geschmackvollen Stoffen bespannt). Die von den "Schloßherren" selbst gemalten Aquarelle sind überall in den Räumen verteilt. Sie können sich das Frühstück aufs Zimmer kommen lassen oder es im Speiseraum zusammen mit den Gastgebern einnehmen. (Nichtraucher sind hier besonders willkommen.)

POITOU-CHARENTES

405 - Chez Monsieur et Madame Howarth

1995

6, rue Rose
17400 Saint-Jean-d'Angély
(Charente-Maritime)
Tel. 46 32 03 00
Jack und Margaret Howarth

♦ Von Allerheiligen bis Ostern geschl. ♦ Zimmer für Nichtraucher ♦ 2 Zi. m. Bad, WC, 2 Nebenzi.: 350 F (2 Pers.) ♦ Frühst.: 35 F ♦ Kein Speiseangebot - Rest. "Le Scorpion" (2 Min. zu Fuß) u.a. ♦ Hunde nicht erlaubt ♦ Umgebung: Schwimmbad, künstl. See, Tennis, Reiten, 18-Loch-Golfpl. (20 km); La Rochelle, Royan, Rochefort, Cognac, die Inseln Oléron und Ré, romanische Kirchen ♦ Man spricht Englisch u. Deutsch ♦ **Anreise** (Karte Nr. 22): 2 km von der Autobahn A 10 entf., Ausf. 24. Im Zentrum von Saint-Jean-d'Angély.

Im Herzen des alten Saint-Jean-d'Angély wird dieses Stadtpalais heute von einer englischen Familie bewohnt, die teils auf ihrer heimischen Insel und teils in dieser charmanten Unter-Präfektur lebt. Die Innenräume sind komfortabel und in englischem Stil eingerichtet. Da alle Zimmer die gleichen Preise haben, empfehlen wir nur die beiden größten. Schöne Badezimmer. Im reizenden Garten genießt man das milde Klima dieser Gegend.

406 - Rennebourg

Saint-Denis-du-Pin
17400 Saint-Jean-d'Angély
(Charente-Maritime)
Tel. 46 32 16 07
Michèle und Florence Frappier

♦ Ganzj. geöffn. ♦ 3 Zi. m. Bad od. Dusche, WC; 1 Suite (2 Zi., 3-4 Pers.), m. 1 Bad, WC: 250-270 F (2 Pers.) ♦ Frühst.: 25 F ♦ Individ. Abendessen: 90 F (Aperitif u. Wein inkl.) ♦ Salon ♦ Hunde nicht erlaubt ♦ Eig. Schwimmbad, Spazierfahrten mit Ponywagen ♦ Umgebung: Tennis, Golf, Meer; La Rochelle, Cognac, Sumpfgebiet (marais poitevin), "roman. Saintonge" ♦ Man versteht Englisch u. Deutsch ♦ **Anreise** (Karte Nr. 22): 7 km nördl. von Saint-Jean-d'Angély (A 10, Ausf. 24) über die N 150; ausgeschildert.

In freier Landschaft der Saintonge gelegen, hat "Rennebourg" es verstanden, seine Authentizität voll und ganz zu bewahren. So gibt es mehrere Räume mit Täfelung aus dem 18. Jahrhundert, alte Möbel aus der Provinz, Gegenstände aller Art, Gemälde, usw. Die Zimmer sind sehr angenehm (das blaue finden wir am schönsten), und es gibt ein herrliches, windgeschütztes Schwimmbad, dem direkt gegenüber der in einer ehemaligen Scheune eingerichtete Sommersalon liegt. Das Abendessen ist ausgezeichnet und wird besonders liebenswürdig von der Chefin Michèle Frappier und ihrer Tochter serviert. Ein wundervolles Haus.

POITOU-CHARENTES

407 - Bonnemie

49, route départementale
17310 Saint-Pierre-d'Oléron
(Charente-Maritime)
Tel. 46 47 22 57
Mme Chassort

♦ Ganzj. geöffn. ♦ 3 Zi. (davon 2 Zi. m. TV) m. Dusche, WC: 210-240 F (2 Pers.) ♦ Frühst. inkl. ♦ HP: 175 F pro Pers. im DZ (mind. 2 Üb.) ♦ Individ. Abendessen: 75-85 F (ohne Wein) - Spezialitäten (Meeresfrüchte, Fischgerichte) 24 Std. im voraus best. ♦ Tel. (Carte pastel) ♦ Katzen nicht erlaubt ♦ Umgebung: Schwimmbad, Tennis, Reiten, Hochseefischen, Segeln, Golf ♦ Man spricht Englisch ♦ **Anreise** (Karte Nr. 22): auf der Insel, am Ortsausgang von Saint-Pierre-d'Oléron Rtg. Saint-Gilles u. Saint-Denis.

Zum Glück wird "Bonnemie" von seinem kleinen Garten vor einer unwirtlichen Umgebung und einer im Sommer stark befahrenen Straße geschützt. Begrüßt wird man in diesem Haus von einem sehr freundlichen Rentnerpaar. Die angenehmen kleinen Zimmer sind auf die Besitzung und ein kleines Nebenhaus aufgeteilt. Wir bevorzugen jene Zimmer, die sich im Haupthaus im ersten Stock befinden. Die Veranda verfügt über viele Blumen, und das Meeresfrüchte-Diner (das man stets im voraus bestellen muß) ist phantastisch. Ein schlichte Adresse für Gourmands!

408 - Le Clos

La Menounière
17310 Saint-Pierre-d'Oléron
(Charente-Maritime)
Tel. 46 47 14 34
Micheline Denieau

♦ Ganzj. geöffn. ♦ 3 Zi. (m. Mezzanin f. Kinder) m. Dusche, WC: 230 F (2 Pers.) + 40 F (zusätzl. Pers.) ♦ Frühst. inkl. ♦ Kein Speisenangebot - Rest.: "Chez François" in Saint-Pierre-d'Oléron u. "L'Ecailler" in La Cotinière ♦ Zimmerreinigung einmal pro Woche (bei läng. Aufenth.) ♦ Hunde auf Anfr. erlaubt ♦ Umgebung: 9-Loch-Golfpl., Fischen, Fahrradverleih, Reiten, Tennis, Fahrrad- u. Wanderwege; Meer (500 m), Vogelreservat ♦ Man spricht Englisch u. Spanisch ♦ **Anreise** (Karte Nr. 22): 4 km westl. von Saint-Pierre-d'Oléron, D 734; in Saint-Pierre an der Ampel hinter der "Shell"-Tankstelle links abbiegen; dann La Menounière ausgeschildert.

Dieses am Ortseingang gelegene kleine Haus ist von Wein umgeben und besitzt einen Blumengarten. Die Zimmer sind schlicht, angenehm und sehr gepflegt. Jedes verfügt über ein Mezzanin (was besonders familienfreundlich ist) und eine kleine Terrasse. Eine gute und preisgünstige Adresse.

POITOU-CHARENTES

409 - Château de la Tillade

17260 Saint-Simon de Pellouaille
(Charente-Maritime)
Tel. 46 90 00 20
Vicomte und Vicomtesse
Michel de Salvert

◆ Ganzj. geöffn. ◆ 3 Zi. m. Bad od. Dusche, WC: 350, 400 u. 450 F (2 Pers.) ◆ Frühst. inkl. ◆ Gemeins. Essen: 150 F (Wein inkl.) ◆ Salon ◆ Hunde nicht erlaubt ◆ Zeichen- u. Malkurse (70 F pro Std.), Spazierfahrten im Pferdewagen (mit dem Hausbesitzer, 80 F pro Std.), Fahrradverleih vor Ort ◆ Umgebung: Schwimmbad (4 km), 18-Loch-Golfpl. (20 km), "roman. Saintonge", Saintes, Talmont ◆ Man spricht Englisch ◆ **Anreise** (Karte Nr. 22): 4 km nördl. von Gémozac, links die Straße Rtg. Saintes.

In dieser großen Besitzung, auf der Pinot hergestellt wird, werden Sie die Ruhe und außergewöhnlich freundliche Aufnahme schätzen. Das Interieur ist raffiniert und noch immer wie früher, nur verfügt es jetzt über mehr Komfort. Die Zimmer im Obergeschoß wurden vor kurzem renoviert: Möbel aus dem 18. und 19. Jahrhundert und besonders geschmackvolle Stoffe. Einwandfreie Badezimmer und köstliches gemeinsames Essen. (Madame de Salvert erteilt die Aquarellkurse.)

410 - Aguzan

Rue du Château
La Sauzaie
17138 Saint-Xandre
(Charente-Maritime)
Tel. 46 37 22 65
M. und Mme Langer

◆ Vom 1. März bis 15. Sept. geöffn. ◆ Mind. 2 Üb. ◆ 3 Zi. m. eig. Waschraum teilen sich Bad u. WC: 200 F (1 Pers.), 250 F (2 Pers.) ◆ Frühst. inkl. ◆ Kein Speiseangebot ◆ Salon ◆ Hunde auf Anfr. erlaubt (+ 30 F) ◆ Umgebung: Reiten, Meer, Golf; La Rochelle, Sumpfgebiet (marais poitevin), "roman. Saintonge", Ile de Ré ◆ **Anreise** (Karte Nr. 22): 9 km nordöstl. von La Rochelle über die D 9 Rtg. Luçon via Villedoux. Genaue Wegbeschreibung per Telefon.

Im felsigen Hinterland gelegen, findet man dieses von Feldern umgebene und mediterran anmutende Haus in gepflegter Umgebung vor. Die Innenräume sind ebenfalls sehr gepflegt. Die Gästezimmer - sie sind komfortabel und klassisch - teilen sich zwar ein Bad, verfügen jedoch über moderne Toiletten. Wenn das bemerkenswerte Frühstück nicht im Garten eingenommen werden kann, steht ein eleganter Salon zur Verfügung. Betreuung mit Charme.

POITOU-CHARENTES

411 - La Treille Marine

8, rue des Rosées
Ile de Ré
17740 Sainte-Marie-de-Ré
(Charente-Maritime)
Tel. 46 30 12 57
Alain und Danielle Fouché

♦ Ganzj. geöffn. ♦ Mind. 2 Üb. ♦ 1 Zi. (3 Pers.) m. Bad, WC, TV: 295 F (1 Pers.), 350 F (2 Pers.), 400 F (3 Pers.) ♦ Frühst. inkl. ♦ Kein Speisenangebot - Rest. in Umgebung ♦ Salon ♦ Zimmerreinigung alle 2 Tatge ♦ Hunde auf Anfr. erlaubt ♦ Fahrräder vor Ort ♦ Umgebung: Golf (25 km), Thalassotherapie u. Meerwasser-Schwimmbecken (1 km); Häfen La Flotte u. Saint-Martin-de-Ré ♦ **Anreise** (Karte Nr. 22): über die Brücke von La Rochelle; Ortsmitte.

Besonders ruhig in einem kleinen Dorf mit vorwiegend weißen Häusern gelegen, die alle mit Blumen geschmückt sind, stellt der ehemalige Weinkeller "La Treille Marine" seinen Gästen ein reizendes Zimmer zur Verfügung. Ganz in Blau und Weiß gehalten, verfügt es über Komfort und enorm viel Charme: ausgesuchte alte Möbel, hübsche Nippsachen und Stoffe, Daunendecken und ein modernes Bad. Das Frühstück wird besonders liebenswürdig im großen, hübschen Eßzimmer serviert. Ein wirklich gutes Haus. Frühzeitig reservieren.

412 - Château de la Roche

79290 Argenton-L'Eglise
(Deux-Sèvres)
Tel. 49 67 02 38
M. und Mme Keufer

♦ Ganzj. geöffn. ♦ 8 Zi. m. Bad, WC; 1 Suite (4 Pers.) m. 2 Zi., Bad, WC: 250 F (1 Pers.), 400 F (2 Pers.) ♦ Frühst. inkl. ♦ Abendessen: 150 F (inkl. Wein) ♦ Salon ♦ Tel. ♦ Hunde auf Anfr. erlaubt ♦ Reiten (m. Zuschl.), Kutschfahrten, Boot vor Ort ♦ Umgebung: Golf ♦ Man spricht Englisch ♦ **Anreise** (Karte Nr. 15): 35 km südl. von Saumur über die N 147. In Montreuil-Bellay die D 938. In Brion-près-Thouet die D 162 Rtg. Taizon.

Dieses fast ganz im Renaissance-Stil erbaute Schloß ist von viel Natur umgeben und verfügt über große, ausgesprochen gut möblierte und ruhige Gästezimmer mit beispielhaften Bädern. Alle haben eine Aussicht auf Argenton. Der Salon und der Speisesaal, im Erdgeschoß gelegen, haben ihren Charme von früher bewahren können und gehen auf eine schöne Terrasse. Die Atmosphäre ist sehr entspannt. Falls Sie es wünschen, holt eine Pferdekutsche Sie vom Bahnhof ab.

POITOU-CHARENTES

413 - La Talbardière

86210 Archigny
(Vienne)
Tel. 49 85 32 51 / 49 85 32 52
M. und Mme Lonhienne

♦ Ganzj. geöffn. ♦ 3 Zi. (2-3 Pers.) m. Bad od. Dusche, WC; 1 Studio (5 Pers.) m. Bad, WC, Küche, Tel., TV: 250 F (2 Pers.); Studio: 1100-1750 F pro Woche (je nach Saison, 5 Pers.) ♦ Frühst. inkl. (außer Studio) ♦ Kein Speisenangebot - Rest. in Umgebung ♦ Hunde nicht erlaubt ♦ Angeln m. Angelschein vor Ort ♦ Umgebung: Tennis, Reiten, Golf, Baden; Chauvigny, Angles-sur-l'Anglin, Saint-Savin ♦ Man spricht Englisch, Deutsch, Russisch u. Italienisch ♦ **Anreise** (Karte Nr. 16): 18 km südöstl. von Chatellerault über die D 9 Rtg. Monthoiron, dann die D 3 Rtg. Pleumartin; nach 1 km ausgeschildert.

Schon beim ersten Anblick werden auch Sie dem Charme dieses befestigten Hauses erliegen, das über angenehme Proportionen verfügt. Die Zimmer - es gibt große und kleine - sind reizend und gut möbliert. Die im Haupgebäude sind sehr elegant, das im rechten Flügel gelegene ist rustikaler. Jeder Geschmack kann hier zufriedengestellt werden. Das Frühstück mit hausgemachter Konfitüre und selbstgebackenem Brot wird serviert, sobald die Gäste es wünschen. Die freundliche Hügellandschaft lädt zu Wanderungen ein. Angenehme Betreuung.

414 - Château d'Epanvilliers

Epanvilliers
86400 Brux-Civray
(Vienne)
Tel. 49 87 18 43
M. Lorzil

♦ Ganzj. geöffn. ♦ 1 Zi. m. Dusche, WC; 2 Suiten (2 Pers.+ Kinderbett) m. Bad, WC: 250 F (2 Pers.); Suite: 400 F (2 Pers.) + 50 F (zusätzl. Pers.) ♦ Frühst. inkl. ♦ Kein Speisenangebot - Rest. in Chaunay ♦ Salon ♦ Hunde auf Anfr. erlaubt ♦ Kutschfahrten (m. Zuschlag), Schloßbesichtigung ♦ Umgebung: Schwimmbad, Reiten ♦ Man spricht Englisch ♦ **Anreise** (Karte Nr. 23): 41 km südl. v. Poitiers über die N 10 bis Couhé, die D 7 Rtg. Civray; dann ausgeschildert.

Monsieur Lorzil, der bei der Restaurierung seines Schlosses guten Geschmack und viel Ausdauer bewiesen hat, wird Sie besonders freundlich empfangen. Die gut möblierten, stilvollen Suiten bzw. Gästezimmer haben Blick auf den Park, und es gibt sogar einen kleinen "Museums-Raum". Die Renovierung der Bäder macht Forschritte. Zum großen Salon oder Aufenthaltsraum haben die Gäste selbstverständlich Zugang. Sie werden sich später gerne an dieses Schloß und seinen sympatischen Besitzer erinnern.

POITOU-CHARENTES

415 - La Veaudepierre

8, rue du Berry
86300 Chauvigny
(Vienne)
Tel. 49 46 30 81 / 49 41 41 76
Fax 49 47 64 12
M. und Mme J. de Giafferri

♦ Von Allerheiligen bis Ostern geschl. (im Winter auf Anfrage geöffn.) ♦ 5 Zi. u. 1 Suite (3 Pers.) m. Bad od. Dusche, WC (davon 1 Zi. m. Bad außerh. des Zi.): 180-250 F (1 Pers.), 230-300 F (2 Pers.), + 60 F (zusätzl. Pers.) ♦ Frühst. inkl. ♦ HP: - 10 % ab 7. Üb. ♦ Gemeins. Abendessen: 80 F (Wein inkl.), 60 F (Kinder unter 12 J.) ♦ Salon ♦ Hunde nicht erlaubt ♦ Organis. kultureller u. touristischer Aufenth. im Poitou ♦ Umgebung: 18-Loch-Golfpl. (16 km), Tennis, Schwimmbad (im Dorf); Abteien u. roman. Kirchen (Rundfahrt), Saint-Savin, Schlösser, Besichtig. Festung Chauvigny (50 m) ♦ Man spricht Englisch ♦ **Anreise** (Karte Nr. 16): in Chauvigny.

Dieses Haus im Directoire-Stil liegt in der kleinen mittelalterlichen Stadt Chauvigny, die eine imposante Festung vorweisen kann. Die Betreuung ist freundlich und aufmerksam. Das Interieur ist mit schönen alten Möbeln eingerichtet und hat etwas von der Atmosphäre des Films *Un dimanche à la campagne*. Alle Gästezimmer gehen auf den reizenden, von einer alten Mauer geschützten Garten. Ein interessanter Ausgangspunkt für Ausflüge in die Umgebung zum Entdecken des unbekannten Poitou.

416 - Moulin de la Dive

Guron
Payré
86700 Couhé
(Vienne)
Tel. 49 42 40 97
M. und Mme Vanverts

♦ Juli u. August geöffn. (auf Anfrage) ♦ 2 Zi. m. Bad od. Dusche, WC: 315-330 F (1 Pers.), 355-375 F (2 Pers.) ♦ Frühst. inkl. ♦ Kein Speisenangebot - Rest. in Couhé, Vivonne u. Payré ♦ Salon ♦ Tel. ♦ Hunde nicht erlaubt ♦ Angeln vor Ort ♦ Umgebung: Reiten, Golf, "Aero"-Club in Couhé; Schlösser La Roche-Gençay u. Epanvilliers ♦ **Anreise** (Karte Nr.16): 34 km südl. von Poitiers über die N 10, dann die D 29 Rtg. Anché; in der kleinen Ortschaft Guron.

Der kleine Dive-Fluß zieht Schleifen in dem wunderbaren Garten und fließt unter mehreren kleinen Brücken hindurch, bevor er sich unter die Mühle "stürzt". Madame und Monsieur Vanverts werden Sie in dem schönen Wohn- und Speiseraum begrüßen und Ihnen die beiden komfortablen Zimmer zeigen. Das "Sevilla" besitzt altes, spanisches Mobiliar, das "Nohant" ist eine Hommage an die Schriftstellerin George Sand. Das Frühstück wird entweder im Garten oder im Salon serviert.

POITOU-CHARENTES

417 - Les Godiers

86800 Lavoux
(Vienne)
Tel. 49 61 05 18
M. und Mme Rabany

♦ Ganzj. geöffn. ♦ 1 Zi. m. Bad, WC u. 1 Zi. m. gemeins. Bad, WC: 210-240 F (1 Pers.), 260-290 F (2 Pers.), - 10% ab 2. Üb. ♦ Frühst. inkl. ♦ Gemeins. Abendessen auf Bestellung: 100 F (Wein inkl.), 40 F (Kinder unter 10 J.) ♦ Zimmerreinigung zweimal pro Woche ♦ Salon u. Bibliothek ♦ Eig. Tennispl. ♦ Umgebung: Reiten, Angeln, Golf, Hetzjagd; roman. Kirchen, Schlösser von Touffou, Dissay u. Vayres ♦ Man spricht Englisch ♦ **Anreise** (Karte Nr. 16): Autob. A 10, Ausf. Poitiers-Nord, dann Rtg. Toulouse, Ausf. Bignoux. Nach 2 km rechts Rtg. Château du Bois-Dousset, 1. Haus rechts.

Inmitten von Feldern und Wäldern liegt dieser alte, liebevoll restaurierte Meierhof. Die Zimmer sind angenehm; wir empfehlen das der kleinen Dependance, weil es ein eigenes Bad hat. Der Salon ist sehr geschmackvoll eingerichtet: hübsche Gegenstände, echte alte Möbel, Bilder und großer Kamin. Der Speiseraum ist wunderbar und die Betreuung sehr angenehm.

418 - Le Logis du Château du Bois Dousset

86800 Lavoux
(Vienne)
Tel. 49 44 20 26
Vicomte und Vicomtesse
Hilaire de Villoutreys

♦ Ganzj. geöffn. ♦ 3 Zi. m. Bad, WC (davon 1 m. Bad außerh. des Zi.): 300 F (2 Pers.) + 50 F (zusätzl. Pers.) ♦ 1 unbeheiztes Zi. ♦ Frühst. inkl. ♦ Kein Speisenangebot - Rest. ab 5 km ♦ Salon ♦ Hunde auf Anfr. erlaubt ♦ Umgebung: 18-Loch-Golfpl. (5 km), Reiten, Segeln (20 km), Kanu/Kajak; roman. Poitou, Teiche der Brenne, Schlösser ♦ Man spricht Englisch u. Spanisch ♦ **Anreise** (Karte Nr. 16): 12 km östl. von Poitiers. Autob. A 10, Ausf. Poitiers-Nord, Rtg. Limoges, nach 5 km Rtg. Brignoux. Das "Logis" liegt an der D 139, zwischen Brognoux u. Lavoux.

Als Dependance eines wunderbaren Schlosses ist dieses "Logis" (Quartier) einzigartig inmitten eines großen Parks gelegen. In einem kleinen, frisch restaurierten Flügel liegen zwei komfortable Zimmer, die sorgfältig eingerichtet sind und über tadellose Badezimmer verfügen. Das dritte Zimmer (50 qm) im ersten Stock ist herrlich möbliert und erhält viel Licht durch seine hohen Fenster; leider sind seine sanitären Anlagen veraltet. Das angenehme Frühstück wird ausgenommen freundlich in der Sonne mit Blick auf die Parkanlagen des 17. Jahrhunderts serviert.

POITOU-CHARENTES

419 - Château de Vaumoret

Rue du Breuil-Mingot
86000 Poitiers
(Vienne)
Tel. 49 61 32 11
Fax 49 01 04 54
M. und Mme Vaucamp

♦ Von Allerheiligen bis Ostern geschl. (im Winter auf Anfrage geöffn.) ♦ 3 Zi. m. Bad u. WC: 300-350 F (1 Pers.), 350-400 F (2 Pers.), 450 F (3 Pers.) ♦ Frühst. inkl. ♦ Kein Speiseangebot (den Gästen steht eine Küche z. Verf.) - Rest. ab 2 km u. in Poitiers (8 km) ♦ Salon ♦ Fahrräder vor Ort ♦ Umgebung: 18-Loch-Golfpl. (5 km), jegl. Sport in unm. Nähe; roman. Poitou, Schlösser, Altstadt Poitiers ♦ Man spricht Englisch u. Spanisch ♦ **Anreise** (Karte Nr. 16): 8 km östl. von Poitiers über Umgehungsstr., D 3 Rtg. La Roche-Posay, dann rechts Rtg. Sèvres-Anxaumont; Einfahrt zum Schloß 2,5 km weiter rechts.

Unweit von Poitiers, aber noch auf dem Land gelegen, wurde dieses kleine Schloß aus dem 17. Jahrhundert auf bemerkenswerte Art restauriert. Die Gästezimmer liegen im rechten Flügel. Die Zimmer sind einwandfrei und mit superben Badezimmern ausgestattet. Dank der sicheren Auswahl von Möbeln, Bildern und Dekostoffen hat jedes seinen eigenen Stil und verfügt über großen Komfort. Das Frühstück wird im Salon mit zahlreichen Radierungen (oft Jagdszenen darstellend) serviert. Große Gastfreundschaft und raffinierter Luxus.

420 - Le Bois Goulu

86200 Pouant
(Vienne)
Tel. 49 22 52 05
Mme Marie-Christine Picard

♦ Ganzj. geöffn. ♦ 2 Zi. m. Bad od. Dusche, WC; (auch: Zi. als "Suite" f. Kinder): 240-250 F (2 Pers.) + 60 F (für Kinder) ♦ Frühst. inkl. ♦ Kein Speiseangebot - Rest. in Pouant u. Richelieu ♦ Salon ♦ Hunde auf Anfr. erlaubt ♦ Fahrradverleih vor Ort ♦ Umgebung: Schwimmbad, Angeln, Golf, Jagd; Loire-Schlösser, Richelieu ♦ **Anreise** (Karte Nr. 16): 15 km östl. von Loudun Rtg. Richelieu über die D 61; am Ortsausgang, an der Lindenallee.

"Bois Goulu" ist ein großer Bauernhof mit bepflanztem Innenhof. Hier werden Sie gut betreut und können zwischen zwei großen Zimmern wählen, die in "nostalgastischem" Stil eingerichtet sind. Sie sind komfortabel, hell und freundlich und liegen an einem Gang mit schönem Parkettboden. Das Frühstück mit selbstgemachter Konfitüre wird im Aufenthaltsraum serviert, der erst vor kurzem eingerichtet wurde und den Gästen vorbehalten ist. Gemeinsame Abendessen finden hier leider nicht statt, aber in unmittelbarer Nähe gibt es ein sehr gutes Restaurant.

POITOU-CHARENTES

421- Château de la Roche du Maine

86420 Prinçay
(Vienne)
Tel. 49 22 84 09
Fax 49 22 89 57
M. und Mme Neveu

♦ Vom 1. April bis Allerheiligen geöffn. (im Winter auf Anfrage) ♦ 6 Zi. (davon 4 in der Dependance) m. Bad od. Dusche, WC: 420-990 F (2 Pers.) ♦ Frühst.: 60 F ♦ HP: 490-725 F pro Pers. im DZ (mind. 3 Üb.) ♦ Gemeins. Abendessen (mit den Gastgebern) auf Bestellung: 280 F (alles inkl.) ♦ Salon ♦ Hunde nicht erlaubt ♦ Eig. Schwimmbad u. Gymnastikraum, Schloßbesichtigung ♦ Umgebung: Tennis, Reiten, Golf; Loire-Schlösser, Weinstraße ♦ Man spricht Englisch ♦ **Anreise** (Karte Nr. 16): 33 km südl. von Chinon über die D 49. 2 km hinter Richelieu rechts Rtg. Monts-sur-Guesnes über die D 22, dann die D 46, ausgeschildert.

In diesem Schloß außergewöhnlich einheitlichen Stils haben die Gäste die Wahl zwischen den beiden prächtigen mittelalterlichen Zimmern (die jedoch über luxuriöse Badezimmer verfügen) und vier anderen Gästezimmern, die ebenfalls komfortabel sind und in den Nebengebäuden liegen. Die direkte Umgebung wie der Ausblick sind wunderbar. Das gemeinsame Abendessen findet in einem Speisesaal mit Gewölbe und Säulen statt, dessen Ausstattung von schlichter Eleganz ist. Ein außergewöhnlicher Ort mit hervorragender Betreuung.

422 - Château de Prémarie

86340 Roches-Prémarie
(Vienne)
Tel. 49 42 50 01
M. und Mme Jean-Pierre de Boysson

♦ Von Ostern bis Allerheiligen geöffn. ♦ 5 Zi. m. Bad od. Dusche, WC: 400-450 F (2 Pers.) ♦ Frühst. inkl. ♦ Kein Speiseangebot - Rest.: in Saint-Benoit (8 km) ♦ Salon ♦ Hunde nicht erlaubt ♦ Eig. Schwimmbad u. Tennispl. ♦ Umgebung: Reiten (12 km), 18-Loch-Golfpl. (10 km); roman. Kunst ♦ Man spricht Englisch ♦ **Anreise** (Karte Nr. 16): 14 km südl. von Poitiers über die D 741 Rtg. Smarves-Confolens.

Dieses kleine Schloß, das den Engländern einst als Bastion diente, ist ebenso freundlich wie angenehm, und man hat das Gefühl, erwartet zu werden - die Betreuung ist sehr nett. Hier begegnet man viel Charme und Ursprünglichkeit, und an Komfort (bis hin zu den Badezimmern) fehlt es auch nicht. Alles ist ist bewundernswert gepflegt, das Frühstück ausgezeichnet und das beheizte Schwimmbad ab dem Frühjahr geöffnet.

POITOU-CHARENTES

423 - Château de Ternay

Ternay
86120 Les Trois-Moutiers
(Vienne)
Tel. 49 22 92 82 / 49 22 97 54
Marquis und Marquise de Ternay

♦ Von Ostern bis Allerheiligen geöffn. ♦ 3 Zi. (davon 1 Zi. m. 2 Betten) m. Bad, WC: 500-600 F (2 Pers.) ♦ Frühst. inkl. ♦ Gemeins. Abendessen im Schloß: 250 F (Wein inkl.) ♦ Salon ♦ Hunde nicht erlaubt ♦ Umgebung: Golf; Abtei Fontevrault, Loire-Schlösser ♦ Man spricht Englisch ♦ **Anreise** (Karte Nr. 15): 30 km südl. von Saumur über die N 147. In Montreuil-Bellay Rtg. Les Trois-Moutiers, dann Rtg. Ternay.

"Château de Ternay" wurde im 15. Jahrhundert um einen noch älteren Wachtturm erbaut und im 19. Jahrhundert leider umgestaltet. Der ursprünglich imposante Charakter des Schlosses blieb aber weitgehend erhalten, besonders im wunderbaren Innenhof und in einigen Räumen mit authentischer Einrichtung. Die Zimmer sind ruhig, großzügig und mit schönen Stoffen sowie altem Mobiliar ausgestattet; auf den Komfort der Neuzeit trifft man im Badezimmer. Das gemeisame Abendessen findet in besonders freundlicher Atmosphäre statt.

424 - La Malle Poste

86260 Vicq-sur-Gartempe
(Vienne)
Tel. 49 86 21 04
Fax 49 86 21 04
Mme de Kriek

♦ Ganzj. geöffn. (in Vor- und Nachsaison auf Anfrage) ♦ 3 Zi. (m. eig. Entree, 2 m. Kochnische) m. Bad od. Dusche, WC: 250-340 F (2 Pers.) - Pauschalpreis f. 7 Tage.: 1490-1960 F (2 Pers.) ♦ Frühst. inkl. ♦ Gemeins. Abendessen: 80 F (Wein inkl.) ♦ Umgebung: Angeln, Kanu, Radfahren, Tennis, Reiten, Golf; Angles-sur-l'Angelin (hübsches Dorf), roman. Kunststätten, die "tausend Teiche" (mille étangs) der Brenne (18 km), Fresken von Saint-Savin ♦ Man spricht Englisch ♦ **Anreise** (Karte Nr. 16): Autob. A 10, Ausf. Chatellerault-Nord Rtg. La Roche-Posay; dann 8 km bis Vicq-sur-Gartempe.

An einem kleinen Platz und nur 50 Meter vom hübschen Fluß Gartempe entfernt liegt diese ehemalige, sehr schön eingerichtete Poststation aus dem 18. Jahrhundert. Die Zimmer sind groß, die Betten komfortabel. Auch ein Salon mit einer sehr einladenden kleinen Bar steht den Gästen zur Verfügung. Marion de Kriek ist ganz für ihre Gäste da und verwöhnt sie sehr. Das gemeinsame Abendessen ist ausgezeichnet.

PROVENCE - COTE D'AZUR

425 - Le Pigeonnier

Rue du Château
04280 Céreste
(Alpes-de-Haute-Provence)
Tel. 92 79 07 54
Fax 92 79 07 75
Mme Exbrayat

♦ Vom 1. Nov. bis 1. April geschl. ♦ 2 Zi. m. Bad od. Dusche, WC u. 1 Zi. m. eig. Dusche u. WC im 1. Stock: 230-295 F (2 Pers.) ♦ Frühst. inkl. ♦ Kein Speisenangebot - Rest. "L'Aiguebelle" (gastronomisch, 500 m entfernt) u. "L'Auberge de Carluc" (reg. Spez.) ♦ Salon ♦ Hunde auf Anfr. erlaubt ♦ Umgebung: Schwimmbad u. Tennispl. im Dorf, Reiten, Wanderwege, 18-Loch-Golfpl. (20 km); Regionalpark des Luberon, Gordes, Bonnieux, Roussillon, Lacoste ♦ Man spricht Englisch ♦ **Anreise** (Karte Nr. 33): 20 km von Manosque über N 100 Rtg. Apt.

"Le Pigonnier" ist ein sehr altes Dorfhaus, das zwar keinen Garten besitzt, dafür aber über ein besonders gepflegtes Interieur verfügt. Jedes Zimmer hat seine Farbe (Bettdecken, Lampenschirme, Bilder, usw.), einen hübschen Kontrast zu den weißen Wänden darstellend. Die Badezimmer sind einwandfrei, und das gute Frühstück wird in einem wunderbaren Raum serviert, der den Blick auf die Dächer des Dorfes und die Natur freigibt. Ein sehr angenehmes Haus.

426 - Le Vieux Castel

04500 Roumoules
(Alpes-de-Haute-Provence)
Tel. 92 77 75 42
M. Allègre

♦ Von Ostern bis Allerheiligen geöffn. ♦ 5 Zi. m. Bad, WC: 110 F (1 Pers.), 185 F (2 Pers.) + 50 F (zusätzl. Pers.) ♦ Frühst. inkl. ♦ HP: 160 F pro Pers. im DZ ♦ Gemeins. Abendessen: 70 F (Wein inkl.) ♦ Zimmerreinigung zu Lasten der Gäste ♦ Tel. ♦ Hunde nicht erlaubt ♦ Kein Parkplatz ♦ Umgebung: Verdon-Schluchten, Seen von Sainte-Croix u. Esparron ♦ **Anreise** (Karte Nr. 34): 3 km von Riez, die D 952 Rtg. Moustiers; in Roumoules auf der D 952 bleiben; das Haus liegt am Rand des Dorfes (Schild "Gite de France").

Die ursprünglich sehr strenge Fassade des "Vieux Castel" (17. Jahrhundert) wurde modifiziert und ist heute mit freigelegten Steinen, Fensterläden usw. freundlicher. Das junge Paar, das Sie hier in Empfang nimmt, restaurierte das Gebäude selbst. Die Zimmer liegen im ersten Stock; ihre etwas klösterlich Strenge, die durch Jugendstilmobiliar aufgelockert wird, ist nicht ohne Charme. Die Betten sind komfortabel, und die kleinen Badezimmer wurden komplett renoviert. Außer an Tagen extremen Reiseverkehrs herrscht hier erholsame Ruhe. Die Betreuung ist angenehm.

PROVENCE - COTE D'AZUR

427 - Le Pi-Maï

Hameau de Fréjus
Station de Serre-Chevalier
05240 La Salle-les-Alpes
(Hautes-Alpes)
Tel. 92 24 83 63
M. und Mme Charamel

♦ Vom 1. Dez. bis 1. Mai u. vom 1. Juli bis 15. Sept. geöffn. ♦ 1 Zi. m. Bad, WC; 3 Zi. m. Waschb., gemeins. Dusche u. WC: 290-360 F (2 Pers.) ♦ Frühst. in Vor- u. Nachsaison inkl. ♦ HP: 300-320 F pro Pers. im DZ (mind. 3 Üb.) ♦ Rest. mittags/abends im Haus ♦ Kreditk.: Visa ♦ Hunde nicht erlaubt ♦ Umgebung: Ski, Golf, Mountainbikes ♦ Man spricht Englisch ♦ **Anreise** (Karte Nr. 27): 10 km nordwestl. von Briançon über die N 91. Ab Villeneuve-La-Salle, Hauts-de-Fréjus, ein befahrbarer Weg (7 km), außer bei starkem Schneefall (in dem Fall werden Sie abgeholt).

Dieses moderne Chalet mit Schweizer Charme liegt isoliert in freier Natur, genauer: an den Pisten in 2000 Meter Höhe. Das Restaurant mit Terrasse ist familiär und anheimelnd. Die vier Zimmer, klein und hübsch, sind, wie auch der Rest des Hauses, ganz mit Holz verkleidet. Das größte Gästezimmer hat sogar einen Balkon. Die Atmosphäre kann als sportlich-elegant bezeichnet werden, und die Küche ist einfach, aber sehr gut.

428 - L'Alpillonne

Sigottier
05700 Serres
(Hautes-Alpes)
Tel. 92 67 08 98
M. und Mme Moynier

♦ Vom 15. Juni bis 15. Sept. geöffn. ♦ 5 Zi. m. Bad od. Dusche, WC: 200-250 F (1 Pers.), 250-300 F (2 Pers.) + 60 F (zusätzl. Pers.) ♦ Frühst. inkl. ♦ Gemeins. Essen: 80 F od. Rest. ab 5 km ♦ "Bergerie"(Schäferei) m. Kochnische, Sitzecke, Bibliothek u. TV ♦ Schwimmbad, Angeln, Baden im Fluß vor Ort ♦ Umgebung: Tennis, künstl. Teich, Windsurfing, 18-Loch-Golfpl. (40 km) ♦ Man spricht Englisch ♦ **Anreise** (Karte Nr. 33): 3 km nördl. von Serres über die N 75 Rtg. Grenoble.

Dieses alte Haus aus dem 17. und 18. Jahrhundert ist charmant, mit altem, regionalem Mobiliar eingerichtet und liegt am Fuß der Berge. Die Zimmer sind nett, komfortabel und hell. Die mit eigenem Bad sind geräumig, die beiden kleinen ideal für Kinder. Das Frühstück wird in der großen "Bergerie" serviert: sie hat eine gewölbte Decke, eine Bar und mehrere Sitzecken. Einziger Nachteil: die "Route Nationale" Grenoble-Marseille; sie liegt nicht sehr weit, und an verkehrsreichen Tagen ist es deshalb auch nicht ganz ruhig. Sehr freundliche Betreuung.

PROVENCE - COTE D'AZUR

429 - Château de Montmaur

Montmaur
05400 Veynes
(Hautes-Alpes)
Tel. 92 58 11 42
M. und Mme Raymond Laurens

1995

♦ Ganzj. geöffn. (in der Vor- u. Nachsaison nur auf Reserv.) ♦ 5 Suiten (3 Pers.) m. Bad, Dusche, WC: 400 F (2 Pers.) + 100 F (zusätzl. Pers.); 1 Woche: -15% ♦ Frühst. inkl. ♦ Kein Speiseangebot - Rest. in Veynes (1,5 - 4 km) ♦ Zimmerreinigung auf Wunsch ♦ Salon ♦ Tel. ♦ Park ♦ Umgebung: Tennispl. (dem Schloß gegenüber), künstl. See, Reiten (in Veynes), Wanderwege, 18-Loch-Golfpl. (20 km), Abfahrtsski in Superdevoluy; Museum (Gap), Naturgebiete, Sommerkonzerte ♦ Man spricht Englisch ♦ **Anreise** (Karte Nr. 27): 20 km nordwestl. von Gap über die D 994 Rtg. Valence, dann Rtg. Veynes und Montmaur. Das Schloß liegt im Ort und ist ausgeschildert.

In einer superben Landschaft zwischen der Provence und den Alpen gelegen, ist dieses geschichtsträchtige Schloß von hübschen kleinen Häusern des Dorfes Montaur umgeben. Die gut eingerichteten Zimmer des ältesten Teils (13. Jahrhundert) sind leider etwas farblos (kleine Badezimmer, moderne Installationen). Die anderen Räume haben den nostalgischen, aber auch etwas traurigen Charme jener Häuser, die zu groß sind, um bewoht, und zu alt, um renoviert zu werden. Zum Glück sind die Eigentümer recht verliebt in ihr Schloß und verleihen ihm dadurch Leben.

430 - La Bastide du Bosquet

14, chemin des Sables
06600 Antibes
(Alpes-Maritimes)
Tel. 93 67 32 29 / 93 34 06 04
Sylvie und Christian Aussel

1995

♦ Ganzj. geöffn. ♦ Im Juli/Aug. mind. 3 Üb. ♦ 3 Zi. m. Bad od. Dusche, WC u. 2 Nebenzi. ohne Bad: 350-390 F (2 Pers.) + 80 F (zusätzl. Pers.) + 100 F (zusätzl. Zi.) ♦ Frühst. inkl. ♦ Zimmerreinigung alle 3 Tage ♦ Kl. Hunde erlaubt ♦ Umgebung: 18-Loch-Golfpl. (15 km), Strand (5 Min. zu Fuß), jegl. Wassersportarten; alte Dörfer, Picasso-Museum, Jazz-Festival von Juan-les-Pins (Juli) ♦ Man spricht Englisch ♦ **Anreise** (Karte Nr. 35): von Cannes nach Juan-les-Pin: nach dem "Palais des Congrès" fragen (am unteren "Chemin des Sables"): Nr. 14 liegt der Synagoge gegenüber. Ausf. Antibes: Rtg. "Centre Ville", dann Cap d'Antibes. Am Meer Rtg. "Juan-les-Pins direct" u. nicht mehr Rtg. Antibes.

Fern vom Straßenverkehr liegt dieses Landhaus (*bastides*) aus dem 18. Jahrhundert mitten in Antibes und nur einige Hundert Meter von den Stränden entfernt. Dieser Familienbesitz ist innen genauso schön wie außen. Die Zimmer sind hell, ruhig und liebevoll ausgestattet. Sehr angenehme Badezimmer mit großen Fayencemotiven. Das Frühstück wird im hübschen Speisesaal oder auf der Terrasse serviert. Die jungen Besitzer empfangen ihre Gäste auf eine sehr sympathische Art.

PROVENCE - COTE D'AZUR

431 - La Bergerie

77, Chemin de l'Hermitage
06160 Juan-les-Pins
(Alpes-Maritimes)
Tel. 93 67 97 15
M. und Mme Patrick Dereux

1995

♦ Ganzj. geöffn. ♦ Mind. 2 Üb. ♦ Kinder erst ab 12 J. erwünscht ♦ Nichtraucher ♦ 5 Zi. m. Bad, WC, Tel. TV: 430-900 F (entspr. Zimmer und Saison) u. 1 Studio (4 Pers.) m. Bad, WC, 1 Wohnschlafzi. u. 1 Zi. m. Tel. TV: 975-1200 F (je nach Saison) ♦ Frühst. inkl. ♦ Kein Speisenangebot - zahlr. Rest. in Umgeb. (ca. 1 km) ♦ Kreditk.: akzept. ♦ Salon ♦ Kl. Hunde auf Anfr. erlaubt ♦ Eig. Schwimmbad u. Tennispl.; Wasserskikurse u. Stainboard (mit Patrick Dereux, Preiszuschlag) ♦ Man spricht Englisch ♦ **Anreise** (Karte Nr. 35): Cap d'Antibes, ausgeschildert.

Die Dereux's wollten eine Gästehaus eröffnen, entdeckten diese "Bergerie" (Schäferei bzw. Schafstall), und schufen hier - zur Freude der Gäste - einen Ort mit viel Komfort. Fünf Minuten vom Zentrum der Stadt Antibes, dem alten Viertel und seinem Markt entfernt, liegt dieses Haus geschützt in einem Park mit Schwimmbad und Tennisplatz. Lediglich die Steine der Innenräume rechtfertigen noch die Bezeichnung "Bergerie". Ansonsten: luxuriöse Ausstattung in teilweise kräftigen Farben; im gelben Zimmer und im Speiseraum: rosa "Patina" und Trompe l'oeil-Stuck. Alles sehr gelungen.

432 - Domaine du Paraïs

La Vasta
06380 Sospel
(Alpes-Maritimes)
Tel. 93 04 15 78
Marie Mayer

♦ Ganzj. geöffn. ♦ Mind. 2 Üb. ♦ 4 Zi. m. Dusche, WC : 240-280 F (1 Pers.), 290-400 F (2 Pers.), + 100 F (zusätzl. Pers.) ♦ Frühst. inkl. ♦ Gemeins. od. individ. Abendessen auf Bestellung: 90-120 F ♦ Salon ♦ Kl. Hunde auf Anfr. erlaubt ♦ Umgebung: Golf, Reiten, Tennis, Kanu/Kajak; Sospel, Roya-Tal, Mercantour-Park ♦ Man spricht Englisch u. Deutsch ♦ **Anreise** (Karte Nr. 35): 21 km von Menton entf.; in Sospel "Route de Moulinet", (1,9 km ab dem Rathaus), dann links "Chemin du Paradis" (1,3 km).

Eine Künstlerfamilie erweckte dieses sehr schöne, von üppiger Vegetation umgebene Haus aus dem 19. Jahrhundert aus tiefstem Schlaf. Die Restaurierung der Fresken aus Blumengeflechten und der Gästezimmer ist sehr gelungen. Letztere sind schlicht-elegant und haben einen wunderbaren Blick auf den Mercantour-Park. Die Gemälde und Skulpturen haben uns regelrecht begeistert, die Betreuung ist von größter Freundlichkeit, und man verläßt dieses verlorene "Paraïs" nur mit Bedauern.

PROVENCE - COTE D'AZUR

433 - La Burlande

Le Paradou
13520 Les Baux-de-Provence
(Bouches-du-Rhône)
Tel. 90 54 32 32
Mme Fajardo de Livry

♦ Ganzj. geöffn. ♦ 3 Zi. u. 1 Suite (2-4 Pers.) m. 2 Zi., Bad od. Dusche, WC, Patio od. Terrasse, TV: 260-360 F (2 Pers.); Suite: 560 F (2 Pers.) ♦ Frühst.: 45 F ♦ Gemeins. od. individ. Abendessen: 135 F (ohne Wein) - im Sommer: mittags kalte Platte im Garten: 100 F ♦ Salons ♦ Tel. ♦ Hunde auf Anfr. erlaubt ♦ Waschservice, Kinderbetreuung ♦ Eig. Schwimmbad ♦ Umgebung: Tennis, Reiten, Golf, Angeln, Fahrradverleih ♦ Man spricht Englisch ♦ **Anreise** (Karte Nr. 33): 25 km südl. von Avignon Rtg. Les Baux/Fontvieille (D 78f). Ab Les Baux über 2 Kreuzungen Rtg. Maussane u. Paradou fahren, auf der D 78 f bleiben, nach 300 m links (Weg ausgeschildert).

Über einen langen steinigen Weg gelangt man zur "Burlande", einer wahren Oase im Grünen. Das Haus mit seinen zahlreichen Glasflächen integriert sich gut in die Umgebung. Die sehr ruhigen Zimmer haben alle Blick zum Garten, in dem ein hübsches Schwimmbad liegt. Die Einrichtung ist sehr geschmackvoll, die Betreuung ausgesprochen freundlich, und bis ins kleinste Detail ist man um das Wohl der Gäste besorgt. Ausgezeichnetes Frühstück.

434 - Mas du Barrié

Grand Chemin du Barrié
13440 Cabannes
(Bouches-du-Rhône)
Tel. 90 95 35 39
M. Michel Bruel

♦ Ganzj. geöffn. ♦ Kinder nicht erwünscht ♦ Mind. 2 Üb. ♦ 2 Zi. m. Dusche od. Bad, WC: 400 F (2 Pers.) ♦ Frühst. inkl. ♦ Gemeins. Abendessen auf Anfr.: 150 F (Wein inkl.) ♦ Zimmerreinigung alle 2 Tage ♦ Salon ♦ Hunde nicht erlaubt ♦ Umgebung: Festivals ♦ Man spricht Englisch ♦ **Anreise** (Karte Nr. 33): 12 km südöstl. von Avignon; A 7, Ausf. Noves; N 7 Rtg. Orgon, D 26 links Rtg. Cabannes.

Michel Bruel verliebte sich in dieses alte Haus aus dem 18. Jahrhundert, das absolut ruhig gelegen ist; gut 200 Jahre alte Platanen spenden ihm Schatten und umgeben ist es von Obstbäumen. Der stolze Besitzer hat sein Haus mit viel Gespür und Eleganz restauriert und eingerichtet, und heute verbindet es modernen Komfort mit der Anmut alter Räume. Ein schönes Gästezimmer in Blau und Weiß, etwas abgelegen, ein anderes mit Baldachin und ganz in Rot und Weiß gehalten sowie ein Salon mit Kamin erwarten Sie. Das Frühstück wird im Salon oder bei schönem Wetter auf der Terrasse serviert.

PROVENCE - COTE D'AZUR

435 - Mas de l'Ange

Petite Route de Saint-Rémy
13940 Mollegès
(Bouches-du-Rhône)
Tel. 90 95 08 33
fax 90 95 48 69
bruno und Hélène Lafforgue

1995

◆ Ganzj. geöffn. ◆ 5 Zi. m. Bad, WC: 390 F (2 Pers.) ◆ Frühst.: 35 F ◆ Kein Speisenangebot - zahlr. Rest. in Umgeb.: u.a. "Les Micocouliers" ◆ Zimmerreinigung alle 2 Tage ◆ Salon ◆ Eig. Schwimmbad (gepl. für 1994) ◆ Umgebung: jegl. Freizeitbeschäftig., 18-Loch-Golfpl. (15 km); Antiquitätenhändler Isle-sur-la-Sorge, Les-Baux-de-Provence, "Les Antiques de St-Rémy", die Camargue, usw. ◆ Man spricht Englisch u. Spanisch ◆ **Anreise** (Karte Nr. 33): 25 km südwestl. von Avignon. Autob. "du Sud", Ausf. Cavaillon Rtg. Saint-Rémy-de-Provence.; hinter Plan-d'Orgon Rtg. Mollegès, an der Post D 31 Rtg. Saint-Rémy (2 km), dann ausgeschildert.

Von einem üppigen, schattenspendenden Garten umgeben, ist das "Mas de l'Ange" ein kleines, von einem jungen, sehr gastfreundlichen Paar erdachtes und realisiertes Paradies. Das Interieur ähnelt einem provenzalischen Gemälde: Verputz und Anstrich in warmen Farben, großzügig verwandte Stoffe, Fayence und Terrakotta, regionale Möbel. Jedes der komfortablen Zimmer kreiert eine Welt früherer Zeiten, und dennoch ist alles recht modern. Ein wunderbares Haus.

436 - Château de Vergières

13310 Saint-Martin-de-Crau
(Bouches-du-Rhône)
Tel. 90 47 17 16
Fax 90 47 38 30
Jean und Marie-Andrée Pincedé

◆ Ganzj. geöffn. ◆ 6 Zi. m. Bad, WC: 750 F (1 Pers,), 800 F (2 Pers.) ◆ Frühst. inkl. ◆ Gemeins. Abendessen auf Bestellung: 300 F (Getränke inkl.) ◆ Salon ◆ Tel. ◆ Kreditk.: Visa, Amex ◆ Hunde nicht erlaubt ◆ Umgebung: Schwimmbad, Tennis, Golf ◆ Man spricht Englisch ◆ **Anreise** (Karte Nr. 33): 17 km östl. von Arles über die N 113 Rtg. Saint-Martin-de-Crau, dann die D 24 Rtg. La Dynamite u. Mas des Aulnes; ausgeschildert.

Allein die große Ebene von La Crau und die unmittelbare Nähe der Reisfelder der Camargue machen diesen Ort bereits sehr anziehend. Die Eleganz dieses Schlosses, das Ende des 18. Jahrhunderts erbaut wurde und mit schönem Mobiliar voller Erinnerungen ausgestattet ist, sowie die sehr angenehme Betreuung durch Madame und Monsieur Pincedé kommen noch hinzu. Die komfortablen Zimmer konnten weitgehend ihren Stil bewahren; keines gleicht dem anderen und besitzt ausgesucht schöne, alte Möbel. Die provenzalischen Diners sind ausgezeichnet.

PROVENCE - COTE D'AZUR

437 - Les Cancades

Chemin de la Fontaine-de-Cinq-Sous
Les Cancades
83330 Le Beausset
(Var)
Tel. 94 98 76 93
Mme Zerbib

◆ Ganzj. geöffn. ◆ 1 Zi. m. Bad, WC; 1 Zi. (m. Terrasse) m. Bad u. eig., aber außerhalb des Zi. gelegenen WC u. 1 kl. provenz. Zi.: 350-400 F (2 Pers.); 1 Studio (4 Pers., 1 großer Raum u. 1 kl. Zi. m. Dusche, WC): 1800-2500 F pro Woche ◆ Frühst. inkl. ◆ Kein Speisenangebot (aber: "Sommerküche") - Rest. in Le Beausset ◆ Zimmerreinigung auf Wunsch, sonst: Gäste ◆ Salon ◆ Hunde nicht erlaubt ◆ Eig. Schwimmbad ◆ **Anreise** (Karte Nr. 34): 20 km nordwestl. von Toulon über die N 8 Rtg. Aubagne; gegenüber dem Supermarkt "Rallye" den Weg "Fontaine-de-Cinq-Sous", nach 1,3 km Flurweg links; 50 m hinter der Kurve.

Erst muß man die Einfamilienhäuser hinter sich lassen, und dann entdeckt man zwischen Pinien und Olivenbäum diese große Villa provenzalischen Stils. "Les Cancades" ist noch nicht sehr alt, geschmackvoll eingerichtet und verfügt über zwei sehr schöne Gästezimmer. Eines besitzt eine eigene Terrasse, die zum Garten mit Schwimmbad geht. Das dritte Zimmer ist zwar kleiner, wurde aber hübsch mit schönen provenzalischen Stoffen hergerichtet. Das Studio kann auch wochenweise gemietet werden.

438 - Domaine du Riou Blanc

Le Grand Chêne
83440 Callian
(Var)
Tel. 94 47 70 61
Fax 94 47 77 21
Mme Micheline Delesalle

◆ Von Sept. bis Anfang Mai geschl. (sonst nur auf Anfrage) ◆ 4 Zi. m. Bad od. Dusche, WC: 380-450 F (2 Pers.) u. 1 Studio (4 Pers.) m. 1 Zi., Bad, Küche, Schlaf-Wohnzi.: 4000 F pro Woche (2-4 Pers.) ◆ Frühst. inkl.◆ Kein Speisenangebot - Rest. 3 bzw. 5 km entf. ◆ Salon ◆ Kl. Hunde erlaubt ◆ Eig. Schwimmbad (m. Öffnungszeiten) ◆ Umgebung: Reiten, Tennis, Mountainbikes, See Saint-Cassien (Angeln, Wassersport), 18-Loch-Golfpl. (25 km); Montaroux, Callian, Tourrettes, Seillans ◆ Man spricht Englisch, Deutsch u. Spanisch ◆ **Anreise** (Karte Nr. 34): 20 km westl. von Grasse Rtg. Draguignan über D 562, links Rtg. "Les Coulettes d'Alongues", nach 1,3 km ausgeschildert.

Dieses alte renovierte Bauernhaus ist eine große, aus den für diese Gegend typischen Steinen erbaute Besitzung, umgeben von Feldern und Wäldern; der hierher führende steinige Weg ist etwas unbequem. Die Inneneinrichtung ist unterschiedlich, aber meist zufriedenstellend (die Wandschränke mit Schiebetüren fanden wir nicht gerade umwerfend). Die Bäder sind meist in die Gästezimmer integriert. Das Schwimmbad und die umgebende Natur laden dazu ein, sich möglichst viel draußen aufzuhalten.

PROVENCE - COTE D'AZUR

439 - L'Ormarine

14, avenue des Grives
L'Eau-Blanche
83240 Cavalaire
(Var)
Tel. 94 64 39 45
(winter) 76 80 66 88
Heidi und Gérard Léopold

♦ Vom 1. Mai bis 20. Dez. geöffn. ♦ 1 Suite (2-4 Pers.) m. Bad, WC: 300 F (2 Pers., 1 Üb.) od. 280 F (mehrere Üb.) + 100 F (zusätzl. Pers.) ♦ Frühst. inkl. ♦ Kein Speisenangebot - Rest. in Cavalaire ♦ Hunde auf Anfr. erlaubt ♦ Beheizt. Schwimmbad, Barbecue steht z. Verf., kostenlose Tagesausflüge m. dem Segelboot (m. Kajüte) ♦ Umgebung: Golf; Saint-Tropez, Gassin, Ramatuelle, Verdon-Schluchten, Inseln Port-Cros, Le Levant u. Porquerolles ♦ Man spricht Deutsch ♦ **Anreise** (Karte Nr. 34): Genaue Wegbeschreibung wird zugesendet.

Das "Ormarine" ist ein Haus provenzalischen Stils und liegt, von einem wunderbaren Garten voller Blumendüfte umgeben, im Residenzviertel von Cavalaire. Die kleine Suite mit zwei Betten und Mobiliar aus weißem Holz ist zwar sehr schlicht, verfügt aber über ein sehr komfortables Bad; die separaten Terrassen sind ebenfalls sehr angenehm. Dank der extrem freundlichen Betreuung von Heidi und Gérard Léopold, die ihre Gäste manchmal auf einen Bootsausflug mit aufs Meer nehmen, werden Sie sich hier wie zu Hause fühlen.

440 - Château d'Entrecasteaux

83570 Entrecasteaux
(Var)
Tel. 94 04 49 62
Fax 94 04 48 92
M. Iain Lachlan Mc Garvie Munn

♦ Ganzj. geöffn. (ausschließl. auf Reserv.) ♦ Nichtrauner-Zi. ♦ 1 Suite (Maisonnette) m. Dusche, WC, Tel.: 950 F (2 Pers.) + 250 F (zusätzl. Pers.) u. Zi. "Chambre de la Marquise" m. Bad, WC u. Tel: 1250 F (zusätzl. Zi., 36 qm, für 3 Pers.) ♦ Frühst. inkl. ♦ Kein Speisenangebot - Rest.: "Lou Picatou" in Entrecasteaux (100 m), "Chez Bruno" in Lorgues (15 km) ♦ Kreditk.: Amex ♦ Hunde nicht erlaubt ♦ Ausstellungen im Haus ♦ Man spricht Englisch u. Spanisch ♦ **Anreise** (Karte Nr. 34): 31 km westl. von Draguignan über die D 562 Rtg. Lorgues, dann D 31.

Das Schloß liegt oberhalb des Dorfes. Die modernen Gemälde und das alte Mobiliar passen gut zu den Räumlichkeiten besonders klaren Stils. Die im Erdgeschoß gelegene Suite ist sehr komfortabel und bietet eine besonders schöne Aussicht. Die "Chambre de la Marquise" im ersten Stock ist mit ihrem goldverzierten Mobiliar und dem prachtvollen Marmorbad mit weißen Arkaden außergewöhnlich. Ein danebenliegendes Zimmer im gleichen Stil steht den Gästen ebenfallls zur Verfügung. Im hellen Speisesaal wird ein reichhaltiges Frühstück serviert.

PROVENCE - COTE D'AZUR

441 - Le Mazet des Mûres

Route du Cros-d'Entassi
Quartier Les Mûres
83310 Grimaud
(Var)
Tel. 94 56 44 45
Mme B. Godon

♦ Vom 15. Okt. bis 15. Dez. u. vom 10. Jan. bis 10. Febr. geschl. ♦ 5 Studios (1-4 Pers.) m. Dusche, WC, Kochnische, TV: 380 F (2 Pers.), 450 F (3 Pers.) ♦ Frühst. inkl. ♦ Gelegentl. gemeins. Essen - zahlr. Rest. in Grimaud, Port-Grimaud, Gassin, Saint-Tropez ♦ Umgebung: Strände (800 m), Segeln, Golf, Reiten, Tennis; Grimaud, Port-Grimaud, Gassin, Saint-Tropez ♦ Man spricht Englisch u. Deutsch ♦ **Anreise** (Karte Nr. 34): N 98 zw. Sainte-Maxime u. Saint-Tropez; am Kreisverkehr "Les Mûres" ausgeschildert.

Sie werden erstaunt sein über die geschützte Lage des "Mazet des Mûres" in der Nähe von Saint-Tropez. Das Haus besitzt mehrere Terrassen, auf denen Sie im Sommer Ihr Frühstück einnehmen können. Alle Gästezimmer haben Blick zum Garten. Sie sind gepflegt, mit Korbmöbeln und bunten Stoffen hübsch hergerichtet, und in den Kochnischen kann man Salerno-Kacheln bewundern. Die Schallisolierung könnte jedoch besser sein. Sehr entspannte Atmosphäre. Ein Glücksfall zu vernünftigen Preisen.

442 - La Calanco

Rue du Docteur Rayol
83131 Montferrat
(Var)
Tel 94 70 93 10
Fax 94 70 93 10
Mme Katrin Kuhlmann

♦ Ganzj. geöffn. ♦ 6 Zi. m. Bad od. Dusche, WC: 220-360 F (1 Pers.), 260-400 F (2 Pers.) ♦ Frühst. inkl. ♦ Inidiv. od. gemeins. Essen auf Bestellung: 120-150 F (alles inkl.) ♦ Kreditk.: Visa u. Eurocard ♦ Salon ♦ Tel. ♦ Umgebung: Tennis (im Ort), Reitclubs (4 bzw. 7 km entf.), Wasserfälle von Montferrat, Kapelle 12. Jahrh., Verdon-Schluchten, Museen der Côte d'Azur ♦ Man spricht Englisch u. Deutsch ♦ **Anreise** (Karte Nr. 34): 15 km nördl. von Draguignan. Dort Avenue de Montferrat Rtg. Dignes über D 955. In Montferrat: das Haus hinter der Bäckerei links.

Ein Zimmer im Erdgeschoß geht zum Garten, die anderen liegen im Obergeschoß. Kleine Kamine, wohldurchdachte Badezimmer mit weißen Kacheln und gut aufeinander abgestimmten Farben. Unser Lieblingszimmer mit den etwas vergilbten Blümchentapeten ist bei Sonnenuntergang voller Licht. Um die Einrichtung kümmert sich Katrin: sie versteht es, Großmütterliches mit einigen modernen Bildern und Möbeln zu verbinden. Das Ergebnis ist nett und unbeschwert. Régis steht am Herd - für unsere Begriffe leider zu selten. Er empfiehlt aber gerne die guten Restaurants der Umgebung.

PROVENCE - COTE D'AZUR

443 - La Maurette

83520 Roquebrune-sur-Argens
(Var)
Tel. 94 45 46 81
M. und Mme Rapin

♦ Von Ostern bis Mitte Okt. geöffn. ♦ 4 Zi. u. 5 Studios (2 Pers.) m. Bad od. Dusche, WC, Tel.: 350-450 F ♦ Frühst.: 45 F ♦ Gelegentl. gemeins. Essen für Hausgäste ♦ Salon ♦ Kreditk.: Visa ♦ Hunde nicht erlaubt ♦ Eig. Schwimmbad (100 qm) ♦ Man spricht Englisch u. Deutsch ♦ **Anreise** (Karte Nr. 34): 10 km westl. von Fréjus über die N 7 zw. Le Muy u. Le Puget-sur-Argens, dann die D 7 Rtg. Roquebrune; hinter der Argens-Brücke ausgeschildert.

Auf einem kleinen Berg gelegen, hat man von "La Maurette" eine außergewöhnlich schöne Sicht auf das Esterel- und Maures-Massiv. Die Zimmer sind sehr komfortabel und haben direkten Zugang zum Garten. Echte alte Türen verleihen den Räumlichkeiten ausgesprochen klaren Stils eine rustikale Note. Das Abendessen wird im sehr großen Aufenthaltsraum eingenommen. Ab Mai werden sie - wie auch das Frühstück - auf der ganz neuen Veranda serviert: von hier ist der Blick auf die Umgebug besonders schön. Auch das Schwimmbad mit Panoramablick steht Ihnen zur Verfügung. Die Betreuung ist ausgesprochen freundlich.

444 - Vasken

1995

Les Cavalières
83520 Roquebrune-sur-Argens
(Var)
Tel. 94 45 76 16
M. undMme Kuerdjian

♦ Ganzj. geöffnet (in Vor- u. Nachsaison nur auf Reserv.) ♦ 3 Zi. m. Bad od. Dusche, WC: 350 F (1 Pers.), 400 F (2 Pers.) u. 1 Studio (2 Pers. + 2 Kinder) m. Dusche, WC, Küche u. 1 Wohn-Schlafzi.: 500 F; TV auf Anfr. ♦ Frühst.: 35 F ♦ Kein Speisenangebot - Rest. 2 bzw. 7 km entf. ♦ Zimmerreinigung auf Wunsch ♦ Salon ♦ Tel.: Carte pastel ♦ Hunde nicht erlaubt ♦ Eig. Schwimmbad ♦ Umgebung: Wasserski, Reiten, u. Tennis (2 km), Wanderwege, Mountainbikes, 18-Loch-Golfpl. (2 km); Roquebrune (Glasbläserei), Nizza, Fréjus (Bischofssitz) ♦ **Anreise** (Karte Nr. 34): 12 km westl. von Fréjus über die N 7 (zwischen Le Muy und Le Puget-sur-Agens), dann D 7 Rtg. Roquebrune. Dort 1. Straße rechts, am Friedhof "Boulevard du 18 Juin" (1,5 km), dann ausgeschildert.

Monsieur Kuerdjian, ein Konditor im Ruhealter, bereitet selbst die Croissants fürs Frühstück zu. Und das hübsche Haus aus rotem Stein der Region in L-Form, das sich gut in die Landschaft einfügt, hat er ebenfalls selbst gebaut. Die Zimmer liegen im Erdgeschoß, gehen direkt auf den Garten und haben eine Terrasse. Das Mobiliar ist zwar etwas "rustikal", die Ausstattung dennoch nett und schlicht. Die Hausherrin wird Sie besonders liebenswürdig empfangen.

PROVENCE - COTE D'AZUR

445 - Le Jardin d'Ansouis

Rue du Petit-Portail
84240 Ansouis
(Vaucluse)
Tel. 90 09 89 27
Fax 90 09 89 27
Arlette Rogers

♦ Ganzj. geöffn. ♦ 2 Zi. m. Bad, WC: 230 F (1 Pers.), 290 F (2 Pers.), 350 F (3 Pers.), 450 F (4 Pers.) ♦ Frühst. inkl. ♦ Gemeins. Abendessen auf Bestellung (individ. Tische): 50-200 F (Wein inkl.) od. Rest. "L'Auberge du Cheval Blanc" (12 km) ♦ Salon ♦ Zimmerreinigung alle 4 Tage ♦ Hunde erlaubt ♦ Umgebung: Schwimmbad (8 km), Reiten, Tennis (5 km), Strand; Schloß Ansouis, Dörfer des Luberon, See La Bonde ♦ Man spricht Englisch, Deutsch und Niederländisch ♦ **Anreise** (Karte Nr. 33): 35 km nördl. von Aix-en-Provence über die A 51, Ausf. Pertuis, dann die D 56.

Ansouis ist ein entzückendes Dorf aus dem Mittelalter und wird von einem imposanten Schloß überragt. "Le Jardin d'Ansouis" liegt in einer netten kleinen Straße und verbirgt einen hübschen Blumengarten. In den Innenräumen wurde auf geschickte Art moderne Kunst mit einem Mobiliar verschiedener Stile vermischt. Die Gästezimmer sind freundlich und komfortabel. Auch die Betreuung ist sehr angenehm.

446 - La Ferme Jamet

Ile de la Barthelasse
84000 Avignon
(Vaucluse)
Tel. 90 86 16 74
Fax 90 86 17 72

♦ Vom 1. März bis 1. Nov. geöffn. (im Winter muß reserviert werden) ♦ 4 Zi. m. Bad od. Dusche, WC: 350 F (2 Pers.); 3 Bungalows u. 4 Suiten (2-4 Pers.) m. Bad od. Dusche, WC, Kochnische od. Küche: Bungalows: 350 F (2 Pers.); Suiten: 400 F (2 Pers.) + 50 F (zusätzl. Pers.) ♦ Frühst.: 40 F ♦ Kein Speisenangebot - Rest.: "La Ferme" (150 m entf.)♦ Salon ♦ Tel. ♦ Kreditk.: Visa ♦ Hunde nicht erlaubt ♦ Eig. Schwimmbad u. Tennispl. ♦ Umgebung: Golf; Avignon, Festivals ♦ Man spricht Englisch u. Deutsch ♦ **Anreise** (Karte Nr. 33): ab Avignon Rtg. Villeneuve-les-Avignon über die Daladier-Brücke; dann ausgeschildert.

Das sehr alte Bauernhaus "Jamet" liegt auf einer grünen, ruhigen Insel außerhalb der Stadt Avignon. Ein idealer Ort für touristische Unternehmungen und zum Erholen. Die Zimmer gleichen Suiten; die im Haupthaus gelegenen sind mit alten provenzalischen Möbeln ausgestattet. Die Bungalows sind etwas schlichter, haben dafür aber eine eigene Terrasse. Hier ist es überall komfortabel und ruhig. Die angenehme Betreuung ist von gewisser Frische.

PROVENCE - COTE D'AZUR

447 - Château de Saint-Ariès

Route de Saint-Ariès
84500 Bollène
(Vaucluse)
Tel. 90 40 09 17
Fax 90 30 45 62
Michel-Albert de Loÿe

♦ Vom 2. Jan. bis 2. März geschl. ♦ Mind. 2 Üb. ♦ 4 Zi. (m. Sitzecke) u. 1 Suite m. Bad, WC: 630-740 F (2 Pers.) + 120 F (zusätzl. Pers.); Suite: 990 F (2 Pers.), 1090 F (3-4 Pers.) ♦ Frühst.: 50 F ♦ Gemeins. Abendessen auf Bestellung: 240 F (alles inkl.) ♦ Tel. ♦ Kreditk.: Visa ♦ Kl. Hunde auf Anfr. erlaubt ♦ Schwimmbad, Solarium, Fahrräder vor Ort ♦ Umgebung: Tennis, Golf, Schluchten der Ardèche, Suze-la-Rousse, Luberon, Ventoux-Gebirge, Orange, Avignon ♦ Man spricht Englisch u. Italienisch ♦ **Anreise** (Karte Nr. 33): 3 km von der A 7 entf., Ausfahrt Bollène; durch die Innenstadt Rtg. Mondragon. Am Ortsausgang von Bollène links Rtg. Saint-Aries (1,5 km).

Nach dem Vorbild italienischer Villen wurde Schloß "Saint-Aries" 1820 inmitten eines großen Parks errichtet. Die Innenräume begeistern durch ihre einheitliche Ästhetik. Komfortable Empfangsräume im Erdgeschoß, schönes Mobiliar, geschmackvolle Stoffe und Gemälde - alles ist sehr gelungen und gekonnt zusammengestellt. Michel de Loÿe wird Sie besonders freundlich begrüßen, und die beim Abendessen herrschende Atmosphäre kann als ausgesprochen angenehmen bezeichnet werden - worauf der Hausherr größten Wert legt. Ein wahres Kleinod vor den Toren der Provence.

448 - Bonne Terre

Lacoste
84480 Bonnieux
(Vaucluse)
Tel. 90 75 85 53
Fax 90 75 85 53
M. und Mme Lamy

♦ Vom 1. März bis 30. Okt. geöffn. ♦ Mind. 3 Üb. ♦ 6 Zi. m. Bad od. Dusche, WC; TV. u. Terrasse: 390-420 F (1 Pers.), 450-480 F (je nach Saison, 2 Pers.) + 120 F (zusätzl. Pers.) ♦ Frühst. inkl. ♦ Kein Speisenangebot - Rest. in Lacoste u. Umgebung (7-8 km) ♦ Tel. ♦ Kreditk.; Visa ♦ Hunde erlaubt (+ 40 F) ♦ Eig. Schwimmbad ♦ Umgebung: Golf, Tennis, Reiten; Musik- u. Theaterfestivals, Dörfer des Luberon ♦ Man spricht Englisch, Deutsch u. Italienisch ♦ **Anreise** (Karte Nr. 33): östl. von Cavaillon über die N 100 Rtg. Apt, dann die D 106 Rtg. Lacoste; gegenüber der "Renault"-Werkstatt.

Dieses elegante Haus, in dem man besonders ruhig und unabhängig wohnt, liegt am Eingang des wunderbaren Dorfes Lacoste. Die Gästezimmer sind hübsch eingerichtet, sehr komfortabel und haben eine eigene Terrasse, auf der das Frühstück eingenommen werden kann. Der terrassierte Park besitzt ein Schwimmbad und bietet einen herrlichen Ausblick auf das Ventoux-Gebirge.

PROVENCE - COTE D'AZUR

449 - La Bouquière

Quartier Saint-Pierre
84480 Bonnieux
(Vaucluse)
Tel. 90 75 87 17
Françoise und Angel Escobar

♦ Ganzj. geöffn. ♦ Mind. 2 Üb. in Hauptsaison ♦ 4 Zi. (zu ebener Erde/Garten) m. Bad od. Dusche, WC u. Zentralheizung: 360 F (2 Pers.) + 60 F (zusätzl. Pers.) ♦ Frühst. inkl. ♦ Kein Speisenangebot (eine kl. Küche steht z. Verfüg.) - Rest.: "Le Fournil" in Bonnieux (3 km) ♦ Salon ♦ Zimmerreinigung regelmäßig ♦ Hunde auf Anfr. erlaubt ♦ Umgebung: Wanderungen im Regionalpark des Luberon ♦ Man spricht Englisch u. Spanisch ♦ **Anreise** (Karte Nr. 33): 3 km von Bonnieux entf.; Rtg. Apt über die D 3; dann ausgeschildert.

Von der isoliert in grüner Landschaft gelegenen "La Bouquière" hat man einem wunderschönen Ausblick auf das Ventoux-Gebirge; das Haus verfügt über vier besonders hübsche, im provenzalischen Stil eingerichtete komfortable Gästezimmer. Jedes hat seinen eigenen Eingang mit Terrasse, auf der man das Frühstück einnehmen kann. Françoise und Angel Escobar betreuen ihre Gäste sehr freundlich und aufmerksam.

450 - Clos Saint-Vincent

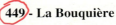
1995

84410 Crillon-le-Brave
(Vaucluse)
Tel. 90 65 93 36
fax 90 12 81 46
M. und Mme Vazquez

Bad

♦ Vom 15. Nov bis 15. Febr. geschl. ♦ Mind. 2 Üb. ♦ 5 Zi. m. Dusche, WC: 410-460 F (2 Pers.) u. 1 "Häuschen" (4 Pers.) m. 2 Zi., 1 Bad, WC, Salon, Küche, Terrasse, TV, Tel.: 750 F (2 Pers.), 950 F (4 Pers.) + 110 F (zusätzl. Erw.) + 70 F (zusätzl. Kind) ♦ Frühst. inkl. ♦ Gemeins. Essen (unregelmäßig): 140 F (Wein inkl.) - Rest. (500 m bzw. 12 km entf.) ♦ Salon ♦ Münztelefon ♦ Haustiere nicht erlaubt ♦ Eig. Schwimmbad und Terrain z. Boulespielen ♦ Umgebung: Tennis u. Reiten (2,5 km), Synagoge von Carpentras, Museum mechanischer Instrumente in Crillon ♦ Man spricht Englisch u. Spanisch ♦ **Anreise** (Karte Nr. 33): 12 km von Carpentras entf., Route de Bedouin, Rtg. Crillon-le-Brave, dann ausgeschildert.

Ein Geheimtip, den man nicht zu sehr unter die Leute bringen sollte! Madame Vazquez wird Sie teilhaben lassen an ihrer Liebe für ihr Haus. Die Einrichtung ist gepflegt und eigenwillig, die Möbel sind alt, und hier und da stehen Souvenirs. Das Frühstück darf man um gar keinen Preis verpassen: Konfitüren, Milchreis und Kuchen - alles hausgemacht. Für den Fall, daß man Ihnen vorschlägt, hier zu Abend zu essen, sollten Sie unbedingt bleiben. Denn dann werden Sie Bekanntschaft mit der Familie und den Habitués, es sind Freunde des Hauses, machen.

PROVENCE - COTE D'AZUR

451 - Au Ralenti du Lierre

Les Beaumettes
84220 Gordes
(Vaucluse)
Tel. 90 72 39 22
Mme Deneits

♦ Vom 15. März bis 1. Nov. geöffn. ♦ 5 Zi. m. Bad od. Dusche, WC: 350-500 F (2 Pers.) + 80 F (zusätzl. Pers.) ♦ Frühst. inkl. ♦ Kein Speisenangebot - Rest.: "La Remise" u. "Le Mas des Lavandes" ♦ Salon ♦ Hunde nicht erlaubt ♦ Eig. Schwimmbad ♦ Umgebung: 18-Loch-Golfpl., Angeln, Tennis, Reiten, Bergwanderungen, Kanu; Gordes, Lacoste, Bonnieux, Abtei von Sénanque ♦ **Anreise** (Karte Nr. 33): 15 km östl. v. L'Isle-sur-la-Sorgue. Autobahnausf. Avignon-Süd, Rtg. Apt; im Dorf Les Beaumettes.

Die Einrichtung dieses Dorfhauses kann als sehr gelungen bezeichnet werden. Farben, Stoffe und die meist alten Möbel sind im ganzen Haus gut aufeinander abgestimmt, auch in den höchst komfortablen Zimmern. Die "Suite" ist erstaunlich und besteht aus zwei Räumen mit Deckengewölbe. Einer dieser Räume ist etwas dunkel und wird wahrscheinlich besonders von jenen geschätzt, die Ungewöhnliches lieben. Der hübsche Garten liegt abschüssig am Hügel. Exzellentes Frühstück und ausgezeichnete Betreuung.

452 - La Méridienne

1995

Chemin de la Lône
84800 L'Isle-sur-la-Sorgue
(Vaucluse)
Tel. 90 38 40 26
Fax 90 38 58 46
Jérôme Tarayre

♦ Ganzj. geöffn. ♦ 4 Zi. m. Bad, WC u. Terrasse: 250-300 F (2 Pers.) + 80 F (zusätzl. Pers.) ♦ Frühst. inkl. ♦ Kein Speisenangebot - Rest. "Les jardins de la Gare" in L'Isle s/Sorgue ♦ Salon ♦ Münztelefon ♦ Zimmerreinigung alle 3 Tage ♦ Eig. Schwimmbad ♦ Umgebung: Reiten, Kanu/Kajak, 9- u. 18-Loch-Golfpl. (6 km); Dörfer des Luberon, Festivals von Gordes u. Avignon, Antiquitätenhändler in L'Isle-sur-la-Sorgue ♦ Man spricht Englisch u. Spanisch ♦ **Anreise** (Karte Nr. 33): 20 km östl. von Avignon über N 100 Rtg. L'Isle s/Sorgue. Das Haus liegt 3,5 km hinter L'Isle s/Sorgue (500 m hinter der Kreuzung Rtg. Lagnes), diskret in Blau links ausgeschildert.

In diesem kleinen provenzalischen Landhaus des Luberon hat jedes der hübschen und komfortablen Zimmer (mit regionalem Mobiliar aus Korb oder in den Farben der Provence lackiert) eine eigene Terrasse, auf der das Frühstück serviert wird. Hier ist alles Ruhe und Entspannung. Nichts stört die angenehme Atmosphäre, die nicht zuletzt der natürlichen und freundlichen Betreuung von Jérôme Tarayre zu verdanken ist.

PROVENCE - COTE D'AZUR

453 - Sous les Canniers

Route de la Roque
Saumanes
84800 L'Isle-sur-la-Sorgue
(Vaucluse)
Tel. 90 20 20 30
Mme Annie Marquet

◆ Ganzj. geöffn. (im Winter reservieren) ◆ 2 Zi. m. Dusche, WC: 250 F (2 Pers.) + 100 F (zusätzl. Pers.) ◆ Frühst. inkl. ◆ Gemeins. Abendessen, südfranzösische Küche: 100 F (Wein inkl.) ◆ Salon ◆ Hunde auf Anfr. erlaubt ◆ Umgebung: 18-Loch-Golfpl. (3 km), Wanderwege, Tennis, Schwimmbad, Reiten; Dörfer des Luberon, Sommerfestivals, zahlreiche Antiquitätenhändler in L'Isle-sur-la-Sorgue ◆ Man spricht Italienisch u. Spanisch ◆ **Anreise** (Karte Nr. 33): 7 km östl. von L'Isle-sur-Sorgue über die D 938 u. die D 25 Rtg. Fontaine-de-Vaucluse, dann die D 57 links Rtg. Saumanes; Route de la Roque, ausgeschildert.

Abgelegen und inmitten eines entzückenden Gartens entdeckt man dieses kleine provenzalische Haus. Die Zimmer (eines mit Mezzanin) gehen direkt nach draußen; mit ihrem Mobiliar, das meist sorgfältig beim Antiquitätenhändler ausgesucht wurde, sie sind angenehm und hübsch. Madame Marquet ist eine sehr freundliche Gastgeberin und bereitet das gute Abendessen zu, das oft gemeinsam auf der Terrasse eingenommen wird. Ein Haus mit Qualitäten.

454 - Mas du Grand Jonquier

Route départementale 22
84800 Lagnes
(Vaucluse)
Tel. 90 20 90 13
Fax u. Telefonbeantworter:
90 20 91 18
Monique und François Greck

◆ Ganzj. geöffn. ◆ 6 Zi. m. Dusche, WC, TV u. Tel.: 450-500 F (2 Pers.) + 100 F (zusätzl. Pers.) ◆ Frühst. inkl. ◆ Individ. Abendessen: 130 F (ohne Wein) ◆ Salon ◆ Hunde nicht erlaubt ◆ Kreditk. akzeptiert ◆ Eig. Schwimmbad ◆ Umgebung: Reiten, Kanu/Kajak, 9- u. 18-Loch-Golfpl. (5 km), Dörfer des Luberon, Festivals von Gordes u. Avignon, Antiquitätenhändler in L'Ilsle s/Sorgue, Fontaine-de-Vaucluse ◆ Man spricht Englisch, Italienisch, Deutsch u. Spanisch ◆ **Anreise** (Karte Nr. 33): 10 km östl. von Cavaillon. D 22 zwischen Avignon-Süd und Apt. Ab Avignon: 1,5 km hinter Ortseingangsschild Petit Palais.

Die Natur, die dieses provenzalische Landhaus umgibt, hält auch den Straßenlärm ab. Vollkommen renoviert, weist es einwandfreie und komfortable Zimmer mit TV und Telefon auf. Wir mögen besonders "Olivier", Thym", "Basilic" (sehr ruhig), aber auch "Amandier" und "Figuier". Im Goldenen Buch werden oft Abendessen und Frühstück gelobt; beides wird entweder in einem großen rustikalen Raum oder im Schatten eines riesigen Kastienbaumes gereicht. Angenehme Betreuung.

PROVENCE - COTE D'AZUR

455 - Saint-Buc

Route de l'Isle
84800 Lagnes
(Vaucluse)
Tel. 90 20 36 29
Mme Delorme

◆ Vom 1. Juni bis 5. Sept. geöffn. ◆ Kinder nicht erwünscht ◆ 4 Zi. m. Bad, WC: 400 F (1-2 Pers.) ◆ Frühst. inkl. ◆ Kein Speisenangebot (den Gästen steht eine Küche z. Verfüg.) - zahlr. Rest. in Umgebung ◆ Salon ◆ Tel. ◆ Hunde nicht erlaubt ◆ Eig. Schwimmbad ◆ Umgebung: 18-Loch-Golfpl.; Luberon, Gordes, Theaterfestival von Avignon, Fontaine-de-Vaucluse ◆ Man spricht Englisch ◆ **Anreise** (Karte Nr. 33): 23 km östl. von Avignon über die N 100 Rtg. Apt. In Petit-Palais Rtg. Fontaine-de-Vaucluse. In Lagnes die D 99 Rtg. L'Isle-sur-la-Sorgue.

Saint-Buc ist ein modernes Gebäude und liegt nur wenige Minuten von L'Isle-sur-la-Sorgue entfernt. Die komfortablen Zimmer, ebenerdig zum Garten gelegen, sind groß, schlicht ausgestattet und verfügen über in den Boden eingelassene Badewannen. Im großen Salon findet man viele alte Gegenstände vor. Das Frühstück wird draußen unter einem Schutzdach serviert. Im Garten erwartet Sie das Schwimmbad und auch eine Küche (sofern Sie selbst kochen möchten). Die Atmosphäre ist sehr "cool".

456 - Domaine de la Lombarde

BP 32
84160 Lourmarin
(Vaucluse)
Tel. 90 08 40 60
Fax 90 08 40 64
M. und Mme Gilbert Lèbre

◆ Von Ostern bis 30. Nov. geöffn. ◆ 4 Zi. m. Dusche, WC, Kühlschrank u. Terrasse: 300-340 F (2 Pers.) + 100 F (zusätzl. Pers.); 1 Studio (2 Pers. + 2 Kinder) m. Dusche, WC, Küche, Terrasse: 2400 F pro Woche ◆ Frühst. inkl. (außer bei läng. Aufenth. im Studio) ◆ Kein Speisenangebot - zahlr. Rest. im Dorf ◆ Zimmerreinigung alle 3 Tage ◆ Hunde nicht erlaubt ◆ Schwimmbad, Fahrräder vor Ort ◆ Umgebung: Tennis, Reiten, Golf; Luberon, zahlr. Festivals ◆ Man spricht Englisch u. Spanisch ◆ **Anreise** (Karte Nr. 33): 30 km nördl. von Aix-en-Provence, N 556 Rtg. Pertuis u. die D 973; zw. Cadenet u. Lauris; ausgeschildert.

In diesem schönen Haus, das zwischen Weinbergen und Feldern liegt, wird dem Reisenden große Gastfreundschaft entgegengebracht. Jedes Zimmer besitzt seinen eigenen Eingang und eine Terrasse. Die Ausstattung ist sehr gelungen, und man wohnt hier wirklich sehr komfortabel. Das ausgezeichnete Frühstück wird an einem alten Klostertisch in einem langgezogenen, weißen Raum mit Gewölbedecke serviert.

PROVENCE - COTE D'AZUR

457 - Villa Saint-Louis

35, rue Henri-de-Savornin
84160 Lourmarin
(Vaucluse)
Tel. 90 68 39 18
Fax 90 68 10 07
Michel und Bernadette Lassallette

◆ Ganzj. geöffn. ◆ 5 Zi. m. Bad od. Dusche, WC: 300-400 F (2 Pers.) ◆ Frühst. inkl. ◆ Kein Speisenangebot - zahlr. Rest. im Dorf ◆ Zimmerreinigung auf Wunsch ◆ Salon ◆ Mountainbikes vor Ort ◆ Umgebung: 18-Loch-Golfpl. (25 km), Tennis, Schwimmbad, Reiten, Kajak; Naturpark und Dörfer des Luberon, Sommerfestivals ◆ Man spricht Englisch ◆ **Anreise** (Karte Nr. 33): 50 km östl. von Avignon über die N 7 u. D 973 Rtg. Cavaillon, dann Cadenet u. die D 943 links nach Lourmarin.

Dieses schöne Haus aus dem 17. Jahrhundert mit eingefriedigtem Garten befindet sich am Ortseingang von Lourmarin. Die außergewöhnliche Einrichtung der Räume wurde von Michel Lassallette selbst gestaltet; mit dem Mobiliar, den Gemälden, Kunstgegenständen und Tapeten aus dem 18., 19. und 20. Jahrhundert schuf er ein sehr ansprechendes Interieur. Das Frühstück wird entweder im Salon bzw. Speiseraum oder auf der Terrasse serviert. Viel Komfort und ausgezeichneter Service.

458 - Château Unang

Route de Méthamis
84570 Malemort-du-Comtat
(Vaucluse)
Tel. 90 69 71 06
Fax 90 69 92 80
Mme Marie-Hélène Lefer

◆ Ganzj. geöffn. (Jan./Febr. auf Anfrage) ◆ 4 Zi. m. Bad, WC: 390-550 F (2 Pers.) ◆ Frühst.: 50 F ◆ Gemeins. od. individ. Abendessen: 150 F (ohne Wein) - Rest.: "Les Remparts" in Venasque (6 km) ◆ Salon ◆ Hunde nicht erlaubt ◆ Eig. Schwimmbad ◆ Umgebung: Tennis, Reiten, Golf (15 km), Langlauf- und Abfahrtsski (30 km); Gordes, Abtei von Sénanque, Dörfer des Luberon ◆ Man spricht Englisch u. Spanisch ◆ **Anreise** (Karte Nr. 33): 12 km südöstl. von Carpentras über die D 4 Rtg. Venasque (6 km), dann links Rtg. Malemort.

Dieses prächtige Haus aus dem 18. Jahrhundert mit französischem Garten liegt gegenüber den Bergen des Vaucluse. In den Innenräumen wurden verschiedene Stilrichtungen geschickt zusammengestellt. Der Salon ist sehr freundlich, und die Zimmer sind ausgesprochen elegant. Uns gefiel das "Fontaine" am besten; das "Vignes" ist zwar ebenfalls reizend, hat aber leider keine so schöne Aussicht. Das hervorragende Frühstück wird bei gutem Wetter draußen serviert. Ungezwungener, sehr sympatischer Empfang.

PROVENCE - COTE D'AZUR

459 - Mas de Capelans

84580 Oppède
(Vaucluse)
Tel. 90 76 99 04
Fax 90 76 90 29
Jacqueline und Philippe Poiri

♦ Vom 15. Feb. bis 15. Nov. geöffn. ♦ Mind. 3 Üb. ♦ 6 Zi. m. Bad, WC: 400-900 F (2 Pers.) + 120 F (zusätzl. Pers.); 2 Suiten (1 m. 2 Zi. u. 1 m. Mezzanin) m. Bad, WC: 600-1000 F (4 Pers.) ♦ Frühst.: 50 F ♦ HP: 400-600 F pro Pers. im DZ (mind. 3 Üb.) ♦ Gemeins. Abendessen: 155 F (ohne Wein) ♦ Salon, Bibliothek, Billard u. TV ♦ Kreditk.: Visa, Amex ♦ Hunde nicht erlaubt ♦ Eig. beheizt. Schwimmbad ♦ Umgebung: 27-Loch-Golfpl., Tennis, Angeln, Reiten, Mountainbikes; Dörfer des Luberon ♦ Man spricht Englisch u. Deutsch ♦ **Anreise** (Karte Nr. 33): 23 km östl. von Avignon über die N 100 Rtg. Apt bis Coustelet, dann 1. Straße rechts.

Dieses wunderbare alte Haus mit hübschem Innenhof, in dem im Sommer die Mahlzeiten eingenommen werden, liegt inmitten von Lavendelfeldern. Die Zimmer mit außergewöhnlich schöner Aussicht sind groß, sehr komfortabel und mit hellem Holz und hübschen Stoffen hergerichtet. Der mit bequemen Holzmöbeln eingerichtete und mit allerlei bemalten Gegenständen besonders nett gestaltete Aufenthaltsraum verfügt über eine schöne Balkendecke.

460 - Mas de Lumière

Campagne Les Talons
84490 Saint-Saturnin-lès-Apt
(Vaucluse)
Tel. 90 05 63 44
M. und Mme Bernard Maître

♦ Ganzj. (für Reisende m. Kindern ab 5 J.) geöffn. ♦ 3 Zi. m. Bad od. Dusche, WC: 400-550 F (2 Pers.) + 100 F (zusätzl. Pers.) ♦ Frühst. inkl. ♦ Kein Speiseangebot - Rest.: "Ferme de la Huppe" u. "La Bartavelle" ♦ Hunde nicht erlaubt ♦ Eig. Schwimmbad ♦ Umgebung: 18-Loch-Golfpl. (20 Min.), Reiten u. Tennis (10 Min.); Dörfer des Luberon ♦ Man spricht Englisch u. Spanisch ♦ **Anreise** (Karte Nr. 33): 10 km westl. von Apt über die N 100 Rtg. Gordes, dann die D 4 Rtg. Roussillon-Murs; an der Kreuzung die D 2 (500 m), dann die D 4; am Schild Les Talons rechts.

Das "Mas de Lumière" liegt oberhalb eines winzigen Dorfes und ist, außen wie innen, ein Beispiel gelungener Baukunst. Die in hellen Tönen gehaltenen Zimmer von gediegenem Luxus sind wunderbar. Dank der Terrassen, von denen es mehrere gibt (die nach Osten gelegene ist ideal für das Frühstück), fühlen sich die Gäste hier besonders unabhängig. Vom wunderbaren Schwimmbad hat man einen schönen Blick auf die Ebene des Luberon. Die Betreuung ist sehr nett und von feiner Art.

PROVENCE - COTE D'AZUR

461 - L'Evêché

Rue de l'Evêché
84110 Vaison-la-Romaine
(Vaucluse)
Tel. 90 36 13 46 / 90 36 38 30
Fax 90 36 32 43
M. und Mme Verdier

♦ Ganzj. geöffn. ♦ 4 Zi. m. Bad od. Dusche, WC, Tel.: 300-360 F (1 Pers.), 360-400 F (2 Pers.) ♦ Frühst. inkl. ♦ Zimmerreinigung täglich♦ Kein Speisenangebot - Rest. in Vaison ♦ Salon ♦ Hunde auf Anfr. erlaubt ♦ Umgebung: Schwimmbad, Tennis, Reiten, Golf (Minigolf u. Practice) im Dorf, Wanderwege; Vaison-la-Romaine ♦ **Anreise** (Karte Nr. 33): 29 km nordöstl. von Orange über die D 975. Ab Vaison-la-Romaine der Ausschilderung "Ville médiévale" folgen.

Dieser ehemalige Bischofssitz aus dem 17. Jahrhundert liegt in der Ortsmitte des mittelalterlichen Vaison-la-Romaine. Die etwas strenge Fassade läßt kaum erraten, was das Interieur bietet; dieses komfortable Haus ist gut eingerichtet, verfügt über zwei Terrassen (auf einer wird das Frühstück serviert) und eine phantastische Aussicht. Die Gästezimmer sind sehr gelungen, und das größte hat ein Badezimmer mit Badewanne. Die Betreuung ist sehr angenehm.

462 - La Fête en Provence

Place du Vieux-Marché
Haute-Ville
84110 Vaison-la-Romaine
(Vaucluse)
Tel. 90 36 16 05 / 90 36 36 43
M. und Mme Christiansen

♦ Im Nov. u. Febr. geschl. ♦ 2 Maisonnette-Zi. (3-4 Pers.) u. 4 Studios (2 Pers.) m. Bad od. Dusche, WC, Kochnische, Tel., TV; 1 App. (2 Pers. u. 1 Kind) m. Salon, Kochnische, Bad, WC: Studios: 300 F (2 Pers.); Maisonnette-Zi.: 600-650 F (3-4 Pers.); App.: 450 F ♦ Frühst.: 40 F ♦ Rest. mittags u. abends (Ruhetag Mi u. Do mittags in Vor- u. Nachsaison): 90-150 F (ohne Wein) od. Karte ♦ Zimmerreinigung auf Wunsch ♦ Kreditk.: Amex, Visa ♦ Umgebung: Schwimmbad (7 km), Tennis, Reiten, 18-Loch-Golfpl. ♦ Man spricht Deutsch ♦ **Anreise** (Karte Nr. 33): 27 km nordöstl. von Orange über die D 975.

Dieses Dorf aus dem Mittelalter ist eines der schönsten in ganz Südfrankreich. "La Fête en Provence" liegt am Marktplatz. Über den entzückenden Innenhof gelangt man zu den Zimmern. Wir empfehlen ausschließlich die Maisonnette-Zimmer, denn sie haben eine Terrasse mit schöner Aussicht. Außerdem sind sie komfortabel und mit modernen Möbeln aus Olivenholz eingerichtet. "La Fête en Provence" ist weder ein Hotel noch ein Bed-and-Breakfast-Haus; in jedem Fall aber ist dies ein Ort voller Charme und sehr schön gelegen.

PROVENCE - COTE D'AZUR

463 - Mastignac

Route de Taulignan
84600 Valréas
(Vaucluse)
Tel. 90 35 01 82
Mme Nicole de Precigout

♦ Vom 1. Juni bis 10. Okt. geöffn. ♦ 1 Zi. m. Bad, WC; 4 Zi. m. eig. Bad od. Dusche u. 3 gemeins. WC: 300-450 F (2 Pers.) ♦ Frühst. inkl. ♦ Kein Speiseangebot - Rest. ab 2 km ♦ Salon ♦ Kl. Hunde erlaubt ♦ Eig. Schwimmbad ♦ Umgebung: Tennis, Baden, Golf; Festivals ♦ Man spricht Englisch ♦ **Anreise** (Karte Nr. 33): 37 km südöstl. von Montélimar über die A 7, Ausf. Montélimar-Süd, dann die N 7 Rtg. Donzère u. die D 541. In Valréas links die D 47; Route de Taulignan; ausgeschildert.

Zwei Kilometer von Valréas entfernt liegt dieses große, alte und gut restaurierte Bauernhaus aus dem 18. Jahrhundert. Es hat einen Innenhof, englischen Rasen und ein sehr schönes Schwimmbad. Die fünf geschmackvollen Gästezimmer sind groß und hell, jedes verfügt über ein Bad, aber vier Zimmer teilen sich drei Toiletten. Das Frühstück wird meist draußen serviert, es kann aber auch im Salon oder in der großen Küche eingenommen werden. Angenehme Betreuung und viel Ruhe.

464 - La Maison aux Volets Bleus

84210 Vénasque
(Vaucluse)
Tel. 90 66 03 04
Fax 90 66 16 14
Mme Martine Maret

♦ Vom 15. März bis 15. Nov. geöffn. ♦ 5 Zi. m. Bad, WC (davon 1 Zi. m. Dusche u. Badew.): 315-385 F (2 Pers.) + 120 F (zusätzl. Pers.) ♦ Frühst. inkl. ♦ Individ. Abendessen: 120 F (ohne Wein) ♦ Salon ♦ Tel. ♦ Umgebung: Tennis, Fahrräder, Wanderwege; Abtei von Sénanque, Fontaine-de-Vaucluse, Avignon, Luberon ♦ Man spricht Englisch ♦ **Anreise** (Karte Nr. 33): südl. von Carpentras über die D 4; ausgeschildert.

"La Maison aux Volets Bleus" (Das Haus mit blauen Fensterläden) befindet sich in dem hübschen und auf einem Felsen gelegenen Dörfchen Vénasque. Ein Haus mit viel Charme, ganz aus Stein und mit einem kleinen, schattigen Innenhof voller Blumen. Der große Raum ist hübsch mit echten alten Möbeln eingerichtet, und hier und da stehen getrocknete Blumensträuße. Die Zimmer sind groß, komfortabel und geschmackvoll hergerichtet, die Bäder schön. Und von überall hat man einen herrlichen Panoramablick, vor allem von der überhängenden Terrasse, auf der das Frühstück serviert wird. Angenehme Betreuung, ausgezeichnete Küche.

RHONE - ALPES

465 - Manoir de Marmont

01960 Saint-André-
sur-Vieux-Jonc
(Ardèche)
Tel. 74 52 79 74
Henri und Geneviève Guido

♦ Ganzj. geöffn. ♦ 2 Zi. m. Bad od. Dusche, WC, 1 Nebenzi. m. Waschb.: 400 F (1 Pers.), 450 F (2 Pers.), 700 F (4 Pers.), Kinder bis 13 J. kostenl. ♦ Frühst. inkl. ♦ - 10% ab 3. Üb. ♦ Kein Speiseangebot - Rest. (400 m) u. "La Rolande" (Golfpl., 3 km) ♦ Salon ♦ Hunde auf Anfr. erlaubt ♦ Umgebung: 6- u. 18-Loch-Golfpl.; Teichstraße der Dombes, Châtillon-sur-Charonne, Pérouges, Vogelpark in Villars-les-Dombes ♦ Man spricht Englisch u. Italienisch ♦ **Anreise** (Karte Nr. 26) 14 km südwestl. von Bourg-en-Bresse über N 83 Rtg. Lyon bis Servas. An der Ampel rechts Rtg. Condeissiat (D 64 - 5 km), dann links Allée de Platanes.

Dieses direkt an einem Golfplatz gelegene Haus aus dem 19. Jahrhundert hat es verstanden, seinen Charme von früher zu bewahren. Hier sind die Tapeten noch aus der Zeit seiner Entstehung, und auch das Mobiliar scheint seinen Platz niemals gewechselt zu haben. Mit unbeschreiblichem Enthusiasmus, viel Energie und guter Laune setzt Madame Guido alles daran, ihre Gäste zufriedenzustellen. Eine Auswahl von Büchern findet man in den großen Zimmern vor, und in den Badezimmern fehlt nicht das kleinste Detail. Das ausgesprochen gute Frühstück wird entweder im Salon oder im danebenliegenden Innenhof serviert.

466 - Le Jeu du Mail

07400 Alba-la-Romaine
(Ardèche)
Tel. 75 52 41 59
M. und Mme Maurice Arlaud

♦ Ganzj. geöffn. ♦ 2 Zi. m. Bad od. Dusche, WC; 1 Suite (4-6 Pers.) m. 2 Mezzanin-Zi., 2 Duschen, 2 WC; Kühlschr.: 220-290 F (2 Pers.); Suite: 500 F (4 Pers.) ♦ Frühst. inkl. ♦ Kein Speiseangebot - Rest. im Dorf ♦ Salon ♦ Zimmerreinigung alle 2 Tage ♦ Hunde auf Anfr. erlaubt (+ 30 F) ♦ Schwimmbad, Fahrräder u. Mountainbikes vor Ort ♦ Umgebung: Tennis, Reiten, Golf; mittelalterl. Dörfer, roman. Kirchen ♦ Man spricht Englisch u. Italienisch ♦ **Anreise** (Karte Nr. 26): 18 km westl. von Montélimar über die N 102. In Buis-d'Aps die D 107 Rtg. Viviers; 200 m vom Schloß entfernt.

Alba-la-Romaine ist ein entzückendes, auf vulkanischem Gestein erbautes Dorf, und das etwas abseits gelegene "Jeu du Mail" ein altes, von dicken Mauern (denen es Kühle und Ruhe verdankt) geschütztes Haus. Die Zimmer sind schlicht mit einigen alten Möbelstücken und amüsanten Lithographien ausgestattet. Das Frühstück wird gemeinsam am großen Tisch des schönen Eßzimmers eingenommen. Die Betreuung ist angenehm und sehr persönlich.

RHONE - ALPES

467 - Maison Icare

Faugères
07230 Lablachère
(Ardèche)
Tel. 75 39 48 66
M. Bruno Harmand

♦ Vom 1. Dez. bis 1. April geschl. ♦ 1 Suite (2-3 Pers.) m. eig. Bad u. gemeins. WC, 1 Maisonnette (4 Pers.) m. Bad u. WC: 230 F (2 Pers.) + 60 F (zusätzl. Pers.), Maisonette: 250 F (2 Pers.), 380 F (4 Pers.) ♦ Frühst. inkl. ♦ Zimmerreinigung zu Lasten der Gäste ♦ HP, mind. 2 Üb.: 190 F pro Pers. ♦ Gemeins. Abendessen: 80 F (Wein inkl.) ♦ Salon ♦ Kl. Hunde erlaubt ♦ Umgebung: Angeln, Tennis, Schwimmbad, Wanderwege (GR); alte Dörfer, Verdon-Schluchten, roman. Kirchen , Thines ♦ **Anreise** (Karte Nr. 32): südwestl. von Aubernas über die D 104 Rtg. Alès. In Lablachère rechts die D 4 bis Planzolles, dann links die D 250; ausgeschildert.

Dieses recht alte Dorfhaus ist ganz und gar stufig angelegt, verfügt über Terrassen und Mäuerchen. Die Atmosphäre ist freundlich und ungezwungen. Die komfortablen, sehr persönlich gestalteten Zimmer haben meist alte Möbel (das Loft und die Solarium-Terrasse sind modern ausgestattet). Die Küche kann sich sehen lassen und die Mahlzeiten werden entsprechend der Jahreszeit mal hier, und mal dort eingenommen. Äußerst "milde" Preise.

468 - Mounens

07270 Lamastre
(Ardèche)
Tel. 75 06 47 59
Max Dejour und
Mayèse de Moncuit-Dejour

♦ Ganzj. geöffn. ♦ 3 Zi. m. Bad od. Dusche, WC: 290 F (1 Pers.), 330 F (2 Pers.) + 95 F (zusätzl. Pers.) ♦ Frühst. inkl. ♦ Gemeins. Abendessen: 100 F (Wein inkl.) ♦ Salon ♦ Zimmerreinigung auf Wunsch; frische Wäsche alle 5 Tage ♦ Kl. Hunde auf Anfr. erlaubt (+ 20 F) ♦ Eig. Schwimmbad ♦ Umgebung: 18-Loch-Golfpl. (35 km), Tennis, Angeln, Reiten, Langlaufski; Touristen-Eisenbahn Le Mastrou, Dörfer (Desaignes, Chalençon) ♦ Man spricht Englisch u. Spanisch ♦ **Anreise** (Karte Nr. 26): 6 km südl. von Lamastre über die D 578 Rtg. Le Cheylard. 800 m hinter Lapias die kleine ansteigende Straße links; ausgeschildert.

Die mit Kastanien bedeckten Hügel, der terrassierte Anbau und die Obstgärten machen aus dem Haut Vivarais eine besonders liebenswerte Gegend. Diese beiden alten, an einem Hügel gelegenen und durch einen Blumengarten miteinander verbundenen Häuser werden von einem ganz besonders sympathischen Paar bewohnt. Das eine der beiden Häuser wurde erst vor kurzem renoviert. Ein voller Erfolg: elegantes altes Mobiliar, weicher Teppichboden, wunderbare Baumwollstoffe, Auqarelle... Ein einziges Adjektiv für Frühstück und Abendessen: exzellent.

RHONE - ALPES

469 - Chez Marcelle et Jean-Nicolas Goetz

07000 Pourchères
(Ardèche)
Tel. 75 66 81 99 / 75 66 80 22
M. und Mme Goetz

♦ 14 Tage im Winter u. 14 Tage in der Nachsaison geschl. ♦ Für Nichtraucher ♦ 3 Zi. m. Dusche, WC; 1 Suite (3 Pers.) m. Bad (Dusche u. Badewanne), WC: 200-280 F (2 Pers.) + 70 F (zusätzl. Pers.) ♦ Frühst. inkl. ♦ Gemeins. u. individ. Abendessen: 95 F (Wein inkl.) auch: Vegetarierkost ♦ Zimmerreinigung alle 4 Tage ♦ "Brave" Hunde erlaubt ♦ Man spricht Englisch u. Deutsch ♦ **Anreise** (Karte Nr. 26): in Privas Rtg. Les Ollières, ab Petit-Tournon 2. Straße links Rtg. Pourchères; ausgeschildert.

Dieses verwinkelte alte Haus wurde auf einem früheren Lavastrom erbaut, auf dem heute prächtige Blumen gedeihen. Der dunkle Stein hebt sich gut von der grünen Umgebung ab. In den angenehmen Zimmern stehen regionale Möbel; einige Gästezimmer wurden vor kurzem im ehemaligen Schafstall eingerichtet. Das gute Abendessen wird bei schönem Wetter draußen mit herrlichen Ausblick serviert. Die etwas strenge Atmosphäre werden besonders Freunde der echten Ardèche zu schätzen wissen. Wer es weniger ursprünglich haben möchte, sollte diesen Ort vielleicht meiden.

470 - Chez Claire

Cros-la-Planche
07310 Saint-Martial-de-Valamas
(Ardèche)
Tel. 75 29 27 60
Mme Claire Gélibert

♦ Ganzj. geöffn. ♦ 3 Zi. m. Dusche, WC: 220 F (2 Pers.) + 60 F (zusätzl. Pers.) ♦ Frühst. inkl. ♦ HP: 190 F pro Pers. im DZ ♦ Gemeins. Mittag- u. Abendessen: 80 F (Wein inkl.) ♦ Zimmerreinigung zu Lasten der Gäste ♦ Salon ♦ Angeln, Baden (Fluß u. See) vor Ort ♦ Umgebung: Tennis, Langlaufski; Gerbier-de-Jonc, Mézenc, Wasserfälle Ray-Pic ♦ Man spricht Englisch ♦ **Anreise** (Karte Nr. 25): Autob. A 7, Ausf. Loriol, Rtg. La Voulte, Beauchastel; dann D 120 Rtg. Le Cheylard u. Saint-Martin-de-Valamas.

Dieses sehr gastfreundliche Haus liegt in einem noch ziemlich ursprünglichen und bergigen Teil der Ardèche. Claire und Roger Gélibert haben mehrere kleine Zimmer hergerichtet, die zwar nett sind und an Chalets erinnern, aber nicht übermäßig gepflegt sind. Beim Abendessen herrscht eine ausgesprochen familiäre Atmosphäre (die Kinder speisen vor den Eltern). Unterhalb des Hauses fließt den Felsen entlang ein herrlicher Bach, in dem man auch baden kann. Hier genießt man die Abwesenheit einer gewissen Zivilisation.

RHONE - ALPES

471 - La Ferme du Pic d'Allier

Quartier la Rivière
07400 Saint-Martin-
sur-Lavezon
(Ardèche)
Tel. 75 52 98 40 / 75 52 94 69
Fax 75 52 93 37
Domonique und Alain Michel

1995

♦ Ganzj. geöffn. ♦ 2 Zi. m. eig. Bad od. eig. Dusche u. 1 Zi. m. Waschecke; gemeins. WC: 310 F (1 Pers.), 360 F (2 Pers.) + 50 F (zusätzl. Pers.) ♦ Frühst. inkl. ♦ Bauerngasthof vor Ort - Mittag- u. Abendessen auf Best.: 140 F (ohne Wein) od. Rest. in Umgeb. ♦ Salon ♦ Hunde nicht erlaubt ♦ Angeln und Schwimmen im Fluß vor Ort (eig. Schwimmbad für 1995 geplant) ♦ Umgebung: 18-Loch-Golfpl. (18 km), Wanderwege, See (7 km), Tennis, Reiten; Dörfer der Ardèche, Cruas, Schloß Rochemaure ♦ Man spricht Englisch, Italienisch u. Deutsch ♦ **Anreise** (Karte Nr. 26): 18 km nordwestl. von Montélimar. Autobahnausf. Montélimar-Süd, Rtg. Le Teil (oder Montélimard-Nord, Rtg. Rochemaure). Dann N 86 Rtg. Meysse. Dort auf die D 2 Rtg. Privas, D 213 Rtg. Saint-Martin-sur-Lavezon, dann ausgeschildert.

Die wunderbare Landschaft der Ardèche umgibt dieses alte Bauernhaus mit Bach. Die Wände aus Vulkanstein schützen einen charmanten Innenhof und ein ausgesprochen angenehmes Interieur. Schöne alte Möbel, großer Kamin, behagliche, gepflegte und sehr schön eingerichtete Zimmer. Ein Ort, an dem alles stimmt und wo man aufs angenehmste empfangen wird.

472 - Scarlett's

Bonnemontesse
Beaulieu
07460 Saint-Paul-le-Jeune
(Ardèche)
Tel. 75 39 07 26 / 75 39 32 49
M. und Mme Munari

♦ Ganzj. geöffn. ♦ 3 Zi. m. Bad od. Dusche, WC: 400 F (2 Pers.) ♦ Frühst.: 45 F ♦ Individ. Abendessen: 100-120 F (ohne Wein) ♦ Salon ♦ Hunde auf Anfr. erlaubt ♦ Schwimmbad, Reiten vor Ort ♦ Umgebung: 6- u. 18-Loch-Golfpl. (3 bzw. 30 km), Tennis; Schluchten der Ardèche, Thines, alte Dörfer ♦ Man spricht Italienisch ♦ **Anreise** (Karte Nr. 32): 35 km südl. von Aubenas über die D 104 Rtg. Alès, hinter Maison-Neuve links die D 111 Rtg. Ruoms, dann 1. Straße rechts; ausgeschildert.

Dieses isoliert auf einem kleinen Hügel gelegene alte Haus ähnelt mit seinem Schwimmbad einem zur Ebene avancierenden Schiffsbug. Entsprechend schön und sehr weit ist von hier die Aussicht. Die Zimmer (eines mit Terrasse) sind sehr komfortabel und hübsch mit Mobiliar vergangener Zeiten eingerichtet. Ein üppiger, charmanter Raum mit Kamin steht den Gästen ebenfalls zur Verfügung. Bei schönem Wetter wird das Frühstück in einer Laube serviert. Ausgezeichnete Betreuung.

RHONE - ALPES

473 - La Ferme de Prémauré

Route de Lamastre
07240 Vernoux-en-Vivarais
(Ardèche)
Tel. 75 58 16 61
Claudine und Roland Achard

♦ Von Ostern bis 11. Nov. geöffn. ♦ 7 Zi. m. Bad od. Dusche, WC: 240 F (2 Pers.) + 70 F (zusätzl. Pers.) ♦ Frühst.: 35 F ♦ Gemeins od. individ. Abendessen: 95 F (ohne Wein) ♦ Salon ♦ Zimmerreinigung auf Wunsch ♦ Hunde nicht erlaubt ♦ Pferdehof, Fahrradverleih, Pétanque-Terrain vor Ort ♦ Umgebung: Golf (35 km), Reiten, Schwimmbad, Tennis, botanische Wege, künstl. See, Kanu/Kajak, Bogenschießen; Schlösser, Dorf Chalançon ♦ Man spricht Englisch ♦ **Anreise** (Karte Nr. 26): Autobahnausf. Valence Nord od. Süd, dann Rtg. Saint-Peray-Le-Puy. Ab Vernoux 8 km D2 (Route de Lamastre); Weg rechts ausgeschildert.

Von diesem alten Bauernhaus, das an einem Hang liegt, hat man eine außerordentliche Aussicht auf die Berge der Ardèche. Der Empfang ist besonders freundlich und gutgelaunt. Die kleinen Zimmer sind angenehm, sehr gepflegt und mit alten Möbeln eingerichtet. Die ausgezeichnete Küche wird in jenem Raum serviert, der als Speiseraum und Salon dient, oder auf der Blumenterrasse mit Blick auf eine bereits mediterrane Vegetation.

474 - Grangeon

Saint-Cierge-la-Serre
07800 La Voulte
(Ardèche)
Tel. 75 65 73 86
Mme Paule Valette

♦ Vom 1. April bis 8. Nov. geöffn. ♦ 3 Zi. m. Bad od. Dusche, WC; 2 Suiten (3-4 Pers. u. 5 Pers.) m. Bad, Dusche, WC: 280-350 F (2 Pers.) + 150 F (zusätzl. Pers.) ♦ Frühst.: 35 F ♦ HP: ab 280 F pro Pers. (mind. 2 Üb.) ♦ Individ. Abendessen: 150 F (ohne Wein) ♦ Klavier ♦ Umgebung: roman. Kirchen, Schlösser der Ardèche ♦ Man spricht Englisch u. Italienisch ♦ **Anreise** (Karte Nr. 26): 35 km südl. von Valence über die A 7, Ausfahrt Loriol, dann die N 104 Rtg. Privas. In Fonts-du-Pouzin rechts die D 265 bis Saint-Cierge-la-Serre; dann ausgeschildert.

"Grangeon" liegt verloren in einem Tal am Ende eines steinigen Weges. Die Aufnahme im Haus ist sehr angenehm. Die Zimmer sind schlicht, charmant und gut eingerichtet. Das exzellente Abendessen wird an mehreren Tischen serviert. Fast alle in der Küche verwandte Produkte stammen aus dem eigenen Anbau. Die vielen Terrassen bieten einen wunderschönen Panoramablick. Das Haus ist einzigartig, liegt aber sehr isoliert und ist wahrscheinlich kein idealer Ort für kleine Kinder.

RHONE - ALPES

475 - Domaine Saint-Luc

Vignerons
26790 Baume-de-Transit
(Drôme)
Tel. 75 98 11 51
Fax 75 98 19 22
Ludovic und Eliane Cornillon

♦ Ganzj. geöffn. ♦ 5 Zi. m. Bad, WC: 240 F (1 Pers.), 280 F (2 Pers.) ♦ Frühst. inkl. ♦ Gemeins. Abendessen: 130 F pro Pers. (ohne Wein) ♦ Salon ♦ Tel. ♦ Hunde auf Anfr. erlaubt (+ 12 F) ♦ Weinproben (eig. Produktion) ♦ Umgebung: Schwimmbad, Golf; Schloß Grignan, Saint-Restitut, La Garde-Adhémar ♦ Man spricht Englisch ♦ **Anreise** (Karte Nr. 33): ab Bollène Rtg. Nyons; in Suze-la-Rousse die D 117 Rtg. Grignan (5 km); das Haus liegt links vor dem Ortseingang.

Um sich vor dem berühmt-berüchtigten trockenen Nordwind, dem Mistral, zu schützen, wurde dieses besonders hübsche Landhaus aus dem 17. Jahrhundert quadratisch angelegt. Hier wurde ausschließlich edles Material wie Holz und Stein verwendet, und die Einrichtung zeigt viel Geschmack. Die gut renovierten Zimmer sind komfortabel. In einem angenehmen Ambiente finden die gemeinsamen und ausgezeichneten Diners statt, zu denen Weine serviert werden, die die "Domaine Saint-Luc" selbst herstellt. Aufmerksame, professionelle Betreuung.

476 - Les Grand' Vignes

Mérindol-les-Oliviers
26170 Buis-les-Baronnies
(Drôme)
Tel. 75 28 70 22
François und Chantal Schlumberger

♦ Ganzj. geöffn. ♦ Mind. 2 Üb. ♦ 1 Zi. m. Dusche, WC, TV u. Kühlschrank; 1 großes Studio m. Bad (kl. Badewanne), WC; TV u. Kühlschr.: 210 F (1 Pers.), 250 F (2 Pers.); Studio: 300 F (2 Pers.) + 60 F (zusätzl. Pers.); außerdem: Nebenzi. m. Waschb.: 160 F (2 Pers.) ♦ Frühst. inkl. ♦ Kein Speisenangebot - Barbecue steht z. Verf. - Rest. "La Gloriette" (100 m) ♦ Zimmerreinigung zweimal pro Woche ♦ Kl. Hunde erlaubt ♦ Eig. Schwimmbad ♦ Umgebung: Wanderwege, Tennis, Reiten, Ski, Mountainbikes; Ventoux-Gebirge, alte Dörfer, Vaison-la-Romaine, Weinkeller♦ Man spricht Englisch ♦ **Anreise** (Karte Nr. 33): in Vaison die D 938 Rtg. Nyons, dann die D 46 Rtg. Puyméras u. die D 205. In Mérindol die D 147; Route de Mollans, 1. Haus rechts.

In einer hügeligen Landschaft mit Weinbergen und Olivenhainen gelegen, erlebt man in diesem wunderbaren Haus die besondere provenzalische Lebensart und Gastfreundschaft. Die Zimmer mit weiß getünchten Wänden und bunten Stoffen sind sehr angenehm; das größte hat sogar einen eigenen Eingang, beide liegen aber nur wenige Meter vom Schwimmbad entfernt. Bei schönem Wetter (und das ist oft der Fall) können Sie das Frühstück draußen einnehmen und von der wunderbaren Landschaft profitieren.

RHONE - ALPES

477 - Domaine du Grand Lierne

26120 Châteaudouble
(Drôme)
Tel. 75 59 80 71
M. und Mme Charignon-Champel

♦ Ganzj. geöffn. ♦ Mind. 2 Üb. ♦ 2 Zi. u. 2 Suite (davon 1 m. Terrasse, Salon, TV) m. Bad od. Dusche, WC: 230-250 F (1-2 Pers.); Suiten: 250-450 F (2-4 Pers.) ♦ Frühst. inkl. ♦ Kein Speiseangebot - Rest. ab 2,5 km ♦ Hunde nicht erlaubt ♦ Umgebung: Tennis, Angeln, Reiten, Golf, Langlaufski, Skitouren; Vercors, J.S.-Bach-Festival (20/07 bis 15/08) ♦ Man spricht Englisch
♦ **Anreise** (Karte Nr. 26): 15 km östl. von Valence über die D 68 Rtg. Chabeuil; am Kreisverkehr am Ortseingang Rtg. Romans u. am 2. Kreisverkehr nach 1,5 km rechts Rtg. Peyrus. 1. Haus links, 1 km hinter Les Faucons.

Dieses alte Bauernhaus ganz aus Stein mit seinem für diese Gegend typischen, rechteckigen Turm liegt in der Ebene von Chabeuil; am Horizont erkennt man noch die Silhouette des Vercors-Gebirges. In diesem von Maisfeldern umgebenen Haus herrscht eine recht traditionelle Atmosphäre. Die Zimmer und eine der beiden Suiten befinden sich im ersten Stock. Die Suite im Erdgeschoß ist angenehmer und geht direkt auf den hübschen Hof. Das Frühstück wird, mit hausgemachter Konfitüre und Früchten aus eigener Produktion, im Sommer draußen serviert.

478 - Le Balcon de Rosine

Route de Propiac
26170 Mérindol-les-Oliviers
(Drôme)
Tel. 75 28 71 18
Fax 75 28 71 18
Jean und Jacqueline Bouchet

♦ Im Febr. u. Aug. geschl. ♦ 1 Zi. m. Bad, WC, TV, Küche: 200 F (1 Pers.), 240 F (2 Pers.); 1 Zi. m. Dusche, WC, TV, kl. Salon, Terrasse, Kochnische u. Tel.: 300 F (2 Pers.), 350 F (3 Pers.) ♦ Frühst. inkl. ♦ Kein Speiseangebot - Rest.: "La Gloriette" (1 km) ♦ Zimmerreinigung zweimal pro Woche ♦ Umgebung: Langlauf- u. Abfahrtsski, Tennis, Reiten, Baden; Vaison-la-Romaine, Weinstraße ♦ Man spricht Englisch u. Italienisch ♦ **Anreise** (Karte Nr. 33): 10 km nordöstl. von Vaison-la-Romaine über die D 938 Rtg. Nyons, dann die D 46 (La Tuillière); nach 4 km links auf die D 205. In Mérindol die D 147 Rtg. Propiac (1 km).

In einer Höhe von 450 Metern oberhalb der Ebene von Ouvèze mit Blick auf den Mont Ventoux verfügt der "Balcon de Rosine" über eine wirklich einzigartige Aussicht. Der alte Bauernhof besitzt einen schönen Garten und zwei einfache Gästezimmer (das eine liegt im Nebenhaus), die einen separaten Eingang haben und sehr nett sind. Das Frühstück wird entweder auf der Terrasse oder im Salon serviert. Die Betreuung ist freundlich und ungezwungen.

RHONE - ALPES

479 - Ferme de Moutas

Saint-Pons
Condorcet
26110 Nyons
(Drôme)
Tel. 75 27 70 13
M. und Mme Taelman

♦ Vom 1. Mai bis 30. Sept. geöffn. ♦ 2 Zi. m. Dusche, WC, Kühlschr.: 230 F (1 Pers.), 250 F (2 Pers.) ♦ Frühst. inkl. ♦ Abendessen (bodenständig) auf Best. (Terrasse) - Rest. 6 km entf. ♦ Kl. Hunde auf Anfr. erlaubt ♦ Schwimmbad, Angoraziegen-Zucht (Mohairpullover-Kreation) vor Ort ♦ Umgebung: Angeln, Reiten; Nyons, Vaison-la-Romaine, Grignan ♦ Man spricht Englisch u. Niederländisch ♦ **Anreise** (Karte Nr. 33): in Nyons die D 94 u. die D 70. In Condorcet die D 227 Rtg. Saint-Pons; 600 m hinter Saint-Pons rechts auf den Weg abbiegen.

Eine lange, schmale Straße, an der Ginstersträuche wachsen, führt Sie zur "Ferme de Moutas". Die Taelmans empfangen ihre Gäste mit sichtbarer Freude. Die beiden großen Zimmer mit weißgetünchten Wänden und geschmackvoll eingerichteter Sitzecke sind komfortabel. Im Sommer bleiben die Räume angenehm kühl. Jeder hat seine eigene, blumenbepflanzte Terrasse, auf der man gerne frühstückt. Ein wunderbares Haus in phantastischer Umgebung.

480 - Les Tuillières

26160 Pont-de-Barret
(Drôme)
Tel. 75 90 43 91
Fax 75 90 40 75
Mme Williams

♦ Ganzj. geöffn. ♦ 6 Zi. m. Bad u. Dusche, WC: 280 F (1 Pers.), 300 F (2 Pers.) od. 350 F im Juli/Aug. bei weniger als 3 Üb.; + 80 F (zusätzl. Pers.) ♦ Frühst. inkl. ♦ HP: 280 F pro Pers. ♦ Gemeins. Essen: 130 F (Wein inkl.) Kreditk.: Am. Express ♦ Salon ♦ Hunde auf Anfr. erlaubt ♦ Eig. Schwimmbad ♦ Umgebung: Reiten (5 Min.), Tennis (5 Min.), 18-Loch-Golfpl. (15 km); Museum (Seide), mittelalterl. Dörfer, Töpferein in Dieulefit ♦ Man spricht Englisch ♦ **Anreise** (Karte Nr. 26): 24 km östl. von Montélimar. Ausf. Montélimar-Süd (Mézanc) Rtg. Dieulefit. In La Bégude links bis Charols, dann rechts Rtg. Pont-de-Barret: das Haus liegt 3 km vor dem Dorf rechts.

Der älteste Teil dieses umgebauten Bauernhauses stammt aus dem 16. Jahrhundert. Im Laufe der Zeit wurde diese Besitzung zwar regelmäßig vergrößert, aber so, daß alles mit dem Hauptgebäude harmoniert. Heute sind die Hausbesitzer Engländer; in einer besonders freundlichen Atmosphäre empfangen sie hier Gäste aus aller Welt. Der 16 Hektar große Park garantiert absolute Ruhe. Uns gefielen die Dachzimmer mit Balken und Steinwänden am besten. Die anderen sind nicht so persönlich gestaltet.

RHONE - ALPES

481 - Mas de Champelon

Hameau de Saint-Turquois
26790 Suze-la-Rousse
(Drôme)
Tel. 75 98 81 95
Christiane und Michaël Zebbar

♦ Vom 1. April bis 30. Sept. geöffn. ♦ 4 Zi. m. Waschr., WC (davon 1 Zi. m. kl. Terrasse): 220 F (2 Pers.) ♦ Frühst. inkl. ♦ HP: 200 F pro Pers. im DZ ♦ Gemeins. Abendessen ♦ Hunde nicht erlaubt ♦ Umgebung: Schluchten der Ardèche, Schlösser von Suze-la-Rousse u. Grignan, Vaison-la-Romaine ♦ Man spricht Englisch u. Italienisch ♦ **Anreise** (Karte Nr. 33): ab Bollène Rtg. Nyons; in Suze-la-Rousse Rtg. Saint-Paul-Trois-Châteaux u. Grignan über die D 117; das Haus liegt am Ortseingang.

Dieses kleine, sehr ruhig gelegene Landhaus wurde vollkommen renoviert. Es befindet sich etwas abseits der Straße und liegt verborgen zwischen Weinbergen und einem kleinen Wald. Die Zimmer gehen zum Blumengarten, haben eine kleine Sitzecke, sind komfortabel und mit provenzalischen Stoffen belebt. Jedes besitzt ein modernes Duschbad. Das Frühstück mit einer großen Auswahl hausgemachter Konfitüren wird meist draußen im Schatten serviert. Auch das Abendessen (meist lokale Küche) ist bemerkenswert. Sympathische Betreuung.

482 - La Ferme des Collines

Hameau Notre-dame
38260 Gillonay
(Isère)
Tel. 74 20 27 93
Marie und Jean-Marc Meyer

1995

♦ Ganzj. geöffn. ♦ 2 Zi. u. 2 Suiten (4 Pers.) m. Dusche, WC: 250-270 F (2 Pers.) + 70 F (zusätzl. Pers.) ♦ Frühst. inkl. ♦ Gemeins. Essen: 100 F (Wein inkl.) - gastronomisches Rest. 4 km entf. ♦ Salon ♦ Kl. Hunde auf Anfr. erlaubt ♦ Umgebung: Schwimmbad, Mountainbikes, Seen in Paladru u. Charavines (Wassersport), Tennis; Berlioz-Museum, Chartreuse-Weinkeller, Abtei Saint-Antoine, Haus des Facteur Cheval ♦ Man spricht Englisch ♦ **Anreise** (Karte Nr. 33): 4 km östl. von La-Côte-Saint-André. Dort Rtg. Grenoble, ab Gillonay ausgeschildert.

Dieses ehemalige Bauernhaus, an einem der zahlreichen, diese Gegend kennzeichnenden Hügel gelegen, gefällt uns ausgesprochen gut. Im Innern wurde unlängst alles sehr geschmackvoll renoviert: hier und da ein altes Möbelstück, ein modernes Bild, Balken in Pastelltönen, weiße oder mit dem Schwamm aufgetragene Wandfarben, Bettdecken mit Blumenmuster, dazu passende Vorhänge, einwandfreie Badezimmer und ein wunderbarer Ausblick. Auch die Betreuung ist sehr angenehm.

RHONE - ALPES

483 - Le Val Sainte-Marie

Bois-Barbu
38250 Villard-de-Lans
(Isère)
Tel. 76 95 92 80
Fax 75 96 56 79
Dominique und Agnès Bon

♦ Ganzj. geöffn. ♦ Für Nichtraucher ♦ 3 Zi. m. Dusche, WC: 200 F (1 Pers.), 250 F (2 Pers.) ♦ Frühst. inkl. ♦ HP: 205 F pro Pers. im DZ (mind. 2 Üb.) ♦ Gemeins. Abendessen: 85 F (ohne Wein) ♦ Salon ♦ Zimmerreinigung alle 2 Tage ♦ Haustiere nicht erlaubt ♦ Umgebung: Abfahrts- u. Langlaufski, Schwimmbad, Tennis, Höhlenbesichtig., Mountainbikes, Golf; Hochplateau des Vercors (Nationalpark) ♦ Man spricht Englisch ♦ **Anreise** (Karte Nr. 26): 32 km südwestl. von Grenoble über die A 48, Ausf. Veurey-Voroise, die N 532 u. die D 531 Rtg. Villard-de-Lans; dann Rtg. Bois-Barbu, zum "Centre de ski de fond", danach 1. Weg links.

Dieses alte, restarierte Bauernhaus im typischen Stil des Vercors liegt zwischen Feldern und Tannen; der Start der Langlaufski-Piste befindet sich gleich neben dem Haus. Die Zimmer sind komfortabel und hübsch eingerichtet, und von allen hat man einen schönen Ausblick. Das Abendessen besteht zum größten Teil aus regionalen Gerichten. Die Atmosphäre ist angenehm locker, die Bibliothek gut sortiert, und es gibt zahlreiche Gesellschaftsspiele.

484 - Château-Auberge de Bobigneux

Bobigneux
42220 Saint-Sauveur-en-Rue
(Loire)
Tel. 77 39 24 33
Fax 77 39 25 74
M. und Mme Jacques Labere

♦ Von Ostern bis Allerheiligen geöffn. ♦ 5 Zi. m. Dusche u. WC: 195 F (1 Pers.), 225 F (2 Pers.) + 65 F (zusätzl. Pers.) ♦ Frühst. inkl. ♦ HP: 180 F pro Pers. im DZ (Sonderpr. bei mind. 3 Tagen im DZ) ♦ Mahlzeiten werden an individ. Tischen serviert (mittags/abends): 65-125 F (ohne Wein) ♦ Tel. ♦ Kreditk.: Visa ♦ Salon ♦ Hunde auf Anfr. erlaubt ♦ Umgebung: künstl. See, Reiten, Mountainbikes, Golf (15 km), Langlaufsk; Naturpark Pilat ♦ Man spricht Englisch u. Dänisch ♦ **Anreise** (Karte Nr. 26): 18 km nordwestl. von Annonay Rtg. Bourg-Argental, dann die D 503 Rtg. Saint-Sauveur; vor der Ortschaft links.

Im Naturpark Pilat liegt das kleine, aus örtlichem Granitgestein erbaute Schloß Bobigneux. Die Gästezimmer sind schlicht, aber hübsch, komfortabel und ruhig. In einem schönen Raum mit Holztäfelung aus dem 18. Jahrhundert erwarten mehrere gedeckte Tische die Gäste. Hier werden Sie sich nicht verlassen fühlen, denn diese kleine Herberge ist in der ganzen Gegend sehr beliebt. Die Preise sind besonders familienfreundlich.

RHONE - ALPES

485 - Château de Bois-Franc

69640 Jarnioux
(Rhône)
Tel. 74 68 20 91
Fax 74 65 10 03
M. Doat

◆ Ganzj. geöffn. ◆ Vom 15. Nov. bis 15. März mind. 2 Üb. ◆ 1 Zi. (2 Pers.) u. 2 Suiten (1-6 Pers.) m. Bad od. Dusche, WC: 300 F (Zi.); 400-900 F (Suiten - entspr. Suite u. Anz. der Pers.) ◆ Frühst. inkl. ◆ Kein Speiseangebot - zahlr. Rest. im Umkreis von 8 km ◆ Salon ◆ Hunde auf Anfr. erlaubt ◆ Umgebung: 18-Loch-Golfpl., Tennis, Reiten ◆ Man spricht Englisch ◆ **Anreise** (Karte Nr. 26): 7 km westl. von Villefranche-sur-Saône über die D 38 Rtg. Tarare-Roanne, dann D 31; 4 km hinter Chervinges.

"Bois-Franc" liegt in freier Natur unweit der Dörfer aus ockerfarbenem Stein des Beaujolais. Madame Doat wird Sie besonders freundlich in ihrem Schloß empfangen (ihr Hund scheint weniger zugänglich zu sein). Die Innenausstattung ist seit langem unverändert, aber sehr angenehm. Reservieren Sie die "Chambre jaune" - das gelbe Zimmer. Es ist zwar am teuersten, aber wirklich einzigartig. Die Suite "Mireille" ist nicht so komfortabel. Das Frühstück wird entweder im hübschen Speisesaal oder im großen Park serviert.

486 - Saint-Colomban Lodge

7, rue du Hêtre-Pourpre
69130 Lyon-Ecully
(Rhône)
Tel. 78 33 05 57
Fax 72 18 90 80
Annick und Michaël Altuna

◇ 1995 ◇

◆ Ganzj. geöffn. ◆ 3 Nichtraucher-Zi. ◆ 5 Zi. m. Bad, WC, Tel. (Direktleitung) u. Satelliten-TV: 350 F (1 Pers.), 390-450 F (2 Pers.) ◆ Frühst. inkl. ◆ Gemeins. od. individ. Abendessen auf Best.: 85-120 F (Wein inkl.) od. Rest. (200 m entf.) ◆ Salon ◆ Hunde nicht erlaubt ◆ Geschl. Parkpl. ◆ Umgebung: 18-Loch-Golfpl. (5 km), Tennispl. im Dorf; Lyon (5 km), Besuch der Altstadt Lyon, Nationalpark Les Dombes, Berge des Lyonnais; Gastronomie ◆ Man spricht Englisch ◆ **Anreise** (Karte Nr. 26): 5 km westl. von Lyon. Autobahnausf. Ecully, dann Ecully-Centre; hinter der Kirche Rtg. Tassin (geradeaus), 2. Straße links (Feuerwehr).

Eine hervorragende Adresse in einem Residenzviertel vor den Toren Lyons. Das Haus wird von einem sehr angenehmen Park geschützt. Wunderbare und ultrakomfortable Zimmer (Telefon, TV) mit tadellosen Badezimmern. Dekostoffe, Daunendecken und englische Möbel aus honigfarbenem Kiefernholz sind gekonnt aufeinander abgestimmt. Hervorragendes und äußerst geschmackvoll präsentiertes Frühstück - wird je nach Wetter entweder im Salon oder draußen serviert.

RHONE - ALPES

487 - La Javernière

69910 Villié-Morgon
(Rhône)
Tel. 74 04 22 71
M. François Roux

♦ Ganzj. geöffn. ♦ 7 Zi. m. Bad od. Dusche, WC; 1 Suite (4 Pers.) m. 2 Zi., jedes Zi: Bad od. Dusche, WC: 540-580 F (2 Pers.); Suite: 950 F (4 Pers.) ♦ Frühst.: 55 F ♦ Kein Speiseangebot - Rest. in Umgebung ♦ Salon ♦ Kreditk.: Visa, Amex ♦ Hunde erlaubt (+ 30 F) ♦ Schwimmbad u. Angeln vor Ort ♦ Umgebung: Reiten, Golf; roman. Kirchen ♦ **Anreise** (Karte Nr. 26): Autobahnausf. Belleville, zw. Morgon u. Villié-Morgon, D 68; kleiner Weg 600 m hinter Morgon.

Alle Zimmer dieses wunderbaren Herrenhauses gehen auf die typische Landschaft des Beaujolais: Weinberge, soweit das Auge reicht! Die Innenausstattung ist einwandfrei und sehr elegant. Ob in den Zimmern oder im Salon, das alte Mobiliar ist überall von bester Qualität und wirkt durch die gut abgestimmten Vorhänge und feinen Tapeten fast noch edler. Unsere Lieblingszimmer verfügen über schönes Gebälk. Das Frühstück ist gut und der Empfang sehr angenehm.

488 - La Revardière

Hameau de Saint-Victor
Trévignin
73100 Aix-les-Bains
(Savoie)
Tel. 79 61 59 12
Madame Jackline Rocagel

♦ Ganzj. geöffn. ♦ Für Nichtraucher ♦ Mind. 3 Üb. ♦ 1 Zi. (m. Entree) m. Bad, WC, TV: 360 F (2 Pers.); auch: Suite (Salon m. Schlafcouch u. Küche, für 2 Pers.) + 100 F (zusätzl. Pers.) u. 2 Zi. m. Dusche, gemeins. WC, Salon, Bibliothek, TV u. Küche auf Wunsch: 185 F (1 Pers.), 275 F (2 Pers.) ♦ Frühst. inkl. ♦ Kein Speisenangebot - Rest. 300 bzw. 10 km entf. ♦ Salon ♦ Kl. Hunde auf Anfr. erlaubt (+ 18 F pro Tag) ♦ Zimmerreinigung alle 5 Tage ♦ Umgebung: Tennis, Golf, Abfahrts- u. Langlaufski; See Le Bourget, Abtei Hautecombe, Chartreuse, Vogelreservat ♦ **Anreise** (Karte Nr. 27): 7 km östl. von Aix-les-Bains über die D 913, Route de Revard. Hinter Trévignin rechts abbiegen; Hinweisschild am Kalvarienberg; kl. Straße links Rtg. Saint-Victor.

Das Chalet "La Revardière" liegt am Hang des Mont Revard und verfügt über einen schönen Ausblick auf die Seen-Landschaft von Le Bourget und Annecy. Die sehr gepflegten Zimmer sind komfortabel, mit Holz verkleidet und teilen sich einen freundlichen Salon. Das Zimmer im ersten Stock mit Doppelbett und hübschen Dekostoffen fanden wir besonders gelungen und angenehm; das andere hat uns weniger überzeugt, und die "Suite" scheint uns zu teuer. Freundlicher Empfang mit einem Glas Wein aus Savoyen.

RHONE - ALPES

489 - Le Selué

Le Cernix
73590 Crest-Voland
(Savoie)
Tel. 79 31 70 74
Anne-Marie Gressier

◆ Ganzj. geöffn. (auf Anfrage) ◆ 1 Zi. m. Dusche, WC; 2 Zi. teilen sich Bad, Dusche u. WC: 150 F (1 Pers.), 240-260 F (2 Pers.) ◆ Frühst. inkl.◆ Kein Speiseangebot - Rest. im Dorf (ab 20 m) ◆ Salon ◆ Tel. ◆ Hunde nicht erlaubt ◆ Umgebung: Abfahrtsski (Skilifte 100 m entf.) u. Langlaufski, Fahrradverleih, Wanderwege, Reiten, Hanggleiten ◆ **Anreise** (Karte Nr. 27): 16 km südwestl. von Mégève über die N 212.

In einem ruhigen Dorf in Savoyen gelegen, stellt dieses moderne Chalet drei sehr komfortable Gästezimmer zur Verfügung, die sehr gepflegt und hübsch mit schönen Holzmöbeln eingerichtet sind; an den Wänden hängen Radierungen und alte Spiegel. Die Badezimmer sind ebenfalls sehr charmant. Im gemütlichen Salon werden Sie beim Frühstück die hausgemachte Konfitüre schätzen. Der Service ist ausgesprochen liebenswürdig.

490 - Chez M. et Mme Coutin

73210 Peisey-Nancroix
(Savoie)
Tel. 79 07 93 05
M. und Mme Maurice Coutin

◆ Ganzj. geöffn. ◆ 2 Zi. teilen sich Bad u. WC: 135-155 F (1 Pers.), 190-210 F (2 Pers.) + 75 F (zusätzl. Pers.) ◆ Frühst. inkl. ◆ Gemeins. Abendessen: 75 F (Wein inkl.) ◆ Tel. ◆ Hunde auf Anfr. erlaubt ◆ Umgebung: Abfahrtsski (Skilift 500 m entf., dir. Verbind. mit Les Arcs) u. Langlaufski; Nationalpark La Vanoise ◆ **Anreise** (Karte Nr. 27): in Moutiers Rtg. Bourg-Saint-Maurice. Hinter Bellantre rechts von der N 90 abfahren u. auf die D 87 Rtg. Peisey; vor "Maison Savoyarde" links, am Parkplatz oben rechts; ausgeschildert.

Etwas außerhalb des noch unversehrten Dorfes Peisey gelegen, verfügt dieses alte, blumengeschmückte Bauernhaus mit einem Dach aus *lauzes* (flache Steine, die vorwiegend in Südfrankreich verwendet werden) über zwei sehr schlicht möblierte Zimmer mit einem gemeinsamen Balkon, von dem man auf die Gipfel des Alliet (3080 m) und der Bellecôte (3415 m) blickt. Das Frühstück wird in einem großen Raum eingenommen. Ungezwungene Atmosphäre. Ideal für Familien.

RHONE - ALPES

491 - Les Chataîgniers

Rue Maurice-Franck
73110 La Rochette
(Savoie)
Tel. 79 25 50 21
Fax 79 25 79 97
Anne-Charlotte Rey

♦ Vom 2. bis 15. Jan. sowie Sa mittags, So abends und Mo in der Vor- u. Nachsaison geschl. (vom 15.10 bis 15. 3. nur auf Reserv.) ♦ Kinder unter 10 J. auf Anfrage ♦ 3 Zi., 1 Suite u. 1 App. m. Bad, WC, Tel.: 390-950 F (2-4 Pers.) ♦ Frühst.: 65 F (von 7.45 bis 10.00 Uhr) ♦ Mahlzeiten mittags/abends an individ. Tischen: 130-270 F (ohne Wein) ♦ HP: ab 390 F pro Tag (mind. 3 Üb.) ♦ Salon, Klavier ♦ Kreditk.: Visa, Amex, Diners ♦ Hunde nicht erlaubt ♦ Eig. Schwimmbad ♦ Umgebung: Schloß Miolans, Kloster Grande Chartreuse; 18-Loch-Golfpl. (30 Min.) ♦ Man spricht Englisch, Deutsch, Italienisch u. Schwedisch ♦ **Anreise** (Karte Nr. 27): 30 km nördl. von Grenoble über die A 41, Ausf. Pontcharra, dann D 925. In La Rochette, gegenüber dem Rathaus, Rtg. Arvillard, 200 m weiter links.

Ein wunderbar eingerichteter Familienbesitz, eine bezaubernde Hausherrin und ein poetischer Koch sind die "Zutaten" dieses ungewöhnlichen Ortes. Auf Wunsch der Gäste werden *Thema*-Abendessen organisiert. Die Zimmer sind luxuriös, komfortabel und groß. Fast alle haben Blick auf den hübschen Garten mit Schwimmbad. Reizende Salons mit herrlichen Möbeln.

492 - La Maison des Gallinons

Les Gallinons
74130 Ayze
(Haute-Savoie)
Tel. 50 25 78 58
M. und Mme Alice Rosset

1995

♦ Vom 15. Mai bis 15. Sept. geöffn. (für längere Aufenth. m. Reserv. das ganze Jahr über geöffn.) ♦ 1 Zi. m. Dusche, WC, 2 Zi. teilen sich Bad u. WC; 2 Nebenzi.: 150 F (1 Pers.), 200-250 F (2 Pers.) + 150 F (zusätzl. Pers.) + 75 F (zusätzl. Bett) ♦ Frühst. inkl. ♦ Zimmerreinigung auf Wunsch ♦ Gelegentl. gemeins. u. individ. Essen: 60-100 F (Wein inkl.), Barbecue steht z. Verfüg. - Rest. ab 5 km ♦ Kl. Hunde erlaubt ♦ Umgebung: Golf (25 km), Abfahrts- und Langlaufski; Chamonix, Annecy, Genfer See ♦ Man spricht Englisch u. Italienisch ♦ **Anreise** (Karte Nr. 27): 5 km nördl. von Bonneville Rtg. Marignier-Ayze. Im Dorf hinter der Schule u. dem Rathaus links Rtg. "Chez Jeandets", dann den Hügel bis Gallinons hinauf.

700 Meter hoch an einem Berhang gelegen, bietet dieses reizende Chalet einen wunderbaren Ausblick. Die alten Möbel, die Gegenstände aller Art, die Bilder, Tapeten und Teppiche schaffen eine warme, elegante Atmosphäre. Nur ein Zimmer verfügt über ein eigenes Bad, aber sollten Sie unter Freunden sein, wird die Benutzung des gemeinsamen Bades gewiß nicht hinderlich sein. Hier ist alles charmant und sehr gepflegt, und der Empfang besonders liebenswürdig.

RHONE - ALPES

493 - La Girandole

46, chemin de la Persévérance
74400 Chamonix-Mont-Blanc
(Haute-Savoie)
Tel. 50 53 37 58
M. und Mme Pierre Gazagnes

◆ Ganzj. geöffn. ◆ 3 Zi. (davon 2 Zi. m. Waschraum) teilen sich Bad u. WC: 260 F (2 Pers.)
◆ Frühst. inkl. ◆ Gemeins. Mahlzeiten auf Bestellung: 120 F (Wein inkl.) ◆ Salon ◆ Hunde auf Anfr. erlaubt ◆ Umgebung: Golf, jegl. Winter- u. Sommersport; Aiguille du Midi, Mer de Glace, Fest der Bergführer (15. August), Musikwochen im Sommer ◆ Man spricht Englisch u. Deutsch ◆ **Anreise** (Karte Nr. 27): in Chamonix-Süd Rtg. "Téléphérique du Brévent", dann Rtg. Les Moussoux; ausgeschildert.

Eine bessere Lage ist unvorstellbar! Das einzige Visavis dieses am Südhang gelegenen Chalets sind die Aiguille du Midi, der Mont-Blanc und der Bossons-Gletscher. Ob von den hübchen kleinen Zimmern oder vom Balkon: von dieser phantastischen Aussicht (Fernglas nicht vergessen) profitiert man hier überall. Madame und Monsieur Gazagnes sind sehr freundliche Gastgeber, sie kennen ihre Gegend bestens und können Ihnen Tips für viele interessante Unternehmungen geben. Eine sehr schöne und empfehlenswerte Adresse.

ALPHABETISCHES VERZEICHNIS

A

Abbaye de Valloires - *Argoules-par-Rue* 390
Aguzan - *Saint-Xandre* 410
Air du Temps (L') - *Penne-d'Agenais* 74
Alpillonne (L') - *Serres* 428

B

Balcon de Rosine (Le) - *Mérindol-les-Oliviers* 478
Barathe - *Giou-de-Mamou* 94
Barbé (Le) - *Biaudos* 52
Bastide du Bosquet (La) - *Antibes* 430
Bastide du Lion (La) - *Cazoulès* 19
Bastides de Mézenc (Les) - *Saint-Front* 100
Bastit (Le)- *Mussidan* 30
Baudeigne - *Varilhes* 262
Beauregard - *Chênehutte-les-Tuffeaux* 349
Bel Enault (Le) - *Carentan* 329
Bergerie (La) - *Juan-les-Pins (Cap d'Antibes)* 431
Bergerie (La)- *Saint-Christoly-de-Blaye* 45
Bernard (Chez M. et Mme) - *Chambors* 388
Bernerie (La) - *Bouteilles-Saint-Sébastien* 16
Beth - *Lussan* 246
Betjean - *Saint-Justin* 60
Biblenhof (Le) - *Soultz-les-Bains* 9
Bigorre (En) - *Tournecoupe* 277
Bois de Bonance (Le) - *Port-le-Grand* 393
Bois Goulu (Le) - *Pouant* 420
Bonne Terre - *Bonnieux* 448
Bonnemie - *Saint-Pierre-d'Oléron* 407
Bonnet (Chez Mme) - *Maillezais* 375
Borde (La) - *Danzé* 221
Borde (La) - *Leugny* 136
Bos de Bise - *Luglon* 57
Bouquière (La) - *Bonnieux* 449
Bouteuille - *Alluy* 120
Breuillerie (La) - *Fléac* 396
Buissonnets (Les) - *Fontaines* 127
Bultée (La) - *Fontaines-Chaalis* 389

Bultey (Chez Régine) - *Beuzeville* 319
Burlande (La) - *Les Baux-de-Provence* 433
Butte de l'Epine (La) - *Continvoir* 207

C
Cabirol - *Gajac-de-Bazas* 41
Calanco (La) - *Montferrat* 442
Cancades (Les) - *Le Beausset* 437
Cantelause - *Houeillès* 68
Carrière (La) - *Josselin* 182
Cassouat (Le) - *Soustons* 64
Castel (Le) - *Bayeux* 299
Castel du Verger (Le) - *Saint-Christophe-du-Ligneron* 378
Cazenac - *Le Coux-et-Bigaroque* 22
Chalet - *Ygrande* 92
Chalet des Ayès - *Le Thillot* 12
Chanteclair - *Cancon* 65
Char à Bancs (Le) - *Plélo* 153
Chasseuserie (La) - *Saint-Fargeau* 140
Châtaigniers (Les) - *La Rochette* 491
Château (Le) - *Bosc-Roger-sur-Buchy* 339
Château (Le) - *Moreilles* 377
Château d'Alteville - *Dieuze* 2
Château d'Arbieu - *Bazas* 36
Château d'Arnac - *Beaulieu-sur-Dordogne* 97
Château d'Asnières-en-Bessin (Le) - *Asnières-en-Bessin* 298
Château d'En Haut - *Jenlain* 293
Château d'Entrecasteaux - *Entrecasteaux* 440
Château d'Epanvilliers - *Brux-Civray* 414
Château d'Epenoux - *Vesoul* 239
Château d'Etoges - *Etoges-par-Montmort* 230
Château de Bassignac - *Saignes* 95
Château de Beaufer - *Tournus* 134
Château de Beauregard - *Nan-sous-Thil* 117
Château de Blanville - *Saint-Luperce* 198
Château de Bois-Franc - *Jarnioux* 485
Château de Boisrenault - *Buzançais* 199
Château de Bonabry - *Hillion* 146
Château de Boues - *Féas* 82
Château de Boussac - *Chantelle-de-Boussac* 89
Château de Brie - *Champagnac-la-Rivière* 106
Château de Camon - *Mirepoix* 258
Château de Cantet - *Samazan* 75

Château de Chorey-les-Beaune - *Chorey-les-Beaune* 113
Château de Coigny - *Coigny* 330
Château de Collanges - *Collanges* 102
Château de Colliers - *Muides-sur-Loire* 223
Château de Colombières - *Trevières* 316
Château de Cousserans - *Belaye* 278
Château de Croisillat - *Caraman* 265
Château de Flée - *Semur-en-Auxois* 119
Château de Foucaucourt - *Oisemont* 392
Château de Fragne - *Verneix* 90
Château de Garrevaques - *Garrevaques* 286
Château de Gourdet - *Saint-Mariens* 48
Château de Jallanges - *Vouvray* 218
Château de Kermezen - *Pommerit-Jaudy* 158
Château de l'Hermitage - *Mancenans-Lizerne* 235
Château de la Brisette - *Saint-Germain-de-Tournebut* 335
Château de la Bûche - *Monségur* 44
Château de la Cacaudière - *Thouarsais-Bouildroux* 381
Château de la Fredière - *Marcigny* 128
Château de la Giraudière - *Villeny* 227
Château de la Jaillière - *Varades* 347
Château de la Millière - *Saint-Mathurin* 379
Château de la Roche - *Aigueperse* 101
Château de la Roche - *Argenton-l'Eglise* 412
Château de la Roche du Maine - *Prinçay* 421
Château de la Roque - *Hébécrevon* 332
Château de la Tillade - *Saint-Simon-de-Pellouaille* 409
Château de la Verrerie - *Aubigny-sur-Nère* 191
Château de la Vigne - *Ally* 93
Château de la Ville-Guérif - *Trégon* 163
Château de la Voûte - *Troo* 226
Château de Laborie - *Champagnac de Belair* 20
Château de Larra - *Grenade-sur-Garonne* 267
Château de Léauville - *Landujan* 176
Château de Lesvault - *Onlay* 121
Château de Longecourt - *Longecourt-en-Plaine* 115
Château de Maillebois - *Maillebois* 197
Château de Martigny - *Paray-le-Monial* 132
Château de Monbet - *Saint-Lon-les-Mines* 61
Château de Montcuquet - *Lautrec* 288
Château de Montgouverne - *Rochecorbon* 212
Château de Montmaur - *Veynes* 429
Château de Pechgris - *Monflanquin* 70
Château de Pontgamp - *Plouguenast* 156
Château de Poujux - *Palinges* 131

Château de Prémarie - *Roches-Prémarie* 422
Château de Prunoy - *Charny* 135
Château de Puymartin - *Sarlat-la-Canéda* 33
Château de Quantilly - *Saint-Martin-d'Auxigny* 195
Château de Regagnac - *Beaumont* 13
Château de Ribaute - *Ribaute-les-Tavernes* 247
Château de Saint-Ariés - *Bollène* 447
Château de Saint-Gervais - *Cormeilles* 321
Château de Saint-Léons - *Saint-Léons* 264
Château de Saint-Paterne - *Saint-Paterne* 368
Château de Sassangy - *Buxy* 125
Château de Talhouët - *Rochefort-en-Terre* 187
Château de Ternay - *Les Trois-Moutiers* 423
Château de Vaulaville - *Bayeux* 300
Château de Vaumoret - *Poitiers* 419
Château de Vergières - *Saint-Martin-de-Crau* 436
Château de Villepreux -*Villepreux* 243
Château de Vouilly - *Isigny-sur-Mer* 311
Château des Alleux - *Behen* 391
Château des Blosses - *Saint-Ouen-de-la-Rouërie* 177
Château des Briottières - *Champigné* 348
Château des Parcs-Fontaine - *Fierville-les-Parcs* 309
Château des Riffets - *Bretteville-sur-Laize* 302
Château des Salles - *Saint-Fort-sur-Gironde* 404
Château du Bas du Gast - *Laval* 360
Château du Coteau (Le) - *Azay-sur-Cher* 203
Château du Foulon - *Castelnau-de-Médoc* 39
Château du Gerfaut - *Azay-le-Rideau* 202
Château du Goupillon - *Neuillé* 354
Château du Guilguiffin - *Landudec* 169
Château du Hannoy - *Rugles* 324
Château du Housseau - *Carquefou* 344
Château du Landin - *Routot* 323
Château du Parc - *Saint-Ferme* 46
Château du Plessis - *La Jaille-Yvon* 352
Château du Riau - *Villeneuve-sur-Allier* 91
Château du Ru Jacquier - *Igny-Comblizy* 231
Château du Val d'Arguenon - *Saint-Cast* 160
Château du Vieil Azy - *Saint-Benin-d'Azy* 123
Château Gréa - *Rotalier* 238
Château Labessière - *Ancemont* 1
Château Lamothe - *Saint-Sulpice-et-Cameyrac* 50
Château le Grand-Perray - *La Bruère* 365
Château Robert - *Montgaillard* 58
Château Saint-Jean - *Artigueloutan* 80

Château Unang - *Malemort-du-Comtat* 458
Château-Auberge de Bobigneux - *Saint-Sauveur-en-Rue* 484
Chatel (Le) - *Riec-sur-Belon* 172
Chaufourg en Périgord (Le) - *Sourzac-Mussidan* 34
Chaumière (La) - *Saint-Germain-du-Plain* 133
Chaumière de Kérizac - *Locqueltas* 183
Chavinière (La) - *Avensac* 270
Chêne Vert (Le) - *Sainte-Suzanne* 364
Claire (Chez) - *Saint-Martial* 470
Clarté (La) - *Querrien* 171
Clos (Le) - *Ile-aux-Moines* 181
Clos (Le) - *Chérêt* 383
Clos (Le) - *Saint-Pierre-d'Oléron* 408
Clos du Vivier (Le) -*Valmont* 343
Clos Grincourt (Le) - *Duisans* 296
Clos Saint-Clair (Le) - *Pussigny* 210
Clos Saint-Vincent - *Crillon-le-Brave* 450
Cochepie - *Villeneuve-sur-Yonne* 144
Colombier (Le) - *Perros-Guirec* 150
Commanderie (La)- *Condat-sur-Vézère* 21
Corbinais (La) - *Saint-Michel-de-Plelan* 161
Cosquer-Trélécan (Le) - *Pluvigner* 184
Cottage de la Voisinière (Le) - *Percy* 333
Coudre (La) - *Perreux* 138
Cour l'Epée - *Saint-Aubin-Lebizay* 314
Coutin (Chez M. et Mme) - *Peisey-Nancroix* 490
Crêt l'Agneau (Le) - *La Longeville* 234
Croix d'Etain (La) - *Grez-Neuville* 351
Croix de la Voulte (La) - *Saumur* 357
Croix du Reh (La) - *Chateauneuf-la-Forêt* 107
Cruviers - *Uzès* 251

D
Daille (La) - *Domme* 23
Defrance (Chez Mme) - *Senan* 141
Domaine de Beauséjour - *Panzoult* 209
Domaine de Boulancourt - *Montier-en-Der* 233
Domaine de Carrat - *Castelnau-de-Médoc* 40
Domaine de Champdieu - *Gonneville-sur-Scie* 340
Domaine de Clavié - *Villeneuve-sur-Lot* 76
Domaine de Fon de Rey - *Pomérols* 256
Domaine de Guillaumat - *Genissac* 42
Domaine de Jean-Pierre - *Pinas* 284

Domaine de la Lombarde - *Lourmarin* 456
Domaine de la Morinière - *La Regrippière-Vallet* 345
Domaine de la Picquoterie - *La Cambe* 304
Domaine de la Redonde - *Capestang* 253
Domaine de la Sabatière - *Bergerac* 14
Domaine de Labarthe - *Espère* 279
Domaine de Loisy - *Nuits-Saint-Georges* 118
Domaine de Menaut - *Saint-Martory* 269
Domaine de Mestré - *Fontevraud-l'Abbaye* 350
Domaine de Montagnac - *Saint-Félix-de-Tournegat* 260
Domaine de Montpierreux - *Venoy* 143
Domaine de Pallus - *Chinon* 206
Domaine de Vilotte - *Le Châtelet-en-Berry* 192
Domaine des Farguettes - *Le Buisson-de-Cadouin* 17
Domaine des Jeanne - *Vic-sur-Aisne* 384
Domaine des Oiseaux - *Rosnay* 232
Domaine des Tilleuls - *Aubusson* 98
Domaine du Barry Barran - *Puy-l'Evêque* 283
Domaine du Ciron - *Sauternes* 51
Domaine du Grand Gruet - *Volnay* 370
Domaine du Grand Lierne - *Châteaudouble* 477
Domaine du Marconnay - *Saumur* 358
Domaine du Paraïs - *Sospel* 432
Domaine du Pinquet (Le) - *Le Buisson-de-Cadouin* 18
Domaine du Riou Blanc - *Callian* 438
Domaine équestre des Juliannes - *Paulinet* 292
Domaine Saint-Luc - *Baume-de-Transit* 475
Doumarias - *Saint-Pierre-de-Côle* 32

E
Enclos (L') - *Montbard* 116
Ermitage (L') - *Lalbenque* 281
Estounotte - *Levignacq* 54
Evêché (L') - *Vaison-la-Romaine* 461

F
Farge (La) - *Chaumont-sur-Tharonne* 219
Ferme (La) - *Bissy-sous-Uxelles* 124
Ferme de l'Abbaye - *Trévières* 317
Ferme de la Rivière - *Isigny-sur-Mer* 312
Ferme de Léchelle (La) - *Berzy-le-Sec* 382

Ferme de Loutarès - *Haut-de-Bosdarros* 83
Ferme de Malido - *Lamballe* 147
Ferme de Mounet - *Eauze* 272
Ferme de Moutas - *Nyons* 479
Ferme de Pinodiéta - *Souraïde* 88
Ferme de Prémauré - *Vernoux-en-Vivarais* 473
Ferme de Vosves (La) - *Dammarie-les-Lys* 240
Ferme des Berthiers - *Sepmes* 216
Ferme des Collines (La) - *Gillonay* 482
Ferme des Poiriers Roses (La) - *St-Philibert-des-Champs* 315
Ferme du Bois de Bonance - *Port-le-Grand* 394
Ferme du Breil (La) - *Trégon* 164
Ferme du Château - *Villers-Agron* 386
Ferme du Château - *Bailleau-L'Evêque* 196
Ferme du Pic d'Allier (La) - *Saint-Martin-sur-Lavezon* 471
Ferme du Vey (La) - *Clecy-le-Vey* 307
Ferme Jamet (La) - *Avignon* 446
Ferme Savigny - *La Cambe* 305
Ferme-Auberge de la Bergerie - *Moirans-en-Montagne* 237
Ferme-Auberge de Lavaux - *La Clayette* 126
Ferme-Auberge de Quiers - *Aguessac* 263
Ferme-Auberge du Château de Castellan - *St-Martin-sur-Oust* 188
Fête en Provence (La) - *Vaison-la-Romaine* 462
Fèvrerie (La) - *Sainte-Geneviève* 334
Fief Mignoux (Le) - *Saint-Maurice-des-Noués* 380
Fonroque - *Montcaret* 29
Forêt (La) - *Fougères* 175
Fougeolles - *Eymoutiers* 110
Four à Pain (Le) - *Saint-Denis-Le-Ferment* 325
Frémauret - *Miramont-de-Guyenne* 69
Fresne (Le) - *Solesmes* 369

G
Gacogne (La) - *Azincourt* 295
Garencière - *Champfleur* 366
Garenne (La) - *La Celle-Guénand* 205
Gaudart - *Saint-Martin-de-Laye* 49
Gebrillat (Chez M.) - *Perrier* 103
Giberie (La) - *Petit-Mesnil* 229
Girandole (La) - *Chamonix* 493
Gittermann (Chez Mme) - *Amblainville* 387
Godiers (Les) - *Lavoux* 417
Goetz (Chez Marcelle et Jean-Nicolas) - *Pourchères* 469

Grand Logis (Le) - *Vers-Pont-du-Gard* 252
Grand'Maison (La) - *Escalles* 299
Grand'Vignes (Les) - *Buis-les-Baronnies* 476
Grande Métairie (La) - *Bioussac-Ruffec* 395
Grande Noé (La) - *Moulicent* 338
Grange de Coatélan (La) - *Plougonven* 170
Grangeon - *La Voulte* 474
Granges (Les) - *Vouzan* 398

H
Hamelin (Chez Mme) - *Dozulé* 308
Hauts de Boscartus (Les) - *Cieux* 108
Hermerel (L') - *Géfosse-Fontenay* 310
Homme (Le) - *Ducey* 331
Hortensias (Les) - *Lancieux* 148
Hortensias (Les) - *Pluvigner* 185
Hôtel de l'Orange - *Sommières* 250
Howarth (Chez M. et Mme) - *Saint-Jean-d'Angely* 405
Huguets - *Villeneuve-sur-Lot* 77

J
Jaquetterie (La) - *Plassay* 401
Jardin d'Ansouis (Le) - *Ansouis* 445
Javernière (La) - *Villié-Morgon* 487
Jeu du Mail (Le) - *Alba-la-Romaine* 466

K
Kerfornedic - *Commana* 166
Krumeich (Chez M. et Mme) - *Betschdorf* 4

L
Lammes (Les) - *Venizy* 142
Lamolère - *Campet-Lamolère* 53
Lamy (Chez M. et Mme) - *Marcigny* 129
Lann Kermané - *Saint-Philibert* 189
Lanot (Le) - *Sames* 84

Larochoincoborda - *Sare* 85
Larroque - *Saint-Perdon* 62
Laucournet - *Saint-Germain-les-Belles* 111
Laurel Tree (The) - *Dinard* 173
Logis (Le) - *Dompierre-sur-Charente* 400
Logis d'Elpénor (Le) - *Le-Gué-de-Velluire* 374
Logis de Chalusseau - *Doix* 372
Logis de l'Epine (Le) - *Plassay* 402
Logis de la Cornelière (Le) - *Mervent* 376
Logis de Romainville - *Roullet-Saint-Estèphe* 397
Logis du Château du Bois Dousset (Le) - *Lavoux* 418
Logis et les Attelages du Ray (Le) - *Saint-Denis-d'Anjou* 362

M
Maison aux Volets Bleus (La) - *Vénasque* 464
Maison Bleue (La) - *Riquewihr* 11
Maison de la Houve (La) - *Audinghen* 294
Maison des Gallinons (La) - *Ayze* 492
Maison des Moines (La) - *Méobecq* 200
Maison Dominxenea - *Sare* 86
Maison du Latz (La) - *La Trinité-sur-Mer* 190
Maison du Roi René (La) - *Saint-Denis-d'Anjou* 363
Maison Fleurie de C. Geiger (La) - *Dieffenbach-au-Val* 6
Maison Icare - *Lablachère* 467
Malle Poste (La) - *Vicq-sur-Gartempe* 424
Manoir d'Arville - *Barfleur* 327
Manoir d'Estiveaux - *Le Châtelet-en-Berry* 193
Manoir de Barrayre - *Monflanquin* 71
Manoir de Caillemont - *Barneville-Carteret* 328
Manoir de Clénord - *Mont-près-Chambord* 222
Manoir de Foncher - *Villandry* 217
Manoir de James - *Saint-Ferme* 47
Manoir de Kergrec'h - *Plougrescant* 155
Manoir de Kerguéréon - *Lannion* 149
Manoir de Kerlebert - *Quéven* 186
Manoir de Kervent - *Douarnenez* 167
Manoir de Kervezec - *Carantec* 165
Manoir de l'Hormette - *Trévières* 318
Manoir de la Duchée - *Dinard* 174
Manoir de Marmont - *Saint-André-sur-Vieux-Jonc* 465
Manoir de Montour - *Beaumont-en-Véron* 204
Manoir de Ponsay - *Chantonay* 371

Manoir de Pouyols - *Villamblard* 35
Manoir de Roquegautier - *Cancon* 66
Manoir des Tourpes - *Bures-sur-Dives* 303
Manoir du Grand Martigny - *Fondettes* 208
Manoir du Port Guyet - *Saint-Nicolas-de-Bourgueil*............213
Manoir du Ronceray - *Marigné-Laillé*..................................367
Marchannau - *Sainte-Marie-de-Gosse*......................................63
Marette (La) - *Melleville* 341
Marie Clairière (La) - *Lit-et-Mixe* 55
Mas Cammas - *Caixas*...257
Mas de Capelans - *Oppède* 459
Mas de Casty - *Saint-Ambroix*...248
Mas de Champelon - *Suze-la-Rousse* 481
Mas de l'Ange (Le) - *Mollegès*..435
Mas de la Ville - *Barjac* 245
Mas de Lumière - *Saint-Saturnin-lès-Apt* 460
Mas du Barrié - *Cabannes* 434
Mas du Grand Jonquier - *Lagnes* 454
Mas du Platane - *Saint-Chaptes*...249
Masson (Au) - *Port-de-Lanne*..59
Mastignac - *Valréas* 463
Maurandière (La) - *Sourdeval-la-Barre* 336
Maurençon (Le) - *Antezant* 399
Maurette (La) - *Roquebrune-sur-Argens* 443
Mazet des Mûres (Le) - *Grimaud* 441
Meilhouret - *Larroque* 287
Méridienne (La) - *L'Isle-sur-la-Sorgue*..................................452
Michaumière (La) - *Tourville-la-Campagne*..........................326
Mirvault - *Château-Gontier* 359
Mogerwen - *Ploumilliau* 157
Monceau (La) - *La Brède* 38
Mont au Vent - *Maule*..242
Montpeyroux - *Lempaut* 290
Morillons (Les) - *Mont-Saint-Sulpice*....................................137
Mouettes (Les) - **Saint-Suliac**...179
Moulin de Chézeaux - *Saint-Gaultier*....................................201
Moulin de Fresquet - *Gramat* 280
Moulin de Huttingue (Le) - *Oltingue* 10
Moulin de la Dive - *Couhé* 416
Moulin de Labique - *Villeréal*...78
Moulin de Majoulassis - *Monflanquin*....................................72
Moulin de Marsaguet - *Coussac-Bonneval* 109
Moulin de Mazères (Le) - *Lartigue* 273
Moulin de Poilly-sur-Serein (Le) - *Poilly-sur-Serein*............139
Moulin de Rabion - *Noyant*...355

Moulin Neuf (Le) - *Sainte-Alvère* 31
Moulinard - *Boisseuil* 104
Mounens - *Lamastre* 468
Musardière (La) - *Lidrezing* 3

N
Neufeldhof - *Oberhaslach* 8

O
Olhabidea - *Sare* 87
Ombelles (Les) - *Dangu* 322
Ormarine (L') - *Cavalaire* 439
Ormeraie (L') - *Paulhiac* 73
Ourgeaux (Les) - *Châlus* 105
Oustau (L') - *Luë* 56

P
Pastourelle (La) - *Plancoët* 152
Patrus (Les) - *Viels-Maisons* 385
Pen Ker Dagorn - *Kerdruc* 168
Petit Marais des Broches (Le) - *L'Ile d'Yeu* 373
Petit Moulin du Rouvre (Le) - *Saint-Pierre-de-Plesguen* 178
Petit Pey (Le) - *Issigeac* 25
Petit Robin (Le) - *Avensac* 271
Petite Auberge (La) - *Montcuq* 282
Petite Glaive (La)- *Lapouyade* 43
Pi-Maï (Le) - *La Salle-les-Alpes* 427
Pigeonnier (Le) - *Céreste* 425
Pigeonnier (Le) - *Pessoulens* 276
Pigou - *Blaye* 37
Plauderie (La) - *Sainte-Pazanne* 346
Poulsieu (Le) - *Serres-sur-Arget* 261
Préfontaine - *Lézigné* 353
Presbytère (Le) - *Plouaret* 154
Presbytère (Le) - *Saint-André des-Eaux* 159
Prieuré (Le) - *Meyrals* 27
Prieuré des Granges (Le) - *Savonnières* 214
Prieuré Saint-Michel (Le) - *Crouttes* 337
Prieuré Sainte-Anne (Le) - *Savonnières* 215

Prudent (Chez M. et Mme) - *Salers* 96
Prunus (Les) - *Plaissan* 255

Q
Queffiou (Le) - *Tonquédec* 162

R
Rabouillère (La) - *Contres* 220
Ralenti du Lierre (Au) - *Gordes* 451
Récollets (Les) - *Marcigny* 130
Relais (Le) - *Caumont-l'Eventé* 306
Relais de Chasse (Le) - *Gevrey-Chambertin* 114
Religieuses (Les) - *Richelieu* 211
Rennebourg - *Saint-Jean-d'Angely* 406
Repaire (Le) - *Vaulry* 112
Revardière (La) - *Aix-les-Bains* 488
Rêverie (La) - *Pouilly-sur-Loire* 122
Rocher Pointu (Le) - *Aramon* 244
Rogoff (Chez M. et Mme) - *Bayeux* 301
Romance (La) - *Dieffenbach-au-Val* 7
Rongère (La) - *Saint-Eloy-de-Gy* 194
Rosmapamon - *Perros-Guirec* 151
Rouach - *Hautefort* 24
Rouquette (La) - *Monbazillac* 28
Rue du Puits - *Gévry* 236

S
Saint-Buc - *Lagnes* 455
Saint-Colomban Lodge - *Lyon-Ecully* 486
Saint-Genès - *Pamiers* 259
Saint-Hubert - *Liorac-sur-Louyre* 26
Sainte-Barbe - *Gien* 228
Salvador (Chez Mme) - *Castelnau-de-Montmiral* 285
Sauveméa - *Arroses* 79
Scarlett's - *Saint-Paul-le-Jeune* 472
Sdeï (Chez Christiane et Raymond) - *Langeac* 99
Selué (Le) - *Crest-Voland* 489
Serres d'en Bas - *Cintegabelle* 266
Soubeyrac - *Envals* 67

Sous les Canniers - *L'Isle-sur-la-Sorgue* 453
Stoupignan - *Montpitol* 268

T

Talbardière (La) - *Archigny* 413
Tannerie (La) - *Miélan* 275
Tarais (La) - *Calorguen* 145
Taverne de la Dame du Plô - *Lavaur* 289
Tire-Lyre (Le) - *Cosswiller* 5
Treille Marine (La) - *Sainte-Marie-de-Ré* 411
33, rue Thiers - *La Rochelle* 403
Trickett (Chez M. et Mme) - *Bourdeilles* 15
Trille - *Bosdarros-Gan* 81
3 Cèdres (Aux) - *Cazilhac-Ganges* 254
Tuillières (Les) - *Pont-de-Barret* 480
Ty Horses - *Guidel* 180

V

Val de la Mer (Le) - *Senneville-sur-Fécamp* 342
Val de Loire (En) - *Onzain* 224
Val Sainte-Marie (Le) - *Villard-de-Lans* 483
Varinière (La) - *Monts-en-Bessin* 313
Vasken - *Roquebrune-sur-Argens* 444
Veaudepierre (La) - *Chauvigny* 415
Verger de la Bouquetterie (Le) - *St-Mathurin-sur-Loire* 356
Vieux Castel (Le) - *Roumoules* 426
Vieux Pradoulin (Le) - *Lectoure* 274
Vieux Pressoir (Le) - *Beuzeville* 320
Villa Les Pins - *Lempaut* 291
Villa Médicis (La) - *Saint-Denis-sur-Loire* 225
Villa Saint-Louis - *Lourmarin* 457
Villeprouvé - *Ruillé-Froid-Fonds* 361
Vivescence - *Thomery* 241

NOTIZEN

NOTIZEN

DIE REISEFÜHRER MIT CHARME VON RIVAGES

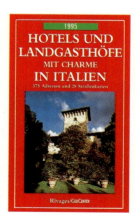
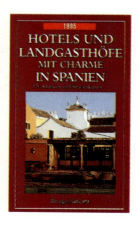

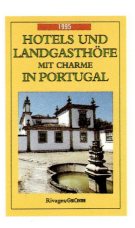
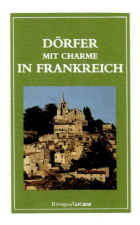